2022

행정소송의 이론과 실무 Ⅱ

토지수용, 난민 및 학교폭력

서울행정법원 실무연구회

사법발전재단

발간사

서울행정법원은 1998년 개원 이후 쌓인 실무 경험과 연구 성과를 바탕으로 2008년 행정소송에 관한 기초 및 심화 이론은 물론 재판절차운영 및 구체적 심리방법까지 두루 정리한 실무지침서 '행정소송의 이론과 실무'를 발간하였습니다. 이후 초판에서 빠진 국적법 · 출입국관리법 관련 소송, 건축 및 징계 관련 소송, 주민소송 등의 내용을 추가하고, 법령 개정 및 새로운 판례 등을 반영하여 2013년에는 전면 개정판을 발간하였으며, 2016년에는 다시 초판 및 개정판에서 미처 다루지 못한 보건 · 의료 관련 소송, 사립학교 관련 소송, 입찰참가자격 제한 관련 소송 등의 내용을 추가한 개정판 별책을 내 놓은 바 있습니다.

이처럼 서울행정법원은 공법상 분쟁을 다루는 국내 유일의 전문법원으로서 법치주의에 기반을 둔 행정의 적법성 확보와 국민의 기본권을 보호라는 본래의 역할뿐만 아니라, 행정소송실무를 담당하는 법관 및 관계자들에게 도움이 되는 실무 책자의 발간에도 노력을 기울여 위 실무지침서를 최초 발간한 이후 이전에 다루지 못한 부분을 계속 추가하고 법령 개정과 축적된 판례 및 실무례를 반영한 개정판 등을 지속적으로 발간하여 왔습니다.

그런데 2013년의 전면 개정판과 2016년의 개정판 별책을 발간한지도 어언 짧게는 5년, 길게는 8년 정도나 시일이 흘러 그동안 관련 법령이 대폭 개정되거나 새로운 쟁점들을 담은 판례와 실무례가 추가로 많이 집적되었습니다. 그래서 서울행정법원은 위 실무지침서를 대폭 수정 · 증보한 개정판을 다시 펴내되, 다만 2021년부터는 각 소송유형별 개정 작업의 진행 속도와 전체 부피 등을 고려하여 몇 권으로 나눠 발간하기로 하였습니다. 그 일환으로 2021년 5월 '행정소송의 이론과 실무 I [도시정비 및 보건 · 의료]'가 우선적으로 발간되었고, 이에 이어 이번에는 종전 초판 및 개정판 등에서 다뤘던 내용 중 법령 개정과 판례 및 실무례의 추가 집적으로 많은 부분에서 수정이 불가피한 토지수용 관련 소송, 난민 관련 소송 및 학교폭력 관련 소송의 주요 쟁점들을 체계적으로 정리한 '행정소송의 이론과 실무Ⅱ [토지수용, 난민 및 학교폭력]'을 발간하기로 하였습니다. 서울행정법원은 앞으로도 개별 소송유형들에 대하여 관련 법령의 개정 내용과 새로운 판례 및 실무례 등을 담은 개정판을 지속적으로 추가 발간할 수 있도록 최선을 다하겠습니다.

아무쪼록 이번에 발간되는 '행정소송의 이론과 실무Ⅱ [토지수용, 난민 및 학교폭력]'가 행정소송실무를 담당하는 법관과 직원은 물론 다수의 관계자들에게 조금이라도 도움을 줄 수 있기를 희망합니다. 다만 이 책에 수록된 견해들은 집필과 감수에 참여한 법관들의 개인적인 견해로 서울행정법원을 비롯한 사법부의 공식적인 견해가 아님을 밝혀 둡니다.

끝으로 바쁜 재판일정 가운데서도 이번 '행정소송의 이론과 실무Ⅱ [토지수용, 난민 및 학교폭력]'의 발간을 위해 애쓰신 김국현 수석부장판사님, 강우찬, 신명희 부장판사님, 안금선, 김연주, 김지연, 이소연, 임윤한, 고준홍, 김송 판사님의 노고에 진심으로 감사드립니다. 아울러 이 책의 발간업무를 맡아주신 사법발전재단 관계자 여러분에게도 감사의 마음을 전합니다.

2022년 2월

서울행정법원장 배 기 열

일러두기

이 사법자료는 기존에 발간된 「행정소송의 이론과 실무」 초판, 개정판, 개정판 별책의 내용을 크게 수정 · 증보한 개정판으로, 2021년 5월 발간된 개정판부터는 각 소송유형별 개정 작업의 진행 속도 등을 고려하여 각 부분별로 나누어 발간하기로 하였고, 그 계획의 일환으로 '행정소송의 이론과 실무 I [도시정비 및 보건 · 의료], 조세소송실무(2022)'에 이어 제작된 것임을 밝혀둡니다.

2022. 2
사법발전재단

CONTENTS 「행정소송의 이론과 실무 II」 토지수용, 난민 및 학교폭력

· 토지수용 관련 소송

I. 토지수용과 불복절차 개관 3

II. 토지수용에 관한 쟁송과 심리방법 4

1. 「공익사업을 위한 토지 등의 취득 및 보상에 관한 법률」의 제정과 주요 내용 4
2. 토지수용과 관련한 소송의 형태 8
가. 관할 토지수용위원회를 피고로 하여 수용재결의 취소 또는 무효확인을 구하는 항고소송 8
나. 중앙토지수용위원회를 상대로 이의재결의 취소 또는 무효확인을 구하는 항고소송 10
다. 보상금 증감에 관한 소송 11
라. 주위적으로 항고소송, 예비적으로 보상금 증액소송 11
마. 소의 변경 및 제소기간 12
3. 보상금 증감에 관한 소송의 성질 13
가. 보상금 증감에 관한 소송 제도의 변천과정 13
나. 당사자소송으로 바뀐 데 따르는 효과 14
4. 보상금 증감소송의 심리 15
가. 관할 15
나. 원고적격 16
다. 피고적격 17
라. 수용재결 전치주의 19
마. 소의 제기와 소장 심사 20
바. 소송절차안내와 답변서의 제출 22
사. 감정신청과 실시 23
아. 감정평가서 도착 이후의 절차 26
자. 판결의 작성 26

III. 손실보상의 유형과 내용 31

1. 토지에 관한 보상금 31
가. 원 칙 31
나. 표준지 선정 31
다. 공시지가 47
라. 지가변동률 50
마. 품등비교 51

바. 거래사례 또는 보상선례의 참작 55
사. 미지급용지의 문제 57
아. 도로 및 구거 부지의 평가 57
자. 지하보상 61
차. 토지에 묻힌 물건 62
2. 잔여지에 관한 보상 65
가. 잔여지 수용청구 65
나. 잔여지 가치하락으로 인한 보상 69
다. 잔여지 수용청구와 잔여지 가치하락 손실보상의 관계 72
3. 지장물에 대한 손실보상 73
가. 일반론 73
나. 건축물 76
다. 기타 지장물 80
4. 영업보상 84
가. 일반론 84
나. 영업손실보상의 대상이 되는 영업 84
다. 폐업보상 87
라. 영업장소 이전 및 휴업 관련 보상 90
마. 공익사업시행지구 밖의 영업손실에 대한 보상 94
바. 영농보상 95
사. 소송의 형태 97
5. 주거이전비와 이사비 98
가. 주거이전비 98
나. 이사비 105
6. 이주대책과 생활대책 108
가. 이주대책 및 생활대책의 의의와 비교, 법적 성질 108
나. 이주대책 109
다. 생활대책 120

• **난민 관련 소송**

Ⅰ. 난민제도 개관 **125**
1. 서론 125
2. 난민보호에 관한 우리나라의 현행 법제 126
가. 난민협약, 난민의정서에 의한 보호 126
나. 난민법에 의한 보호 126
3. 난민인정 절차 127
가. 난민인정 신청 127

나. 난민인정 심사 131
다. 난민인정 등 결정 135
라. 법무부장관에 대한 이의신청 137
마. 인도적 체류 허가 138
바. 난민인정의 취소 또는 철회 139
사. 행정소송 140
Ⅱ. 소송절차의 진행 145
1. 소송구조 145
가. 소송구조의 요건 145
나. 소송구조 신청과 재판 147
다. 소송구조의 객관적 범위 148
2. 통역 151
가. 통역언어의 선정 151
나. 통역인의 선정 152
다. 통역인의 지정 및 그 효력 153
라. 통역료 산정 및 지급 153
마. 재판부의 유의사항 154
3. 재판기일의 진행 154
가. 통역인이 출석하는 경우 155
나. 비밀보장과 재판의 비공개 문제 158
Ⅲ. 본안의 심리 및 판단: 난민인정의 요건에 관하여 159
1. 판단의 원칙 159
가. 증명의 특수성 159
나. 증명의 책임과 정도 159
2. 증거 161
가. 서증 161
나. 난민신청자 본인신문 163
다. 출신국가 정보 164
라. 사실조회 167
3. 난민인정의 요건 170
가. '박해'에 관한 공포 171
나. 박해의 5가지 '이유' 173
다. '충분한 근거가 있는 공포' 184
라. '그러한 공포로 인하여 국적국이나 상주국의 보호를 받을 수 없거나 보호받기를 원하지 않을 것' 192

• 학교폭력 관련 소송

Ⅰ. 들어가며 217
Ⅱ. 학교폭력예방법의 제정 및 개정 경과 217
1. 학교폭력예방법의 제정 217
2. 2012년 법률 개정 218
3. 2019년 법률 개정 219
Ⅲ. 불복절차의 구조와 관련된 문제 222
1. 2019년 법률 개정 이전 불복절차 222
가. 재심절차의 구조와 행정심핀 관할기관 222
나. 사립학교장 징계 조치의 처분성 여부 223
다. 재심결정의 처분성 여부 225
2. 2019년 법률 개정에 따른 불복절차 228
Ⅳ. 소송상 제기되는 구체적인 쟁점 229
1. 집행정지 229
가. 집행정지 요건의 심리 관련 229
나. 집행정지 결정과 학교생활기록부의 기재 230
2. 소송요건 232
가. 원고적격 232
나. 피고적격 235
다. 소의 이익 236
3. 절차상 자주 다투어지는 문제 237
가. 심의·의결기구의 구성 및 운영절차의 위법 237
나. 행정절차법의 적용 여부 241
4. 실체상의 문제 246
가. 학교폭력의 해당 여부 246
나. 재량권의 일탈·남용 여부 249
5. '서면사과' 조치의 위헌 여부 253
가. 문제의 소재 253
나. 견해의 대립 254
다. 하급심의 판단 사례 255
라. 검토 256

토지수용 관련 소송

I 토지수용과 불복절차 개관

절차	내용
사업준비	측량 · 조사를 위한 출입(제9조–제11조) 장해물제거(제12조)
협의	토지조서 및 물건조서 작성(제14조) 보상계획 수립 · 공고(제15조)
사업인정	사업인정 신청(제20조) 의견청취(제21조) 사업인정의 고시(제22조)
협의	사업인정 이전에 협의를 거친 경우 생략 가능(제26조 2항)
재결신청	사업인성고시일로부터 1년 이내(제28조 1항) 재결신청청구 후 60일 이내(제30조)
수용재결	관할 토지수용위원회(제34조)
이의재결 (수용재결 후 30일 이내)	수용보상금 지급 · 공탁(제40조) 중앙토지수용위원회 (임의적 전치절차)
행정소송 (수용재결 후 90일 이내 / 이의재결 후 60일 이내)	증액보상금 지급 · 공탁(제84조)

※ 이상 인용 조문은 모두 「공익사업을 위한 토지 등의 취득 및 보상에 관한 법률」

Ⅱ 토지수용에 관한 쟁송과 심리방법

1. 「공익사업을 위한 토지 등의 취득 및 보상에 관한 법률」의 제정과 주요 내용

가. 종래 공익사업을 위한 용지의 취득과 손실보상에 관한 법제는 강제수용 및 그 불복절차를 규정한 토지수용법과 협의매수의 준칙을 규정한 「공공용지의 취득 및 손실보상에 관한 특례법」으로 나뉘었는데, 토지수용에 관한 기본법이라고 할 수 있는 토지수용법의 보상액 산정에 관한 규정이 미비하여 오히려 「공공용지의 취득 및 손실보상에 관한 특례법」 및 동 시행규칙을 적용 또는 준용하는 적절치 못한 형태의 운용이 이어져 오고 있었다.

나. 이에 대한 반성적인 고려에서 2002. 2. 4. 두 법률을 통합하여 협의매수와 강제수용 및 불복절차를 한꺼번에 규정한 「공익사업을 위한 토지 등의 취득 및 보상에 관한 법률」(이하 '토지보상법'이라 한다)을 제정 · 공포하고 2003. 1. 1.부터 시행하였다. 그 중 주요 개정내용을 살펴보면 다음과 같다.

(1) 토지를 취득 또는 사용할 수 있는 공익사업의 범위를 관계 법률에 따라 시행하는 철도 · 공항 · 항만 · 공영차고지 · 폐수처리 등에 관한 공익사업과 국가 또는 지방자치단체가 시행하는 공공용 시설사업 등으로 한정하고, 제철 · 비료 · 전자 · 조선 등에 관한 사업을 제외하였다(제4조).

(2) 사업시행자는 공익사업의 준비를 위하여 필요한 때에는 시장 · 군수 · 구청장의 허가를 받아 타인이 점유하는 토지에 출입하며 측량 · 조사 및 장해물의 제거 등을 할 수 있도록 하되, 그로 인하여 발생하는 손실에 대하여는 보상하도록 하였다(제9조부터 제13조).

(3) 공익사업을 위하여 토지 · 물건 등을 취득 · 사용하고자 하는 경우에는 토지조서 및 물건조서의 작성, 보상계획의 공고 및 열람, 보상협의 등의 절차를 거치도록 명시하여 국민의 재산권에 대한 절차적인 보호를 강화하되, 건설교통부장관으로부터 사업인정을 받기 전에 이러한 절차를 거친 경우에는 다시 같은 절차를 밟지 않도록 하여 공익사업을 원활하게 추진할 수 있게 하였다(제14조부터 제16조 및 제26조).

(4) 사업시행자가 토지 등에 대한 보상액을 산정하고자 할 때는 감정평가업자 2인 이상에게 토지 등의 평가를 의뢰하도록 하되, 토지소유자의 요청이 있는 때에는 토지소유자가 추천하는 감정평가업자 1인을 추가 선정할 수 있게 하였다(제68조).

(5) 보상의 전문화를 통하여 보상에 따른 분쟁의 소지를 줄이고 공익사업을 원활하게 수행할 수 있도록, 보상에 관한 업무를 보상전문기관에 위탁할 수 있도록 하였다(제81조).

(6) 종진에 행정소송의 필요적 전치절차로 되어 있던 이의재결을 임의적 전치절차로 바꾸는 한편(제83조), 이의재결을 행정소송의 대상으로 하도록 하여 행정소송법 제18조 원처분주의의 예외를 규정하였던 것을 고쳐 수용재결에 대하여 곧바로 행정소송을 제기할 수 있도록 하였다(제85조 제1항).

(7) 보상금의 증감에 관한 행정소송을 제기할 경우 "당해 소송을 제기하는 자가 토지소유자 또는 관계인인 때에는 사업시행자를, 사업시행자인 때에는 토지소유자 또는 관계인을 각각 피고로 한다."라고 규정하여 이의재결의 재결청을 피고에서 제외하였다(제85조 제2항).

(8) 종전에는 환매금액에 관하여 사업시행자와 토지소유자 간에 다툼이 있는 경우, 「공공용지의 취득 및 손실보상에 관한 특례법」에서는 토지수용위원회에,

토지수용법에서는 법원에 금액의 증감을 청구할 수 있도록 하였으나, 이를 법원으로 단일화하였다(제91조).

다. 이후 토지보상법은 수 차례의 개정을 거쳐 현재 상태에 이르렀는데, 현행 조항 중 최초 제정 · 시행 당시와 달라진 주요 내용은 다음과 같다.

(1) 토지를 취득 또는 사용할 수 있는 공익사업의 범위에 공익사업을 시행하는 데 필요한 주택, 공장 등의 이주단지 조성 관련 사업, 산업단지 조성에 관한 사업을 추가하고, 별표에 따르지 아니하고는 개별 법률에 따라 토지를 수용 · 사용하는 사업을 규정할 수 없도록 하였으며, 국토교통부장관은 별표에 따른 사업의 공공성, 수용의 필요성 등을 5년마다 재검토하여 폐지, 변경 또는 유지 등을 위한 조치를 하도록 하였다(제4조 및 제4조의2). 또한 중앙토지수용위원회가 공익사업의 신설, 변경 및 폐지 등에 관하여 개선요구 등을 할 수 있도록 하고, 중앙토지수용위원회의 개선요구 등에 대한 관계 행정기관의 반영의무를 규정하며, 중앙토지수용위원회는 개선요구 등을 위하여 관계 기관 소속 직원 또는 관계 전문가 등에게 의견진술이나 자료제출을 요구할 수 있도록 하였다(제4조의3).

(2) 사업시행자의 고의 또는 과실로 토지소유자 및 관계인에게 보상계획을 통지하지 아니한 경우 열람기간이 지난 후 협의가 완료되기 전까지 토지조서 및 물건조서의 내용에 대한 이의제기가 가능하도록 하였다(제15조).

(3) 토지보상법 제정 당시에는 소유권의 보존등기 또는 실제 소유자 명의의 소유권 이전등기를 마치지 아니한 토지 등이 있는 때에는 대통령령이 정하는 바에 따라 당해 지역을 관할하는 시장 · 구청장 또는 읍 · 면장이 발급한 확인서에 의하여 정당한 권리자로 인정되는 자에게 보상금을 지급하도록 규정되어 있었으나, 확인서만으로는 실체적 권리관계를 인정할 수 없어 사업시행자가 소유권을 안정적으로 확보할 수 없고, 확인서를 발급받는 자가 취득세 · 등록세 및 양도소득세를 탈세할 우려가 있는 등의 부작용이 있어 소유사실확인서 발급제도

를 폐지하고(제18조 삭제), 법 제40조 제2항에 따라 보상금을 공탁하도록 하고 있다.

(4) 종전에는 국토교통부장관이 사업인정을 하려면 관계 중앙행정기관의 장 및 시 · 도지사와 협의하고 중앙토지수용위원회 및 이해관계인의 의견을 듣도록 규정하였으나, 국토교통부장관이나 다른 법률에 따라 사업인정이 의제되는 경우의 허가 · 인가 · 승인권자가 사업인정 또는 사업인정이 의제되는 지구지정 · 사업계획 승인 등에 있어 중앙토지수용위원회와 사전에 협의절차를 이행할 것을 규정하고, 중앙토지수용위원회의 협의 시 검토기준을 명시하였다(제21조).

(5) 종전에는 현금보상을 원칙으로 하되, 특별한 경우에만 대통령령이 정하는 바에 따라 채권보상을 할 수 있는 것으로 규정하였으나, 현행 토지보상법에서는 그밖에도 보상의 전부나 일부를 현금이 아닌 토지로 보상할 수 있고, 토지로 보상하는 경우 토지로 보상받을 수 있는 자, 보상하는 토지의 가격, 보상 기준, 토지로 보상받기로 한 경우에도 현금 보상으로 전환할 수 있는 경우 및 그 보상방법, 채권만으로 보상할 수 있는 경우 및 지급하는 채권의 상환기한 및 이율 등을 사세히 규정하고 있다(제63조).

(6) 건축물의 일부가 공익사업에 편입되어 잔여 건축물의 가치가 하락하거나, 잔여 건축물을 종래의 목적에 사용하는 것이 현저히 곤란한 경우에도 보상하도록 하였다(제75조의2).

(7) 토지수용위원회의 재결에 불복하는 경우 행정소송 제소기간을 60일에서 90일로, 이의신청을 거쳤을 때는 이의신청에 대한 재결서를 받은 날부터 30일에서 60일로 연장하였다(제85조제1항).[1]

(8) 종전에는 '취득일부터 10년 이내에' 공익사업의 폐지 · 변경 등으로 인해

---

1) 2019.7.1. 후 최초로 재결서 정본을 받은 자부터 적용된다.

취득한 토지의 전부 또는 일부가 필요 없게 된 경우 토지소유자는 당해 토지가 필요없게 된 때부터 1년 또는 그 취득일부터 10년 이내에 환매권을 행사할 수 있도록 규정하였으나, 공익사업의 폐지 · 변경 등으로 인해 취득한 토지의 전부 또는 일부가 필요 없게 된 경우 토지소유자는 공익사업이 폐지 · 변경된 날 또는 사업완료일로부터 10년 이내에 환매권을 행사할 수 있도록 하였다(제91조).[2]

2. 토지수용과 관련한 소송의 형태

토지보상법이 예정하고 있는 소송의 형태는 다음과 같이 나누어 볼 수 있다.

가. 관할 토지수용위원회[3]를 피고로 하여 수용재결의 취소 또는 무효확인을 구하는 항고소송

토지보상법 제20조 제1항, 제22조 제3항은 사업시행자가 토지 등을 수용하거나 사용하려면 국토교통부장관의 사업인정을 받아야 하고, 사업인정은 고시한 날부터 효력이 발생한다고 규정하고 있다. 이러한 사업인정은 수용권을 설정해 주는 행정처분으로서, 이에 따라 수용할 목적물의 범위가 확정되고, 수용권자가 목적물에 대한 현재 및 장래의 권리자에게 대항할 수 있는 공법상 권한이 생긴다.[4]

사업인정처분 자체의 위법은 사업인정단계에서 다투어야 하고 이미 그 쟁송

---

2) 환매권의 발생기간을 제한하고 있는 토지보상법 제91조 제1항 중 '토지의 협의취득일 또는 수용의 개시일부터 10년 이내에' 부분이 재산권을 침해하여 헌법에 합치되지 아니한다는 헌법재판소 2020. 11. 26. 선고 2019헌바131 전원재판부 결정에 따른 것이다.

3) 토지보상법 제51조 제1항은 국가 또는 시 · 도가 사업시행자인 사업과 수용 또는 사용할 토지가 둘 이상의 시 · 도에 걸쳐 있는 사업만을 중앙토지수용위원회의 관할로 규정하고 그 외의 사업의 재결에 관한 사항을 지방토지수용위원회의 관할로 하고 있다. 그러나 개별법에서 토지 등을 수용할 수 있도록 규정하는 경우에 재결청을 중앙토지수용위원회로 규정하고 있는 경우가 있다. 그 대표적인 경우로는 「철도의 건설 및 철도시설 유지관리에 관한 법률」 제12조 제3항, 「혁신도시 조성 및 발전에 관한 특별법」 제15조 제4항, 「공공주택 특별법」 제27조 제4항, 「기업도시개발 특별법」 제14조 제5항, 「공항시설법」 제12조 제4항, 「전원개발촉진법」 제6조의2 제4항, 「택지개발촉진법」 제12조 제3항, 「한국수자원공사법」 제24조 제3항, 「연구개발특구의 육성에 관한 특별법」 제31조 제3항, 「해양산업클러스터의 지정 및 육성 등에 관한 특별법」 제31조 제4항, 「신항만건설 촉진법」 제16조 제4항, 「공공토지의 비축에 관한 법률」 제16조 제3항, 「산림복지진흥에 관한 법률」 제42조 제3항 등을 들 수 있다.

4) 대법원 2019. 12. 12. 선고 2019두47629 판결

기간이 도과한 수용재결단계에서는 사업인정처분이 당연무효라고 볼 만한 특단의 사정이 없는 한 그 위법을 이유로 재결의 취소를 구할 수는 없으며,[5] 위법사유가 절차상의 위법으로서 사업인정 단계에서 다툴 수 있는 취소 사유에 해당하나 그 사업인정 자체를 무효로 할 중대하고 명백한 하자가 아닌 이상 이러한 위법을 들어 수용재결처분의 취소를 구하거나 무효확인을 구할 수는 없다.[6]

따라서 사업인정처분에 대한 쟁송기간이 남아 있는 경우에는 별소로써 사업인정처분을 다툼과 아울러 수용재결에 대하여도 같은 위법사유를 주장하면서 수용재결의 취소를 구할 수 있을 것이나, 사업인정처분에 대한 쟁송기간이 도과한 경우라면 사업인정의 흠이 중대하고 명백하여 당연무효인 경우를 제외하고는 그 흠이 승계되지 않으므로 사업인정처분의 위법을 다툴 수는 없다.

토지수용위원회 역시 사업의 공익성 등 사업인정에 속하는 부분을 단독으로 판단할 수 없으므로 행정쟁송에 의하여 사업인정을 취소하지 않는 한 그 기능상 사업인정 자체를 무의미하게 하는, 즉 사업의 시행이 불가능하게 되는 것과 같은 재결을 행할 수는 없다.[7][8]

또한 뒤에서 보는 바와 같이 수용재결의 위법사유가 보상금의 결정에 영향을 미친 것이라면 이는 토지보상법 제85조 제2항의 보상금 증감에 관한 소송이 되어야 한다.

결국, 이러한 항고소송에서 원고는 사업인정 이후 수용재결에 이르기까지 존재하는 실체상 · 절차상의 위법사유 중 보상금결정과 관계가 없는 사유만을 주장할 수 있을 뿐이다.[9] 한편, 수용재결이 있은 후라도 토지소유자와 사업시행자

---

5) 대법원 2008. 4. 11. 선고 2007두9907 판결
6) 대법원 2009. 11. 26. 선고 2009두11607 판결, 2000. 10. 13. 선고 2000두5142 판결
7) 대법원 2007. 1. 11. 선고 2004두8538 판결, 1994. 11. 11. 선고 93누19375 판결
8) 다만, 사업시행자가 사업인정을 받은 후 그 사업이 공용수용을 할 만한 공익성을 상실하거나 사업인정에 관련된 자들의 이익이 현저히 비례의 원칙에 어긋나게 된 경우 또는 사업시행자가 해당 공익사업을 수행할 의사나 능력을 상실하였음에도 여전히 그 사업인정에 기하여 수용권을 행사하는 것은 수용권의 공익 목적에 반하는 수용권의 남용에 해당하여 허용되지 않으므로, 그러한 수용재결신청에 기한 수용재결은 위법하여 취소되어야 한다는 취지의 대법원 2011. 1. 27. 선고 2009두1051 판결 참조
9) 「국유림의 경영 및 관리에 관한 법률」이 정한 절차를 거치지 아니한 채 국유림에 대하여 토지보상법상 사용재결을 한 사안에서 재결신청의 요건을 갖추지 못하여 위법하다고 한 사례(대법원 2018. 11. 29. 선고 2018두51904 판결), 사용재결을 하는 경우 그 재결서에 사용할 토지의 위치와 면적, 권리자, 손실보상액, 사용 개시일 외에도 사용방법, 사용기간을 구체적으로 특정하여야 함에도 이를 전혀 기재하지 아니하여 위법하다고 한 사례(대법원 2019. 6. 13. 선고 2018두42641 판결) 등이 있다.

가 다시 협의하여 토지 등의 취득이나 사용 및 그에 대한 보상에 관하여 계약을 체결할 수 있다. 이러한 경우 수용재결의 취소 또는 무효확인을 구하는 항고소송은 소의 이익이 없다.[10]

나. 중앙토지수용위원회를 상대로 이의재결의 취소 또는 무효확인을 구하는 항고소송

토지보상법 제85조 제1항 전문의 문언 내용과 같은 법 제83조, 제85조가 중앙토지수용위원회에 대한 이의신청을 임의적 절차로 규정하고 있는 점, 행정소송법 제19조 단서가 행정심판에 대한 재결은 재결 자체에 고유한 위법이 있음을 이유로 하는 경우에 한하여 취소소송의 대상으로 삼을 수 있도록 규정하고 있는 점 등을 종합하여 보면, 수용재결에 불복하여 취소소송을 제기하는 때에는 이의신청을 거친 경우에도 수용재결을 한 토지수용위원회를 피고로 하여 수용재결의 취소를 구하여야 하고, 다만 이의신청에 대한 재결 자체에 고유한 위법이 있음을 이유로 하는 경우에는 그 이의재결을 한 중앙토지수용위원회를 피고로 하여 이의재결의 취소를 구할 수 있다.[11] 그러나 이러한 위법사유는 거의 찾아보기 어려운 것이므로 이러한 소송에서 원고 청구를 인용하는 경우는 매우 드물다.[12]

따라서 수용재결에 불복하여 중앙토지수용위원회의 이의재결을 거친 경우 수용재결 자체의 취소를 구하는 항고소송은 수용재결을 한 관할 토지수용위원회가 피고적격이 있으므로 소장심사 단계에서 수용재결의 취소를 구하는 소 또는 보상금 증액소송으로 변경할 것을 권고하고,[13] 이 권고에 응하지 않는 경우 주장·증명의 내용에 따라 소 각하(보상금 증감만을 다투는 경우) 또는 청구기각 판결을 할 수밖에 없다.

---

10) 대법원 2017. 4. 13. 선고 2016두64241 판결

11) 대법원 2010. 1. 28. 선고 2008두1504 판결

12) 원고 청구를 인용한 사례로는 수용재결에서 정한 보상금을 이의를 유보하고 수령하였음에도 이의를 유보하지 아니한 채 수령한 것으로 오인하여 이의신청을 각하한 이의재결이 위법하다고 한 사안(서울행정법원 2009. 4. 17. 선고 2008구합49964 판결, 대구고등법원 2013. 9. 13. 선고 2013누872 판결, 서울행정법원 2019. 7. 12. 선고 2018구합65903 판결), 이의신청기간을 도과하지 아니하였음에도 도과한 것으로 오인하여 이의신청을 각하한 이의재결이 위법하다고 한 사안(서울행정법원 2012. 2. 10. 선고 2011구합36449 판결)이 있다.

13) 제소기간이 문제될 수 있으므로 소를 취하하고 신소를 제기하도록 권유하는 것은 적절하지 않다.

다. 보상금 증감에 관한 소송

토지소유자 또는 관계인이 사업시행자를 상대로 한 보상금 증액소송과 사업시행자가 토지소유자 또는 관계인을 상대로 제기하는 보상금 감액소송으로, 토지보상법 시행 후 제기되는 대부분의 소송이다. 보상금 증액소송은 금전지급청구의 형태로, 감액소송은 채무부존재확인청구[14]의 형태를 취한다. 자세한 것은 뒤에서 살펴본다.

라. 주위적으로 항고소송, 예비적으로 보상금 증액소송

주위적으로 관할 토지수용위원회를 상대로 수용재결의 취소를, 예비적으로 사업시행자를 상대로 보상금의 증액을 구하는 소송이다. 수용재결 자체의 위법과 보상금의 증액을 모두 다투고자 하는 경우 제기할 수 있는 전형적인 형태이다.

이는 청구의 주관적 · 예비적 병합에 해당하나, 가끔 단순 병합 형태로 소를 제기하는 경우도 있는데, 이 경우 주관적 · 예비적 병합으로 청구취지를 정리한다. 토지수용위원회를 상대로 한 항고소송과 사업시행자를 상대로 한 보상금 증액소송의 소송물이 서로 다른 이상 각각의 소송목적의 값을 합산하여 인지대를 납부하여야 하므로, 소장 심사 단계에서 이 점을 확인하여 인지대를 적게 납부한 경우 인지보정명령을 한다.

형식은 병합 청구라도 막상 청구원인에서 보상금의 적정성만을 다투는 경우가 압도적으로 많다. 이때에는 소장 심사 단계에서 청구원인을 미리 검토하여 주위적 청구 부분의 소를 취하하도록 유도하는데, 원고도 이에 응하는 것이 보통이다. 다만 사업시행자의 주소지나 토지 소재지 관할 법원이 아닌 법원에 소를 제기하기 위하여 일부러 위와 같은 병합 청구를 하는 경우도 있는데, 이는 부적절하므로[15] 사업시행자의 이익과 심리의 편의 등을 고려하여 사업시행자의

14) 사업시행자가 이미 보상금을 지급한 후 금전부당이득반환청구의 형태로 감액소송을 제기하는 경우도 상정 가능하나, 특별한 사정이 없는 한 소송요건을 결하여 각하될 것이다(토지보상법 제40조 제2항 제3호, 제4항, 제85조 제1항).

15) 실무례에 따라서는 소장심사 단계에서 해당 청구취지 부분의 취하를 권유하여 보고 원고가 응하여 관할이 없는 보상금증감소송만 남게 되면 관할위반을 이유로 한 이송을 하는 경우도 있다고 하나, 민원 소지도 전혀 없지는 않으므로 신중하게 결정할 문제로 보인다.

주소지나 토지 소재지 관할 법원에 사건을 이송하는 것을 고려할 수 있다(행정소송법 제8조 제2항, 민사소송법 제35조).[16][17]

마. 소의 변경 및 제소기간

사업시행자가 아닌, 수용재결을 한 토지수용위원회만을 상대로 수용재결의 취소 및 보상금의 증액을 구하는 소를 제기한 후 변론 도중 피고를 사업시행자로 변경하면서 청구취지 및 청구원인변경신청서를 제출한 경우에는 위 신청을 행정소송법 제21조의 소의 변경 신청으로 봄이 상당하고 소제기일자를 기준으로 제소기간의 준수 여부를 판단하면 된다(행정소송법 제21조 제4항, 제1항, 제14조 제4항).[18]

한편, 토지보상법 제30조 제3항에서 정한 지연가산금은, 사업시행자가 재결신청의 청구를 받은 때로부터 60일을 경과하여 재결신청을 한 경우 관할 토지수용위원회에서 재결한 보상금[19]에 가산하여 토지소유자 및 관계인에게 지급하도록 함으로써, 사업시행자로 하여금 토지보상법이 규정하고 있는 기간 이내에 재결신청을 하도록 간접강제함과 동시에 재결신청이 지연된 데에 따른 토지소유자 및 관계인의 손해를 보전하는 성격을 갖는 금원으로, 재결 보상금에 부수하여 토지보상법이 인정하는 공법상 청구권이다. 따라서 제소기간 내에 보상금의 증감에 대한 소송을 제기한 이상, 지연가산금은 토지보상법 제85조에서 정한 제소기간에 구애받지 않고 그 소송절차에서 청구취지 변경 등을 통해 청구할 수 있다.[20]

---

16) 대법원 2005. 4. 28.자 2005무24 결정(원고와 사업시행자인 피고의 주소지 및 수용대상 토지의 소재지가 모두 대전이고 중앙토지수용위원회에 대하여 이의재결의 취소를 구하는 항고소송 부분은 부적법한 사안임)

17) 다만, 민사소송법 제35조에 따른 이송의 경우, 원고들의 주소지와 수용대상 토지의 소재지가 모두 경산시이고 사업시행자인 한국토지주택공사의 대구경북지역본부에서 업무를 담당하였으나 서울행정법원에 제소한 사안(부적법한 항고소송이 병합되지는 않았고, 서울행정법원에도 관할이 존재한다고 판단하였다)에서 이러한 사정만으로는 민사소송법 제35조의 이송사유에 해당한다고 인정하기 부족하다고 한 사례(서울고등법원 2021. 4. 7. 자 2021루1105 결정)가 있다.

18) 대법원 2009. 5. 14. 선고 2008두12467, 12474(병합) 판결

19) 이의재결 및 보상금 증액소송에서 증액된 보상금은 지연가산금 지급대상이 아니다(서울고등법원 2018. 9. 6. 선고 2017누65908 판결 등 다수). 그럼에도 불구하고 중앙토지수용위원회는 이의재결에서 보상금이 증액되는 경우 그에 맞추어 지연가산금도 증액하는 재결을 하고 있어서, 사업시행자가 이에 불복하여 보상금 감액청구를 하는 경우도 간혹 있다.

3. 보상금 증감에 관한 소송의 성질

가. 보상금 증감에 관한 소송 제도의 변천과정[21]

(1) 구 토지수용법(1990. 4. 7. 법률 제4231호로 개정되기 전의 것)

재결의 취소를 구하는 행정소송은 그것이 수용 자체의 위법을 다투는 소송이든 보상금의 증감에 관한 소송이든 관계없이 모두 중앙토지수용위원회를 상대로 하여 이의재결의 취소를 구하는 항고소송의 형식을 취하도록 하고 있었고, 기업자(공익사업법에서의 사업시행자)는 제3자로서 참가할 수 있었다. 결국, 보상금의 증액을 목적으로 행정소송을 제기하더라도 이의재결의 취소를 명하는 판결이 선고될 수 있을 뿐이므로, 중앙토지수용위원회에서 새로 보상금액수를 정하여 이의재결을 하게 되면 다시 행정소송이 제기되곤 하였다.

(2) 개정 토지수용법(토지보상법 시행으로 폐지되기 전의 것)

제75조의2 제2항에 "제1항의 규정에 의하여 제기하고자 하는 행정소송이 보상금의 증감에 관한 소송인 때에는, 당해 소송을 제기하는 자가 토지소유자 또는 관계인인 경우에는 재결청 외에 기업자를, 기업자인 경우에는 재결청 외에 토지소유자 또는 관계인을 각각 피고로 한다."라는 규정을 두었다.

이는 보상금의 다툼에 관하여 중앙토지수용위원회 외에 실질적 당사자라고 할 수 있는 기업자도 소송당사자가 되도록 하는 한편 법원으로 하여금 적법한 손실보상금의 산정방법에 따라 정당보상금을 산출한 다음 기업자에게 지급을 명함으로써 분쟁을 조속히 종결시키고자 도입한 제도이다.

이에 따른 보상금의 증감에 관한 소송의 구조에 관하여 판례는 "재결청과 기업자를 공동피고로 하여 제기하는 보상금의 증감에 관한 소송은 필요적 공동소송이므로 토지소유자와 재결청 및 기업자 간에 승패가 합일적으로 확정되어야 하고 이는 법원에서 정당한 보상액의 심리를 하는 것을 전제로 한다."라고 하여

20) 대법원 2012. 12. 27. 선고 2010두9457 판결

21) 토지수용에 관한 판례도 이러한 제도의 변화에 맞춰 이해하여야 한다.

필요적 공동소송설을 취하고 있었고,[22] 이에 따라 실무는 재결청을 상대로 한 항고소송과 기업자를 상대로 한 당사자소송이 결합 또는 병합된 형태로 보아, 재결청을 상대로 이의재결 중 정당한 보상금에 미치지 못하는 부분의 취소를 구하는 동시에 기업자를 상대로 법원이 인정한 정당한 보상금과 이의재결에서 인정된 보상금의 차액의 지급을 구하는 방법으로 이루어졌다.

(3) 토지보상법

토지보상법은 이의재결을 임의적 전치절차로 바꿈과 아울러 보상금 증감에 관한 소송에서는 재결청인 관할 토지수용위원회를 아예 피고에서 제외하였다. 이는 종래 토지수용위원회가 피고가 됨으로써 토지수용위원회의 부담만 가중되고 실익은 별로 없다는 학계의 비판을 수용한 것이다.

이로써 보상금 증감에 관한 소송은 우리 행정소송법 제3조 제2호, 제4장에서 규정한 당사자소송, 그중에서도 형식적 당사자소송이 되었다.

나. 당사자소송으로 바뀐 데 따르는 효과

(1) 구체적 위법성에 관한 주장 · 증명의 불요

항고소송과 당사자소송의 결합형태로 운영되던 토지수용법상 보상금 증감소송의 소송물은 이의재결의 적법 여부이므로 원고가 이의재결의 위법사항, 즉, 재결에서 보상금의 결정을 위하여 채용한 감정평가서의 위법성을 구체적으로 주장 · 증명하는 것이 원칙이었다.[23]

그러나 보상금 증감소송에서 항고소송이 빠지고 형식적 당사자소송만 남게

22) 대법원 1991. 5. 28. 선고 90누8787 판결, 1994. 6. 24. 선고 93누21972 판결

23) 대법원 1992. 4. 14. 선고 91누1615 판결. 다만, 대법원 1993. 6. 29. 선고 92누14779 판결 이래 보상금의 증감에 관한 소송에서 이의재결의 기초가 된 각 감정기관의 감정평가와 법원감정인의 감정평가가 모두 그 평가방법에 있어 위법사유가 없고 품등비교를 제외한 나머지 가격산정요인의 참작에 있어서는 서로 견해가 일치하나 품등비교에 관하여만 그 평가를 다소 달리한 관계로 감정의 결과(수용대상토지의 보상평가액)에 차이가 생기게 된 경우에는, 그 중 어느 감정평가의 품등비교 내용에 오류가 있음을 인정할 자료가 없는 이상, 감정평가들 중 어느 것을 취신하는가는 사실심법원의 재량에 속한다는 판례가 확립됨으로써 대부분의 사건에서 이의재결의 위법사항을 구체적으로 주장 · 증명하지 않아도 보상금의 증액을 인정하는 실무가 정착되었다.

된 이상, 원고로서는 재결 또는 재결감정의 구체적인 위법성을 주장 · 증명하지 않더라도 감정이나 적당한 다른 방법으로 정당한 보상금에 관한 주장 · 증명을 하고 그 결과 인정되는 정당한 보상금이 재결에서 인용된 보상금을 넘어서면 그 만큼 보상금의 증액을 명하는 판결을 받을 수 있으며, 법원으로서도 그 부분에 심리를 집중할 수 있게 되었다.[24)]

(2) 화해의 가능

보상금 증감소송이 항고소송과 절연한 이상 행정소송법 제8조 제2항에 의하여 민사소송법의 화해나 청구의 포기 · 인낙에 관한 규정을 준용할 수 있다.[25)] 실무상으로도 보상금액의 결정에 있어서 특별한 법률상 쟁점 없이 품등비교의 적정성만 문제된 경우 화해권고결정을 적극 활용하고 있고,[26)] 그것이 확정되는 비율도 상당한 수준에 이른다.

4. 보상금 증감소송의 심리

보상금 증감소송은 대부분 보상금 증액소송이고, 보상금 감액소송도 심리방법은 보상금 증액소송과 다르지 않으므로 이하에서는 주로 보상금 증액소송에 관하여 본다.

가. 관할

토지소유자 또는 관계인이 소를 제기하는 경우에는 ① 피고인 사업시행자의

24) 수원고등법원 2020. 5. 20. 선고 2019누13820 판결은 감정인 개개인의 주관적 판단에 따른 차이를 최대한 보정하는 것이 정당한 보상의 원칙에 부합하므로 특별한 사정이 없는 한 여러 감정결과들 중 어느 한 개의 감정결과만을 선택하는 것보다는 적법한 감정결과 모두를 산술평균하는 것이 보다 타당하다는 이유로 수용재결, 이의재결 단계 및 법원감정의 각 평가액을 산술평균하여 정당한 보상액을 산정하였다. 위와 같은 방식에 따른다면 원고로서는 여전히 재결감정의 구체적 위법성을 주장 · 증명할 실익이 있을 것이지만, 이러한 방식을 취하는 실무례는 매우 드물다.

25) 토지보상법 제33조는 토지수용위원회의 소위원회로 하여금 화해를 권고할 수 있도록 하고, 화해가 성립한 경우에는 화해조서를 작성하도록 하고 있다.

26) 다만, 당사자소송에 대하여도 민사조정법을 준용할 근거는 없으므로 조정에 갈음하는 결정을 할 수는 없다.

소재지(피고가 국가 또는 공공단체인 경우 행정소송법 제40조 단서에 따라 관계 행정청의 소재지[27]이다)를 관할하는 행정법원(행정소송법 제40조 본문, 제9조 제1항), ② 피고가 국가의 사무를 위임 또는 위탁받은 공공단체[28]인 경우 서울행정법원(행정소송법 제40조 본문, 제9조 제2항), ③ 부동산의 소재지를 관할하는 행정법원(행정소송법 제40조 본문, 제9조 제3항)이, 사업시행자가 제기하는 경우에는 피고인 토지소유자 또는 관계인의 소재지나 부동산의 소재지를 관할하는 행정법원이 관할하게 된다.

실무상 서울행정법원에 토지관할이 없는 상당수의 사건을 서울행정법원에 접수하는 경향이 있다. 이 경우 관할법원으로 이송하여야 하나,[29] 행정소송법 제9조의 토지관할은 전속관할은 아니어서,[30] 피고가 관할위반 주장을 하지 않고 본안에 관하여 변론하는 경우 민사소송법 제30조가 규정하고 있는 변론관할이 성립한다.

나. 원고적격

보상금 증액소송을 제기할 수 있는 자는 토지소유자 또는 관계인이다. 토지소유자는 공익사업에 필요한 토지의 소유자를 말하고, 관계인이라 함은 사업시행자가 취득 또는 사용할 토지에 관하여 지상권 · 지역권 · 전세권 · 저당권 · 사용대차 또는 임대차에 의한 권리 기타 토지에 관한 소유권 외의 권리를 가진 자 또는 그 토지에 있는 물건에 관하여 소유권이나 그 밖의 권리를 가진 자를 말한

27) 예컨대 대전지방국토관리청장이 사업시행자인 경우(피고 대한민국)에는 대전지방법원이 관할법원이다.

28) 서울고등법원 2016. 12. 29. 자 2016루1207 결정은 '국가의 사무를 위임 또는 위탁받은 공공단체'란 국가로부터 해당 사업에 관한 업무를 구체적으로 위임 또는 위탁받은 경우뿐만 아니라 원래 국가사무에 속하는 사무의 일부를 법령에 의하여 위임 또는 위탁받아 자신의 목적 사업으로 수행하면서 그 목적사업과 관련하여 국가의 지도 · 감독을 받는 경우도 포함된다고 하였고, 서울고등법원 2020. 6. 22. 자 2020루1177 결정은 '국가의 사무를 위임 또는 위탁받은 공공단체' 여부는 해당 공공단체가 국가의 사무를 직접 또는 법령에 의하여 위임 또는 위탁받아 수행하는 법적 지위에 있는지를 기준으로 판정함이 상당하고, 소송상 문제된 해당 사무 자체를 국가로부터 위임 또는 위탁받은 경우에 한정된다고 볼 수는 없다고 하였다. 결국 공공단체를 피고로 하는 행정소송 대부분이 서울행정법원에 관할이 있게 된다.

29) 서울행정법원에서는 피고가 서울특별시나 그 산하 구가 아닌 지방자치단체인 경우 원칙적으로 이송하여 왔으나, 행정소송법 제9조 제2항 제2호 소정의 '공공단체'에 지방자치단체도 포함되므로 지방자치단체장에 대한 취소소송의 관할이 서울행정법원에도 있다는 견해를 취한 사례로 서울고등법원 2020. 6. 18. 자 2020루1189 결정, 2020. 12. 18. 자 2020루1399 결정 등이 있으므로 향후 유의하여야 할 것으로 보인다(반대 견해로는 서울행정법원 2021. 9. 16. 자 2021구합3684 결정 참조)

30) 대법원 1994. 1. 25. 선고 93누18655 판결

다. 사업인정의 고시가 있은 후에 새로운 권리를 취득한 자는 관계인이 아니나, 기존의 권리를 승계한 자는 관계인으로 본다(토지보상법 제2조 제4호, 제5호. 이하 특별한 경우가 아닌 한 '소유자'라고만 한다).

같은 공익사업의 시행을 위하여 하나의 수용재결로 토지를 수용당한 여러 명의 소유자가 함께 소송을 제기하는 경우가 많다. 소송비용의 절감과 소송대리인의 출석의 편의를 위한 조치일 것이나 자칫 심리가 번잡하여지고 불필요하게 지연되는 수가 있으므로 너무 많은 인원이 공동소송을 제기하는 것은 지양할 일이다.[31]

반대로 동일한 토지에 관하여 공유지분을 가진 공유자들이 각기 소송을 제기한 경우에는 사건을 병합하는 것이 바람직하다. 왜냐하면, 같은 토지에 대한 보상단가가 달라지는 것은 적절치 못하고 국민의 신뢰도 해칠 수 있기 때문이다.[32] 다만 공유자들이 공유토지 외에 별개의 토지를 동시에 수용당하여 각자 보상금 증액청구소송을 제기한 경우에는 사건을 병합하는 것이 부적당할 수도 있다. 이 경우에는 공유토지에 대해서는 한 사건에서만 시가감정을 실시한 후 그 감정서를 다른 사건에 제출하도록 함으로써 중복 감정을 피하면서 보상단가를 통일하면 될 것이다. 한편 사업시행자가 보상금 감액청구소송을, 소유자가 보상금 증액청구소송을 동시에 제기하는 경우에도 사건을 병합하여 하나의 감정만 행하는 것이 바람직하다.

다. 피고적격

행정소송법은 제39조에서 "당사자소송은 국가 · 공공단체 그 밖의 권리주체를

31) 특별한 사실관계의 변경이 없음에도 수용재결감정보다는 이의재결감정에서, 이의재결감정보다는 법원감정에서 산정된 보상금이 많아지는 경우가 대부분인데, 이는 수용재결감정보다는 이의재결감정에서, 이의재결감정보다는 법원감정에서 더 적은 수의 물건을 감정하기 때문에 감정인이 충분한 시간을 가지고 앞의 감정내용을 검토함과 아울러 당사자의 감정에 관한 의견도 참작하여 감정을 실시할 수 있다는 점에 힘입은 바도 적지 않을 것으로 생각한다[이를테면 일단지(一團地)의 경우 재결감정에서는 개별평가하였으나 법원감정인이 실지조사를 거쳐 용도상 불가분의 관계가 인정된다는 이유로 일괄평가를 한 사례도 간혹 볼 수 있다]. 그러나 법원감정인에게 너무 많은 수의 물건에 대하여 감정을 명하는 경우 이러한 이점을 충분히 활용할 수 없게 되거나 감정에 시간이 오래 걸리는 문제가 생길 소지가 크다. 법원으로서도 서로 다른 쟁점이 있는 다수의 물건을 하나의 절차에서 심리하는 경우 각각의 쟁점에 대하여 충실히 심리하는 데 한계를 느끼는 경우가 많다는 점도 고려하여야 한다.

32) 일부 공유자는 협의가 성립하거나 재결에 승복하고 일부 공유자만 행정소송을 제기한 경우에도 같은 문제가 생기지만 이는 처분권주의에 따른 불가피한 결과이므로 이미 확정된 다른 공유자의 보상금액을 고려할 필요 없이 법원이 통상의 방법에 따라 정당한 보상금을 정하면 된다.

피고로 한다."라고 규정하고 있음에 비하여, 토지보상법 제85조 제2항은 "제1항의 규정에 따라 제기하고자 하는 행정소송이 보상금의 증감에 관한 소송인 경우 당해 소송을 제기하는 자가 토지소유자 또는 관계인인 때에는 사업시행자를, 사업시행자인 때에는 토지소유자 또는 관계인을 각각 피고로 한다."라고 규정하고 있다.

그런데 사업인정의 근거가 되는 법률에 시장 · 군수 · 구청장을 사업시행자로 규정하고 있는 경우가 많은데다가, 사업인정에 관한 고시를 하면서 시장 · 군수 · 구청장 또는 국가사업의 경우 ○○지방국토관리청장 등 행정청을 사업시행자로 지정하고, 나아가 재결에서도 사업시행자를 그와 같이 표시하기 때문에 시장 · 군수 · 구청장 또는 ○○지방국토관리청장 등 행정청을 피고로 지정하여 오는 경우가 있다.

그러나 보상금 증감소송에서 피고적격자인 사업시행자라 함은 재결에 의하여 토지의 소유권 등의 권리를 취득하고 그로 인하여 토지소유자 또는 관계인이 입은 손실을 보상하여야 할 의무를 지는 권리의무의 주체인 국가 또는 지방자치단체 등 공공단체를 의미하므로, ○○지방국토관리청장이나 시장 · 군수 · 구청장 등의 행정청이 토지를 수용 또는 사용할 수 있는 공익사업을 시행하는 경우에도, 그 손실보상금의 증감에 관한 행정소송은 그 행정청이 속하는 권리의무의 주체인 국가나 지방자치단체 등 공공단체를 상대로 제기하여야 하는 것이지, 그 기관에 불과한 행정청을 상대로 제기할 수는 없다.[33] 따라서 행정청을 피고로 지정하였다면 그 행정청이 속한 국가나 지방자치단체 등 공공단체를 피고로 하도록 피고 경정 또는 피고 표시 정정을 촉구하여야 한다. 소장 부본 송달 전이라면 단순한 표시정정으로 충분하고, 소송계속 이후에는 행정소송법 제14조에 의한 피고경정 절차를 거치는 것이 원칙이겠으나, 후자의 경우에도 피고 표시 정정으로 해결하기도 한다.[34]

33) 대법원 1992. 2. 11. 선고 91누7774 판결, 1993. 5. 25. 선고 92누15772 판결
34) 예컨대 '서울지방국토관리청장'을 '대한민국'으로 고치는 경우라면 정식으로 피고경정을 함이 상당하나, '서울특별시장'을 '서울특별시'로 고치는 경우라면 정식으로 피고경정결정을 하여 그 결정정본과 소장부본을 송달하는 것보다 단순한 피고표시 정정진술 방식으로 처리하는 것이 더 합리적이다.

라. 수용재결 전치주의

피보상자별로 어떤 토지, 물건, 권리 또는 영업이 손실보상대상에 해당하는지, 나아가 보상금액이 얼마인지를 심리 · 판단하는 기초 단위를 보상항목이라고 한다. 편입토지 · 물건 보상, 지장물 보상, 잔여 토지 · 건축물 손실보상 또는 수용청구의 경우에는 원칙적으로 개별물건별로 하나의 보상항목이 되지만, 영업손실보상의 경우에는 '전체적으로 단일한 시설 일체로서의 영업' 자체가 보상항목이 되고, 세부 영업시설이나 영업이익, 휴업기간 등은 영업손실보상금 산정에서 고려하는 요소에 불과하다.[35]

보상금 증액소송은 보상항목별로 별도의 재결절차를 거친 후에 비로소 제기할 수 있는데, 이를 수용재결 전치주의라 한다.[36] 다만, 영업손실보상의 경우 영업의 단일성 · 동일성이 인정되는 범위에서 보상금 산정의 세부요소를 추가로 주장하는 것은 하나의 보상항목 내에서 허용되는 공격방법일 뿐이므로, 별도로 재결절차를 거쳐야 하는 것은 아니다.[37]

어떤 보상항목이 토지보상법령상 손실보상대상에 해당함에도 관할 토지수용위원회가 사실을 오인하거나 법리를 오해함으로써 손실보상대상에 해당하지 않는다고 잘못된 내용의 재결을 한 경우에는, 피보상자는 관할 토지수용위원회를 상대로 그 재결에 대한 취소소송을 제기할 것이 아니라, 사업시행자를 상대로 토지보상법 제85조 제2항에 따른 보상금증감소송을 제기하여야 한다.[38]

재결절차를 거치지 않은 채 곧바로 사업시행자를 상대로 손실보상금을 청구하는 것은 원칙적으로 부적법하고,[39] 이는 직권조사사항이다.[40] 소를 제기할

35) 대법원 2018. 7. 20. 선고 2015두4044 판결

36) 대법원 2008. 7. 10. 선고 2006두19495 판결(잔여지 가격감소 등으로 인한 손실보상), 대법원 2018. 6. 15. 선고 2018두35681 판결(잔여지 수용청구), 대법원 2015. 7. 9. 선고 2015두1595 판결(누락지장물), 대법원 2015. 11. 12. 선고 2015두2963 판결(잔여 건축물 가격감소 등으로 인한 손실보상), 대법원 2011. 9. 29. 선고 2009두10963 판결(영업손실보상) 등 참조. 한편, 토지보상법상 잔여지 손실보상에 관한 재결절차를 거쳤더라도 도로법에 근거한 손실보상을 구하기 위해서는 도로법이 정한 재결절차를 별도로 거쳐야 한다(대법원 2017. 7. 11. 선고 2017두40860 판결 참조).

37) 대법원 2018. 7. 20. 선고 2015두4044 판결

38) 대법원 2018. 7. 20. 선고 2015두4044 판결. 토지수용위원회가 잔여지 수용청구를 받아들이지 아니한 경우도 마찬가지이다(대법원 2010. 8. 19. 선고 2008두822 판결).

39) 다만, 이주정착금, 주거이전비, 이사비 보상청구의 경우 그 요건을 충족하는 경우에 당연히 발생하는 것이므로 재결절차를 거치지 아니하였더라도 곧바로 행정소송법 제3조 제2호에 규정된 당사자소송을 제기할 수 있다(대법원 2019. 4. 23. 선고 2018두55326 판결).

당시 재결을 거치지 않았다고 하더라도, 사실심 변론종결시까지 재결을 거쳤다면 그 흠결의 하자가 치유된다.

편입토지 보상, 지장물 보상, 영업 · 농업 보상에 관해서는 사업시행자만이 재결을 신청할 수 있고 토지소유자와 관계인은 사업시행자에게 재결신청을 청구하도록 규정하고 있으므로, 토지소유자나 관계인의 재결신청 청구에도 불구하고 사업시행자가 재결신청을 하지 않을 때 토지소유자나 관계인은 사업시행자를 상대로 거부처분 취소소송 또는 부작위 위법확인소송의 방법으로 다투어야 한다.[41] 이처럼 사업시행자의 재결신청을 요하는 사안에서는 경우에 따라 사업시행자에 대한 재결신청 청구의 내용, 사업시행자의 재결신청 내용, 토지수용위원회의 재결서의 판단 내용이 불일치하는 사례를 발견할 수 있다. 이 경우 재결전치 요건 충족 여부 및 법원의 판단대상 범위 확정과도 연동되는 문제가 발생하므로 주의를 요한다.

마. 소의 제기와 소장 심사

보상금 증감소송의 경우 이의재결을 거친 때에는 제소기간이 이의재결서를 송달받은 날로부터 60일로 되어 있어 다소 짧다. 따라서 제소기간을 놓치는 경우도 있고,[42] 소송대리인이 선임되었음에도 준비기간이 짧아 소장이나 첨부 서증이 부실한 경우가 종종 있다.

보상금 증감소송은 당사자소송이기는 하나 관할 토지수용위원회의 수용재결을 원인으로 한 법률관계에 관한 소송인만큼 그 처분서인 '수용재결서'가 가장 기본적인 서증이고 이것을 제출하여야 소장의 실질적인 내용까지 제대로 심사할 수 있다. 특히 원고에게 송달된 수용재결서에는 별지로 '보상금내역서'가 붙어 있고, 그것까지 보아야 수용 목적물과 보상금액을 파악할 수 있다. 그럼에도

40) 대법원 2018. 6. 15. 선고 2018두35681 판결
41) 대법원 2019. 8. 29. 선고 2018두57865 판결
42) 토지수용 사건의 경우 피고가 감정평가서가 도착하기 전에는 형식적 답변서만을 제출하고 별다른 대응을 하지 않는 경우가 대부분이므로, 소장심사 시 이의재결일로부터 소제기일까지 60일이 경과한 경우에는 일률적으로 제소기간 준수 여부를 소명하도록 보정을 명하여 불필요한 감정비용 지출을 막는 것이 바람직하다.

수용재결서를 서증으로 제출하지 않는 경우가 있고, 특히 '보상금내역서'를 첨부하지 않는 경우가 많아 실질적인 소장심사에 어려움을 겪게 된다.

여기에서 바람직한 소장의 구성과 첨부 서증을 예시하여 본다.

우선 청구취지로는 증액을 구하는 금액을 특정하여야 하는데, 원고로서는 정당한 보상금을 예측하기 어려우므로 일단 소제기 단계에서는 일부청구임을 명시하여 재결보상금의 5%–10% 정도의 일정한 금액을 원금으로 하고 이에 대한 수용개시일 다음날부터의 법정지연손해금을 구하는 것이 무난하다. 나중에 감정 등 증거조사를 통하여 정당한 보상금의 윤곽이 드러나면 그때 청구취지를 변경(확장)하고 그에 맞춰 인지대를 추가 납부하여야 한다.

다음으로, 청구원인을 구성할 때는 공익사업의 내용, 재결의 경위와 보상금, 재결서를 송달받은 날, 보상금을 증액하여야 하는 사정을 기재하고, 재결의 기초가 된 감정서를 미리 입수한 경우라면 그 중 위법하거나 부당한 부분을 구체적으로 주장할 수 있다.

소장에 첨부할 서증으로는 송부서와 '보상금내역서'가 붙은 수용재결서, 이의재결을 거친 경우 이의재결서, 공탁통지서, 부동산에 관한 공부, 지적도나 지번을 표시한 정밀지도,[43] 토지이용계획확인서, 건물 등 지장물이 전부 또는 일부 수용된 경우 현장사진과 도면, 항공사진이나 위성사진 등이 있으며, 원고가 법인인 경우나 피고가 공사, 정비사업조합 등의 법인인 경우에는 법인등기부등본도 제출한다.

한편, 공탁과 관련하여 토지소유자가 사업시행자 또는 공탁공무원에게 이의유보의 뜻을 표시하지 아니한 채 보상금 또는 공탁금을 수령하면 그 이후에 불복은 불가하며, 소의 이익이 없어 각하할 수밖에 없으므로 이의유보의 의사표시가 있었는지 직권 조사해야 한다. 더구나 토지소유자가 수용재결에서 정한 손실보상금을 수령할 당시 이의유보의 뜻을 표시하였다 하더라도, 이의재결에서 증액된 손실보상금을 수령하면서 이의유보의 뜻을 표시하지 않은 이상 특별한 사정이 없는 한 이는 이의재결의 결과에 승복하여 수령한 것으로 보아야 하고, 위와 같이 증액한 손실보상금을 수령할 당시 이의재결을 다투는 행정소송이 계속

43) 수용토지와 표준지가 함께 나타나는 것이 좋다.

중이라는 사실만으로는 추가보상금의 수령에 관하여 이의유보의 의사표시가 있다고 볼 수는 없다.[44)]

보상금 감액소송의 경우, 사업시행자는 재결보상금 중 불복하는 금액을 공탁하여야 하고(토지보상법 제40조 제2항 제3호, 제4항, 제85조 제1항) 이는 소송요건이므로, 반드시 공탁서를 서증으로 제출하여야 한다. 재결에 불복하여 이의신청을 거쳐 행정소송을 제기하는 경우에는 원칙적으로 행정소송 제기 전에 이의재결에서 증액된 보상금을 공탁하여야 할 것이지만, 제소 당시 그와 같은 요건을 구비하지 못하였다 하여도 사실심 변론종결 당시까지 그 요건을 갖추었다면 그 흠결의 하자는 치유된다.[45)]

바. 소송절차안내와 답변서의 제출

재판장이 소장심사를 마치면 피고에게 소장부본을 송달하면서 토지수용사건에 관하여 따로 마련된 '소송절차안내문'을 함께 송달하는데, 답변서 작성 시 유의사항으로 ① 원고가 이의신청기간이나 제소기간을 도과하는 등 이 사건 소에 각하사유가 있을 때에는 이를 지적할 것, ② 재결의 경위(수용재결 · 이의재결일, 그 내용 등)와 사업시행 및 재결의 근거법령(법률, 시행령, 시행규칙 또는 조례, 지침 등)을 명시할 것, ③ 원고가 주장하는 재결의 위법사유에 대하여 구체적이고 개별적인 답변을 할 것[46)] 등을 안내하고, 답변서를 제출하면서 수용

---

44) 대법원 1991. 8. 27. 선고 90누7081 판결, 1995. 9. 15. 선고 93누20627 판결, 2001. 11. 13. 선고 2000두1003 판결 등. 다만, 대법원 2009. 11. 12. 선고 2006두15462 판결에서는 원고가 이의재결에서 증액한 보상금을 수령할 당시 수용보상금의 액수를 다투어 행정소송을 제기하고 상당한 감정비용을 예납하여 시가감정을 신청한 후 피고도 증액 보상금의 수령에 따른 법률적 쟁점을 제1심에서 즉시 제기하지 아니하고 그로부터 약 6개월이 경과하여 항소심에서 비로소 주장하기 시작한 사안에서 이미 상당한 금액의 소송비용을 지출한 원고가 소장에 기재한 최초 청구금액에도 훨씬 못 미치는 이의재결의 증액분을 수령한 것이 이로써 이 사건 수용보상금에 관한 다툼을 일체 종결하려는 의사는 아니라는 점은 피고도 충분히 인식하였거나 인식할 수 있었다고 봄이 상당하다는 이유로 원고가 수령한 이의재결의 증액 보상금에 대하여는 소송으로 확정할 정당한 수용보상금의 일부로써 수령한다는 묵시적인 의사표시의 유보가 있었다고 보았다.

45) 대법원 2008. 2. 15. 선고 2006두9832 판결. 다만, 보상금 수령거절을 이유로 변제공탁한 경우에는 소송요건을 갖추었다고 볼 수 없다(서울고등법원 2018. 9. 6. 선고 2018누31292 판결 참조).

46) 예컨대 ① 원고가 주장하는 토지의 현황 또는 지목과 달리 평가하였다면, 왜 그와 같이 평가하여 보상하였는지(예컨대, 도로로 평가하여 감액하였다면 도로개설일시와 경위, 일시적 이용상황에 불과하다고 보았다면 이용상황이 변하게 된 일시와 경위, 불법형질변경으로 보았다면 형질변경일시와 경위, 미보상용지가 아니라고 보았다면 종전 사업시행일시와 경과 등), ② 원고의 잔여지 수용에 관한 주장을 배척하였다면, 잔여지 수용청구기간이 경과되어 배척한 것인지 아니면 잔여지 수용의 필요성이 없어서 배척한 것인지와 그와

재결 및 이의재결의 각 재결서와 각 2개 감정기관의 감정평가서, 사업인정에 관한 관보, 지적도, 현황측량성과도, 토지조서, 물건조서, 조사보고서 및 원고와의 보상협의관련 서류, 그 외 답변서 내용을 뒷받침하는 증거서류를 반드시 제출하도록 안내하는 내용이다.

피고 소송대리인이나 소송수행자[47]가 대부분의 경우 답변서와 필요한 서증을 적절하게 제출하고 있으나, 답변서의 제출이 늦어지는 경우에는 답변서 제출을 촉구하게 된다.[48]

사. 감정신청과 실시

보상금 증액소송에서 재결에서 정한 손실보상금액보다 정당한 손실보상금액이 더 많다는 점에 대한 증명책임은 소유자 즉 원고가 부담한다.[49] 그런데 이는 감정평가법인등[50]의 감정으로 드러나므로 원고로서는 적절한 감정(촉탁)[51]신청서를 작성 · 제출하여 감정인으로 하여금 법령에 따라 정당한 보상금액을 산출하도록 하는 것이 가장 중요하고 효과적인 증명방법이다.

감정신청의 시기에 관하여는 건물 등 지장물의 철거나 현상변경이 임박한 경우[52]라면 제1회 변론기일 이전이라도 신청할 수 있고,[53] 피고가 답변서와 재결

같이 판단하게 된 근거가 무엇인지, ③ 원고 주장이 폐업보상요구를 배척하였나면, 영업의 이전가능성이 있다고 보아서인지 아니면 무신고(등록) 영업이기 때문인지와 그와 같이 판단하게 된 근거가 무엇인지 등.

47) 실무상 사업시행자인 행정청 소속 공무원 및 한국부동산원 직원을 소송수행자로 지정하고, 주로 한국부동산원 직원이 소송업무를 실질적으로 수행하고 있다(「국가를 당사자로 하는 소송에 관한 법률」 제2조의2, 제3조 제2항, 토지보상법 제81조, 토지보상법 시행령 제43조). 한편 지방자치단체는 「국가를 당사자로 하는 소송에 관한 법률」 제5조 제1항의 '행정청의 장'에 해당하지 아니하므로, 소송수행자를 지정할 수 없음에 유의하여야 한다. 지방자치단체가 당사자인 당사자소송에서 변호사 아닌 피고 소속 공무원으로 하여금 소송수행자로서 피고의 소송대리를 하도록 한 것은 민사소송법 제424조 제1항 제4호가 정하는 '소송대리권의 수여에 흠이 있는 경우'에 해당한다고 본 대법원 2006. 6. 9. 선고 2006두4035 판결 참조

48) 도시개발사업과 같은 대단위 사업에서는 하나의 재결로 수백 명이 소유한 다수의 부동산을 일거에 수용하기도 하는데, 그 중 일부만 행정소송을 제기하더라도 사업시행자로서는 응소 준비에 상당한 시간이 걸릴 것이므로, 이러한 경우에는 답변서를 제출할 시간적 여유를 좀 더 부여할 필요도 있다.

49) 대법원 1997. 11. 28. 선고 96누2255 판결

50) 「감정평가 및 감정평가사에 관한 법률」에 따른 감정평가사 또는 감정평가법인

51) 서울행정법원 토지수용 전담재판부의 경우 지장물의 철거가 임박한 등 특별한 사정이 없는 한 선서의무가 면제되는 감정촉탁방식을 취하지 아니하고 감정인신문기일을 별도로 지정하여 선서를 시킨 후 감정을 명하고 있다. 이는 대부분의 보상금 증감소송이 법원감정에 위법사유나 오류가 없는 한 법원감정을 채택하여 정당한 손실보상금을 산정하는 실무례를 고려한 것이다.

52) 특히 이의재결을 거친 경우라면 수용개시일로부터 상당한 기간이 경과한 후에 행정소송을 제기할 수밖에 없어 이러한 경우가 많을 것이다.

53) 더 급박한 경우라면 행정소송 제기 이전에 민사소송법을 준용하여 증거보전 신청을 하는데, 대체로 급박한

감정서를 제출하지 않았더라도 간단한 사안의 경우 바로 감정절차를 진행할 수도 있다. 통상 감정인을 선정하여 감정인이 예상감정료산정서를 제출하면 예납을 명하면서 원고와 피고에게 감정에 대한 의견서를 제출하도록 하고,[54] 이를 감정인에게 송부하여 참고하게 한다.

토지의 경우 원고가 지목과 다른 현황대로의 평가를 요구하기도 하는데[55] 이때는 현황에 관하여 사실조회나 현장검증 등의 증거조사를 마친 후에 감정을 하기도 하지만, 지목에 따른 평가와 원고가 주장하는 현황에 따른 평가를 동시에 하도록 감정을 명하는 경우도 많다. 또한 원고가 2개 이상의 토지에 대하여 거래상 일체성 또는 용도상 불가분의 관계가 있다고 주장하며 일괄하여 감정평가할 것을 요구하는 경우에도, 대체로 개별평가와 일괄평가를 동시에 하도록 감정을 명하고 있다.

손실보상가격의 평가기준일은 수용재결일이다(토지보상법 제67조 제1항). 수용개시일이나 사업인정고시일 또는 이의재결일이 아님에 유의하여야 한다.

원고가 감정신청서를 제출하면 법원별로 등재된 감정평가법인 또는 감정평가사사무소 소속 감정평가사 중 전산 추첨으로 감정인을 선정하여 감정인 지정결정을 한다. 법원이 보상금 증감소송을 심리하면서 보상액의 평가를 명할 경우에는 토지보상법 제68조가 적용되지 아니하므로 1명의 감정인을 선정하는 것으로 충분하다.[56] 다만, 공정성을 담보하기 위하여 해당 공익사업과 관련한 협의보상, 수용재결 또는 이의재결에 관여한 법인 등은 선정대상에서 제외하는데, 이러한 법인들이 최소 4개에서 최대 7개(이의재결까지 거치고 토지보상법 제68조 제2항에 따라 해당 토지를 관할하는 시·도지사와 토지소유자가 추천하는 감정평가업자까지 선정한 경우)에 달하고, 또 감정평가법인의 합병이 활발하게 진행되고 있어 감정인 선정에는 세심한 주의를 요한다.[57]

사정을 고려하여 감정촉탁을 하는 것이 서울행정법원의 최근 실무례이다. 이때 철거나 공사 중지 명령을 구하는 경우가 있으나 철거나 공사 중지는 민사가처분에 의할 일이지 증거보전절차에서 할 수 있는 일이 아니므로 이를 받아주어서는 안 된다.

54) 원고의 경우 감정신청서를 제출하면서 감정에 대한 의견서를 첨부하는 경우도 많다.

55) 토지에 대한 보상액은 가격시점에서의 현실적인 이용상황과 일반적인 이용방법에 의한 객관적 상황을 고려하여 산정한다(토지보상법 제70조 제2항).

56) 대법원 1993. 4 27. 선고 92누19507 판결

57) 실무상 원고에게 감정신청서를 제출할 때 위 각 단계에서 감정평가를 담당한 감정평가기관을 전부 기재하

지정된 감정인에게는 감정인지정결정서 등본과 함께 감정신청서, 감정인안내문[58]을 송달한다. 감정인은 예상감정료를 산정하여 법원에 제출하고, 법원은 원고에게 이를 예납하도록 하여 원고가 이를 납부하면 감정인신문기일을 지정한다.[59]

감정인신문기일에는 감정인에게 감정사항이 자신의 전문분야에 속하지 아니하는 경우 또는 그에 속하더라도 다른 감정인과 함께 감정을 하여야 하는 경우[60]에는 곧바로 법원에 감정인의 지정 취소 또는 추가 지정[61]을 요구하여야 하고 감정을 다른 사람에게 위임하여서는 아니 됨을 고지한 후(민사소송법 제335조의2, 민사소송규칙 제100조의2), 거짓감정의 벌을 경고하고 선서를 하도록 한다. 감정사항에 관하여는 감정신청서에 기재된 감정목적물의 수용재결일[62] 기준 정당한 손실보상금을 토지보상법령에 따라 산정할 것을 명한다. 한편, 감정 시 유의사항으로 감정신청서 및 감정에 대한 의견서는 감정을 하면서 참고하되 이에 구속되어서는 아니 되며 전문가의 입장에서 관련 법령에 따라 감정하도록 하고, 위 서면에 기재된 당사자들의 의견에 대한 당부나 채택 여부 등의 판단을 감정서에 표시하도록 한다. 최근 감정신청인 측에서 실지조사 참관을 적극적으로 희망하는 경우가 많은데, 감정절차에서 당사자에게 반드시 실지조사에 참여할 기회를 부여하여야 할 법령상 근거는 없으나, 당사자의 절차적 만

도록 보정권고를 하고, 그에 따라 원고가 감정신청서에 첨부한 감정인 선정에 관한 의견서에 이를 정리하여 제출하고 있다. 이러한 과정을 거쳐 신중히 감정인을 선정하더라도 간혹 같은 사업구역 내지 인접 사업구역 내 토지의 감정에 관여하였다는 등의 이유로 감정인 스스로 법원에 감정인 지정 취소를 요청하는 경우가 있는데, 대체로 감정인의 요구를 받아들여 감정인 지정결정을 취소하고 전산에 의하여 다시 감정인을 선정한다. 위와 같은 절차가 원활히 진행되기 위해서는 다수의 감정인이 확보될 필요가 있다.

58) '예상감정료산정서'를 제출할 것, 감정불수락시 불수락사유서를 제출할 것, '예상감정료산정서'가 제출되면 감정인신문기일을 지정하여 '감정인출석요구서'를 보낼 예정이니 기일출석 시 신분증과 이력서를 지참할 것 등의 내용이 기재되어 있다.

59) 원고가 예상감정료가 과다하다고 주장하며 감정인의 교체를 요구하는 경우가 있는데, '감정인등 선정과 감정료산정기준 등에 관한 예규' 및 '감정평가업자의 보수에 관한 기준' 등에 비추어 감정료가 과다하다고 생각되는 경우 감정인에게 구체적 산정근거를 제출할 것을 요구하면 납득할 만한 사유를 제시하거나 적절한 범위 내의 금액으로 감액하기도 한다.

60) 건축물의 일부를 수용함으로 인하여 잔여 건축물의 보수비를 산정하여야 하는 경우, 특수한 지장물이나 시설의 이전비, 가격을 산정하여야 하는 경우 등이 있다.

61) 행정소송사건의 심리절차에서 토지보상법상 토지 등의 손실보상액에 관하여 감정을 명할 경우 그 감정인으로 반드시 감정평가사나 감정평가법인을 지정하여야 하는 것은 아니다(대법원 2021. 10. 14. 선고 2017도10634 판결).

62) 감정신청서에 이를 잘못 기재하는 경우가 종종 있으므로 증거채택 시 이를 살펴보고 사전에 원고에게 보정을 명하거나 감정인신문기일에 이를 바로잡아 불필요한 보완감정을 시행하지 않도록 한다.

족감 제고를 위하여 감정인신문기일에서 감정인에게 가급적 당사자들에게 실지조사 참여 기회를 부여할 것을 권고하기도 한다.

감정신청과 함께 현장검증을 신청하는 경우가 간혹 있는데, 신청인으로 하여금 우선 사진, 동영상 등을 제출하게 한 다음 필요한 경우 현장검증을 시행하기도 한다.[63]

감정결과가 도착하기까지 몇 달이 걸리는 경우가 대부분이므로 다음 기일은 추후로 지정하게 된다.

아. 감정평가서 도착 이후의 절차

감정평가서가 법원에 도착하면 원 · 피고에게 이를 송달하고, 재판장이 그 내용을 검토하여 특별한 문제점이 없으면 그에 따라 화해권고결정을 하는데, 기존의 청구취지가 화해권고할 금액보다 적으면 그에 앞서 석명준비명령을 보내어 감정결과에 따른 청구취지의 확장 및 인지대 추가 납부를 촉구한다.

감정결과에 문제가 있거나, 원고 또는 피고가 감정평가서의 문제점이나 미비점을 지적하면서 그에 불복할 태도를 보이는 경우 신청에 따라 감정인에 대한 사실조회 또는 보완감정을 시행하기도 한다. 이와 같이 추가 증거신청이 있는 경우 사실조회나 미비사항에 대한 보완감정은 비교적 폭넓게 채용하나, 재감정신청을 쉽게 받아들여서는 안 되며, 그 채택에는 극히 신중을 기하여야 한다.

사실조회회신이나 보완감정촉탁결과까지 나오면 청구취지의 정리[64]를 거쳐 화해권고결정[65]을 하거나 변론기일을 지정한다.

자. 판결의 작성

(1) 주문의 결정

심리를 통하여 정당한 손실보상금을 확정한 다음 여기에서 수용재결에서 정

63) 일단지임을 주장하는 경우 등 현장검증이 상당히 유용한 경우가 간혹 있다.
64) 법원감정에 따라 청구취지를 정리하거나 항소가능성 등을 고려하여 법원감정에 따른 금액보다 다소 증액하여 청구취지를 변경한다. 항소의 이익에 관하여는 대법원 2010. 11. 11. 선고 2010두14534 판결 참조
65) 서울행정법원에서는 변론기일을 거치지 않고 화해권고결정을 하는 예도 많은데, 성공률이 결코 낮지 않다.

한 보상금(이의신청을 하지 아니하거나 이의신청을 기각한 경우) 또는 이의재결에서 증액한 보상금을 공제한 값의 지급을 명한다.

한편 보상금 감액소송은 채무부존재확인청구의 형태를 취하므로, 사업시행자가 주장하는 금액을 초과하는 금액이 정당한 손실보상금으로 인정되는 경우, 사업시행자의 손실보상금 채무가 인정된 손실보상액을 초과하여서는 존재하지 아니함을 확인하고 나머지 청구를 기각하는 일부패소판결을 하게 된다.

(2) 보상항목의 유용

소유자는 하나의 재결에서 여러 보상항목의 손실에 관하여 심리·판단이 이루어진 경우 그 중 일부에 관해서만 불복할 수 있는데, 이 때 법원의 심판범위는 구체적으로 불복신청을 한 보상항목들로 제한된다. 불복한 보상항목들에 관하여 감정한 결과 재결에서 정한 보상금액이 일부 보상항목의 경우 과소하고 다른 보상항목의 경우 과다한 것으로 판명되었다면, 법원은 보상항목 상호 간의 유용을 허용하여 항목별로 과다 부분과 과소 부분을 합산하여 보상금의 합계액을 정당한 보상금으로 결정할 수 있다.[66][67] 예를 들어 원고 소유의 A, B 2필지의 토지가 수용되자 원고가 그 전부를 불복의 대상으로 하여 보상금 증액소송을 제기한 경우 심리한 결과 재결보상금에 비하여 A 토지는 200만 원 증가, B 토지는 100만 원 감소로 나타났다면, 원고에 대한 지급 금액은 100만 원(=200만 원 −100만 원)이 된다.

이러한 경우 소유자는 재결보상금이 과다한 것으로 판명된 보상항목에 관해 불복신청이 이유 없음을 자인하는 진술을 하거나 단순히 불복신청을 철회함으로써 해당 보상항목을 법원의 심판범위에서 제외하여 달라는 소송상 의사표시를 할 수 있고, 사업시행자는 이에 대응하여 과다 부분과 과소 부분을 합산하여 당초 불복신청된 보상항목들 전부에 관하여 정당한 보상금액을 산정하여 달라는 소송상 의사표시를 할 수 있다.[68]

---

66) 대법원 2018. 5. 15. 선고 2017두41221 판결

67) 이에 관한 상세한 논의로는 이상덕, "보상금증감소송의 소송물이론과 보상항목 유용 법리에 관한 고찰", 사법(49), 383~430 참조

68) 대법원 2018. 5. 15. 선고 2017두41221 판결. 이러한 법리는 보상금 감액소송에도 마찬가지로 적용

(3) 재결보상금의 공제

수용재결만 거쳐 행정소송을 제기한 경우 사업시행자는 수용개시일까지 보상금을 지급 또는 공탁하여야 하고(토지보상법 제40조), 보상금을 지급 또는 공탁하지 아니하는 경우 재결의 효력이 상실되므로(토지보상법 제42조 제1항) 보상금 증액소송에서 수용재결 보상금의 지급 또는 공탁 여부는 통상 문제되지 않는다.

그러나 이의재결에서 증액된 보상금에 대하여는 토지보상법 제84조 제2항에서 사업시행자가 재결서 정본을 받은 날부터 30일 이내에 증액된 보상금을 지급 또는 공탁하도록 하고 있음에도 이를 게을리하는 경우가 있다. 이때 원고가 수용재결의 보상금액과 법원이 정당하다고 인정한 보상금의 차액 전부를 지급할 것을 청구하기도 하는데, 제소기간 도과 등의 사유로 이의신청에 대한 재결이 확정된 때에는[69] 확정판결이 있은 것으로 보고, 재결서 정본은 집행력 있는 판결의 정본과 동일한 효력을 가지므로(토지보상법 제86조 제1항),[70] 사업시행자가 보상금 감액소송을 제기하지 아니한 이상 이의재결에서 증액한 부분을 다시 청구하는 것은 소의 이익이 없어서 각하하여야 한다.[71]

(4) 지연손해금

수용재결 또는 사용재결이 이루어진 경우 지연손해금 기산일은 수용개시일 다음날이다. 토지보상법 제40조 제1항, 제2항에 의하면 사업시행자가 재결된 보상

된다.

69) 사업시행자가 수용보상금 감액소송을 제기하지 않는 이상 이의재결에서 증액한 부분은 다시 쟁송의 대상이 될 수 없으므로 수용보상금 증액소송은 공익사업법 제86조 제1항에서 말하는 '소송'에 해당하지 않는다.

70) 사업시행자, 토지소유자 또는 관계인은 이의신청에 대한 재결이 확정되었을 때에는 관할 토지수용위원회에 대통령령으로 정하는 바에 따라 재결확정증명서의 발급을 청구할 수 있다(토지보상법 제86조 제2항). 사업시행자 · 토지소유자 또는 관계인은 법 제86조 제2항에 따른 재결확정증명서의 발급을 청구하려는 경우에는 국토교통부령으로 정하는 재결확정증명청구서에 이의신청에 대한 재결서의 정본을 첨부하여 중앙토지수용위원회에 제출하여야 하고(동 시행령 제47조 제1항), 재결확정증명서는 재결서 정본의 끝에 민사집행법 제29조 제2항에 준하여 집행문을 적고 중앙토지수용위원회의 간사 또는 서기가 기명날인한 후 중앙토지수용위원회 위원장의 직인을 날인하여 발급한다(같은 조 제2항). 중앙토지수용위원회는 재결확정증명서를 발급하려는 경우에는 법 제85조 제1항에 따른 행정소송의 제기 여부를 관할 법원에 조회하여야 한다(같은 조 제3항).

71) 서울고등법원 2019. 9. 5. 선고 2018누78642 판결 등 다수의 하급심 판결이 이러한 태도를 취하고 있다.

금을 수용개시일까지 지급 또는 공탁하도록 되어 있는 만큼 손실보상금의 지급의무는 수용재결시가 아닌 수용개시일부터 발생하기 때문이다. 그 반대급부로 토지소유자 및 관계인은 수용 또는 사용의 개시일까지 사업시행자에게 토지나 물건을 인도 또는 이전하도록 되어 있다(토지보상법 제43조). 재결절차에서 정한 보상액과 행정소송절차에서 정한 보상금액의 차액 역시 수용과 대가관계에 있는 손실보상의 일부이므로, 그 차액이 수용개시일에 지급되지 않은 이상, 이에 대한 지연손해금이 발생하는 것은 당연하다.[72)]

다만, 잔여지 손실보상금 지급의무는 이행기의 정함이 없는 채무이므로 잔여지의 손실이 현실적으로 발생한 이후로서 잔여지 소유자가 사업시행자에게 이행청구를 한 다음 날부터 그 지연손해금 지급의무가 발생한다.[73)][74)] 주거이전비 및 이사비 또한 이행기의 정함이 없는 채무로서 채무자는 이행청구를 받은 다음 날부터 이행지체 책임이 있다.[75)]

(5) 소송비용

소송비용은 금전지급을 구하는 일반 민사사건과 같은 방법으로 부담을 명한다. 보상금 증감소송에서 소송비용 중 상당한 부분을 차지하는 것이 감정비용인데, 보상금이 증액되는 경우라면 재결보상금과 정당한 보상금의 차이가 적은 경우라고 하더라도 법원 감정이 정당한 보상금 산정의 기초가 된 이상 정당한 소송비용으로 본다.[76)] 다만, 원고가 소장에서 청구한 금액보다 적은 금액이 증액

72) 대법원 1992. 9. 14. 선고 91누11254 판결

73) 대법원 2018. 3. 13. 선고 2017두68370 판결. 영업손실보상의 경우에도 위 대법원 판례와 같은 법리가 적용된다는 하급심 판결로는 대구지방법원 2021. 2. 10. 선고 2018구합23291 판결 참조

74) 한편 재결에서 기각된 잔여지 수용청구를 소송에서 인용하는 경우 재결에서 다른 토지에 관한 수용개시일이 정하여졌다면 그에 따른다는 견해, 잔여지 수용청구를 인용하는 판결이 확정된 후에야 지체책임이 발생한다는 견해 등을 상정하여 볼 수 있다.

75) 대법원 2012. 4. 26. 선고 2010두7475 판결. 이주정착금도 관계 법령에 이행기에 관한 특별한 규정이 없으므로 마찬가지로 기한의 정함이 없는 채무로 봄이 타당하다.

76) 최근 서울행정법원 토지수용 전담 단독재판부에서는 위와 같은 경우에도 피고가 감정비용을 부담하는 것으로 화해권고결정을 하고 있다. 보상금이 비교적 소액 증액되더라도 원고가 법원감정에 따라 청구취지를 변경-토지수용사건을 다수 수임하는 법무법인 상당수가 소장에 10,000원 등 소액을 청구하는 것으로 청구취지를 기재하여 오기 때문에 청구취지를 확장하는 것이 대부분이다-하여 전부승소하는 경우 소송비용을 피고가 전부 부담하는 것으로 판결을 선고하고 있기 때문이다. 청구취지를 감축하는 경우에도 전자와의 형평상 동일하게 화해권고결정을 한다.

되는 경우 청구취지를 감축하였으나 피고가 부동의하였다면 감정비용 일부는 원고가 부담하게 된다.

한편, 원고가 불필요한 측량감정, 항공사진판독감정신청 등을 한 경우 그 감정비용은 원고가 부담함이 타당하다(민사소송법 제99조).

보상금 증액소송 중 반소로 보상금 감액소송이 제기된 사안에서 손실보상금이 증액되어 본소청구를 전부 인용하는 경우, 보상금 감액소송에 대하여는 일부 패소판결의 형태를 취하게 되지만 그 실질을 고려하여 소송비용은 전액 사업시행자가 부담함이 타당하다.

(6) 가집행선고의 가부

원칙적으로 인용금액 전부에 대하여 가집행선고를 한다. 종래 행정소송법 제43조에 따라 피고가 국가인 경우에는 가집행선고를 하지 아니하였으나, 위 법률 조항은 2022. 2. 24. 헌법재판소의 위헌결정[77]으로 그 효력을 상실하였다.

(7) 이유의 구성

보상금 증액소송의 판결 이유는 간이화가 많이 진행된 상태이다.[78] 일반적으로 먼저 재결의 경위를 메모 형식으로 정리하고, 다음으로 당사자의 개별적인 주장과 판단을 최소 범위에서 설시하며, 마지막으로 정당한 보상액을 산정하여 재결보상금과의 차액을 산출한 후 그 지급을 명하는데, 재결의 기초가 된 감정결과와 법원 감정결과를 하나의 표로 만들어 판결 본문 중에 삽입하거나 별지로 붙이기도 한다. 관계법령은 개별적인 주장에 대한 판단에서 필요한 경우 이외에는 쓰지 않는 것이 보통이다.

77) 헌법재판소 2022. 2. 24. 선고 2020헌가12 전원재판부 결정
78) 서울행정법원, 「행정사건 판결 작성실무」, 사법발전재단(2016), 176~197 참조

Ⅲ 손실보상의 유형과 내용

1. 토지에 관한 보상금

가. 원 칙

토지보상법 제70조 제1항은 "협의나 재결에 의하여 취득하는 토지에 대하여는 부동산 가격공시에 관한 법률에 따른 공시지가를 기준으로 하여 보상하되, 그 공시기준일부터 가격시점까지의 관계 법령에 따른 그 토지의 이용계획, 해당 공익사업으로 인한 지가의 영향을 받지 아니하는 지역의 대통령령으로 정하는 지가변동률, 생산자물가상승률(한국은행법 제86조에 따라 한국은행이 조사·발표하는 생산자물가지수에 따라 산정된 비율을 말한다)과 그 밖에 그 토지의 위치·형상·환경·이용상황 등을 고려하여 평가한 적정가격으로 보상하여야 한다."라고 규정하고 있다.

이를 공식으로 나타내 보면 다음과 같다.

보상금 = 표준지의 공시지가 × 시점수정(지가변동률 또는 도매물가상승률) × 지역요인 비교치 × 개별요인(가로조건, 접근조건, 환경조건, 획지조건, 행정적조건, 기타조건) 비교치 × 기타요인 보정치

이하에서는 토지에 관한 보상금 산정의 여러 요소에 관하여 보상금 증감소송에서 자주 다투어지는 문제점을 중심으로 살펴보기로 한다.

나. 표준지 선정

(1) 표준지의 의미

토지보상법 제70조 제6항은 "취득하는 토지와 이에 관한 소유권 외의 권리에

대한 구체적인 보상액 산정 및 평가방법은 투자비용, 예상수익 및 거래가격 등을 고려하여 국토교통부령으로 정한다." 라고 규정하고 있고, 이 위임에 따라 제정된 토지보상법 시행규칙 제22조 제1항은 "취득하는 토지를 평가함에 있어서는 평가대상토지와 유사한 이용가치를 지닌다고 인정되는 하나 이상의 표준지의 공시지가를 기준으로 한다." 라고 규정하고 있다.

토지보상법 시행규칙이 2013. 4. 25. 국토교통부령 제5호로 개정되면서 제22조 제3항이 신설되어, 특별한 사유가 있는 경우를 제외하고는 ① ㉠ 국토의 계획 및 이용에 관한 법률이 정한 용도지역, 용도지구, 용도구역 등 공법상 제한, ㉡ 실제 이용상황, ㉢ 주위 환경 등이 같거나 유사할 것, ② 지리적으로 가까울 것을 구체적인 표준지의 선정기준으로 규정하고 있다.

이는 「감정평가에 관한 규칙」[79] 제14조 제2항 제1호에서 토지의 감정평가시 비교표준지 선정에 관하여 "인근지역에 있는 표준지 중에서 대상토지와 용도지역 · 이용상황 · 주변환경 등이 같거나 비슷한 표준지를 선정할 것. 다만, 인근지역에 적절한 표준지가 없는 경우에는 인근지역과 유사한 지역적 특성을 갖는 동일수급권 안의 유사지역에 있는 표준지를 선정할 수 있다." 라고 규정한 내용과도 유사하다.

(2) 표준지 선정의 중요성

이론상으로는 표준지를 선정한 후 그 표준지의 공시지가에 지역요인과 개별요인 등 품등비교를 거쳐 수용대상 토지의 객관적 가치를 적정하게 평가하여야 하므로 어떠한 표준지를 선정하든 보상금의 산정 결과에 차이가 발생하지 않는 것이 옳다. 그러나 실제 감정결과를 보면 표준지로 선정된 토지의 공시지가가 얼마인지는 보상금 산정에서 결정적인 요소이다. 더구나 다른 요소들과는 달리 '㎡당 몇 원'이라고 하는 구체적인 수치로 드러나는 것인 만큼, 원고로서는 조금이라도 공시지가가 높은 토지를 표준지로 선정하여야 한다고 주장하는 것이 당연하다.

---

79) 감정평가 및 감정평가사에 관한 법률 제3조 제3항의 위임에 따라 감정평가업자가 감정평가를 함에 있어서 준수하여야 할 원칙과 기준을 정한 것으로, 제4조에서 "감정평가업자는 다른 법령에 특별한 규정이 있는 경우를 제외하고는 이 규칙으로 정하는 바에 따라 감정평가하여야 한다."고 규정하고 있는 만큼, 재결은 물론 보상금 증감소송에서 행하여지는 감정평가에 관하여도 적용되는 준칙이라 하겠다.

그런데 수용대상 토지와 용도지역 · 이용상황 · 지목 · 주위 환경 등이 완전히 같은 표준지를 찾기가 어려운 경우가 대부분이므로, 용도지역 · 이용상황 · 지목 · 주위 환경 등이 유사한 표준지를 찾을 수밖에 없을 것인데, 여러 개의 표준지 중 어느 것이 가장 유사하다고 볼지와 어느 정도가 되어야 인근지역이라고 할 수 있는지에 관하여 일정한 기준의 수립이 필요하게 된다.

(3) 표준지 선정기준

(가) 이원화된 선정기준

「국토의 계획 및 이용에 관한 법률」(이하 '국토계획법'이라 한다)에서는 국토의 용도를 도시지역, 관리지역, 농림지역, 자연환경보전지역으로 나누고(제6조), 도시지역의 용도지역을 주거지역, 상업지역, 공업지역, 녹지지역으로, 관리지역의 용도지역을 보전관리지역, 생산관리지역, 계획관리지역으로 각 세분하고 있다(제36조 제1항 제1호, 제2호).

비교표준지는 특별한 사정이 없는 한 도시지역 내에서는 용도지역을 우선으로 하고, 도시지역 외에서는 현실적 이용상황에 따른 실제 지목을 우선으로 하여 선정하여야 한다. 또한 수용대상토지가 도시지역 내에 있는 경우 용도지역이 같은 비교표준지가 여러 개 있을 때에는 현실적 이용상황, 공부상 지목, 주위 환경, 위치 등의 제반 특성을 참작하여 그 자연적, 사회적 조건이 수용대상토지와 동일 또는 유사한 토지를 당해 토지에 적용할 비교표준지로 선정하여야 하고, 마찬가지로 수용대상토지가 도시지역 외에 있는 경우 현실적 이용상황이 같은 비교표준지가 여러 개 있을 때에는 용도지역까지 동일한 비교표준지가 있다면 이를 당해 토지에 적용할 비교표준지로 선정하여야 한다.[80]

위와 같은 선정기준에 따르는 이상, 표준지와 수용대상토지의 이용상황, 용도지역이나 주변 환경 등에 다소 상이한 점이 있다 하더라도 이러한 점은 지역요인이나 개별요인의 분석 등 품등비교에서 참작하여 보정하면 된다.[81]

표준지가 수용대상 토지와 상당히 떨어져 있다는 것만으로는 표준지 선정이

80) 대법원 2011. 9. 8. 선고 2009두4340 판결, 2015. 5. 14. 선고 2014두15290 판결
81) 대법원 2007. 7. 12. 선고 2006두11507 판결, 2009. 9. 10. 선고 2006다64627 판결

위법하다고 할 수 없으므로,[82] 인근에 용도지역이 같은 표준지가 없다면 수용대상토지와 표준지의 거리를 고려함이 없이 동일수급권의 유사지역에서 용도지역이 같은 표준지를 선정하여야 한다.

한편 수용대상토지의 현황이 일시적 이용상황일 경우에는 이를 고려하지 말고 용도지역과 지목이 같은 표준지를 선정하여야 한다.[83]

(나) 토지보상평가지침

한국감정평가업협회가 정한 토지보상평가지침 제9조 제1항은 비교표준지의 선정기준으로, ① 용도지역 · 지구 · 구역 등 공법상 제한이 같거나 비슷할 것, ② 이용상황이 같거나 비슷할 것, ③ 주변환경 등이 같거나 비슷할 것, ④ 인근지역에 위치하여 지리적으로 가능한 한 가까이 있을 것을 규정하고 있고, 이는 토지보상법 시행규칙 제22조 제3항에서 규정한 내용과 거의 일치한다.

다만, 토지보상평가지침은 단지 한국감정평가업협회가 내부적으로 기준을 정한 것에 불과하여 일반 국민이나 법원을 기속하는 것은 아니다.[84]

(4) 공법상 제한을 받는 토지에 대한 평가

(가) 당해 사업 영향의 배제 원칙

토지보상법 시행규칙 제23조 제1항은 "공법상 제한을 받는 토지에 대하여는 제한받는 상태대로 평가한다. 다만, 그 공법상 제한이 당해 공익사업의 시행을 직접 목적으로 하여 가하여진 경우에는 제한이 없는 상태를 상정하여 평가한다."라고 규정하고 있다.

당해 공익사업을 직접 목적으로 하지 않는 공법상 제한으로 지가가 낮게 평가되더라도 이는 내재적 · 사회적 제약에 불과할 뿐 특별한 희생으로 보지 않기 때문에 현황평가의 원칙에 따라 제한받는 상태대로 평가한다. 반면, 당해 사업을 직접 목적으로 가하여진 공법상 제한으로 하락한 지가는 특별한 희생으로 보아야

---

82) 대법원 2002. 4. 12. 선고 2000두5982 판결, 2010. 3. 25. 선고 2009다97062 판결
83) 대법원 2000. 12. 8. 선고 99두9957 판결, 1999. 7. 27. 선고 99두4327 판결
84) 대법원 2007. 7. 12. 선고 2006두11507 판결, 2001. 3. 27. 선고 99두7968 판결

하므로 토지수용으로 인한 손실보상액을 산정하면서 당해 공익사업의 시행을 직접 목적으로 하는 계획의 승인 · 고시로 인한 가격변동은 이를 고려하지 말고 평가하여야 한다.[85] 여기에서 직접 목적이라 함은 사업목적에 관계없이 사업시행의 내용에 동질성이 유지되는 것을 직접 목적으로 가하여진 경우를 말한다.

(나) 일반적 계획제한

해당 공법상 제한이 국토계획법에 따른 용도지역 · 지구 · 구역의 지정 또는 변경과 같이 그 자체로 제한목적이 달성되는 일반적 계획제한으로서 구체적 도시계획사업과 직접 관련되지 아니한 경우에는 그러한 제한을 받는 상태 그대로 평가하여야 한다.[86]

당해 공익사업의 시행 이전에 국토계획법에 의한 용도지역 · 지구 · 구역의 지정 · 변경,[87] 군사시설보호법에 의한 군사시설보호구역, 자연공원법에 의한 자연공원 및 공원보호구역,[88] 수도법에 의한 상수원보호구역, 도로법에 의한 접도구역, 문화재보호법에 의한 문화재 보호구역 등의 지정 · 변경과 같이 이미 당해 공공사업과 관계없는 고시 등으로 일반적 계획제한을 한 경우에는 물론이고, 그와 같은 제한이 당해 공익사업의 시행 이후에 이루어진 경우에도[89] 제한을 받는 상태의 표준지를 선정해야 하고, 그런 표준지가 없는 경우 개별요인에서 제한을 받는 점을 고려해야 한다.

(다) 개별적 계획제한

반면 도로 · 공원 등 특정 도시계획시설의 설치를 위한 계획결정과 같이 구체적 사업이 따르는 개별적 계획제한이거나, 일반적 계획제한에 해당하는 용도지역 · 지구 · 구역의 지정 또는 변경에 따른 제한이더라도 그 용도지역 · 지구 · 구

85) 대법원 2000. 4. 21. 선고 98두4504 판결, 1995. 4. 11. 선고 94누13879 판결
86) 대법원 2018. 1. 25. 선고 2017두61799 판결
87) 대법원 2000. 4. 21. 선고 98두4504 판결
88) 대법원 2019. 9. 25. 선고 2019두34982 판결
89) 대법원 2005. 2. 18. 선고 2003두14222 판결(수용대상 토지가 택지개발예정지구 지정 및 택지개발계획 승인 이후에 문화재 보호구역으로 확대 지정된 사안), 1997. 6. 24. 선고 96누1313 판결(토지구획정리사업 시행 중에 개발제한구역으로 지정된 사안)

역의 지정 또는 변경이 특정 공익사업의 시행을 위한 것일 때에는, 그 공익사업의 시행을 직접 목적으로 하는 제한으로 보아 그 제한을 받지 아니하는 상태를 상정하여 평가하여야 한다.[90]

국토계획법에서 정한 도시계획시설의 설치에 관한 도시 · 군관리계획 결정, 자연공원법에 의한 공원시설계획 결정, 도시공원 및 녹지 등에 관한 법률상 공원조성계획 결정, 「도시 및 주거환경정비법」(이하 '도시정비법'이라 한다)에 의한 정비구역 지정 등은 대체로 당해 사업과 관련한 개별적 계획제한인 경우가 많고, 당해 사업과 관련 없는 경우라면 당해 사업으로 인하여 종전의 계획제한이 취소 내지 해제된 것으로 볼 수 있는 경우가 대부분이다. 따라서 그러한 제한이 없는 상태로 평가하여야 한다.

(라) 용도지역 · 지구의 변경

토지보상법 시행규칙 제23조 제2항은 "당해 공익사업의 시행을 직접 목적으로 하여 용도지역 또는 용도지구 등이 변경된 토지에 대하여는 변경되기 전의 용도지역 또는 용도지구 등을 기준으로 평가한다."라고 규정하고 있다.

이러한 이치는 당해 공익사업으로 인하여 용도지역이 환원된 경우에도 마찬가지로 보아야 한다. 예컨대, 도시계획변경결정으로 용도지역을 생산녹지지역에서 준주거지역으로 변경(일반적 계획제한)한 토지를 택지개발예정지구로 지정하면서 지적승인 고시를 하지 않아 용도지역이 생산녹지지역으로 환원된 경우, 위 환원은 당해 공공사업인 택지개발사업의 시행을 직접 목적으로 가한 제한에 해당하므로 용도지역을 준주거지역으로 보아 수용보상액을 평가하여야 한다.[91] 용도지역의 변경이 당해 공공사업의 시행을 직접 목적으로 하는 경우 종전의 용도지역과 동일한 표준지를 선정해야 하며 이 경우 용도지역의 변경이 있은 때로부터 장기간 후에 실시계획을 승인, 고시하였더라도 마찬가지이다.[92]

한편, 어느 수용대상토지에 관하여 특정 시점에서 용도지역 · 지구 · 구역을

90) 대법원 2018. 1. 25. 선고 2017두61799 판결
91) 대법원 2000. 4. 21. 선고 98두4504 판결
92) 대법원 2007. 7. 12. 선고 2006두11507 판결, 1999. 3. 23. 선고 98두13850 판결, 1998. 3. 27. 선고 96누16001 판결

지정 또는 변경하지 않은 것이 특정 공익사업의 시행을 위한 것일 경우 이는 해당 공익사업의 시행을 직접 목적으로 하는 제한이라고 보아 용도지역 등의 지정 또는 변경이 이루어진 상태를 상정하여 토지가격을 평가하여야 한다. 여기에서 특정 공익사업의 시행을 위하여 용도지역 등을 지정 또는 변경하지 않았다고 볼 수 있으려면, 토지가 특정 공익사업에 제공된다는 사정을 배제할 경우 용도지역 등을 지정 또는 변경하지 않은 행위가 계획재량권의 일탈 · 남용에 해당함이 객관적으로 명백하여야만 한다.[93]

(마) 다른 공익사업에 편입되는 경우

당초 제한을 가하였던 공익사업과 다른 목적의 공익사업에 편입되어 수용되는 경우에도 그 제한을 받지 아니하는 상태대로 평가하여야 한다. 이는 사업변경 내지 고의적인 사전제한 등으로 인한 토지소유자의 불이익을 방지하기 위하여 판례가 채택한 원칙이다.[94] 왜냐하면, 사업시행자가 어떠한 사정으로 사업의 종류와 내용을 변경하는 경우나 고의적으로 다른 사유로 사전에 제한한 다음 그와 다른 사업을 시행하는 경우 토지소유자가 부당한 불이익을 받게 되기 때문에 토지보상법 시행규칙 제23조 제1항 단서의 '당해 공익사업의 시행을 직접 목적으로 하여 가하여진 경우'라는 문언을 확장해석하는 것이다.

다만, 수용대상토지의 보상액 평가시 고려대상에서 배제할 당해 공공사업과 다른 목적의 공공사업으로 인한 공법상 제한의 범위는 그 제한이 구체적인 사업의 시행을 필요로 하는 것에 한한다는 점을 유의하여야 한다.[95]

(5) 보상목적물에 위법성이 개재한 경우

(가) 위법성 제거의 원칙

토지보상법에 의한 사업인정고시가 된 후에는 누구든지 고시된 토지에 대하

---

93) 대법원 2018. 1. 25. 선고 2017두61799 판결, 2015. 8. 27. 선고 2012두7950 판결

94) 대법원 1995. 6. 30. 선고 94누10788 판결, 1992. 3. 13. 선고 91누4324 판결, 1989. 7. 11. 선고 88누11797 판결

95) 대법원 1992. 3. 13. 선고 91누4324 판결

여 사업에 지장을 줄 우려가 있는 형질의 변경을 하지 못하고, 시장 · 군수 또는 구청장의 허가를 받지 아니하고 건축물의 건축 · 대수선을 할 수 없으므로(토지보상법 제25조), 이를 위반하여 무허가건축물을 건축하거나 형질변경을 하였을 때에는 이를 고려하지 않은 상태를 기준으로 하여 보상하는 것은 당연하다.

문제는 사업인정고시 이전에 이미 존재하는 위법, 즉 사업인정고시 이전에 지은 무허가건축물 등의 부지 또는 사업인정고시 이전에 이미 불법으로 형질변경한 토지이다.

이에 관하여 토지보상법 시행규칙 제24조는 "건축법 등 관계법령에 의하여 허가를 받거나 신고를 하고 건축 또는 용도변경을 하여야 하는 건축물을 허가를 받지 아니하거나 신고를 하지 아니하고 건축 또는 용도변경한 건축물(이하 '무허가건축물등'이라 한다)의 부지 또는 국토계획법 등 관계법령에 의하여 허가를 받거나 신고를 하고 형질변경을 하여야 하는 토지를 허가를 받지 아니하거나 신고를 하지 아니하고 형질변경한 토지(이하 '불법형질변경토지'라 한다)에 대하여는 무허가건축물등이 건축 또는 용도변경될 당시 또는 토지가 형질변경될 당시의 이용상황을 상정하여 평가한다."라고 규정하여 원칙적으로 개재되어 있는 위법성을 제거한 상태에서 보상금액을 결정하도록 하고 있다.

(나) 무허가건축물의 부지

무허가건축물의 경우 토지보상법 시행규칙 부칙〈제344호, 2002. 12. 31.〉 제5조에 "1989년 1월 24일 당시의 무허가건축물등에 대하여는 제24조 · 제54조 제1항 단서 · 제54조 제2항 단서 · 제58조 제1항 단서 및 제58조 제2항 단서의 규정에 불구하고 이 규칙에서 정한 보상을 함에 있어 이를 적법한 건축물로 본다."라는 예외규정을 두고 있다.[96)]

따라서 1989. 1. 24. 이전에 이미 존재하고 있는 무허가건축물의 부지에 대하여는 수용토지에 적법한 건축물이 있음을 전제로 현황평가의 원칙에 따라 대

96) 이는 「공공용지의 취득 및 손실보상에 관한 특례법 시행규칙」이 1989. 1. 24. 개정되면서 비로소 무허가건물 등의 부지는 당해 토지에 무허가건물 등이 건축될 당시의 이용상황을 상정하여 평가한다는 제6조 제6항이 신설되었기 때문에 기득권 보호의 차원에서 그 부칙에서 지금과 같은 예외규정을 두었던 것이 현재까지 남아 있는 것이다.

지 · 공장용지 · 창고용지 등을 이용상황으로 보아 토지 평가액을 산정하게 된다. 무허가건축물이 1989. 1. 24. 이전에 이미 존재하는 것인지는 무허가건축물 관리대장에 의하거나 항공사진에 의하여 확인할 수 있다.

기존 무허가건축물이 있는 토지의 어느 범위까지를 무허가건축물의 부지로 볼 것인가를 두고 다투는 경우가 많다. 판례는 무허가건물 등의 부지라 함은 당해 무허가건물 등의 용도 · 규모 등 제반 여건과 현실적인 이용상황을 감안하여 무허가 건물 등의 사용 · 수익에 필요한 범위의 토지와 무허가건물 등의 용도에 따라 불가분적으로 사용하는 범위의 토지를 의미한다고 설시하고 있다.[97] 무허가 주택의 경우 부속건물이나 마당 등은 무허가건축물의 부지로 인정할 수 있을 것으로 보이나, 결국 구체적인 사건에서 현장검증을 하거나 현장사진, 항공사진 등을 증거조사한 후, 측량감정 등을 통하여 부지면적을 확인할 수밖에 없을 것이다.

1989. 1. 24. 이후에 축조한 무허가건축물에 대하여는 무허가건축물을 지을 당시의 토지 이용상황을 상정하여 보상금을 산정하여야 할 것이고, 그 이용상황을 증명하지 못한다면 결국 공부상 지목에 의하여 평가할 수밖에 없다.

(다) 불법으로 형질변경한 토지[98]

① 의의

토지의 형질변경이란 절토, 성토, 정지, 포장 등의 방법으로 토지의 형상을 변경하는 행위와 공유수면의 매립(단, 경작을 위한 토지의 형질변경은 제외)을 뜻하는 것으로서,[99] 토지의 형질을 외형상으로 사실상 변경시킬 것과 그 변경으로 인하여 원상회복이 어려운 상태에 있을 것을 요하지만, 형질변경허가에 관한 준공검사를 받거나 토지의 지목까지 변경시킬 필요는 없다.[100]

---

97) 대법원 2002. 9. 4. 선고 2000두8325 판결. 이 사건에서는 무허가건물(공장 및 사무실)의 바닥면적만 무허가건물 등의 부지로 보고, 통로, 야적장, 마당, 비닐하우스 · 천막 부지, 컨테이너 · 자재적치장소, 주차장 등은 그 무허가건물의 용도에 따라 불가분적으로 사용하여 온 그 무허가건물의 부지라고 볼 수 없다며 불법으로 형질변경한 토지라고 보는 한편, 무허가건물의 부지 면적은 건축법상의 건폐율의 규정이나 한국감정평가업협회가 제정한 보상평가지침 제18조 제3항의 규정 등을 근거로 건물의 면적의 2배 내지 5배로 보아야 한다거나 불법으로 형질변경된 토지에 대하여도 그 현실적 이용상황인 대지나 잡종지로 평가하여야 한다는 원고의 주장을 배척하였다.

98) 김주현, "불법형질변경토지의 손실보상에 관한 실무상 쟁점", 사법발전재단(2020), 281.

99) 「국토의 계획 및 이용에 관한 법률 시행령」 제51조 제1항 제3호

100) 대법원 2013, 6, 13. 선고 2012두300 판결

불법형질변경이란 관계 법령에 의하여 허가나 승인을 받고 형질변경하여야 할 토지를 허가 등을 받지 아니하고 형질변경한 경우를 말한다. 따라서 처음부터 허가 등을 받을 필요가 없기 때문에 허가 등을 받지 않고 형질변경한 토지나 당초에는 불법으로 형질변경하였으나 사후에 허가 등을 받은 경우에는 여기에 포함되지 아니함은 물론이고, 당초 관계 법령에 의한 허가 등을 얻고 형질변경하였으나 이에 따른 공부상 지목의 정리를 하지 아니한 경우도 이에 해당하지 않는다.

불법형질변경의 주체는 반드시 토지 소유자에 한정되지 않으며, 제3자가 불법형질변경을 한 경우에도 마찬가지로 불법형질변경토지에 해당하는 것으로 보고 형질변경될 당시의 이용상황에 따라 평가하여야 한다.[101]

② 증명책임

토지보상법 제70조 제2항은 토지에 대한 보상액은 원칙적으로 가격시점에서의 현실적인 이용상황과 일반적인 이용방법에 의한 객관적 상황을 고려하여 산정하되, 일시적인 이용상황 등은 고려하지 아니한다고 규정하고 있고, 같은 조 제6항의 위임을 받은 토지보상법 시행규칙 제24조는 불법형질변경토지에 대하여는 토지가 형질변경될 당시의 이용상황을 상정하여 평가한다고 규정하고 있다. 이에 의하면 토지에 대한 보상액은 현실적인 이용상황에 의하여 산정함이 원칙이므로, 수용대상 토지의 이용상황이 일시적이라거나 불법형질변경토지라는 이유로 본래의 이용상황 또는 형질변경 당시의 이용상황에 의하여 보상액을 산정하기 위하여는 그와 같은 예외적인 보상액 산정방법의 적용을 주장하는 측에서 수용대상 토지가 불법형질변경토지임을 증명하여야 하고, 이를 인정하기 위해서는 단순히 수용대상 토지의 형질이 공부상 지목과 다르다는 점만으로는 부족하고, 수용대상 토지의 형질변경 당시 관계 법령에 의한 허가 또는 신고의무가 존재하였고 그럼에도 허가를 받거나 신고를 하지 않은 채 형질변경이 이루어졌다는 점이 증명되어야 한다.[102] 따라서 불법형질토지임을 증명할 책임은 1차적으로 사업시행자에게 있다.

101) 대법원 2013. 2. 15. 선고 2012두21239 판결, 2003. 6. 13. 선고 2002두3409 판결
102) 대법원 2014. 11. 27. 선고 2014두10271 판결, 2012. 4. 26. 선고 2011두2521 판결

③ 불법형질변경 여부를 판단하는 기준 시점

㉮ 지목이 '임야'인 토지

㉠ 구 삼림령(1911. 6. 20. 제정 조선총독부제령 제10호, 1961. 12. 27. 법률 제881호로 제정되어 1962. 1. 20. 시행된 산림법 부칙 제2조에 의하여 폐지되기 전의 것) 제2조[103], 구 사유임야시업제한규칙(1933. 3. 17. 전부 개정 조선총독부법령 제5호, 위 산림법 부칙 제2조에 의하여 폐지되기 전의 것) 제1조 제3호[104]에 의하면, 1962. 1. 19.까지는 보안림에 속하지 아니한 삼림이나 경사 20도 미만의 사유 임야에서는 원칙적으로 개간, 화전경작 등의 형질변경행위에 대하여 허가나 신고 등이 불필요하였고, ㉡ 구 임산물단속에 관한 법률(1961. 6. 27. 법률 제635호로 제정되어 같은 날 시행되고, 그 뒤 1980. 1. 4. 법률 제3232호로 전부 개정된 산림법 부칙 제2조에 의하여 폐지된 것) 제2조,[105] 구 산림법(1980. 1. 4. 법률 제3232호로 전부 개정되기 전의 것) 제8조 제3항, 제10조,[106] 구 산림법(2002. 12. 30. 법률 제6841호로 개정되기 전의 것) 제90조 제1항,[107] 산지관리법(2002. 12. 30. 법률 제6841호로 제정된 것) 제14조, 제15조[108]에 의하면, 1961. 6. 27. 이후부터 지목과 현황이 임야이던

---

103) 구 삼림령 제2조는 "보안림에서는 지방장관의 허가를 받지 아니하면 삼림의 손질이 아닌 목죽의 벌채 또는 개간을 하거나 낙엽 · 절지 · 토석 · 수근 · 초근의 채취 · 채굴 또는 방목을 할 수 없다." 라고 규정하고 있었다.

104) 구 사유임야시업제한규칙 제1조는 "사유 임야에서는 다음 각호의 행위를 할 수 없다. 다만 삼림의 손질을 위한 제벌, 피해목의 제거와 개간을 위한 수근 및 초근의 채취 · 채굴은 그러하지 아니하다." 라고 규정하면서, 제3호에서 '경사 20도 이상의 토지에서의 화전경작 및 토석 채취'를 들고 있었다.

105) 구 임산물 단속에 관한 법률 제2조는 "허가없이 임야내에서 임목의 벌채나 개간 또는 생지, 주근, 수지, 토석의 채취 및 훼손이나 그 반출을 하지 못한다." 라고 규정하고 있었다.

106) 구 산림법 제8조 제1항은 "공유림 또는 사유림의 산림소유자는 대통령령의 정하는 바에 의하여 산림경영계획(이하 '영림계획'이라 한다)을 작성하여 서울특별시장 · 부산시장 또는 도지사의 인가를 받아야 한다. 이를 변경하거나 폐지할 때에도 또한 같다." 라고 규정하고, 같은 조 제3항은 "인가를 받은 영림계획에 관계된 산림소유자는 그 계획의 정한 벌채, 조림 기타 시업요건에 의거하여 시업을 하여야 한다." 라고 규정하며, 제10조는 "제8조제3항의 규정에 의하지 아니하고 산림안에서 입목의 벌채 · 산림의 개간 또는 낙엽의 채취(구청장 · 시장 · 군수가 지정하여 공시하는 산림에서의 채취를 제외한다) 행위를 하고자 하는 자는 농림부령이 정하는 바에 의하여 구청장 · 시장 · 군수의 허가를 받아야 한다. 다만, 치수무육을 위한 벌채와 대나무 · 포푸라나무 기타 농림부령으로 정하는 입목의 벌채는 신고로써 할 수 있다." 라고 규정하고 있었다.

107) 구 산림법 제90조 제1항은 "산림안에서 입목의 벌채, 산림의 형질변경 또는 임산물의 굴취 · 채취(제90조의2 제1항의 규정에 의한 석재 및 제90조의6 제1항의 규정에 의한 토사의 굴취 · 채취를 제외한다)를 하고자 하는 자는 농림부령이 정하는 바에 따라 시장 · 군수 또는 지방산림관리청장의 허가를 받아야 한다. 다만 농림부령이 정하는 경우에는 시장 · 군수 또는 지방산림관리청장에게 신고하여야 한다." 라고 규정하고 있었다.

108) 구 산지관리법 제14조 제1항은 "산지전용을 하고자 하는 자는 대통령령이 정하는 바에 따라 그 용도를 정하여 산림청장의 허가를 받아야 한다. 허가받은 사항 중 농림부령이 정하는 사항을 변경하고자 하는 경

토지를 개간하거나 그 형질을 변경하기 위해서는 관할 행정청 등의 허가 내지 신고 등이 필요하였다.[109]

구 임산물단속에 관한 법률이 제정·시행되기 전인 1961. 6. 26. 이전에는 보안림이 아닌 한 경사 20도 미만의 사유림에 대해서는 허가나 신고 없이 개간이 가능하였으므로, 항공사진 등을 통해 1961. 6. 26. 이전에 개간하였음을 확인할 수 있는 임야는 적법하게 형질변경한 것으로 볼 수 있다.[110]

㈏ 농지

구 농지의 보전 및 이용에 관한 법률(1972. 12. 18. 법률 제2373호로 제정되어 1973. 1. 1. 시행되고, 그 뒤 1994. 12. 22. 법률 제4817호로 제정되어 1996. 1. 1. 시행된 구 농지법에 의하여 폐지된 것)에서 농지의 전용을 제한하는 규정의 주된 내용은 '도시계획구역 등' 밖에 있는 농지[111]를 전용하는 경우에는 관할 지방자치단체장의 허가를 받아야 한다는 것이다. 한편 구 도시계획법(1962. 1. 20. 법률 제983호로 제정되어 같은 날 시행되고, 그 뒤 2002. 2. 4. 법률 제6655호로 제정되어 2003. 1. 1. 시행된 구 국토의 계획 및 이용에 관한 법률에 의하여 폐지된 것)은 도시계획구역 내에서 토지의 형질을 변경하는 행위에 관하여 관할 지방자치단체장의 허가를 받아야 한다는 취지로 규정하고 있었다. 따라서 구 도시계획법이 시행된 1962. 1. 20. 이후 도시계획구역으로 지정된 농지의 경우 그 도시계획구역 지정일 이후부터는 형질변경을 함에 있어 관할

우에도 또한 같다." 라고 규정하고, 제15조 제1항은 "다음 각호의 1에 해당하는 용도로 산지전용을 하고자 하는 자는 제14조제1항의 규정에 불구하고 대통령령이 정하는 바에 따라 산림청장에게 신고하여야 한다. 신고한 사항 중 농림부령이 정하는 사항을 변경하고자 하는 경우에도 또한 같다." 라고 규정하고 있었다.

109) 대법원 2018. 6. 28. 선고 2015두55769 판결, 2011. 12. 8. 선고 2011두13385 판결 ; 사안은 다르나 같은 취지로 대법원 2020. 2. 6. 선고 2019두43474 판결 참조(다만 위 2011두13385 판결은 미간행 판결로 종합법률정보에서는 검색이 되지 않는 판결인데, 관련사건이 동시에 처리된 사안으로 그 내용에 다소 특수한 면이 없지 않음에 유의).

110) 대법원 2012. 4. 26. 선고 2011두2521 판결의 원심판결인 서울고법 2010. 12. 9. 선고 2010누17917 판결은 구 임산물단속에 관한 법률을 언급하지 않고 구 산림법에 따라서만 판단하였으나, 당해 사건에서는 대상토지가 "1961년경" 과수원으로 개간되었음이 밝혀졌을 뿐이고, 피고가 1961. 6. 27. 이후에 개간되었음을 증명하지는 못했으므로, 구 임산물단속에 관한 법률의 적용 여부에 따라 결론이 달라지는 것은 아니었다.

111) 이와 같이 구 농지의 보전 및 이용에 관한 법률이 '도시계획구역 밖에 있는 농지'의 전용만을 규제의 대상으로 삼고 있는 것은 아래에서 보는 것처럼 위 법률 제정 당시 이미 시행되고 있던 구 도시계획법이 '도시계획구역 내 토지'의 형질변경에 관하여 일반적으로 규제를 하고 있었기 때문인 것으로 보인다.

지방자치단체장의 허가를 받아야 했고, 도시계획구역으로 지정되지 않은 농지의 경우 구 농지의 보전 및 이용에 관한 법률이 시행된 1973. 1. 1. 이후 형질변경을 하기 위해서는 관할 지방자치단체장의 허가를 받아야 했다.

농지에서 공장용지로 형질변경된 경우 구 지적법 시행령(2002. 1. 26. 대통령령 제17497호로 전부 개정되기 전의 것) 제6조 제9호는 공장용지에 관하여 '제조업을 목적으로 하는 공장시설물의 부지와 관계 법령에 의한 공장부지 조성을 목적으로 하는 공사가 준공된 토지'라고 규정함으로써 형질변경이 적법하려면 준공검사를 받을 것을 요구하고 있는 반면, 당시의 농지법령에는 농지전용허가와 관련하여 형질변경 완료 시 준공검사를 받도록 하는 규정을 두고 있지 아니하였으므로, 공장부지 조성을 목적으로 하는 농지전용허가를 받아 그 목적사업에 따른 형질변경을 완료한 이상 별도로 준공검사를 받지 아니하였다 하더라도 이미 위 지적법 시행령에서 정한 '공장부지 조성을 목적으로 하는 공사가 준공된 토지'의 요건을 모두 충족하여 '현실적인 이용상황'을 공장용지로 평가하는 것이 옳다고 한 사례[112]가 있다. 따라서 형질변경허가를 받고 준공검사를 받지 않았다고 하여 무조건 불법형질변경한 토지로 볼 것은 아니고, 형질변경허가 당시의 관계 법령을 검토해야 한다.

㉰ 개발제한구역으로 지정된 토지

구 도시계획법(1972. 12. 30. 법률 제2435호로 개정되어 1973. 1. 31. 시행된 것) 제21조 제2항은 "전항의 규정에 의하여 지정된 개발제한구역 안에서는 그 구역 지정의 목적에 위배되는 건축물의 건축, 공작물의 설치, 토지의 형질변경, 토지면적의 분할 또는 도시계획사업의 시행을 할 수 없다. 다만 개발제한구역 지정 당시 이미 관계 법령의 규정에 의하여 건축물의 건축 · 공작물의 설치 또는 토지의 형질변경에 관하여 허가를 받아(관계 법령에 의하여 허가를 받을 필요가 없는 경우를 포함한다) 공사 또는 사업에 착수한 자는 대통령령이 정하는 바에 의하여 이를 계속 시행할 수 있다."라고 규정함으로써, 위 법 시행일 이후부터 개발제한구역 내에서의 토지의 형질변경은 원칙적으로 금지되었다.

112) 대법원 2013. 6. 13. 선고 2012두300 판결

이후 구 도시계획법(2000. 1. 28. 법률 제6243호로 개정되어 2000. 7. 1. 시행된 것) 제34조에서 "개발제한구역의 지정 또는 변경에 관하여는 따로 법률로 정한다."라고 규정하고, 구 개발제한구역의 지정 및 관리에 관한 특별조치법(2000. 1. 28. 법률 제6241호로 제정되어 2000. 7. 1. 시행된 것)이 제정, 시행되면서 현재까지 개발제한구역 내에서의 토지의 형질변경은 원칙적으로 금지되어 있다. 다만, 현행 개발제한구역의 지정 및 관리에 관한 특별조치법 제12조 제1항 제1호의2, 제4호, 제9호에서는 일정한 경우 관할 지방자치단체장의 허가를 받아 토지의 형질변경을 할 수 있는 예외 규정을 두고 있다.

④ 1995. 1. 7. 당시 공익사업시행지구에 편입된 불법형질변경토지

불법으로 형질변경한 토지에 관하여도 토지보상법 시행규칙 부칙〈제344호, 2002. 12. 31.〉 제6조에 "1995년 1월 7일 당시 공익사업시행지구에 편입된 불법형질변경토지 또는 무허가개간토지(관계 법령에 의하여 허가 · 인가 등을 받고 개간을 하여야 하는 토지를 허가 · 인가 등을 받지 아니하고 개간한 토지를 말한다)에 대하여는 제24조 또는 제27조 제1항의 규정에 불구하고 이를 현실적인 이용상황에 따라 보상하거나 개간비를 보상하여야 한다." 라는 예외 규정을 두고 있다.[113]

이 예외 규정을 적용하기 위해서는 '1995. 1. 7. 당시 공익사업시행지구에 편입되어 있었고, 1995. 1. 7. 이전에 이미 불법형질변경된 토지일 것'을 요건으로 하고 있다. 이 경우 형질변경이 불법적으로 이루어졌다 하더라도, 바꾸어 말하면 허가나 승인을 받았는지 불문하고 평가시점 당시의 현실적인 이용상황을 기준으로 평가할 수밖에 없는데, 공익사업시행지구에 편입된 시기와 관련하여 공익사업의 여러 단계 중 어느 단계에서 공익사업시행지구에 편입되었다고 볼 것인지의 문제가 있다. 이에 관하여 판례는 공원, 도로 등 도시계획시설의 도시계획결정고시 및 지적고시도면의 승인고시[114], 택지개발촉진법 제3조에 의한

113) 이 역시 「공공용지의 취득 및 손실보상에 관한 특례법 시행규칙」을 1995. 1. 7. 개정하면서 비로소 제6조 제6항을 "… 불법으로 형질변경된 토지는 … 토지의 형질변경이 될 당시의 이용상황을 상정하여 평가한다." 라고 개정하였기 때문에 기득권 보호의 차원에서 그 부칙에서 지금과 같은 예외규정을 두었던 것이 현재까지 남아 있는 것이다.

건설교통부장관의 택지개발예정지구의 지정고시는 사업이 이루어질 토지의 위치, 면적과 그 행사가 제한되는 권리내용 등을 구체적 · 개별적으로 확정하는 처분이고 이 경우 그 시행지구에 포함된 토지의 소유자들은 당시의 관련 법령이 정한 보상기준에 대하여 보호할 가치가 있는 신뢰를 지니게 되므로, 위 고시로써 공익사업시행지구에 편입되었다고 보고 있다.[115]

한편, 공익사업시행지구에 편입된 토지가 공익사업의 장기 미집행 상태로 있다가 추후 다른 공익사업시행지구에 편입된 경우 판례는 최초 공익사업시행지구에 편입된 때를 기준으로 1995. 1. 7. 당시 공익사업시행지구에 편입된 토지인지 여부를 판단하고 있는 것으로 보인다.[116]

⑤ 일시적 이용상황에 해당하는 경우

토지보상법 제70조 제2항은 "토지에 대한 보상액은 가격시점에서의 현실적인 이용상황과 일반적인 이용방법에 의한 객관적 상황을 고려하여 산정하되, 일시적인 이용상황과 토지소유자나 관계인이 갖는 주관적 가치 및 특별한 용도에 사용할 것을 전제로 한 경우 등은 고려하지 아니한다." 라고 규정하고 있고, 토지보상법 시행령 제38조는 "법 제70조 제2항에 따른 일시적인 이용상황은 관계법령에 따른 국가 또는 지방자치단체의 계획이나 명령 등에 따라 해당 토지를 본래의 용도로 이용하는 것이 일시적으로 금지되거나 제한되어 그 본래의 용도와 다른 용도로 이용되고 있거나 해당 토지의 주위환경의 사정으로 보아 현재의 이용방법이 임시적인 것으로 한다." 라고 규정하고 있다. 따라서 수용대상토지의 현실적 이용상황이 일시적인 이용상황에 불과한 경우에는 이를 고려하지 아니하고, 본래의 이용상황에 따라 평가하여야 한다.[117]

산림형질변경신고가 형질변경기간을 정하여 수리된 경우 위 형질변경기간이 만료된 후에는 토지를 원상복구할 의무를 부담하는데, 위 기간 만료 후에도 산

114) 위 내용은 아래 각주 판결의 내용을 인용한 것으로, 현행법상으로는 지형도면 고시를 지칭한다.
115) 대법원 2000. 12. 8. 선고 99두9957 판결, 2000. 12. 8. 선고 99두2635 판결
116) 대법원 2008. 5. 15. 선고 2006두16007, 16014 판결
117) 대법원 2005. 5 12. 선고 2003두9565 판결, 2000. 12. 8. 선고 99두9957 판결, 1999. 7. 27. 선고 99두4327 판결

림 복구의무를 이행하지 아니한 채 토지를 농작물 또는 조경수의 재배에 사용하여 왔다면, 위 토지는 불법형질변경토지에 해당하고, 구 산림법 또는 산지관리법에 따른 산림 복구가 예정되어 있는 이상 그와 같은 이용상황은 토지보상법 제70조 제2항 소정의 '일시적인 이용상황'에 불과하다.[118)]

(6) 하나 이상의 표준지의 선정

토지보상법 시행규칙 제22조 제1항은 "취득하는 토지를 평가함에 있어서는 평가대상토지와 유사한 이용가치를 지닌다고 인정되는 '하나 이상의' 표준지의 공시지가를 기준으로 한다"고 규정하고 있으나,[119)] 「부동산 가격공시에 관한 법률」(이하 '부동산공시법'이라 한다) 제8조는 여전히 '하나 또는 둘 이상의 표준지'라고 규정하고 있다.

이와 관련하여 복수의 표준지를 선정하여야 한다고 주장하는 견해가 없지 아니하나, 표준지 선정의 기준을 적용하여 용도지역 · 이용상황 · 지목 · 주위 환경 · 위치 등으로 동일성 여부를 먼저 살피고 동일한 표준지가 없는 경우 가장 유사한 표준지를 선정하게 되면 적합한 표준지는 하나가 되는 것이 원칙이다.

다만, 1필지의 수용대상토지에서 용도지역이나 현실적인 이용상황이 항상 동일한 것은 아니다. 1필지 내에서 부분별로 용도지역이나 현실적인 이용상황을 달리하는 경우에는 그 각각에 대하여 표준지를 따로 선정하여야 한다.[120)] 예컨대, 1필지의 토지 중 일부는 주거지역이고, 다른 일부는 녹지지역인 경우에는 주거지역에 대한 표준지와 녹지지역에 대한 표준지를 따로 선정하고, 그 지가변동률도 용도지역별로 따로 적용하여야 한다. 그렇지 않고 수용대상토지가 서로 다른 용도지역에 걸쳐 있거나 이용상황이 다른 부분이 혼재함에도 그 전체에 대해 하나의 표준지만을 선정하는 것은 적절한 표준지의 선정이라고 할 수 없다.

---

118) 대법원 2010. 7. 22. 선고 2010두4575 판결

119) 구 「공공용지의 취득 및 손실보상에 관한 특례법 시행규칙」 제6조 제2항에서는 '하나 또는 둘 이상의 표준지'라고 규정하고 있었다.

120) 감정평가에 관한 규칙 제7조 제3항은 "하나의 대상물건이라도 가치를 달리하는 부분은 이를 구분하여 감정평가할 수 있다." 라고 규정하고, 토지보상평가지침 제9조 제1항 단서도 "한 필지의 토지가 둘 이상의 용도로 이용되고 있거나 적절한 감정평가액의 산정을 위하여 필요하다고 인정되는 경우에는 둘 이상의 비교표준지를 선정할 수 있다" 라고 규정하고 있다.

(7) 표준지 선정의 특정성

토지별 표준지는 특정하여야 하고, 그 선정이유가 나타나야 한다.[121] 물론 'A 토지에 대하여는 B 표준지'라는 식으로 특정하는 것이 원칙적이지만, 감정서를 종합해 볼 때 이를 특정할 수 있을 정도라면 위법하다고는 할 수 없다.[122]

다. 공시지가

(1) 표준지 공시지가

토지보상법 제70조 제1항, 동 시행규칙 제22조 제1항에 의하면, 국토교통부장관이 부동산공시법 제3조의 규정에 따라 토지이용상황이나 주변 환경, 그 밖의 자연적 · 사회적 조건이 일반적으로 유사하다고 인정되는 일단의 토지 중에서 선정한 표준지에 대하여 매년 공시기준일 현재의 단위면적당 적정가격을 공시한 공시지가, 즉 '표준지 공시지가'를 기준으로 수용보상액을 산정하도록 하고 있다.

표준지공시지가결정과 그에 기초한 수용재결은 서로 독립하여 별개의 법률효과를 목적으로 하는 처분이지만, 표준지공시지가는 이를 인근 토지의 소유자나 기타 이해관계인에게 개별적으로 고지하도록 되어 있는 것이 아니어서 인근 토지의 소유지 등이 표준지공시지가결징 내용을 알고 있었다고 전제하기가 곤란할 뿐만 아니라, 결정된 표준지공시지가가 공시될 당시 보상금 산정의 기준이 되는 표준지의 인근 토지를 함께 공시하는 것이 아니어서 인근 토지 소유자는 보상금 산정의 기준이 되는 표준지가 어느 토지인지를 알 수 없으므로, 인근 토지 소유자가 표준지의 공시지가가 확정되기 전에 이를 다투는 것은 불가능하다. 더욱이 장차 어떠한 수용재결 등 구체적인 불이익이 현실적으로 나타나게 되었을 경우에 비로소 권리구제의 길을 찾는 것이 우리 국민의 권리의식임을 감안하여 볼 때, 인근 토지소유자 등으로 하여금 결정된 표준지공시지가를 기초로 하여 장차 토지보상 등이 이루어질 것에 대비하여 항상 토지의 가격을 주시하고

121) 대법원 1996. 5. 28. 선고 95누13173 판결, 1991. 4. 23. 선고 90누3539 판결
122) 대법원 1991. 1. 15. 선고 90누4730 판결, 1990. 5. 8. 선고 89누5881 판결

표준지공시지가결정이 잘못된 경우 정해진 시정절차를 통하여 이를 시정하도록 요구하는 것은 부당하게 높은 주의의무를 지우는 것이고, 위법한 표준지공시지가결정에 대하여 그 정해진 시정절차를 통하여 시정하도록 요구하지 않았다는 이유로 위법한 표준지공시지가를 기초로 한 수용재결 등 후행 행정처분에서 표준지공시지가결정의 위법을 주장할 수 없도록 하는 것은 수인한도를 넘는 불이익을 강요하는 것으로서 국민의 재산권과 재판받을 권리를 보장한 헌법의 이념에도 부합하는 것이 아니다. 따라서 표준지공시지가결정이 위법한 경우에는 그 자체를 행정소송의 대상이 되는 행정처분으로 보아 그 위법 여부를 다툴 수 있음은 물론, 수용보상금의 증액을 구하는 소송에서도 선행처분으로서 그 수용대상 토지 가격 산정의 기초가 된 비교표준지공시지가결정의 위법을 독립한 사유로 주장할 수 있다.[123)]

부동산공시법 제10조에 의하여 시장 · 군수 또는 구청장이 토지가격비준표를 적용하여 결정 · 공시하는 '개별공시지가'는 토지수용보상액 산정기준이 되지 아니한다.[124)]

(2) 적용할 공시지가

토지보상법 제70조 제4항은 "사업인정 후의 취득의 경우에 제1항에 따른 공시지가는 사업인정고시일 전의 시점을 공시기준일로 하는 공시지가로서, 해당 토지에 관한 협의의 성립 또는 재결 당시 공시된 공시지가 중 그 사업인정고시일과 가장 가까운 시점에 공시된 공시지가로 한다."라고 규정하고 있다.

공시지가는 공시기준일(통상 매년 1월 1일)부터 상당 기간이 지난 다음에 공시하는 것이 보통인데, 공시지가에 개발이익이 포함되어 있을 가능성이 있으므로, 이 가능성을 원천적으로 배제하는 한편, 가격시점에 가장 가까운 공시지가를 적용하기 위하여, ① 공시기준일은 사업인정고시일보다 앞선 것으로서 하되, ② 협의의 성립 또는 재결 당시 공시된 공시지가 중, ③ 당해 사업인정고시일에 가장 가까운 시점에 공시된 공시지가를 적용하려는 취지이다. 일반적으로 사업

123) 대법원 2008. 8. 21. 선고 2007두13845 판결
124) 대법원 2002. 3. 29. 선고 2000두10106 판결

인정고시일이 속한 해의 1월 1일이 공시기준일로 된 공시지가를 적용하게 된다.

특정한 토지를 사업시행 대상 부지로 삼은 최초의 사업시행인가 고시로 의제된 사업인정은 특별한 사정이 없는 한 변경인가에도 불구하고 그 효력이 계속 유지되므로, 최초의 사업시행인가 고시일을 기준으로 보상금을 산정함이 원칙이다.[125]

그런데 토지보상법이 2007. 10. 17. 법률 제8665호로 개정됨에 따라 새로 두게 된 제70조 제5항[126]은 "제3항 및 제4항에도 불구하고 공익사업의 계획 또는 시행이 공고되거나 고시됨으로 인하여 취득하여야 할 토지의 가격이 변동되었다고 인정되는 경우에는 제1항에 따른 공시지가는 해당 공고일 또는 고시일 전의 시점을 공시기준일로 하는 공시지가로서 그 토지의 가격시점 당시 공시된 공시지가 중 그 공익사업의 공고일 또는 고시일과 가장 가까운 시점에 공시된 공시지가로 한다."라고 규정하고 있다. 이는 택지개발사업이나 도시개발사업 등의 경우 공익사업의 계획 또는 시행이 공고 또는 고시됨으로 인하여 개발이익을 고려하여 공시지가가 급속히 상승하는 경우가 많으므로 이러한 경우 아예 공시기준일이 공익사업의 계획 또는 시행의 공고일 또는 고시일보다 앞선 공시지가를 적용하겠다는 취지이고, 이렇게 하는 경우 토지보상법 제70조 제4항에 따라 사업인정고시일을 기준으로 하는 경우보다 통상 1년 이상 앞서 공시된 공시지가를 기준으로 하게 된다.

다만, 토지보상법 제67조 제2항은 "보상액을 산정할 경우에 '해당 공익사업'으로 인하여 토지등의 가격이 변동되었을 때에는 이를 고려하지 아니한다."라고 규정하고 있는바, 해당 공익사업과는 관계없는 다른 사업의 시행으로 인한 개발이익은 이를 포함한 가격으로 평가해야 하고, 이는 그 개발이익이 해당 공익사업의 사업인정고시일 후에 발생한 경우에도 마찬가지이다.[127]

---

125) 대법원 2018. 7. 26. 선고 2017두33978 판결. 만일 이렇게 보지 않고 사업시행변경인가가 있을 때마다 보상금 산정 기준시점이 변경된다고 보게 되면, 최초의 사업시행인가 고시가 있을 때부터 수용의 필요성이 유지되는 토지도 그와 무관한 사정으로 보상금 산정 기준시점이 매번 바뀌게 되어 부당할 뿐 아니라, 사업시행자가 자의적으로 보상금 산정 기준시점을 바꿀 수도 있게 되어 합리적이라고 볼 수 없다.

126) 이 조항은 공포한 날부터 시행하되 개정법률 시행 후 공익사업의 계획 또는 시행이 공고 또는 고시되는 사업분부터 적용하도록 하였다(부칙〈제8665호, 2007. 10. 17.〉 제1항 단서 및 제2항 단서).

127) 대법원 2014. 2. 27. 선고 2013두21182 판결

라. 지가변동률

토지보상법 제70조 제1항은 '공시기준일부터 가격시점까지의 관계 법령에 따른 그 토지의 이용계획, 해당 공익사업으로 인한 지가의 영향을 받지 아니하는 지역의 대통령령으로 정하는 지가변동률, 생산자물가상승률'을 참작하도록 하고 있고, 동 시행령 제37조 제1항은 "'대통령령으로 정하는 지가변동률'이란 부동산 거래신고 등에 관한 법률 시행령 제17조에 따라 국토교통부장관이 조사 · 발표하는 지가변동률로서 평가대상 토지와 가치형성요인이 같거나 비슷하여 해당 평가대상 토지와 유사한 이용가치를 지닌다고 인정되는 표준지(이하 '비교표준지'라 한다)가 소재하는 시(행정시를 포함한다) · 군 또는 구(자치구가 아닌 구를 포함한다)의 용도지역별 지가변동률을 말한다. 다만, 비교표준지와 같은 용도지역의 지가변동률이 조사 · 발표되지 아니한 경우에는 비교표준지와 유사한 용도지역의 지가변동률, 비교표준지와 이용상황이 같은 토지의 지가변동률 또는 해당 시 · 군 또는 구의 평균지가변동률 중 어느 하나의 지가변동률을 말한다."라고 규정하고 있다.

생산자물가상승률의 경우 일반적으로 지가변동률에 비하여 현저하게 낮기 때문에 참작하지 않으나, 지가변동률이 하락하는 경우에는 생산자물가상승률을 참작하여야 하는 상황이 생길 수 있다.[128] 감정평가서에는 시점수정을 위하여 지가변동률과 생산자물가상승률을 모두 조사하여 기재하고 있다.

지가변동률은 시 · 군 · 구별로 매월 용도지역과 이용상황에 따라 발표되고 있다.[129] 따라서 공시기준일부터 가격시점(수용재결일)까지의 해당 월별로 비교표준지가 소재하는 해당 시 · 군 · 구의 용도지역과 이용상황에 따른 지가변동률을 곱하여 보상액을 산출하게 된다.

수용재결에서는 관할 토지수용위원회가 감정평가법인등에게 수용재결일로 예정된 날을 가격시점으로 하여 평가를 의뢰하기 때문에 아직 지가변동률이 발표되지 아니한 달의 경우 추정 적용할 수밖에 없고, 또 수용재결일이 평가의뢰 당시 예정하였던 날에서 변경되는 경우에 적용 수치에 차이가 발생하는 문제점이

128) 감정평가에 관한 규칙 제14조 제2항 제2호 (나)목도 지가변동률을 적용하는 것이 불가능하거나 적절하지 아니한 경우에는 생산자물가상승률을 적용하도록 규정하고 있다.

129) 부동산통계정보시스템(http://www.r-one.co.kr)의 전국지가변동률조사에서 쉽게 검색할 수 있다.

있다. 절차상 한계 때문에 불가피하게 발생하는 미미한 차이이므로, 그것 때문에 수용재결이 위법하게 된다고 볼 수는 없을 것이다.

비교표준지가 소재하는 시 · 군 또는 구의 지가가 해당 공익사업으로 인하여 변동된 경우에는 해당 공익사업과 관계없는 인근 시 · 군 또는 구의 지가변동률을 적용한다. 다만 비교표준지가 소재하는 시 · 군 또는 구의 지가변동률이 인근 시 · 군 또는 구의 지가변동률보다 작은 경우에는 그러하지 아니하다(토지보상법 시행령 제37조 제2항).[130] 해당 공익사업이 둘 이상의 시 · 군 또는 구에 걸쳐 시행되고 그 각 지가가 위 공익사업으로 인하여 변동된 경우에는 해당 공익사업이 시행되는 지역을 기준으로 그 인근 시 · 군 또는 구의 지가변동률을 적용하여야 할 것이다.[131]

마. 품등비교

표준지와 수용대상 토지의 위치 · 형상 · 환경 · 이용상황 등을 각각 구체적으로 표시한 다음, 그에 기초하여 양자의 각 요소의 비교치를 곱함으로써 최종 품등비교치를 산정한다. 따라서 수용대상 토지 자체가 표준지인 토지에 관하여는 표준지와의 지역요인이나 개별요인의 비교란 있을 수 없다.[132] 품등비교는 지역요인 비교와 개별요인 비교의 두 가지 요소로 이루어진다.

(1) 지역요인 비교

지역요인 비교는 수용대상 토지가 있는 지역과 표준지가 있는 지역의 특성을 비교함으로써 어느 쪽이 어느 정도 우세한지 결정하는 것이다. 인근지역에서 비교표준지를 선정한 경우에는 지역적 격차가 없으므로 따로 비교할 필요가 없으

130) 구 「공공용지의 취득 및 손실보상에 관한 특례법 시행규칙」 제6조 제8항은 당해 공공사업의 계획 또는 시행을 공고하거나 고시함으로 인하여 평가대상토지의 가격이 변동하였다고 인정하는 경우에는 당해 사업과 관계없는 인근 시 · 군 · 구의 지가변동률을 적용하거나 당해 사업으로 인한 지가변동분을 제외한 평가대상토지가 있는 시 · 군 · 구의 지가변동률을 적용한다고 규정하고 있었으나, 두 번째 방법의 경우 실무상 당해 사업으로 인한 지가변동분을 어떻게 제외할 것인가 하는 기술적인 문제가 있어 첫 번째 방법만을 채택한 것이다.

131) 대법원 2010. 9. 9. 선고 2010두8485 판결

132) 대법원 1995. 5. 12. 선고 95누2678 판결

나, 인근에 적정한 표준지가 없어서 동일수급권의 유사지역에서 비교표준지를 선정하였다면 수용대상 토지가 속한 지역과 표준지가 속한 지역의 특성을 비교하여야 한다.[133]

(2) 개별요인 비교

개별요인 비교는 통상 가로조건, 접근조건, 환경조건, 획지조건, 행정적 조건, 기타조건으로 구성된다.

(가) 가로조건 : 어떠한 도로에 어떠한 형태로 접해있는지 비교하는 항목이다. 실무적으로 도로의 폭을 기준으로 광대로(25m 이상), 중로(12m 이상 25m 미만), 소로(8m 이상 12m 미만), 세로(8m 미만, 자동차 통행이 가능한지에 따라 '가', '불'로 다시 나눈다)로 구분하고, 토지의 한쪽 면만 도로에 접한 경우는 '한면', 둘 이상의 면이 도로에 접한 경우는 '각지'로 표기한다. 큰 도로에 접한 토지가 작은 도로에 접한 토지보다 우세하고, 양면으로 도로에 접한 토지가 한 면으로만 도로에 접한 토지보다 우세하며, 도로에 접하지 못한 맹지는 그 품등비교치가 매우 떨어진다는 식으로 평가한다. 고속도로나 자동차전용도로의 경우는 여기에서는 도로로 보지 않고, 오히려 접근조건이나 환경조건에서 열세로 평가하는 사유가 된다.

(나) 접근조건 : 일반대중교통의 편리성, 차량통행이 가능한 지점까지의 거리 등을 뜻한다.

(다) 환경조건 : 일조, 토양 등을 뜻한다.

(라) 획지조건 : 토지의 면적과 모양을 뜻한다. 구체적으로 보면, 정사각형 모양(정방형)의 토지가 직사각형 모양(세장형, 가장형)[134]의 토지보다 우세하고,

---

133) 대법원 1995. 7. 25. 선고 93누4786 판결

134) 세장형(세로장방형)은 좁은 면이 도로에 접하거나 도로를 향한 토지를 말하고, 가장형(가로장방형)은 넓

직사각형 모양의 토지가 사다리형, 자루형 또는 부정형 토지보다 우세하다는 식으로 평가한다.[135][136]

(3) 감정평가서

(가) 품등비교에 관한 설명

토지의 수용에 따른 보상액을 평가할 때는 관계 법령에서 들고 있는 제반 산정요인을 구체적 · 종합적으로 참작하여 모두 반영하여야 한다. 이를 위한 감정평가서에는 모든 산정요인의 세세한 부분까지 일일이 설시하거나 그 요인들이 평가에 미치는 영향을 수치적으로 나타내지는 않더라도 그 요인들을 구체적으로 특정 · 명시함과 아울러 각 요인별 참작 내용과 정도를 객관적으로 이해할 수 있을 정도로 설명을 기재하여야 한다.[137] 구체적으로 어떤 요인들을 어떻게 품등비교하였는지에 관하여 아무런 이유 설명을 하지 아니하였다면 위법하다.[138] 그런데 수용 또는 이의재결 시에는 다수의 토지에 대하여 한꺼번에 감정을 하는 경우가 많기 때문에 일반적으로 감정평가서의 품등비교 부분이 부실한 경우가 많다.[139] 따라서 법원에서 감정을 명할 때에는 구체적 설명을 요구하고,[140] 감정서의 설명이 부족하면 사실조회, 감정증인신문 등 추가적인 증거조사를 한다.

(나) 2개 이상의 토지에 대한 감정평가

감정평가에 관한 규칙 제7조는 감정평가는 대상물건마다 개별로 하여야 하나

은 면이 도로에 접하거나 도로를 향한 토지를 말한다.

135) 토지수용의 목적사업으로 인하여 토지 소유자의 의사와 관계없이 토지를 분할함으로써 특수한 형태가 되어 저가로 평가할 요인이 발생한 경우 분할로 발생한 사정을 참작하여 수용대상 토지를 저가로 평가하여서는 아니 된다. 대법원 1998. 5. 26. 선고 98두1505 판결

136) 광평수(廣坪數) 토지의 획지조건과 관련한 판례로는 대법원 2014. 12. 11. 선고 2012두1570 판결 참조

137) 대법원 2013. 6. 27. 선고 2013두2587 판결, 2002. 6. 28. 선고 2002두2727 판결

138) 대법원 1996. 5. 28. 선고 95누13173 판결, 1992. 2. 14. 선고 91누2724 판결

139) 사업시행자가 재결의 기초가 된 감정평가서를 서증으로 제출하면서 가격산정요인들을 명시하고 참작 내용과 정도를 설명한 부분을 생략한 채, 결론 부분만 발췌하여 제출하는 경우가 있는데, 이는 재결감정의 적법성과 정당성을 지지할 수 있는 증거가치가 전혀 없는 것이므로, 수용대상 토지에 관한 한 전부를 제출하도록 함이 마땅할 것이다.

140) 법원에서도 감정인으로 하여금 감정에 관한 원고와 피고의 주장에 대하여 감정인이 구체적 의견을 밝힐 것을 권고하고 있다.

(제1항), 둘 이상의 대상물건이 일체로 거래되거나 대상물건 상호 간에 용도상 불가분의 관계가 있는 경우에는 일괄하여 감정평가할 수 있다(제2항)고 규정하고 있다. 따라서 2개 이상의 토지에 대한 감정평가는 개별평가를 원칙으로 하되, 예외적으로 2개 이상의 토지에 거래상 일체성 또는 용도상 불가분의 관계가 인정되는 경우에 일괄평가가 허용된다. 여기에서 '용도상 불가분의 관계'에 있다는 것은 일단의 토지로 이용되고 있는 상황이 사회적 · 경제적 · 행정적 측면에서 합리적이고 그 토지의 가치 형성적 측면에서도 타당하다고 인정되는 관계에 있는 경우를 뜻한다.[141]

(다) 감정평가의 선택

토지수용 보상금의 증감에 관한 소송에 있어서 이의재결의 기초가 된 각 감정평가와 법원감정인의 감정평가가 모두 그 평가방법에 있어 위법사유가 없고 품등비교를 제외한 나머지 가격산정요인의 참작에 있어서는 서로 견해가 일치하나 품등비교에 관하여만 그 평가를 다소 달리한 관계로 감정의 결과에 차이가 생기게 된 경우에는 그중 어느 감정평가의 품등비교 내용에 오류가 있음을 인정할 자료가 없는 이상, 각 감정평가 중 어느 것을 취신하여 택할 것인지는 그것이 논리칙과 경험칙에 반하지 않는 이상 사실심 법원의 재량에 속한다.[142]

(4) 품등비교치의 산출

품등비교치는 지역요인과 개별요인 즉 가로조건, 접근조건, 환경조건, 획지조건, 행정적 조건, 기타조건 등을 각 사유별로 대등한 경우를 1로 하여 각 비교수치를 표시한 다음 각 수치를 곱하여 산정한다. 예를 들어 수용대상지가 표준지와 비교하여 지역요인과 환경조건, 행정적 조건은 대등하나, 가로조건에서 5% 우세, 접근조건에서 5% 우세, 획지조건에서 10% 우세, 기타조건에서 3% 열세라면 다음의 표와 같이 약 18% 우세로 평가한다.

141) 대법원 2018. 1. 25. 선고 2017두61799 판결, 2017. 3. 22. 선고 2016두940 판결
142) 대법원 2016. 9. 23. 선고 2013두7957 판결, 대법원 2014. 6. 12. 선고 2013두4620 판결, 2009. 3. 26. 선고 2008두22129 판결, 1995. 11. 24. 선고 95누4513 판결

지역요인	개별요인						계
	가로조건	접근조건	환경조건	획지조건	행정적조건	기타조건	
1.00	1.05	1.05	1.00	1.10	1.00	0.97	**1.18**

바. 거래사례 또는 보상선례의 참작

(1) 임의적 참작 원칙

토시수용에 있어서의 손실보상액 산정에 관한 관계 법령의 규정을 종합하여 보면, 수용대상 토지의 정당한 보상액을 산정함에 있어서 인근 유사토지의 정상거래사례나 보상선례 등을 반드시 조사하여 참작하여야 하는 것은 아니지만,[143] 인근 유사토지가 거래되거나 보상이 된 사례가 있고 그 가격이 정상적인 것으로서 적정한 보상액 평가에 영향을 미칠 수 있는 것임이 증명된 경우에는 이를 참작함이 상당하다.[144] 따라서 용도지역이 다르다든지, 가격시점에 상당한 차이가 있는 등의 사정이 있으면 굳이 참작할 것이 아니다.

(2) 유사거래사례 또는 보상선례가 되기 위한 일반적 요건

인근 유사토지의 정상거래가격이란 그 토지가 수용대상 토지의 인근지역에 위치하고 용도지역, 지목, 등급, 지적, 형태, 이용상황, 법령상의 제한 등 자연적 · 사회적 조건이 수용대상 토지와 동일하거나 유사한 토지에 관하여 통상의 거래에서 성립된 가격으로서, 개발이익이 포함되지 아니하고, 투기적인 거래에서 형성된 것이 아닌 가격을 말한다.[145] 단순한 호가시세나 담보목적으로 평가

143) 반면 구 토지수용법(1989. 4. 1. 법률 제4120호로 개정되기 전의 것) 제46조 제2항과 구 국토이용관리법(1989. 4. 1. 법률 제4120호로 개정되기 전의 것) 제29조 제5항은, "기준지가의 고시가 되어 있는 지역토지를 수용하는 경우에는 그 기준지가를 보상액의 기준으로 하되, 기준지가 고시일로부터 보상액의 재결시까지의 당해 토지이용계획 또는 당해 지역과 관계없는 인근 토지의 지가변동률, 도매물가상승률, 인근 유사토지의 정상거래가격 및 기타사항을 참작한다." 라고 규정하고 있어, '인근 유사토지의 정상거래가격'을 그 요소의 하나로 명시하고 있었으므로 이를 반드시 참작하여야 하고, 인근 유사토지의 거래사례가 없으면 그 대신에 호가시세 등이라도 합리적으로 참작하여야 하였다. 종전의 기준지가는 일반적으로 지나치게 저렴하다는 비판을 받아왔으므로, 인근 유사토지 거래사례를 참작하는 것이 결과적으로 정당하고, 그렇게 하지 않으면 보상가격이 시가에 비하여 너무 낮아 정당한 보상이 되지 못한다고 볼 예가 많았기 때문이다.

144) 대법원 2007. 7. 12. 선고 2006두11507 판결, 2001. 3. 27. 선고 99두7968 판결

한 가격에 불과한 것까지 참작할 것은 아니다.[146)]

수용대상 토지와 동일사업지구에 있는 토지라야 하는 것은 아니며,[147)] 오히려 당해 공익사업 편입에 따라 이루어진 인근 토지에 대한 보상은 수용대상 토지의 손실보상액을 산정할 때 보상선례로서 참작할 수 없다.[148)]

인근 유사토지의 정상거래사례에 해당한다고 볼 수 있는 거래사례가 있고 그것을 참작함으로써 보상액 산정에 영향을 미친다고 하는 점은 이를 주장하는 자가 증명하여야 한다.[149)] 일반적으로 감정평가법인등이 거래사례까지 적극 조사하는 경우는 거의 없고, 보상선례도 제한된 범위에서만 조사하기 때문에 감정신청을 하는 측에서 참작을 희망하는 거래사례나 보상선례를 수집하여 제공할 수밖에 없다.

(3) 참작 방법

인근 유사토지의 정상거래가격 또는 보상선례를 참작하는 방법은 정상거래 또는 보상선례의 단가(이하 '선례단가'라 한다)를 기준으로 한 수용토지의 단가(선례단가×수용토지의 가격시점을 기준으로 한 시점수정×지역요인×개별요인)와 수용토지의 표준지 공시지가를 기준으로 한 수용토지의 단가(공시지가×시점수정×지역요인×개별요인)를 직접 비교하는 방법[150)] 또는 선례단가와 수용토지의 표준지 공시지가를 기준으로 한 인근 유사토지의 단가(공시지가×선례단가의 가격시점을 기준으로 한 시점수정×지역요인×개별요인)를 비교하는 방법[151)] 등을 활용하고 여기에 인근에서 최근 시행된 공익사업에서의 기타요인 보정사례를 참작하여 보정률을 산정한 다음 이를 기타요인으로 보정한다.[152)]

---

145) 대법원 2002. 4. 12. 선고 2001두9783 판결
146) 대법원 2003. 2. 28. 선고 2001두3808 판결
147) 대법원 1994. 10. 14. 선고 94누2664 판결
148) 대법원 2002. 4. 12. 선고 2001두9783 판결
149) 대법원 2002. 9. 4. 선고 2002두2833 판결, 1993. 5. 14. 선고 92누7795 판결
150) 인근 유사토지와 수용토지를 비교할 수 있는 자료가 충분한 경우에 활용한다.
151) 인근 유사토지를 수용토지의 표준지 공시지가를 기준으로 평가할 수 있는 자료가 충분한 경우에 활용한다.
152) 이 부분에 관하여 당사자가 첨예한 의견대립을 보이는 경우가 많다. 쌍방 당사자가 상세한 감정의견서를 제출하여 감정인에게 송부하고 있고, 감정인 신문기일에서 당사자들의 의견에 대한 판단을 구체적으로 감정서에 기재하도록 명하여 감정인이 매매사례, 보상사례 등의 매매시점, 보상시점 및 관련 당사자 등을

사. 미지급용지의 문제

미지급용지[153]란 '종전에 시행된 공익사업의 부지로서 보상금이 지급되지 아니한 토지'를 말하고(토지보상법 시행규칙 제25조 제1항), 종전의 공익사업은 적어도 당해 부지에 대하여 보상금을 지급할 필요가 있는 것이어야 한다.[154] 미지급용지는 용도가 공익사업의 부지로 제한되면서 거래가격이 아예 형성되지 못하거나 상당히 낮아지는 것이 보통이다. 사업시행자가 이와 같은 미지급용지를 뒤늦게 취득하면서 가격시점의 이용상황인 공익사업의 부지로만 평가하여 손실보상액을 산정한다면 이를 적정가격이라고 볼 수 없다. 이러한 미지급용지에 대하여는 종전의 공익사업에 편입될 당시의 이용상황을 상정하여 평가하도록 하고 있다.

그런데 공익사업의 시행자가 적법한 절차를 거쳐 공익사업의 부지로 취득하지도 못한 단계에서 공익사업을 시행하여 토지의 현실적인 이용상황을 변경함으로써 오히려 토지의 거래가격이 상승한 경우는 미지급용지라고 볼 수 없다.[155]

'종전에 시행된 공익사업'의 개념과 관련하여, 판례는 종전에 시행한 공익사업과 당해 공익사업의 사업시행자와 제공하고자 하는 목적이 같을 것을 요건으로 하고 있다.[156]

아. 도로 및 구거 부지의 평가

(1) 사실상의 사도에 대한 평가

토지보상법 시행규칙 제26조는 도로 및 구거 부지의 평가방법에 관하여 규정하고 있는바, 여기서는 '사실상의 사도'가 주로 문제된다.[157]

감정서에 기재하고 아울러 기타요인 보정률 산정의 근거도 계산식을 포함하여 밝히고 있다. 감정촉탁절차로 진행하는 경우에는 위와 같은 내용을 감정서에 기재하도록 감정촉탁서에 명시함이 바람직하다.

153) 종래 '미보상용지'와 '미불용지'라는 용어가 혼용되었고, 토지보상법 시행규칙 제25조에서 '미불용지'라고 규정하였다가 2015. 4. 28. 국토교통부령 제197호로 위 조항이 개정되면서 '미지급용지'라고 규정하고 있다.

154) 대법원 2009. 3. 26. 선고 2008두22129 판결

155) 대법원 1992. 11. 10. 선고 92누4833 판결

156) 대법원 1999. 3. 23. 선고 98두13850 판결, 1993. 5. 25. 선고 92누17259 판결

157) 문유석, "도로부지의 보상평가에 관한 문제점", 행정재판실무편람(2001), 267.

‘사실상의 사도’의 부지로 평가하려면, 사도법에 의한 사도[158] 외의 도로(국토계획법에 의한 도시 · 군관리계획에 의하여 도로로 결정된 후부터 도로로 사용되고 있는 것을 제외한다)로서 도로법에 의한 일반 도로 등에 연결되어 일반의 통행에 제공되는 등으로 사도법에 의한 사도에 준하는 실질을 갖추고 있어야 하고, ① 도로개설 당시의 토지소유자가 자기 토지의 편익을 위하여 스스로 설치한 도로, ② 토지소유자가 그 의사에 의하여 타인의 통행을 제한할 수 없는 도로, ③ 건축법 제45조에 따라 건축허가권자가 그 위치를 지정 · 공고한 도로, ④ 도로개설 당시의 토지소유자가 대지 또는 공장용지 등을 조성하기 위하여 설치한 도로 중 하나에 해당하여야 한다(토지보상법 시행규칙 제26조 제2항).[159]

사실상의 사도의 부지는 인근 토지, 즉 당해 도로부지가 도로로 이용되지 아니하였을 경우에 예상되는 표준적인 이용상황과 유사한 토지로서 당해 토지와 위치상 가까운 토지에 대한 평가액의 3분의 1 이내로 평가하도록 하고 있다(같은 조 제1항 제2호, 제4항).[160]

구 「공공용지의 취득 및 손실보상에 관한 특례법 시행규칙」 시행 당시의 판례로서 토지소유자가 자기 토지의 편익을 위하여 스스로 설치한 사실상의 사도라도 토지소유자가 소유권을 행사하여 그 통행을 금지할 수 있는 상태에 있는 토지는 위와 같이 보상액을 감액 평가할 대상에 해당하지 아니한다고 판시한 사례도 있으나,[161] 이는 ‘사실상의 사도’에 관하여 법령 규정이 달랐던 위 특례법령 시행 당시의 사안에 관한 것이므로 토지보상법령이 시행된 이후에는 적용할 수 없고, 토지보상법 시행규칙 제26조 제2항 각호 중 하나의 요건만 갖추어도 사실상의 사도로 볼 것이다.[162]

---

158) 도로법 제2조 제1호에 따른 도로(고속국도, 일반국도, 특별시도 · 광역시도, 지방도, 시도, 군도, 구도), 도로법의 준용을 받는 도로, 농어촌도로 정비법 제2조 제1항에 따른 농어촌도로, 농어촌정비법에 따라 설치된 도로가 아닌 것으로서 그 도로에 연결되는 길을 말하고(사도법 제2조 본문), 이를 개설하려면 특별자치시장, 특별자치도지사 또는 시장 · 군수 · 구청장의 허가를 받아야 한다(같은 법 제4조).

159) 대법원 2014. 11. 27. 선고 2013두20219 판결, 2013. 6. 13. 선고 2011두7007 판결

160) 실제 감정인들은 당해 토지가 도로로 사용되지 않았을 경우 예상할 수 있는 이용상황을 상정하여 보상액을 산정한 다음 거기에 3분의 1을 곱하여 보상액을 산정한다. 사실상의 도로로 볼 것인지를 사업시행자, 수용위원회 또는 법원이 판단하도록 배려한 조치로서, ‘사실상의 사도’인지가 쟁점이 되는 사건에서 법원으로서는 ‘사실상의 사도’가 아님을 전제로 하는 별도의 감정 없이도 감정평가서를 증거로 쓸 수 있는 장점이 있다.

161) 대법원 1995. 6. 13. 선고 94누14650 판결

162) 대법원 2013. 6. 13. 선고 2011두7007 판결

(2) 판단의 기준

(가) 토지소유자가 자기 토지의 편익을 위하여 스스로 설치한 도로

토지 소유자가 자기 소유 토지 중 일부에 도로를 설치한 결과 도로부지로 제공된 부분으로 인하여 나머지 부분 토지의 편익이 증진되는 등으로 그 부분의 가치가 상승됨으로써 도로부지로 제공된 부분의 가치를 낮게 평가하여 보상하더라도 전체적으로 정당보상의 원칙에 어긋나지 않는다고 볼 만한 객관적인 사유가 있다고 인정되어야 하고, 이는 도로개설 경위와 목적, 주위 환경, 인접토지의 획지 면적, 소유관계 및 이용상태 등 제반 사정을 종합적으로 고려하여 판단하여야 한다.163)

동일인이 소유하던 일단의 토지를 분할하여 매도하면서 각 필지의 통행로를 제공하기 위하여 도로를 설치한 경우가 대표적인 예이다. 이 경우 분필 당시의 지적도와 등기부등본, 토지대장, 항공사진 등을 기초로 인접토지의 획지 면적, 소유관계, 이용상태, 지목의 변동 등이나 개설 경위, 목적, 주위환경 등을 살펴 판단하여야 한다.164)

(나) 토지소유자가 그 의사에 의하여 타인의 통행을 제한할 수 없는 도로

사유지가 종전부터 자연발생적으로 또는 도로예정지로 편입되어 있는 등으로 일반 공중의 교통에 공용되고 있고 그 이용상황이 고착되어 있어, 도로부지로 이용되지 아니하였을 경우에 예상되는 표준적인 이용상태로 원상회복하는 것이 법률상 허용되지 아니하거나 사실상 현저히 곤란한 정도에 이른 경우를 의미한다. 이때 어느 토지가 불특정 다수인의 통행에 장기간 제공되어 왔고 이를 소유자가 용인하여 왔다는 사정이 있다는 것만으로 언제나 도로로서의 이용상황이 고착되었다고 볼 것은 아니고, 이는 당해 토지가 도로로 이용되게 된 경위, 일반의 통행에 제공된 기간, 도로로 이용되고 있는 토지의 면적 등과 더불어 그 도로가 주위 토지로 통하는 유일한 통로인지 여부 등 주변 상황과 당해 토지의 도로로서의 역할과 기능 등을 종합하여 원래의 지목 등에 따른 표준적인 이용상태로

---

163) 대법원 2014. 6. 26. 선고 2013두21687 판결, 2013. 6. 13. 선고 2011두7007 판결
164) 대법원 1998. 1. 20. 선고 96누12597 판결

회복하는 것이 용이한지 여부 등을 가려서 판단해야 한다.[165)]

따라서 토지의 일부를 일정 기간 불특정 다수인의 통행에 공여하거나 사실상의 도로로 사용하고 있더라도 토지소유자가 소유권을 행사하여 그 통행 또는 사용을 제한할 수 있는 상태에 있는 토지는 사실상의 사도에 해당하지 않는다.[166)]

(다) 도시관리계획에 따라 도로로 결정한 후부터 도로로 사용되고 있는 것

종래의 판례는 도시계획시설 결정고시 및 그 지적고시가 있은 후 지적고시 선에 맞추어 주택을 건축한 결과 당해 토지가 인근 주민들의 통행로로 이용되고 있는 경우에는 사실상의 사도에 해당되지 아니한다고 보아왔고,[167)] 토지보상법 시행규칙은 제26조 제2항에서 국토계획법에 의한 도시 · 군관리계획에 의하여 도로로 결정된 후부터 도로로 사용되고 있는 것을 명시적으로 제외하였다.

'공익계획사업이나 도시계획의 결정 · 고시에 저촉된 토지가 현황도로로 이용되고 있지만 공익사업이 실제로 시행되지 않은 채 일반공중의 통행로로 제공되고 있는 계획제한과 도시계획시설의 장기미집행 도로', 즉 예정공도부지의 경우 그 보상액을 사실상의 사도를 기준으로 평가한다면 토지가 도시 · 군 관리계획에 의하여 도로로 결정된 후 곧바로 도로사업이 시행되는 경우의 보상액을 수용 전의 사용현황을 기준으로 산정하는 것과 비교하여 토지소유자에게 지나치게 불리한 결과를 초래한다는 점 등을 고려하면, 예정공도부지는 토지보상법 시행규칙 제26조 제2항에서 정한 사실상의 사도에서 제외된다.[168)]

그러나 토지소유자가 이미 공고되어 있던 도시계획입안의 내용에 따라 토지를 도로로 제공하여 사실상 도로의 형태를 갖추고 있었고, 토지소유자 스스로 지목을 도로로 변경하여 달라는 신청을 하였으며, 그 후 분할된 토지 위에 주택이 들어서면서 인근 주민들이 통행에 이용하다가 비로소 도시관리계획에 의하여 도로의 결정고시가 있게 되었다면 이는 사실상의 사도에 해당한다.[169)]

---

165) 대법원 2014. 11. 27. 선고 2013두20219 판결, 2013. 6. 13. 선고 2011두7007 판결

166) 대법원 1997. 8. 29. 선고 96누2569 판결, 1993. 5. 25. 선고 92누17259 판결, 1998. 5. 12. 선고 97누13542 판결

167) 대법원 1997. 7. 22. 선고 96누13675 판결

168) 대법원 2014. 9. 4. 선고 2014두6425 판결

169) 대법원 1997. 8. 29. 선고 96누2569 판결

(3) 증명책임

토지소유자가 자기 토지의 편익을 위하여 스스로 설치한 도로라거나, 그 의사로 타인의 통행을 제한할 수 없는 도로라는 사실은 인근토지에 비하여 낮은 가격으로 평가하여도 될 만한 특별한 사정의 대표적 징표이므로, 이에 대한 증명책임은 사업시행자가 부담한다고 보아야 한다.

자. 지하보상

구 토지수용법이나 구 「공공용지의 취득 및 손실보상에 관한 특례법」에는 지하보상에 관한 규정이 없고, 이에 따른 「서울특별시 지하부분 토지사용에 따른 보상기준에 대한 조례」[170]가 지하보상의 대상 · 기준 및 방법 등을 규정하고 있었다. 이후 토지보상법 시행규칙은 제31조 제1항에서 "토지의 지하 또는 지상공간을 사실상 영구적으로 사용하는 경우 당해 공간에 대한 사용료는 제22조의 규정에 의하여 산정한 당해 토지의 가격에 당해 공간을 사용함으로 인하여 토지의 이용이 저해되는 정도에 따른 적정한 비율(이하 이 조에서 '입체이용저해율'이라 한다)을 곱하여 산정한 금액으로 평가한다." 라고 규정하여 지하보상에 관한 규정을 마련하였고, 도시철도법, 도시철도법 시행령 제10조와 그 [별표1][171] 역시 이와 관련한 자세한 규정을 두게 되었다. 이러한 토지보상법 시행규칙 규정과 도시철도법령이 신설 · 개정되기 전의 판례에서는, '보상의 범위는 도시계획법과 이에 근거한 도시철도 관계법령에서 규정하고 있는, 도시철도 시설물의 설치 또는 보호를 위하여 사용하는 토지의 지하부분을 대상으로 하여 당해 토지(지하부분의 면적과 수직으로 대응하는 지표의 토지를 말한다)의 적정 가격에 도시철도 시설물의 설치가 당해 토지의 이용을 저해하는 정도에 따른 건물의 이용저해율과 지하부분의 이용저해율 및 기타의 이용저해율을 내용으로 하는 입체이용저해율을 곱하여 산정한 금액이고, 이에 속하지 않는 잔여지 보상이나 신축계획 건물에 대한

170) 현재 개정된 조례명은 「서울특별시 도시철도의 건설을 위한 지하부분토지의 사용에 따른 보상기준에 관한 조례」이다.

171) 입체이용저해율 산정기준 : 그 해석 · 적용과 관련한 대법원 판례로는 대법원 2016. 9. 8. 선고 2014두11632 판결 참조

변경설계비와 추가공사비 등은 별도로 보상대상이 되지 않는다'고 판시한 바 있다.[172] 그런데 최근 도심을 지나는 광역도시철도 노선이 주거지역 지하를 통과하는 것으로 계획됨에 따라 노후된 주거지를 보유한 주민들이 향후 재개발이나 재건축을 함에 있어서 지하를 통과하는 도시철도로 인하여 고층 건물을 올릴 수 없게 되었다는 등의 이유로 해당 부분에 대한 손실보상청구를 하는 경우가 늘어나고 있다. 이러한 유형의 청구는 지하부분의 개발로 인하여 개발되는 부분 외의 부분에서 생기는 손실에 관한 것이므로 실질상 일종의 간접손실보상과 유사한 것으로 볼 수도 있고, 대지의 일부분이 수용/사용됨에 따라 나머지 대지 또는 건물에 생기는 손실과 유사한 성격을 가지게 되므로 일종의 잔여지손실보상과 유사한 성격을 가진다고도 볼 수 있다. 이에 따라 이러한 유형의 손실이 특별한 희생인지, 만일 그러하다면 기존의 입체이용저해율 관련 규정이 과연 이러한 손실까지 모두 포함하여 규율하고 있는 것인지 등에 대한 헌법적 쟁송이 계속하여 이어질 가능성이 있다. 토지보상법 시행규칙은 입체이용저해율의 구체적 산정 기준을 정하지 않고 있고, 다만 도시철도법 시행령과 위 조례규정에서 구체적 산정 방식을 규정하고 있으므로, 이러한 규정들을 면밀히 검토할 필요성이 있다.[173][174]

차. 토지에 묻힌 물건

(1) 토지에 특별한 가치를 가진 토석이 묻힌 경우

수용대상 토지에 점토, 황토 등 특별한 성상을 가진 흙이나 골재로 사용될 수 있는 돌, 모래, 자갈 등 이를 채취하는 경우 별도의 경제적인 가치를 가지는 물건이 묻혀 있는 경우 이를 보상액의 산정에 있어서 참작할지는 문제이다.

이와 관련하여 과거 기준지가 시대의 판례는 기준지가를 고시한 토지와 그렇지 않은 토지를 나누어, 전자의 경우 그러한 매장물의 존재를 참작하지 않아야 하고,[175] 후자의 경우에만 토석과 모래, 자갈 등 매장물이 특별한 가치를 가지

172) 대법원 1996. 12. 10. 선고 95누7949 판결, 2000. 11. 28. 선고 98두18473 판결
173) 일응은 앞서 언급한 유형의 손실을 완전히 배제하는 것으로 보기는 어려우나, 법원 실무상으로나 판례상으로 확립된 법리는 존재하지 않으므로, 구체적 해석 · 적용에 유의할 필요가 있어 보인다.
174) 나아가 도시철도법 규정과 토지보상법 규정 사이의 관계도 문제가 될 수 있다.
175) 대법원 1989. 3. 14. 선고 88누2168 판결. 이 판결에서 대법원은 원고의 주장이 석재 및 자갈의 존재를

고 있는 때에는 그 함유량, 수익성, 채취허가의 난이도 등을 참작하여 보상액을 산정하여야 한다고 보았다.[176] 다만, 위 판결들은 모두 매장물의 존재를 토지 가격에 반영하여야 한다는 취지이지 매장된 골재 자체의 가격을 평가해야 한다는 의미는 아니다.

수용재결 당시 원고가 수용대상 토지에 관하여 구체적인 이용계획을 가지고 그 계획에 터 잡아 토석채취허가를 받거나 토석채취에 필요한 무슨 준비나 실행행위를 하였다면 보상 대상 토지에 토석 또는 사력이 매장되어 있다는 사실을 참작할 수도 있을 것이라는 취지의 대법원 판결도 있으나 결론에서는 그러한 사정이 없으므로 보상할 필요가 없다는 것이었다.[177] 하급심 판결 중에서는 종전에 보상 대상 토지의 일부에 관하여 토사채취허가를 받은 적이 있을 뿐, 수용재결 당시까지 골재채취허가나 형질변경허가를 받은 바 없고, 수용대상 토지의 위치나 여건상 골재채취허가신청을 하더라도 허가가 용이하지 않은 점 등에 비추어 매장된 골재가 보상대상 토지와 별도로 거래의 객체가 될 수 없다는 이유로 보상대상에서 제외한 사례가 있다.[178] 이처럼 실제로 매장물 자체를 보상 대상으로 하려면 수용재결 당시 이미 토석채취가 이루어지거나 언제든지 채취가 가능한 정도의 법적, 현실적 토대가 이루어져 있어야 할 것으로 보인다.

한편, 토지보상법은 제75조 제3항에서 "토지에 속한 흙 · 돌 · 모래 또는 자갈(흙 · 돌 · 모래 또는 자갈이 해당 토지와 별도로 취득 또는 사용의 대상이 되는 경우만 해당한다)에 대하여는 거래가격 등을 고려하여 평가한 적정가격으로 보상하여야 한다." 라고 규정하는 한편, 같은 조 제6항에서 그 보상액의 구체적인 산정 및 평가방법과 보상기준을 부령으로 정하도록 하였으나, 토지보상법 시행규칙에는 아직 이와 관련한 규정을 두고 있지 않다.

고려하지 아니한 채 기준지가를 평가고시한 것이라 하여 기준지가 자체를 다투자는 것이라면 먼저 기준지가에 대한 쟁송절차를 밟았어야 할 것이라고 하였다.

176) 대법원 1985. 8. 20. 선고 83누581 판결. 이 판결에서 대법원은 수용보상 대상 토지가 벽돌 원료가 되는 양질의 점토를 다량 함유하고 있고, 원고들이 벽돌공장을 세워 이를 이용하려는 준비를 하고 있는 등 수용 당시 인근 일반토지보다 가격이 올라 있으리라고 추측하기 어렵지 아니하므로 이를 참작하지 아니한 것은 위법하다고 보았다.

177) 대법원 2003. 4. 8. 선고 2002두4518 판결

178) 서울고법 2008. 8. 1. 선고 2007누27198 판결(심리불속행 상고기각으로 확정)

(2) 토지에 폐기물이 묻힌 경우

반대로 토지에 폐기물이 묻혀 있어 그 처리에 상당한 비용이 드는 경우 이를 보상액의 산정에 있어서 참작하여야 할지는 문제이다.[179)]

무단으로 폐기물을 매립한 상태의 토지를 수용한 경우, 그 폐기물은 토지의 토사와 물리적으로 분리할 수 없을 정도로 뒤섞여 있어 독립한 물건이 아니며 이전료를 지급하고 이전하여야 하는 물건도 아니어서 토지소유자는 폐기물의 이전의무가 없고, 한편, 수용에 의한 사업시행자의 토지소유권취득은 법률의 규정에 의한 원시취득이므로, 토지소유자는 수용목적물에 숨은 하자가 있는 경우에도 하자담보책임을 지지 않고 수용시기까지 수용대상 토지를 현존 상태 그대로 사업시행자에게 인도할 의무가 있을 뿐이다.[180)]

따라서 이러한 폐기물의 매립에 따른 처리비용은 수용대상 토지의 보상금액 결정에 있어서 참작하여야 할 것인데,[181)] 토지소유자가 무단으로 폐기물을 매립하여 놓은 경우뿐만 아니라 제3자가 무단으로 폐기물을 매립하여 놓은 경우라도 그 폐기물 처리비용을 전액 반영함이 상당하다.[182)][183)]

---

179) 협의 단계에서 폐기물 매립사실이 확인된 경우에는 미리 폐기물의 매립량을 추정하여 처리비용을 산출한 후 이를 반영한 보상가격을 제시하면 될 것이나, 폐기물처리비용이 토지의 보상가격에 근접하거나 오히려 이를 초과하는 경우가 많으므로 협의취득이 이루어질 가능성이 거의 없다. 한편, 폐기물 매립사실을 알지 못한 상태에서 협의취득이 이루어진 경우에는 민법상 하자담보책임 또는 채무불이행, 불법행위책임을 물을 수 있을 것인데, 이는 여기서 논외로 한다.

180) 대법원 2001. 1. 16. 선고 98다58511 판결

181) 위 98다58511 대법원 판결의 사안은 수용재결이 있은 후에 수용대상 토지에 폐기물이 매립되어 있는 사실이 발견된 경우였는데, 그에 대하여 대법원은 "수용재결이 있은 후에 수용대상 토지에 숨은 하자가 발견되는 때에는 불복기간이 경과되지 아니한 경우라면 공평의 견지에서 기업자는 그 하자를 이유로 재결에 대한 이의를 거쳐 손실보상금의 감액을 내세워 행정소송을 제기할 수 있다고 보는 것이 상당하나, 이러한 불복절차를 취하지 않음으로써 그 재결에 대하여 더 이상 다툴 수 없게 된 경우에는 기업자는 그 재결이 당연무효이거나 취소되지 않는 한 재결에서 정한 손실보상금의 산정에 있어서 위 하자가 반영되지 않았다는 이유로 민사소송절차로 토지소유자에게 부당이득의 반환을 구할 수는 없다." 라고 하였다. 근년에는 토지조서 작성을 위한 조사단계에서 폐기물 매립사실을 미리 발견하는 경우가 늘어났다.

182) 서울고법 2008. 3. 14. 선고 2007누16754 판결(심리불속행 기각으로 확정)은 원고들이 보상대상 토지를 매수할 때 이미 폐기물이 묻혀 있었던 사안을 다루고 있는데, 위 사건의 제1심은 폐기물 처리비용이 수용대상 토지의 보상가격에 근접하거나 오히려 이를 초과하는 사정, 폐기물의 매립 경위, 토지소유자의 취득 경위, 종전 사용상황, 사업시행 경위 등을 종합적으로 고려하여 그 일부만을 보상금액 결정에 있어서 참작함이 상당하다고 하면서 사업시행자인 피고가 30%를 부담하도록 하였으나(서울행정법원 2007. 5. 30. 선고 2006구합23395 판결), 항소심에서는 이를 원고들이 전부 부담하는 것으로 변경하였다.

183) 폐기물 처리비용을 반영하여 토지의 손실보상금을 산정하는 방식에 관하여는, 대법원 2018. 10. 25. 선고 2017두57325 판결, 2019. 6. 13. 선고 2017두46431(본소), 2017두46448(반소) 판결 등 참조

2. 잔여지에 관한 보상

가. 잔여지 수용청구

(1) 의의

토지보상법 제74조 제1항은 "동일한 소유자에게 속하는 일단의 토지의 일부가 협의에 의하여 매수되거나 수용됨으로 인하여 잔여지를 종래의 목적에 사용하는 것이 현저히 곤란할 때에는 해당 토지소유자는 사업시행자에게 잔여지를 매수하여 줄 것을 청구할 수 있으며, 사업인정 이후에는 관할 토지수용위원회에 수용을 청구할 수 있다. 이 경우 수용의 청구는 매수에 관한 협의가 성립되지 아니한 경우에만 할 수 있으며, 그 사업완료일[184]까지 하여야 한다." 라고 규정하고 있다.

여기서 '일단의 토지'라 함은 반드시 1필지의 토지만을 가리키는 것이 아니라 일반적인 이용 방법에 의한 객관적인 상황이 같은 한, 여러 필지의 토지까지 포함한다.[185]

(2) 잔여지 수용청구 요건

(가) 종래의 목적에 사용하는 것이 현저히 곤란할 것

수용으로 인하여 잔여지를 종래의 목적에 사용하는 것이 현저히 곤란한지가 기준이 된다.

'종래의 목적'이라 함은 수용재결 당시에 당해 잔여지를 현실적으로 사용하고

---

184) 토지보상법이 2021. 8. 10. 법률 제18386호로 개정되면서 제24조의2(사업의 완료) 조항이 신설되었다. 이에 따르면, 사업이 완료된 경우 사업시행자는 지체 없이 사업시행자의 성명이나 명칭, 사업의 종류, 사업지역, 사업인정고시일 및 취득한 토지의 세목을 사업지역을 관할하는 시 · 도지사에게 신고하여야 하고(제1항), 시 · 도지사는 위 사항에 관한 신고를 받거나, 신고가 없는 경우에도 사업이 완료된 것을 알았을 때에는 사업시행자의 의견을 듣고 위 사항을 관보에 고시하여야 하며(제2항, 제3항), 토지보상법 별표에 규정된 법률에 따라 사업인정이 있는 것으로 의제되는 사업은 해당 법률에서 정하는 바에 따라 해당 사업의 준공 · 완료 · 사용개시 등이 고시 · 공고된 경우에는 제2항에 따른 고시가 있는 것으로 보게 된다(제4항). 한편, 위 제24조의2의 개정규정은 개정 토지보상법 시행(2021. 8. 10.) 당시 시행 중인 공익사업에도 적용된다[부칙<제18386호, 2021. 8. 10.> 제2조].
위 제24조의2 신설과 함께 토지보상법은 잔여지 손실보상의 청구기한을 종전의 '해당 사업의 공사완료일부터 1년'에서 '사업완료일(관계 법률에 따라 사업이 완료된 날 또는 제24조의2에 따른 사업완료의 고시가 있는 날)부터 1년'으로(제73조 제2항), 잔여지 수용청구의 기한을 종전의 '그 사업의 공사완료일'에서 '사업완료일'로 각 개정하였다(제74조 제1항).

185) 대법원 1999. 5. 14. 선고 97누4623 판결

있는 구체적인 용도를 의미하고, '사용하는 것이 현저히 곤란한 때'라고 함은 물리적으로 사용하는 것이 곤란해진 경우는 물론 사회적, 경제적으로 사용하는 것이 곤란해진 경우, 즉 절대적으로 이용 불가능한 경우만이 아니라 이용은 가능하나 많은 비용이 드는 경우까지 포함한다.[186][187]

다만, 일시적 이용 상황인 경우나 불법으로 형질변경한 토지는 여기에 해당하지 않는다고 할 것인데,[188] 이하에서는 그와 관련한 몇몇 판례를 소개한다.

일반주거지역에 속한 임야 3,621㎡가 도시계획사업(근린공원 조성공사) 시행구역에 편입됨에 따라 남은 잔여지(248㎡)가 가장 넓은 부분의 폭이 3m 정도에 불과하고 공원조성공사과정에서 훼손하여 평지화한 후 콘크리트로 일부 포장하여 도로 및 인근 주민들의 주차공간으로 사용하고 있어 사회적, 경제적인 관점에서 보아 임야로서의 사용이 불가함은 물론 지목을 대지로 변경하여도 건축을 하기 어려운 경우,[189] 주택신축을 준비 중이던 토지의 일부분에 대한 토지수용으로 인하여 잔여지만으로는 주택을 건축할 수 없게 된 경우[190]에는 종래의 목적에 사용하는 것이 현저히 곤란한 때에 해당한다고 보았다.

그러나 토지(1,024㎡) 수용으로 남은 잔여지(669㎡)가 폭 3~5m, 길이 70~80m의 길쭉한 부정형의 토지로서 맹지가 되었으며 수용대상 토지에 변전소를 설치하여 고압전류가 흐르리라는 것이 예상되더라도 그 잔여지가 도시계획상 자연녹지지역에 속하는 공원용지이며 지목이 전인 경우,[191] 잔여지가 이미 도로부지로 고시한 곳으로서 건축 제한을 받아 토지소유자도 수용대상 토지에 아

---

186) 대법원 2005. 1. 28. 선고 2002두4679 판결

187) 대법원은 수용재결 당시 잔여지(채석지)의 이용상황이 잡종지였으나, 임야로 사용될 목적이 객관적으로 예정되어 있었던 데다 그 예정목적에 사용될 시기가 토지의 가격형성에 영향을 미칠 정도로 가까운 장래라고 한다면 해당 잔여지에 대한 수용청구를 할 수 있는지 즉, 이를 종래의 목적에 사용하는 것이 현저히 곤란한지 여부를 판단함에 있어서는 수용재결 당시의 현실적 용도인 잡종지로서가 아니라 예정된 목적인 임야로서의 사용을 기준으로 하여야 한다(대법원 2000. 2.8. 97누15845 판결)고 하여 외부적 사정 등에 의하여 객관적으로 잔여지의 예정목적이 추정되고 예정목적에 사용될 시기가 근접한 경우에는 그 예정목적도 '종래의 목적'에 해당할 수 있다는 취지의 판시를 한 바 있다.

188) 지상목, "잔여지수용에 있어서의 '종래의 목적'의 의미", 행정재판실무편람 Ⅲ(2003), 450.

189) 대법원 2005. 1. 28. 선고 2002두4679 판결

190) 대법원 1990. 12. 26. 선고 90누1076 판결. 이 사건에서 대법원은 잔여지의 현실적인 이용상황이 전이라고 하더라도 마찬가지라고 보았으나, 잔여지 중 일부가 녹지지역 내의 시설녹지로서 건축 등의 행위가 제한되고 있는 토지라면 이를 종래의 목적에 사용하는 것이 현저히 곤란한 때에 해당하지 않는다고 하였다.

191) 대법원 1994. 11. 8. 선고 93누21682 판결

파트를 건축하여 잔여지를 그 진입도로로 사용하려고 하였던 경우,[192] 잔여지를 도시계획상 도로로 편입한 이후 계속 도로로서 이용하고 있을 뿐 아니라 수용 이후에도 계속 도로로 사용하고 있는 경우[193]에는 종래의 목적에 사용하는 것이 현저히 곤란해진 경우로 볼 수 없다고 하였다.

(나) 잔여지 수용청구의 당사자와 시기

잔여지 수용청구권자는 수용재결 당시의 소유자이다. 수용재결 이후에 비로소 소유권을 취득한 자는 이를 청구할 수 없음이 당연하고,[194] 토지의 일부를 수용당한 원고가 잔여지의 소유권을 이미 상실하였다면 소의 이익이 없다.[195] 잔여지가 공유인 경우에도 각 공유자는 그 소유지분에 대하여 각각 따로 잔여지 수용청구를 할 수 있다.[196]

토지소유자가 잔여지에 대한 수용청구를 하려면 우선 사업시행자에게 잔여지 매수에 관한 협의를 요청하여 협의가 성립되지 아니한 경우에만 그 사업완료일까지 관할 토지수용위원회에 잔여지의 수용을 청구할 수 있다.[197] 잔여지 수용청구의 의사표시는 관할 토지수용위원회에 하여야 하는 것으로, 관할 토지수용위원회가 사업시행자에게 잔여지 수용청구의 의사표시를 수령할 권한을 부여하였다고 인정할 만한 사정이 없는 한, 사업시행자에게 한 잔여지 매수청구의 의사표시를 관할 토지수용위원회에 한 잔여지 수용청구의 의사표시로 볼 수는 없다.[198][199] 잔여지 수용청구권은 손실보상의 일환으로 토지소유자에게 부여되는

192) 대법원 1992. 11. 27. 선고 91누10688 판결
193) 대법원 1991. 8. 27. 선고 90누7081 판결
194) 대법원 1992. 11. 27. 선고 91누10688 판결
195) 대법원 1990. 6. 22. 선고 90누1809 판결
196) 대법원 2001. 6. 1. 선고 2001다16333 판결
197) 토지보상법 제74조 제1항이 2007. 10. 17. 법률 제8665호로 개정되기 전에는 일단의 토지의 일부에 대한 수용재결일까지 잔여지 수용청구를 해야 하는 것으로 되어 있어 보상금 증액소송에 이르러 잔여지수용을 주장하는 경우 잔여지로 수용함이 상당해 보이는데도 청구를 받아들일 수 없었던 불합리가 있었다.
198) 대법원 2010. 8. 19. 선고 2008두822 판결
199) 예외적 사정에 관한 것으로는 대법원 2005. 1. 28. 선고 2002두4679 판결 참조 : 지방자치단체가 사업시행자로서 관할 토지수용위원회에 토지의 취득을 위한 재결신청을 하고 그 장이 관할 토지수용위원회로부터 토지보상법 제31조, 같은 법 시행령 제15조에 따라 재결신청서 및 관계 서류의 사본에 대한 공고 및 열람 의뢰를 받아 이를 공고 및 열람에 제공하면서 '토지소유자 또는 관계인은 의견이 있을 경우에는 의견서를 제출할 수 있다는 뜻을 통지한 경우'에는 토지소유자가 당해 지방자치단체에 대하여 한 잔여지

권리로서 그 요건을 구비한 때에는 잔여지를 수용하는 토지수용위원회의 재결이 없더라도 그 청구에 의하여 수용의 효과가 발생하는 형성권적 성질을 가지므로,[200] 토지소유자가 그 행사기간(제척기간)에 잔여지 수용청구권을 행사하지 아니하면 권리가 소멸한다.[201] 또한 토지소유자가 관할 토지수용위원회에 잔여지 수용청구를 하지 않음으로써 재결절차를 거치지 않은 채 곧바로 사업시행자를 상대로 손실보상을 청구하는 것은 허용되지 않고, 이는 수용대상 토지에 대하여 재결절차를 거친 경우에도 마찬가지이다.[202][203]

(3) 잔여지에 대한 평가

토지보상법 시행규칙 제32조 제3항에서 "동일한 토지소유자에 속하는 일단의 토지의 일부가 취득됨으로 인하여 종래의 목적에 사용하는 것이 현저히 곤란하게 된 잔여지에 대하여는 그 일단의 토지의 전체가격에서 공익사업시행지구에 편입되는 토지의 가격을 뺀 금액으로 평가한다."라고 규정하고 있다. 결국, 수용대상 토지와 잔여지를 포함한 일단의 토지 전체의 가격이 손실보상금이 되는 것이다.

(4) 보상금 증감소송에서의 판단

잔여지 수용청구권은 앞서 본 바와 같이 그 요건을 구비한 때에는 잔여지를 수용하는 토지수용위원회의 재결이 없더라도 그 청구에 의하여 수용의 효과가 발생하는 형성권적 성질을 가지므로, 잔여지 수용청구를 받아들이지 아니한 토지수용위원회의 재결에 대하여 토지소유자가 불복하여 제기하는 소송은 토지보상법 제85조 제2항에 규정되어 있는 '보상금의 증감에 관한 소송'에 해당하여

수용청구의 의사표시는 관할 토지수용위원회에 대하여 한 잔여지 수용청구의 의사표시로 보아야 한다.

200) 대법원 2010. 8. 19. 선고 2008두822 판결

201) 대법원 2001. 9. 4. 선고 99두11080 판결

202) 대법원 2018. 6. 15. 선고 2018두35681 판결, 대법원 2012. 11. 29. 선고 2011두22587 판결, 2008. 7. 10. 선고 2006두19495 판결

203) 다만, 이와 같이 재결을 거치도록 한 취지는 공익사업의 시행으로 인한 손실보상에서 손실 발생 여부 및 손실의 범위에 관하여 행정청의 전문적 판단을 거치도록 함으로써 그 절차를 효율적으로 운영하고자 함에 있는 것이므로 소를 제기할 당시 재결을 거치지 않았다고 하더라도, 사실심 변론종결시까지 재결을 거쳤다면 그 흠결의 하자가 치유된다고 볼 수 있다(위 2018두35681 판결).

사업시행자를 피고로 하여야 하고,[204] 잔여지 수용청구를 인용하는 경우 보상금의 증액과 함께 잔여지에 대하여도 사업인정고시가 있는 것으로 보는(토지보상법 제74조 제3항 및 제73조 제3항) 효과가 발생한다. 따라서 잔여지 수용청구를 배척한 토지수용위원회의 판단을 다투는 소유자로서는 보상금 증감소송을 제기하는 것으로 충분하지 별도로 수용재결의 취소를 구할 필요가 없고, 법원으로서도 잔여지 수용청구가 요건을 갖춘 경우라면 이를 전제로 한 정당한 보상금을 산정하여 재결보상금과의 차액을 명하면 된다. 한편, 잔여지 수용청구를 받아들이지 않는 경우에는 판결의 이유부분에서 그 주장을 배척하는 판단을 하고 보상금 증액과 관련한 주문을 내는 것으로 족하지 따로 잔여지 수용청구를 기각하는 취지의 주문을 낼 필요는 없다.

나. 잔여지 가치하락으로 인한 보상

(1) 요건

토지보상법 제73조 제1항은 "사업시행자는 동일한 소유자에게 속하는 일단의 토지의 일부가 취득되거나 사용됨으로 인하여 잔여지의 가격이 감소하거나 그 밖의 손실이 있을 때 또는 잔여지에 통로 · 도랑 · 담장 등의 신설이나 그 밖의 공사가 필요할 때에는 국토교통부령으로 정하는 바에 따라 그 손실이나 공사의 비용을 보상하여야 한다. 다만, 잔여지의 가격 감소분과 잔여지에 대한 공사의 비용을 합한 금액이 잔여지의 가격보다 큰 경우에는 사업시행자는 그 잔여지를 매수할 수 있다."라고 규정하고 있다.[205]

토지보상법 제73조는 잔여지 보상에 관하여 규정하면서 동일한 소유자에 속한 일단의 토지의 일부 수용이라는 요건 외에 잔여지 가격의 감소만을 들고 있을 뿐이므로, 잔여지 수용청구에 관한 토지보상법 제74조와 달리 잔여지를 종래의 목적에 사용하는 것이 현저히 곤란한 사정이 인정되지 않는 경우에도 그에

---

204) 대법원 2010. 8. 19. 선고 2008두822 판결

205) 토지보상법 제73조는 표제를 '잔여지의 손실과 공사비 보상'이라고 하고 있으나, 잔여지 수용에 따른 보상과의 구별을 위하여 일반적으로 '잔여지 가치하락으로 인한 보상'이라고 한다. 2007. 10. 17. 개정으로 단서와 제2항을 신설하였다.

대하여 손실보상을 하여야 한다.[206] 다만, 여기서 사업시행자가 보상하여야 하는 손실은, 동일한 소유자에게 속하는 일단의 토지 중 일부를 사업시행자가 그 공익사업을 위하여 취득하거나 사용함으로 인하여 잔여지에 발생하는 것임을 전제로 하므로, 잔여지에 대하여 현실적 이용상황 변경 또는 사용가치 및 교환가치의 하락 등이 발생하였더라도 그 손실이 토지의 일부가 공익사업에 취득되거나 사용됨으로 인하여 발생하는 것이 아니라면 특별한 사정이 없는 한 토지보상법 제73조 제1항 본문에 따른 잔여지 손실보상 대상에 해당하지 않는다.[207]

잔여지 가치하락으로 인한 보상 청구에 관해서도 잔여지 매수청구와 같이 토지보상법 제34조, 제50조 등에 규정된 재결절차를 거친 다음 그 재결에 대하여 불복이 있는 때에 비로소 토지보상법 제83조 내지 제85조에 따라 권리구제를 받을 수 있을 뿐, 이러한 재결절차를 거치지 않은 채 곧바로 사업시행자를 상대로 손실보상을 청구할 수는 없다.[208]

잔여지 가치하락으로 인한 보상 청구는 해당 사업완료일부터 1년 이내에 청구[209]할 수 있다(제73조 제2항). 관할 토지수용위원회에 사업완료일까지 잔여지 수용청구를 할 수 있는 것과 비교된다.

(2) 산정방법 및 기준

토지보상법 시행규칙 제32조는 제1항에서 "동일한 토지소유자에 속하는 일단의 토지의 일부가 취득됨으로 인하여 잔여지의 가격이 하락된 경우의 잔여지의 손실은 공익사업시행지구에 편입되기 전의 잔여지의 가격(당해 토지가 공익사업

---

206) 대법원 1999. 5. 14. 선고 97누4623 판결
207) 대법원 2017. 7. 11. 선고 2017두40860 판결
208) 대법원 2008. 7. 10. 선고 2006두19495 판결, 2012. 11. 29. 선고 2011두22587 판결
209) 다만, 여기서 말하는 '청구'의 의미에 관하여, 사업시행자에 대한 손실보상 청구로써 족하고, 관할 토지수용위원회에 재결을 신청하거나 법원에 손실보상청구의 소를 제기하는 것까지 필요하다고 볼 수 없다는 하급심 판결례(서울행정법원 2016. 7. 29. 선고 2015구합67885 판결, 수원지방법원 2017. 5. 11. 선고 2015구합68803 판결)가 있다. 위 판결들은 원고들이 해당 사업의 공사완료일로부터 1년이 지난 후에 잔여지 가격하락에 따른 손실보상의 재결을 신청하고 법원에 손실보상금 지급의 소를 제기한 사안인데, 토지보상법 제73조 제2항에서 정한 기간이 재결신청 기간 또는 제소기간이라는 전제에서 원고들의 소가 부적법하다는 피고의 본안전항변을 배척한 사안이다(위 판결들의 항소심 법원은 피고의 본안전항변에 대하여 제1심의 판단을 인용하였으며, 대법원은 소송요건에 대하여 별도의 판단을 하지 않은 채 상고를 기각하였다).

시행지구에 편입됨으로 인하여 잔여지의 가격이 변동된 경우에는 변동되기 전의 가격을 말한다)에서 공익사업시행지구에 편입된 후의 잔여지의 가격을 뺀 금액으로 평가한다."라고 규정하고 있다.

이때 일단의 토지라 함은 반드시 1필지의 토지만을 가리키는 것이 아니라 일반적인 이용 방법에 의한 객관적인 상황이 같은 이상 여러 필지의 토지까지 포함하는 것이므로, 일단의 토지가 여러 필지인 경우에도 달리 특별한 사정이 없는 한 그 가격감소는 일단의 토지 전체를 기준으로 산정할 것이다.[210] 또한, 잔여지 가치하락으로 인한 손실보상은 달리 특별한 사정이 없는 한 일반원칙에 따라 수용재결시를 기준으로 산정할 것인바, 이 경우 보상하여야 할 손실에는 ① 토지 일부의 취득 또는 사용으로 인하여 그 획지조건이나 접근조건 등의 가격형성요인이 변동됨에 따라 발생하는 손실, ② 그 취득 또는 사용 목적 사업의 시행으로 설치되는 시설의 형태 · 구조 · 사용 등에 기인하여 발생하는 손실, ③ 수용재결 당시의 현실적 이용상황의 변경 외 장래의 이용가능성이나 거래의 용이성 등에 의한 사용가치 및 교환가치상의 하락 모두가 포함된다.[211] 당해 공익사업의 시행으로 인하여 잔여지의 가격이 증가하거나 그 밖의 이익이 발생한 때에도 그 이익을 그 취득 또는 사용으로 인한 손실과 상계할 수 없으므로(토지보상법 제66조), 그와 같은 이익을 참작하여 잔여지 손실보상액을 산정할 것은 아니다.[212]

나아가 판례는 '공익사업시행지구에 편입되기 전의 잔여지의 가격'은 일단의 토지 전부가 공공사업용지로 편입되는 경우를 상정한 잔여지 부분의 평가액, 구체적으로는 전체 토지의 수용재결 당시의 면적당 단가에 잔여지의 면적을 곱하여 산출한 금액에서 공익사업시행지구 편입 후 잔여지만 남게 되는 상태에서 잔여지를 평가한 금액을 뺀 잔액이 잔여지의 가격감소로 인한 손실보상액이 된다는 입장이다.[213] 따라서 잔여지 가치하락분을 산정하기 위해서는 반드시 전체

210) 대법원 1999. 5. 14. 선고 97누4623 판결

211) 대법원 1998. 9. 8. 선고 97누10680 판결, 대법원 2011. 2. 24. 선고 2010두23149 판결

212) 대법원 1998. 9. 18. 선고 97누13375 판결, 2000. 2. 25. 선고 99두6439 판결

213) 대법원 2002. 3. 15. 선고 2000두1362 판결. 그런데 전체 토지 중 수용대상 부분과 잔여지 부분이 획지조건 및 환경조건 등에서 현저한 차이가 있는 경우라면, '공익사업시행지구에 편입되기 전의 잔여지의 가격'을 전체 토지의 수용재결 당시의 ㎡당 단가에 잔여지의 면적을 곱하여 산출한 금액으로 보는 것이 적절하지 않을 수가 있다. 예컨대 200,000㎡의 임야 중 앞쪽의 지형이 낮고 평탄한 50,000㎡만 학교부지로 수용하여 뒤쪽의 지형이 높고 경사가 심한 150,000㎡가 잔여지가 된 경우 전체 토지의 수용재결

토지의 수용재결 당시의 면적당 단가와 공익사업시행지구에 편입된 후 잔여지만이 남게 되는 상태에서의 잔여지의 평가액에 관하여 감정을 하여야 한다.

(3) 손실보상금에 대한 지연손해금 발생시기

토지보상법은 잔여지 가치하락 손실보상금에 대한 지연손해금이 언제부터 발생하는지에 관한 명시적인 규정이 없다. 이와 같이 토지보상법이 잔여지 손실보상금 지급의무의 이행기를 정하지 않았고, 그 이행기를 편입토지의 권리변동일이라고 해석하여야 할 체계적, 목적론적 근거를 찾기도 어려우므로, 잔여지 가치하락 손실보상금 지급의무는 이행기의 정함이 없는 채무로 봄이 타당하다. 따라서 잔여지 가치하락 손실보상금 지급의무의 경우 잔여지의 손실이 현실적으로 발생한 이후로서 잔여지 소유자가 사업시행자에게 이행청구를 한 다음 날부터 그 지연손해금 지급의무가 발생한다고 보아야 한다.[214]

다. 잔여지 수용청구와 잔여지 가치하락 손실보상의 관계

잔여지 매수 · 수용청구 제도와 잔여지 가치하락 손실보상 제도는 그 적용요

당시 ㎡당 단가가 100,000원이라면 수용토지의 ㎡당 단가는 당연히 100,000원보다 높은 반면 잔여지의 경우 수용으로 인하여 잔여지로 되었는지와 관계없이 원래부터 100,000원보다 낮았던 것으로 볼 수밖에 없는데(수용 토지의 ㎡당 단가가 200,000원이라면, 잔여지의 원래 ㎡당 단가는 그 3분의 1인 66,666원), 그럼에도 전체 토지의 수용재결 당시의 ㎡당 단가에 잔여지의 면적을 곱하여 '공익사업시행지구에 편입되기 전의 잔여지의 가격'을 산출한다면 적정한 방법이라고 할 수 없다. 왜냐하면, 보상 단가가 100,000원보다 높은 수용 토지의 ㎡당 단가는 잔여지보다 상대적으로 우세한 점을 고려하여 산정한 것이고 여기에 수용대상 토지의 면적을 곱하여 수용대상 토지에 대한 보상금을 정하는 것임에도, 수용대상 토지보다 열후한 잔여지(원래 ㎡당 단가가 66,666원)에 관하여 전체 토지의 ㎡당 단가(100,000원)를 그대로 적용하면 전체 토지의 가격이 정당한 가격을 넘어서는 문제가 있고, 이는 결국 과잉보상으로 이어질 수 있기 때문이다. 이러한 경우에는 '전체 토지를 수용할 경우 적용할 가격'에서 '수용토지 부분의 보상가격'을 뺀 금액을 '공익사업시행지구에 편입되기 전의 잔여지의 가격'으로 산정하고, 여기에서 공익사업시행지구에 편입된 후 잔여지만이 남게 되는 상태에서 잔여지를 평가한 금액을 빼고 남은 금액이 일단지의 일부를 수용함에 따라 하락한 잔여지의 가격을 정당하게 반영하는 것이라고 생각한다.

214) 대법원 2018. 3. 13. 선고 2017두68370 판결. 대법원은 앞서 본 바와 같이 토지보상법 제73조에 따라 보상해야 할 잔여지의 손실은 그 발생원인이 매우 다양하고, 손실의 발생시점도 일정하지 않아, 잔여지 손실보상의무는 특정 시점에 항상 발생하는 것이 아니라, 개별 · 구체적 상황에 따라 그 발생 여부, 시점과 내용이 달라질 수 있고, 그 발생 여부, 시점과 내용을 판단하려면 개별 · 구체적 상황에 대한 사실확인과 평가가 필요하며, 따라서 잔여지 소유자가 잔여지에 발생한 손실의 내용을 구체적으로 특정하여 주장하지 않으면 사업시행자로서는 잔여지 가치하락 손실보상금 지급의무의 존부와 범위를 구체적으로 알기 어려운 특성이 있는 점 등을 근거로 잔여지 가치하락 손실보상금 지급의무가 이행기의 정함이 없는 채무로 보았다.

건과 효과를 달리 하는 별개의 제도이고, 따라서 '잔여지 수용청구에 대한 재결절차'와 '잔여지 가치하락으로 인한 손실보상 청구에 대한 재결절차' 역시 별개의 절차이므로, 어느 하나의 재결절차를 거쳤다고 하더라도 사업시행자를 상대로 재결절차를 거치지 않은 나머지 항목의 손실보상을 청구하는 것은 허용되지 않는다.[215]

또한 잔여지의 수용청구와 잔여지의 가격하락으로 인한 손실보상청구는 서로 양립할 수 없는 관계에 있어 선택적 병합이 불가능하므로,[216] 선택적 병합 청구를 허가하여서는 안 되고, 주위적 · 예비적 청구로 정리할 필요가 있다.

3. 지장물에 대한 손실보상

가. 일반론

토지보상법 시행규칙 제20조는 "취득할 토지에 건축물 · 입목 · 공작물 그 밖에 토지에 정착한 물건(이하 '건축물등'이라 한다)이 있는 경우에는 토지와 그 건축물등을 각각 평가하여야 한다. 다만, 건축물등이 토지와 함께 거래되는 사례나 관행이 있는 경우에는 그 건축물등과 토지를 일괄하여 평가하여야 하며, 이 경우 보상평가서에 그 내용을 기재하여야 한다." 라고 규정하여 구분평가의 원칙을 도입하고 있다. 따라서 집합건물 등 극히 예외적인 경우를 제외하고는 감정평가는 물론이고 재결서의 보상금 내역서에도 이를 구분하여 표시하고 있다.

토지보상법 제75조 제1항 본문은 "건축물 · 입목 · 공작물 기타 토지에 정착한 물건(이하 '건축물등'[217]이라 한다)에 대하여는 이전에 필요한 비용(이하 '이전비'[218]라 한다)으로 보상하여야 한다." 라고 이전비 보상원칙을 규정하고 있다.

---

215) 대법원 2014. 9. 25. 선고 2012두24092 판결

216) 대법원 2014. 4. 24. 선고 2012두6773 판결

217) 토지보상법 시행규칙은 공익사업법의 '건축물등'과 별도로 '지장물'이라는 용어도 사용하고 있는데, 제2조 제3호에서 '지장물'에 관하여 '공익사업 시행지구 내의 토지에 정착한 건축물 · 공작물 · 시설 · 입목 · 죽목 및 농작물 그 밖의 물건 중에서 당해 공익사업의 수행을 위하여 직접 필요하지 아니한 물건'이라고 정의하고 있다. 이하에서는 더 포괄적인 개념규정인 '지장물'이라는 용어를 주로 사용한다.

218) 대상물건의 유용성을 동일하게 유지하면서 이를 당해 공익사업 시행지구 밖의 지역으로 이전 · 이설 또는 이식하는 데 소요되는 비용(물건의 해체비, 건축허가에 일반적으로 소요되는 경비를 포함한 건축비와 적정거리까지의 운반비를 포함하며, 건축법 등 관계법령에 의하여 요구되는 시설의 개선에 필요한 비용을

그러나 같은 항 단서에서 ① 건축물등을 이전하기 어렵거나 그 이전으로 인하여 건축물등을 종래의 목적대로 사용할 수 없게 된 경우, ② 건축물등의 이전비가 그 물건의 가격을 넘는 경우, ③ 사업시행자가 공익사업에 직접 사용할 목적으로 취득하는 경우에는 당해 물건의 가격으로 보상하도록 하고 있다.

요컨대, 지장물에 관하여는 이전 가능 여부, 즉 이전이 가능하고 이전한 이후에도 종래의 목적대로 사용할 수 있는지를 먼저 따져야 하고,[219] 이전 및 계속사용이 가능한 경우 그 다음으로 이전비용과 해당당해 물건의 가격을 비교하여 전자가 후자보다 적으면 이전비를 보상하여야 한다. 그러나 지장물의 상당 부분을 차지하는 건축물의 경우 이전이 불가능한 경우가 대부분이고, 입목이나 공작물 등 이전이 가능한 지장물의 경우에도 이전비용이 물건의 가격을 넘는 경우가 많아 예외로 규정한 물건의 가격으로 보상하는 방법이 오히려 일반적이다. 다만, 사업시행자가 사업시행에 방해가 되는 지장물에 관하여 토지보상법 제75조 제1항 단서 제2호에 따라 이전에 드는 실제 비용에 못 미치는 물건의 가격으로 보상한 경우 사업시행자가 해당 물건을 취득하는 제3호와 달리 수용의 절차를 거치지 않은 이상 사업시행자가 그 보상만으로 해당 물건의 소유권까지 취득한다고 보기는 어렵고, 사업시행자는 지장물의 소유자가 토지보상법 시행규칙 제33조 제4항 단서에 따라 스스로의 비용으로 철거하겠다고 하는 등의 특별한 사정이 없는 한 지장물의 소유자에 대하여 그 철거 등을 요구할 수 없고 자신의 비용으로 직접 이를 제거할 수 있을 뿐이다. 즉, 사업시행자는 사업시행구역 내 위치한 지장물에 대하여 스스로의 비용으로 이를 제거할 수 있는 권한과 부담을 동시에 갖게 된다.[220]

물건의 가격으로 보상한 건축물의 철거비용은 사업시행자가 부담한다(토지보상법 시행규칙 제33조 제4항 본문).[221] 다만, 건축물의 소유자가 당해 건축물의 구성부분을 사용 또는 처분할 목적으로 철거하는 경우에는 건축물의 소유자

제외한다)(토지보상법 시행규칙 제2조 제4호)

219) 이전 가능 여부는 기술적인 문제가 아니라 경제적으로 판단하여야 한다. 대법원 1991. 10. 22. 선고 90누10117 판결

220) 대법원 2021. 5. 7. 선고 2018다256313 판결, 대법원 2019. 4. 11. 선고 2018다277419 판결

221) 따라서 물건의 가격으로 보상하는 경우에 그 건축물의 철거비를 포함시키거나 공제하여서는 안 된다. 대법원 2014. 12. 24. 선고 2012두17681 판결

가 부담한다(같은 항 단서).

우리 토지보상법은 대체시설비를 기준으로 하는 보상은 채택하지 않고 있으므로 소유자가 이를 주장하더라도 받아들이지 않는다. 그러나 사업시행자가 공익사업에 편입할 공작물등에 대한 대체시설을 하는 경우에는 기존 공작물등에 대하여 별도로 보상하지 아니한다(토지보상법 시행규칙 제36조 제2항 제3호).[222)]

다만, 사업인정고시 전에 공익사업시행지구 내 토지에 설치한 공작물 등 지장물은 원칙적으로 손실보상의 대상이 된다고 보아야 하나, 손실보상은 공공필요에 의한 행정작용에 의하여 사인에게 발생한 특별한 희생에 대한 전보라는 점을 고려할 때, 사업시행자의 보상계획공고 등으로 공익사업의 시행과 보상 대상 토지의 범위 등이 객관적으로 확정된 후 해당 토지에 지장물을 설치하는 경우에 그 공익사업의 내용, 해당 토지의 성질, 규모 및 보상계획공고 등 이전의 이용실태, 설치되는 지장물의 종류, 용도, 규모 및 그 설치시기 등에 비추어 그 지장물이 해당 토지의 통상의 이용과 관계없거나 이용 범위를 벗어나는 것으로 손실보상만을 목적으로 설치되었음이 명백하다면, 그 지장물은 예외적으로 손실보상의 대상에 해당하지 아니한다고 보아야 한다.[223)]

이하에서는 대표적인 지장물인 건축물에 관한 손실보상을 중심으로 살펴보고, 기타 지장물에 대하여는 토지보상법령의 관계 규정 및 관련 대법원 판결례를 간략히 소개하기로 한다.

---

222) 대체시설을 하는 경우 별도의 손실보상을 하지 않도록 규정하고 있는 것은 그러한 대체시설로서 공작물 소유자에게 실질적으로 손실이 보상된 것으로 볼 수 있기 때문이라고 할 것이므로, 대체시설로 인정되기 위해서는 기존의 공작물과 그 기능적인 측면에서 대체가 가능한 시설이어야 할 뿐만 아니라, 특별한 사정이 없는 한 기존의 공작물 소유자가 대체시설의 소유권을 취득하거나 소유권자에 준하는 관리처분권을 가지고 있어야 한다고 할 것이다. 대법원 2012. 9. 13. 선고 2011다83929 판결.

223) 대법원 2013. 2. 15. 선고 2012두22096 판결. 이 판결의 사안은 다음과 같다. ① 원고는 점용허가를 받은 하천부지에 비닐하우스 1개동, 관정 3개 등을 설치하고 수십 년간 농사를 지어왔다. ② 군수가 해당 공익사업의 시행과 관련하여 위 하천부지 위의 물건 등에 관한 보상계획을 공고하자, 원고는 약 3개월 남짓의 기간 동안 그 토지에 비닐하우스 23개동, 관정 123개 등을 새로 설치하였다. ③ 해당 공익사업에 대한 사업인정은 원고가 새로 비닐하우스와 관정 등의 설치를 마친 후 약 2개월 후에 이루어졌다. 대법원은 이와 같은 보상계획공고의 시기 및 내용, 보상계획공고 이전의 토지 이용실태, 원고가 설치한 비닐하우스 등의 규모 및 설치기간, 보상계획공고와 사업인정고시 사이의 시간적 간격 및 비닐하우스 등의 설치시기 등에 비추어 원고가 새로 설치한 비닐하우스와 관정 등은 공익사업의 시행 및 보상계획이 구체화된 상태에서 손실보상만을 목적으로 설치되었음이 명백하다고 본 것이다.

나. 건축물

(1) 평가의 방법

건축물에 대하여는 그 구조 · 이용상태 · 면적 · 내구연한 · 유용성 및 이전가능성 그 밖에 가격형성에 관련되는 제 요인을 종합적으로 고려하여 평가한다(토지보상법 시행규칙 제33조 제1항).

건축물의 가격은 원가법[224]으로 평가하는 것이 원칙이다(토지보상법 시행규칙 제33조 제2항 본문).

다만, 주거용 건축물에 있어서는 거래사례비교법[225]에 의하여 평가한 금액(공익사업의 시행에 따라 이주대책을 수립 · 실시하거나 주택입주권 등을 당해 건축물의 소유자에게 주는 경우 또는 개발제한구역 안에서 이전이 허용되는 경우에 있어서의 당해 사유로 인한 가격상승분은 제외하고 평가한 금액을 말한다)이 원가법에 의하여 평가한 금액보다 큰 경우와 「집합건물의 소유 및 관리에 관한 법률」에 의한 구분소유권의 대상이 되는 건물의 가격은 거래사례비교법으로 평가한다(토지보상법 시행규칙 제33조 제2항 단서).

건축물의 전부를 수용하는 경우에는 이러한 원칙에 따라 평가하면 되므로 큰 어려움이 없다.

(2) 무허가 건축물

건축물에 관하여 토지보상법 제75조나 같은 법 시행규칙 제33조가 건축허가의 유무에 따른 구분을 두고 있지 않고 있으므로 사업인정 고시 이전에 지어 공공사업용지의 토지에 정착한 지장물인 건축물은 통상 적법한 건축허가를 받았는지에 관계없이 손실보상의 대상이 된다.[226][227] 같은 이치에서 허가를 받지

224) 가격시점에서 대상물건을 재조달하는 데 소요되는 가격에서 감가수정을 하여 대상물건에 대한 가격시점 현재의 가격을 구하는 방법(토지보상법 시행규칙 제2조 제9호).

225) 대상물건과 동일성 또는 유사성이 있는 다른 물건의 거래사례와 비교(거래된 사정 및 시기 등에 따른 적정한 보완을 하여 비교하는 것을 말한다. 이하 같다)하여 대상물건에 대한 가격시점 현재의 가격을 구하는 방법(토지보상법 시행규칙 제2조 제6호).

226) 대법원 2000. 3. 10. 선고 99두10896 판결 등. 토지보상법 시행규칙 부칙<제344호, 2002. 12. 31.> 제5조에서도 무허가건축물에 대한 경과조치를 규정하면서 1989. 1. 24. 당시의 무허가건축물에 대하여 제24조(무허가건축물의 부지), 제54조(주거이전비), 제58조(주거용 건축물의 보상 특례)에 관하여만 규

아니하고 건축물을 증·개축하거나 대수선한 결과 면적·구조·재질 등이 건물 등기부나 건축물대장과 다르게 된 경우에도 보상을 위한 평가를 함에 있어서는 실제 현황에 따라야 한다.[228]

다만, 주거용 건물이 아닌 위법 건축물의 경우에는 관계법령의 입법 취지와 그 법령에 위반된 행위에 대한 비난가능성과 위법성의 정도, 합법화될 가능성, 사회통념상 거래 객체가 되는지 등을 종합하여 구체적, 개별적으로 판단한 결과 그 위법의 정도가 관계법령의 규정이나 사회통념상 용인할 수 없을 정도로 크고 객관적으로도 합법화될 가능성이 거의 없어 거래의 객체도 되지 아니하면 예외적으로 수용보상 대상으로 삼지 아니한다.[229]

(3) 건축물의 일부를 수용하는 경우[230]

(가) 잔여 건축물의 사용이 현저히 곤란한 경우

토지보상법 제75조의2 제2항은 "동일한 소유자에게 속하는 일단의 건축물의 일부가 협의에 의하여 매수되거나 수용됨으로 인하여 잔여 건축물을 종래의 목적에 사용하는 것이 현저히 곤란할 때에는 그 건축물소유자는 사업시행자에게

정하고 있는 점에 비추어 볼 때 무허가건축물도 보상의 대상이 됨을 전제로 하고 있음이 분명하다.

227) 나아가 대법원이 지장물(수익수 또는 관상수나 묘목 등)에 관하여 이를 보상대상으로 함에 있어 토지사용권의 유무는 고려대상이 아니라고 한 점도 주목할 필요가 있다. 대법원 2004. 10. 15. 선고 2003다14355 판결.

228) 실제 현황은 물건조서의 작성단계에서 측량·조사를 하여 반영하는 것이 일반적이나, 소유자가 이를 다투는 경우 법원의 현장검증과 측량감정 등을 통하여 밝힐 수밖에 없다.

229) 대법원 2001. 4. 13. 선고 2000두6411 판결. 이 판결의 사안은 다음과 같다. ① 원고가 군수로부터 도시공원을 조성하는 사업시행허가를 받아 부지조성사업 등을 진행하던 중 휴식·오락 및 운동시설로 사용하고자 당초 허가면적을 초과하여 지하 1층 지상 3층 건물을 건축하다가 공사중지명령을 받고도 공사를 강행하여 형사처벌을 받았다. ② 원고는 위 불법건축물에 대하여 여러 차례 시정지시를 받고도 시정하지 아니하다가 골조공사만 마친 상태에서 부도를 내자 관할 관청에서는 건축허가와 공원사업시행승인을 차례로 취소하고, 건물은 물론 형질변경된 토지 부분에 대하여 철거 등 원상복구명령을 하였으나, 원고는 이를 이행하지 아니하였다. ③ 그 후 행정대집행의 계고서를 발부하기까지 하였으나 대집행이 미루어졌다. ④ 야산과 전답으로 이용하던 토지 일대가 공원사업의 부분적 시행으로 일부 형질변경되어 원상복구 없이 장기간 방치되고, 건물도 골조공사만을 마친 상태에서 공사를 중단하여 주위 환경과 어울리지 않게 흉물스러운 상태로 남아있었다. 대법원은 위 미완성 불법건축물의 일부가 사업시행지에 편입되어 수용되었으나 그와 상관없이 철거할 수밖에 없어 사회통념상 거래의 대상이 될 여지가 없다고 본 것이다.

230) 종전에는 건축물의 일부 수용에 관하여 토지의 경우와 같은 보상 규정을 두지 않은 채 토지보상법 시행규칙에서 평가방법만 규정하고 있다가 2007. 10. 17.자 개정(법률 제8665호)으로 근거 규정을 마련하였다. 건축물 소유자가 토지보상법 제75조의2 제1항 및 제2항에 따른 잔여 건축물 가격하락 등으로 인한 손실보상과 잔여 건축물 수용청구에 관하여 재결절차를 거치지 않은 채 곧바로 사업시행자를 상대로 손실보상을 청구하는 것이 허용되지 않음은 잔여지에 관한 보상의 경우에서와 마찬가지이다. 대법원 2015. 11. 12. 선고 2015두2963 판결 등.

잔여 건축물을 매수하여 줄 것을 청구할 수 있으며, 사업인정 이후에는 관할 토지수용위원회에 수용을 청구할 수 있다. 이 경우 수용 청구는 매수에 관한 협의가 성립되지 아니한 경우에만 하되, 사업완료일까지 하여야 한다." 라고 규정하고 있다. 잔여 건축물에 대한 매수 청구가 받아들여지면 건축물 전부에 대하여 물건의 가격으로 보상하고 사업시행자가 비용을 부담하여 건축물을 철거하게 된다.

(나) 잔여 건축물을 사용할 수 있는 경우

토지보상법 제75조의2 제1항은 "사업시행자는 동일한 소유자에게 속하는 일단의 건축물의 일부가 취득되거나 사용됨으로 인하여 잔여 건축물의 가격이 감소하거나 그 밖의 손실이 있을 때에는 그 손실을 보상하여야 한다. 다만 잔여 건축물의 가격 감소분과 보수비(건축물의 나머지 부분을 종래의 목적대로 사용할 수 있도록 그 유용성을 동일하게 유지하는 데에 일반적으로 필요하다고 볼 수 있는 공사에 사용되는 비용을 말한다. 다만, 건축법 등 관계 법령에 따라 요구되는 시설 개선에 필요한 비용은 포함하지 아니한다)를 합한 금액이 잔여 건축물의 가격보다 큰 경우에는 사업시행자는 그 잔여 건축물을 매수할 수 있다." 라고 규정하고 있다.

보상방법으로 토지보상법 시행규칙 제35조는, 잔여 건축물의 가격이 감소된 경우 그 손실은 '공익사업시행지구에 편입되기 전의 잔여 건축물의 가격(해당 건축물이 공익사업시행지구에 편입됨으로 인하여 잔여 건축물의 가격이 변동된 경우에는 변동되기 전의 가격을 말한다)에서 공익사업시행지구에 편입된 후의 잔여 건축물의 가격을 뺀 금액(제1항)', 잔여 건축물에 보수가 필요한 경우의 보수비는 '건축물의 잔여부분을 종래의 목적대로 사용할 수 있도록 그 유용성을 동일하게 유지하는데 통상 필요하다고 볼 수 있는 공사에 사용되는 비용(건축법 등 관계법령에 의하여 요구되는 시설의 개선에 필요한 비용은 포함하지 아니한다)'을 규정하고 있다. 다만, 위와 같이 평가된 잔여 건축물의 가격 감소분과 보수비가 잔여 건축물의 가격보다 큰 경우에 사업시행자가 그 잔여 건축물을 매수할 수 있으므로(토지보상법 제75조의2 제1항 단서), 사실상 잔여 건축물의 가격이 가격 감소분과 보수비에 대한 보상액의 한도가 되는 경우가 많을 것이다.

한편, 토지보상법 제73조 제2항을 준용하고 있는 제75조의2 제4항 전단에 따라, 잔여 건축물의 가격 감소분 및 그 밖의 손실에 대한 보상청구는 사업완료일부터 1년 이내에 하여야 한다.

(4) 심리상의 유의사항

행정소송이 제기될 무렵이면 건축물은 이미 철거되어 버리는 경우가 많고, 특히 이의재결까지 거친 경우는 대집행을 하는 것이 보통이므로 소유자로서는 증거보전 또는 기일 전 증거조사를 통하여 현장검증과 시가감정을 서둘러서 신청하여야 한다. 건물을 일단 철거하고 난 후에는 감정평가업자가 평가를 할 때에는 실지조사에 의하여 대상물건을 확인하여야 한다는 토지보상법 시행규칙 제16조 제3항 전문(감정평가에 관한 규칙 제10조 제1항)의 규정을 내세워 평가를 거절하는 경우가 많기 때문이다.[231]

건축물의 일부를 수용하는 경우 구조개선 등이 필요한 경우(예컨대, 일부 수용되는 부지 위의 건축물 부분에 소방계단이나 주요 출입문 등이 설치되어 있는 경우, 건축물의 근간이 되는 주요 기둥이나 벽체 부분을 포함할 경우 등에는 남은 부분만으로 건축물을 보수하여 완성할 때에 건축법이나 소방 관련 법령이 정한 요건을 충족시킬 수 있는지 여부 등이 실무상 주요한 문제가 된다)라면 이는 감정평가업자의 업무영역을 벗어나는 것이므로 건축사 또는 건축구조기술자의 전문적인 감정이 필요하게 된다. 일반적으로 사업시행자가 건축사 등에게 용역을 의뢰하고 그 용역보고서를 기초로 감정평가를 하게 되는데, 소유자가 그 용역보고서의 내용을 다투는 경우 법원으로서는 건축사 등을 감정인으로 별도 지정하여 보수비를 산정하도록 명하거나 토지보상법 시행규칙 제16조 제3항 후문(감정평가에 관한 규칙 제9조 제3항)에 따라 보상액 전반에 대한 감정인으로 지

---

231) 다만, 감정평가에 관한 규칙 제10조 제2항은 "감정평가업자는 제1항에도 불구하고 다음 각 호의 어느 하나에 해당하는 경우로서 실지조사를 하지 아니하고도 객관적이고 신뢰할 수 있는 자료를 충분히 확보할 수 있는 경우에는 실지조사를 하지 아니할 수 있다."고 규정하고 있어, 앞서 여러 차례에 걸친 감정평가가 이루어졌고, 다수의 현장사진을 비롯한 각종 자료가 충분히 제출된 경우 실지조사를 하지 않고도 감정할 수 있을 정도에 이르렀다고 보아 법원감정을 실시하게 되는 경우도 있다.

정된 감정평가업자로 하여금 보수비에 관하여는 건축사 등의 자문 또는 용역을 거쳐 평가하도록 명한다.

다. 기타 지장물

(1) 공작물

공작물은 통상 지상 및 지하의 인공적 건축물 내지 설비를 말하는데, 토지보상법령은 앞서 본 바와 같이 건축물에 대하여는 별도의 규정을 두고 있고(토지보상법 시행규칙 제33조 내지 제35조), 공작물 그 밖의 시설의 평가에 관하여 위 규정들을 준용한다(토지보상법 시행규칙 제36조 제1항).

다만, 토지보상법 시행규칙 제36조 제2항은, '공작물등의 용도가 폐지되었거나 기능이 상실되어 경제적 가치가 없는 경우(제1호)', '공작물등의 가치가 보상이 되는 다른 토지등의 가치에 충분히 반영되어 토지등의 가격이 증가한 경우(제2호)', '사업시행자가 공익사업에 편입되는 공작물등에 대한 대체시설[232]을 하는 경우(제3호)'에는 별도의 손실보상을 하지 않도록 규정하고 있다.

(2) 입목(수목)

토지보상법 시행규칙은 제37조 내지 제39조에서 지장물로 취급하는 입목(수목)을 수익수(과수 및 그 밖에 수익이 나는 나무), 관상수, 묘목, 입목(조림된 용재림[233] 또는 이와 유사한 자연림), 죽림 등으로 나누어 각 평가방법에 대하여 규정하고 있다.

수목에 대한 보상의 경우에도 토지보상법 제75조 제1항에 따라 이식비를 지급하는 것이 원칙이고, 이식이 부적합하거나 이식비가 그 수목의 가격을 초과하는 경우에는 해당 수목의 가격으로 보상하게 된다.

---

232) 대체시설은 기능적인 측면에서 기존의 공작물과 대체가 가능한 시설이어야 하고, 특별한 사정이 없는 한 기존의 공작물 소유자가 대체시설의 소유권을 취득하거나 소유권자에 준하는 관리처분권이 인정되어야 한다는 점은 앞서 본 바와 같다. 대법원 2012. 9. 13. 선고 2011다83929 판결.

233) 「산림자원의 조성 및 관리에 관한 법률」 제13조에 따른 산림경영계획인가를 받아 시업하였거나 산림의 생산요소를 기업적으로 경영 · 관리하는 산림으로서 「입목에 관한 법률」 제8조에 따라 등록된 입목의 집단 또는 이에 준하는 산림(토지보상법 시행규칙 제39조 제4항)

이 때, 수목의 이식이 가능한 것인지 여부는 기술적인 문제가 아니라 경제적인 관점에서 판단하여야 하고,[234] 이식비가 해당 수목의 가격을 초과하는지 여부는 각 수목별로 이식비와 취득가격을 상호비교하여야 하는 것이지 수용대상이 된 토지 전체의 과수에 대한 총 이식비와 총 취득비를 상호비교하여 결정하여서는 안 된다.[235][236] 다만, 수목의 이식비용을 산정할 때, 그 산정기준이 수목 1주당 가액을 기준으로 한 것이라면 대량의 수목이 이식되는 경우에는 특별한 사정이 없는 한 규모의 경제 원리가 작용하여 그 이식비용이 감액될 가능성이 있다고 봄이 경험칙에 부합하나,[237] 이식 과정에서 고사 또는 훼손되는 수목의 손실을 보상하기 위한 항목인 고손액[238]의 경우, '수목의 가격'에 수목이 이식 후 정상적으로 성장하지 못하고 고사할 가능성을 비율로 표시한 수치인 '고손율'을 곱하는 방법으로 산정되므로, 실제로 수목을 굴취하여 차량 등으로 운반한 후 다시 식재하는 데에 소요되는 실비에 대한 변상인 이식비용과는 그 성격이 전혀 달라 수목을 대량으로 이식하는 경우가 낱개로 이식하는 경우에 비하여 고손율이 더 낮다고 인정할 만한 특별한 사정이 없는 한, 고손액이 이식비용과 마찬가지로 규모의 경제의 원리에 따라 감액되어야 한다고 할 수 없다.[239]

한편, 수목의 손실에 대한 보상액은 정상식(경제적으로 식재목적에 부합되고 정상적인 생육이 가능한 수목의 식재상태를 말한다)을 기준으로 한 평가액을 초과하지 못한다(토지보상법 시행규칙 제40조 제2항).

(3) 농작물

농작물을 수확하기 전에 토지를 사용하는 경우에는 그 농작물의 종류와 성숙도 등을 종합적으로 고려하여 농작물에 대한 손실을 보상한다(토지보상법 제75

234) 대법원 1991. 1. 29. 선고 90누3775 판결, 대법원 1991. 10. 22. 선고 90누10117 판결
235) 대법원 2002. 6. 14. 선고 2000두3450 판결
236) 수목에 대한 평가를 함에 있어 각 수목에 대하여 각 수종별로 구체적인 평가기준, 방법 및 이식비 산출근거를 제시하지 아니하고 일괄하여 이식비를 평가하였다면, 이는 토지보상법령에 따른 적법한 평가라고 할 수 없다. 대법원 1990. 2. 23. 선고 89누7146 판결
237) 대법원 2003. 11. 27. 선고 2003두3888 판결
238) 이식이 가능한 수익수 및 관상수, 묘목의 경우에 평가항목에 포함된다(토지보상법 시행규칙 제37조 제2항 제1호, 같은 조 제4항, 제38조 제3항).
239) 대법원 2015. 10. 29. 선고 2015두2444 판결

조 제2항, 토지보상법 시행규칙 제41조).

파종 중 또는 발아기에 있거나 묘포에 있는 농작물의 경우에는 '가격시점까지 소요된 비용의 현가액'을, 그 외의 농작물의 경우에는 '예상총수입[240]의 현가액에서 장래 투하비용의 현가액을 뺀 금액(보상당시에 상품화가 가능한 풋고추·들깻잎 또는 호박 등의 농작물이 있는 경우에는 그 금액도 제외)'을 각 보상액으로 하게 된다(토지보상법 시행규칙 제41조 제1항 제1호, 제2호).

(4) 토지에 속한 흙·돌·모래 또는 자갈

흙·돌·모래 또는 자갈이 해당 토지와 별도로 취득 또는 사용의 대상이 되는 경우에는 거래가격 등을 고려하여 평가한 적정가격으로 보상하여야 하는데(토지보상법 제75조 제3항), 이 때 '흙·돌·모래 또는 자갈이 당해 토지와 별도로 취득 또는 사용의 대상이 되는 경우'란 흙·돌·모래 또는 자갈이 속한 수용대상 토지에 관하여 토지의 형질변경 또는 채석·채취를 적법하게 할 수 있는 행정적 조치가 있거나 그것이 가능하고 구체적으로 토지의 가격에 영향을 미치고 있음이 객관적으로 인정되어 토지와는 별도의 경제적 가치가 있다고 평가되는 경우 등을 의미한다.[241]

(5) 분묘

(가) 분묘에 대하여는 이장에 드는 비용 등을 산정하여 보상하게 되는데(토지보상법 제75조 제4항), 「장사 등에 관한 법률」 제2조 제16호에 따른 연고자[242]가 있는 분묘에 대한 보상액은 토지보상법 시행규칙 제42조 제1항 각 호의 규정에 따른 ① 분묘이전비,[243] ② 석물이전비, ③ 잡비, ④ 이전보조비의 합계액으로 산정하고,

240) 당해 농작물의 최근 3년간(풍흉작이 현저한 연도 제외)의 평균총수입(토지보상법 시행규칙 제41조 제2항)

241) 대법원 2014. 4. 24. 선고 2012두16534 판결

242) 사망한 자와 ① 배우자, ② 자녀, ③ 부모, ④ 자녀 외의 직계비속, ⑤ 부모 외의 직계존속, ⑥ 형제·자매, ⑦ 사망하기 전에 치료·보호 또는 관리하고 있었던 행정기관 또는 치료·보호기관의 장으로서 대통령령으로 정하는 사람, ⑧ 위 각 경우에 해당하지 아니하는 자로서 시신이나 유골을 사실상 관리하는 자 등의 관계에 있는 자의 관계에 있는 자

243) 묘지구입비나 분묘위치측량비는 사업시행자가 보상하여야 할 분묘이전비에 포함되지 않는다. 대법원 1994. 10. 11. 선고 94누1746 판결

연고자가 없는 분묘에 대한 보상액은 이전보조비를 제외한 위 분묘이전비, 석물이전비, 잡비 합계액의 50퍼센트 이하의 범위 안에서 산정한다(같은 조 제3항).

(나) 종래 대법원은, 종손이 있는 경우라면 그가 제사를 주재하는 자의 지위를 유지할 수 없는 특별한 사정이 있는 경우를 제외하고는 일반적으로 선조의 분묘를 수호 · 관리하는 권리는 그 종손에게 전속된다고 봄이 상당하고 종손이 아닌 자가 제사주재자로서의 분묘에 대한 관리처분권을 가지고 있다고 하기 위해서는 우선 종손에게 제사주재자의 지위를 유지할 수 없는 특별한 사정이 있음이 인정되어야 한다고 보았으나,[244] 대법원 2008. 11. 20. 선고 2007다27670 전원합의체 판결을 통하여 "제사주재자는 우선적으로 망인의 공동상속인들 사이의 협의에 의해 정하되, 협의가 이루어지지 않는 경우에는 제사주재자의 지위를 유지할 수 없는 특별한 사정이 있지 않은 한 망인의 장남(장남이 이미 사망한 경우에는 장남의 아들, 즉 장손자)이 제사주재자가 되고, 공동상속인들 중 아들이 없는 경우에는 망인의 장녀가 제사주재자가 된다."고 판시함으로써 종전의 견해를 변경하였고, 다만 이와 같은 법리는 위 판결 선고 이후에 제사용 재산의 승계가 이루어지는 경우에만 적용된다고 봄이 상당하다고 하였다. 따라서 2008. 11. 20. 이전에 제사용 재산, 즉 분묘에 대한 승계가 이루어진 경우엔 여전히 종손에게 분묘의 수호 · 관리권이 전속되고, 종가의 종손이 사망하여 절가가 된 경우에는 그 차종손이 종가의 제사상속을 하고 차종손도 절후가 된 경우에는 순차 차종손에 의하여 종가 및 조상의 제사와 분묘수호권이 상속된다.[245] 분묘의 수호 · 관리권자라고 주장하는 종손 등이 사업시행자를 상대로 분묘의 이장에 따른 보상금의 지급을 구하기 위해서도 토지보상법에 따른 재결절차를 거쳐야 할 것이다.[246]

한편, 분묘의 수호 · 관리나 봉제사에 대하여 현실적으로 또는 관습상 호주상속인인 종손이 그 권리를 가지고 있다면 그 권리는 종손에게 전속하는 것이고 종손이 아닌 다른 후손이나 종중에서 관여할 수는 없다고 할 것이나, 공동선조의 후손

244) 대법원 2000. 9. 26. 선고 99다14006 판결 등
245) 대법원 2009. 5. 14. 선고 2009다1092 판결
246) 부산고등법원 2009. 8. 28. 선고 2009누454 판결

들로 구성된 종중이 선조 분묘를 수호 · 관리하여 왔다면 분묘의 수호 · 관리권 내지 분묘기지권은 종중에 귀속하는데,[247] 비법인사단인 종중의 재산에 대한 수용보상금은 종원의 총유에 속하고, 그 수용보상금의 분배는 총유물의 처분에 해당하므로, 정관 기타 규약에 달리 정함이 없는 한 종중총회의 결의에 의하여 그 수용보상금을 분배할 수 있고, 그 분배 비율, 방법, 내용 역시 결의에 의하여 자율적으로 결정할 수 있으나, 종중재산의 분배에 관한 종중총회의 결의 내용이 현저하게 불공정하거나 선량한 풍속 기타 사회질서에 반하는 경우 또는 종원의 고유하고 기본적인 권리의 본질적인 내용을 침해하는 경우 그 결의는 무효라고 할 것이다.[248]

4. 영업보상

가. 일반론

토지보상법 제77조는 영업을 폐업하거나 휴업함에 따른 영업손실에 대하여 영업이익과 시설의 이전비용 등을 고려하여 보상하도록 규정하고(제1항), 그 구체적인 산정 및 평가 방법, 보상기준 등을 국토교통부령에 위임하고 있다(제4항).

토지보상법 시행규칙은 제45조에서 영업손실의 보상대상인 영업을 규정하는 한편 제46조와 제47조에서 폐업보상과 휴업보상을 구별하여 손실의 평가방법을 규정하고 있다. 그런데 토지보상법 시행규칙 중 이 부분은 2007. 4. 12. 큰 폭으로 개정 · 시행되었는바, 그 개정 부칙〈2007. 4. 12.〉 제4조에서는 개정한 제46조와 제47조는 시행 후 보상계획을 공고 · 통지하는 분부터 적용한다고 규정하고 있다.

나. 영업손실보상의 대상이 되는 영업

영업손실보상의 대상이 되는 영업은 사업인정고시일등[249] 전부터 적법한 장

247) 대법원 1992. 3. 13. 선고 91다30491 판결, 대법원 2007. 6. 28. 선고 2005다44114 판결

248) 대법원 2010. 9. 30. 선고 2007다74775 판결. 이와 같은 법리는 그 외의 종중재산, 교회재산, 마을공동재산 등 총유재산에 대한 보상금 분배에도 마찬가지로 적용될 수 있을 것이다.

249) '사업인정고시일등'은 토지보상법 제15조제1항 본문의 규정에 의한 보상계획의 공고 또는 법 제22조의

소(무허가건축물등, 불법형질변경토지, 그 밖에 다른 법령에서 물건을 쌓아놓는 행위가 금지되는 장소가 아닌 곳을 말한다)에서 인적 · 물적시설을 갖추고 계속적으로 영리를 목적으로 행하고 있는 영업으로서, 영업을 행함에 있어서 관계법령에 의한 허가 · 면허 · 신고 등(이하 '허가 등'이라 한다)을 필요로 하는 경우에는 사업인정고시일등 전에 허가 등을 받아 그 내용대로 행하고 있어야 한다(토지보상법 시행규칙 제45조).[250] 다만 무허가건축물 등에서의 영업이더라도 1989. 1. 24. 당시 무허가건축물 등에 대하여는 영업손실 보상을 함에 이를 적법한 건축물로 보며[토지보상법 시행규칙 부칙(건설교통부령 제556호, 2007. 4. 12.) 제3조], 무허가건축물 등에서 임차인이 영업하는 경우에는 그 임차인이 사업인정고시일 등 1년 이전부터 사업자등록을 하고 행하고 있는 영업은 손실보상 대상에 해당한다(토지보상법 시행규칙 제45조 제1호 단서).

이때 '적법한 장소에서 인적 · 물적 시설을 갖추고 계속적으로 행하고 있는 영업'에 해당하는지는 협의성립, 수용재결 또는 사용재결 당시를 기준으로 판단해야 한다.[251]

토지보상법 시행규칙 제45조 제2호가 위법한 영업을 보상대상에서 제외하고 있는 것은 그 자체로 헌법에서 보장한 '정당한 보상의 원칙'에 배치되지는 않으나, 영업의 종류에 따라서는 관련 행정법규에서 일정한 사항을 신고하도록 규정하고는 있지만 그러한 신고를 하도록 한 목적이나 관련 규정의 체제 및 내용 등에 비추어 볼 때 신고를 하지 않았다고 하여 영업 자체가 위법성을 가진다고 평

규정에 의한 사업인정의 고시가 있은 날을 의미한다(토지보상법 시행규칙 제44조 제3항).

250) 무허가건축물에서의 영업을 보상대상에서 제외하고 있는 토지보상법 시행규칙 제45조 제1호는, ① 무허가건축물을 사업장으로 이용하는 경우 그 사업장을 통해 이익을 얻으면서도 영업과 관련하여 해당 사업장에 부과되는 행정규제의 탈피 또는 그 영업을 통하여 얻는 이익에 대한 조세 회피 등 여러 가지 불법행위를 저지를 가능성이 큰 점, ② 건축법상의 허가절차를 밟을 경우 관계 법령에 따라 불허되거나 규모가 축소되었을 건물에서 건축허가를 받지 않은 채 영업을 하여 법적 제한을 넘어선 규모의 영업을 하고도 그로 인한 손실 전부를 영업손실로 보상받는 것은 불합리한 점, ③ 손실보상이란 적법한 공권력 행사로 인해 국민의 재산권에 특별한 손해가 가해질 때 사회 전체적인 공평 부담의 견지에서 행하는 재산적 보상인데, 무허가건축물을 지어 위법행위를 통한 영업이익을 누린 사람에 대하여까지 그 손실을 보상하는 것은 정당한 보상이라고 하기 어려운 점 등에 비추어 보면, 이 사건 규칙 조항이 '영업'의 개념에 '적법한 장소에서 운영될 것'이라는 요소를 포함하고 있다고 하여 토지보상법의 위임 범위를 벗어났다거나 정당한 보상의 원칙에 위배된다고 하기 어렵다(대법원 2014. 3. 27. 선고 2013두25863 판결).

251) 대법원 2010. 9. 9. 선고 2010두11641 판결. 개정 전 건축법령 하에서는 무허가건축물이었으나 이후 건축법의 개정으로 인하여 수용재결 당시에는 무허가건축물에 해당하지 않게 된 건축물에서의 영업은 손실보상 대상이라는 취지의 판결

가할 것은 아닌 경우도 적지 않고, 이러한 경우라면 신고 등을 하지 않았다고 하더라도 그 영업손실 등에 대해서는 보상을 하는 것이 헌법상 정당보상의 원칙에 합치하므로, 위 토지보상법 시행규칙의 규정은 그러한 한도에서만 적용되는 것으로 제한하여 새겨야 한다.[252)]

영업장을 임차하여 사용하던 중 사업인정고시 이후 임대차 기간이 끝나 사업지구의 다른 토지로 영업장소를 이전하였더라도 사업인정고시일 당시 보상대상에 해당한다면 영업보상의 대상이 된다.[253)] 수영장이나 눈썰매장 등 매년 일정한 계절이나 일정한 기간 동안에만 인적 · 물적시설을 갖추어 영리를 목적으로 영업을 하는 경우도 영업손실보상의 대상이 되는 영업으로 본다.[254)]

한편, 허가 등을 받지 아니하여 토지보상법 시행규칙 제45조 제2호의 요건을 충족하지 못하는 영업의 경우에도 3개월분 가계지출비, 영업시설 등의 이전 비용 및 그에 따른 감손상당액을 보상한다(토지보상법 시행규칙 제52조). 위 규정을 적용함에 있어, 사업예정지구의 장터에서 토지를 임차하여 앵글과 천막구조의 가설물을 설치하고 영업신고 없이 5일장이 서는 날에 국수와 순대국 등을 판매하는 음식업도 영업의 계속성과 영업시설의 고정성을 인정할 수 있어 보상대상이 되므로[255)] 부가가치세법에 의한 사업자등록을 하지 않은 경우라도 영업보상의 대상이 될 수 있다.

---

252) 대법원 2012. 12. 13. 선고 2010두12842 판결. 체육시설법 관련 법령을 두루 살펴보면 시설기준 등에 관해서는 상세한 규정을 두고 그 기준에 맞는 시설을 갖추어서 체육시설업 신고를 하도록 하고 있지만, 체육시설의 운영주체에 관하여 자격기준 등을 따로 제한한 것은 보이지 않고, 신고 절차에서도 운영주체에 관하여 심사할 수 있는 등의 근거 규정은 전혀 없다. 오히려 기존 체육시설업자가 영업을 양도하거나 법인의 합병 등으로 운영주체가 변경되는 경우에도 그로 인한 체육시설업의 승계는 당연히 인정되는 전제에서 사업계획이나 회원과의 약정사항을 승계하는 데 대한 규정만을 두고 있을 뿐이다. 이러한 규정 형식과 내용 등으로 보면, 체육시설업의 영업주체가 영업시설의 양도나 임대 등에 의하여 변경되었음에도 그에 관한 신고를 하지 않은 채 영업을 하던 중에 공익사업으로 영업을 폐지 또는 휴업하게 된 경우라 하더라도, 그 임차인 등의 영업을 보상대상에서 제외되는 위법한 영업이라고 할 것은 아니다. 따라서 그로 인한 영업손실에 대해서는 법령에 따른 정당한 보상이 이루어져야 마땅하다.

253) 대법원 2012. 12. 27. 선고 2011두27827 판결

254) 대법원 2012. 12. 13. 선고 2010두12842 판결

255) 대법원 2012. 3. 15. 선고 2010두26513 판결, 다만 이 사건은 2007. 4. 12. 개정 전 토지보상법 시행규칙의 적용을 받는 사안으로서 원고가 청구한 보상액은 개정 전 토지보상법 시행규칙 제52조 제1항의 3개월 분 주거이전비였다.

다. 폐업보상

(1) 폐업보상의 대상

폐업보상의 원인인 '영업의 폐지'로 보려면 ① 영업장소 또는 배후지(당해 영업의 고객이 소재하는 지역을 말한다)의 특수성으로 인하여 당해 영업소가 소재하고 있는 시 · 군 · 구[256] 또는 인접 시 · 군 · 구 지역의 다른 장소에 이전하여서는 당해 영업을 할 수 없는 경우, ② 당해 영업소가 소재하고 있는 시 · 군 · 구 또는 인접 시 · 군 · 구 지역의 다른 장소에서는 당해 영업의 허가 등을 받을 수 없는 경우, ③ 도축장 등 악취 등이 심하여 인근주민에게 혐오감을 주는 영업시설로서 해당 영업소가 소재하고 있는 시 · 군 · 구 또는 인접 시 · 군 · 구의 지역의 다른 장소로 이전하는 것이 현저히 곤란하다고 특별자치도지사 · 시장 · 군수 또는 구청장이 객관적인 사실에 근거하여 인정하는 경우 중 어느 하나에 해당하여야 한다(토지보상법 시행규칙 제46조 제2항).

영업의 폐지로 볼 것인지 아니면 영업의 휴업으로 볼 것인지를 구별하는 기준은 당해 영업을 그 영업소 소재지나 인접 시 · 군 · 구 지역 안의 다른 장소로 이전하는 것이 가능한지에 달렸고, 이러한 이전 가능성 여부는 법령상의 이전 장애사유 유무와 당해 영업의 종류와 특성, 영업시설의 규모, 인접지역의 현황과 특성, 그 이전을 위하여 당사자가 들인 노력 등과 인근 주민들이 이전 반대 등과 같은 사실상의 이전 장애사유 유무 등을 종합하여 판단하여야 한다.[257] 여기에서 말하는 인접하고 있는 시 · 군 · 구라 함은 다른 특별한 사정이 없는 이상 당해 영업소가 소재하고 있는 시 · 군 · 구와 행정구역상 인접한 모든 시 · 군 · 구를 말하므로,[258] 그 시 · 군 · 구에 사실조회 등의 방식으로 이전가능성 여부를 심리하여야 한다.

그런데 이와 같이 심리한 결과 법령상 영업의 허가 등을 받을 수 없는 경우에

256) 토지보상법 시행규칙 제8조 제6항, 제10조 제3항, 제11조 제3항의 '구'는 자치구가 아닌 구를 포함하는 것으로 규정하고 있었으나, 제46조 제2항 제1, 2호에서는 '구'에 관한 개념정의가 없었고, 다만 제46조 제2항 제3호에서 '구청장'을 자치구의 구청장으로 한정함에 따라 제1, 2호의 '구'도 자치구를 의미하는 것으로 보아 왔다. 2007. 4. 12.자 개정에 따라 자치구로 한정하는 명문 규정을 두었다.

257) 대법원 2002. 10. 8. 선고 2002두5498 판결, 대법원 2005. 9. 15. 선고 2004두14649 판결, 대법원 2020. 9. 24. 선고 2018두54507 판결

258) 대법원 1999. 10. 26. 선고 97누3972 판결

해당한다면 별문제가 없으나, 인근 시장 · 군수 또는 구청장의 경우 인근 주민들의 반대가 있다는 등의 이유로 영업소의 이전이 곤란하다거나 신청지 주변 인근 주민에 대한 피해 여부, 환경에의 영향 등을 종합적으로 검토하여 처리할 사항이라는 정도의 회신을 하는 경우가 대부분이다.

영업소의 이전에 특별한 법령상의 장애사유가 없는 한, 비록 주민들의 반대가 있을 가능성이 있다고 하더라도 그러한 가정적인 사정만으로 영업소를 인접지역으로 이전하는 것이 현저히 곤란하다고 단정하기는 어렵고, 인근 주민들의 반대가 정당하다고 인정되는 경우라야 폐업보상의 대상이 된다.[259]

더구나 폐업보상의 대상이 된다는 점은 보상금 증액을 구하는 원고가 입증하여야 하는데, 이와 같이 엄격한 기준을 적용하는 한 인접 시 · 군 · 구의 어느 곳으로도 이전이 불가능하다는 점을 증명한다는 것은 현실적으로 매우 어렵게 되었다.

(2) 폐업보상금의 산출방법

영업을 폐지하는 경우의 영업손실은 2년간의 영업이익(개인영업인 경우에는 소득)에 영업용 고정자산 · 원재료 · 제품 및 상품 등의 매각손실액을 더한 금액으로 평가한다(토지보상법 시행규칙 제46조 제1항).

① 영업이익: 영업이익은 해당 영업의 최근 3년간(특별한 사정으로 인하여 정상적인 영업이 이루어지지 않은 연도는 제외)의 평균 영업이익을 기준으로 평가하되, 공익사업의 계획 또는 시행이 공고 또는 고시됨으로 인하여 영업이익이 감소된 경우에는 해당 공고 또는 고시일 전 3년간의 평균 영업이익을 기준으로 평가한다(토지보상법 시행규칙 제46조 제3항 전문). 개인영업으로서 최근 3년간의 평균 영업이익이 제조부문 보통인부의 임금단가×25일×12월에 미달하는 경우에는 이를 기준으로 한다(토지보상법 시행규칙 제46조 제3항 후문).

한편 무허가건축물 등에서 영업하는 임차인이 토지보상법 시행규칙 제45조

---

259) 대법원 2003. 1. 24. 선고 2002두8930 판결 등

제1호 단서에 따라 영업손실 보상을 받는 경우, 영업용 고정자산 · 원재료 · 제품 및 상품 등의 매각손실액을 제외한 금액은 1천만 원을 초과하지 못한다(토지보상법 시행규칙 제46조 제5항).

영업이익의 산정은 실제의 영업이익을 반영할 수 있는 합리적인 방법에 의하면 된다.[260]

② 매각손실액: 영업용 고정자산의 매각손실액이라 함은 영업의 폐지로 인하여 필요 없게 된 영업용 고정자산을 매각함으로써 발생하는 손실을 말하는 것으로서, 토시에서 분리하여 매각하는 것이 가능한 경우에는 영업용 고정자산의 재조달가격에서 감가상각 상당액을 공제한 현재 시장에서의 가격에서 현실적으로 매각할 수 있는 가격을 뺀 나머지 금액이 되지만, 토지에서 분리하여 매각하는 것이 불가능하거나 현저히 곤란한 경우에는 재조달가격에서 감가상각 상당액을 공제한 현재 시장에서의 가격이 보상의 대상이 되는 매각손실액이 된다.[261] 제품 및 상품 등 재고자산의 매각손실액이란 영업의 폐지로 인하여 제품이나 상품 등을 정상적인 영업을 통하여 판매하지 못하고 일시에 매각해야 하거나 필요 없게 된 원재료 등을 매각해야 함으로써 발생하는 손실을 말한다. 그리고 위 영업이익에는 이윤이 이미 포함되어 있는 점 등에 비추어 보면 매각손실액 산정의 기초가 되는 재고자산의 가격에 당해 재고자산을 판매할 경우 거둘 수 있는 이윤은 포함되지 않는다.[262]

③ 영업손실 범위에 포함되지 않는 경우: 영업손실이란 수용의 대상이 된 토지 · 건물 등을 이용하여 영업을 하다가 그 토지 · 건물 등이 수용됨으로 인하여 영업을 할 수 없거나 제한을 받게 됨으로 인하여 생기는 직접적인 손실을 말하는 것이므로, 영업을 하기 위하여 투자한 비용이나 그 영업을 통하여 얻을 것으로 기대되는 이익은 손실보상 대상에 해당하지 않는다.[263] 또한 사업시행자가 수용재결에 의한 수용의 효력이 발생하기 전에 공사에 착수하고 진입도로를 차단하는 등 사업을 시행함으로 인하여 원고가 영업상의 피해를 입은 사실이 있다고 하더

260) 대법원 2004. 10. 28. 선고 2002다3662, 3679 판결
261) 대법원 2004. 10. 28. 선고 2002다3662, 3679 판결
262) 대법원 2014. 6. 26. 선고 2013두13457 판결
263) 대법원 2006. 1. 27. 선고 2003두13106 판결

라도, 원고는 이를 이유로 하여 피고 공사에 대하여 민사상의 손해배상이나 부당이득의 반환을 구함은 별론으로 하고 그에 대한 손실보상을 구할 수는 없다.[264]

라. 영업장소 이전 및 휴업 관련 보상

(1) 영업장소 이전에 따른 보상액

앞서 본 바와 같이 폐업보상 대상의 범위는 극히 제한적이므로, 대부분의 영업보상은 휴업보상, 즉 공익사업의 시행으로 인하여 영업장소를 이전하는 경우의 영업손실에 대한 보상이 된다.

위 보상액은, 휴업기간에 해당하는 영업이익과 영업장소 이전 후 발생하는 영업이익감소액에, ㉠ 휴업기간 중의 영업용 자산에 대한 감가상각비 · 유지관리비와 휴업기간에도 정상적으로 근무하여야 하는 최소인원에 대한 인건비 등 고정적 비용, ㉡ 영업시설 · 원재료 · 제품 및 상품의 이전에 드는 비용 및 그 이전에 따른 감손상당액, ㉢ 이전광고비 및 개업비 등 영업장소를 이전함으로 인하여 드는 부대비용을 합한 금액으로 평가한다(토지보상법 시행규칙 제47조 제1항).

① **휴업기간**: 주로 문제가 되는 것은 영업장소의 이전으로 인한 휴업기간인데, 피수용자 개개인의 구구한 현실적 이전계획에 맞추어 평가하는 경우 자의에 치우치기 쉬워 평가의 공정성을 유지하기가 어렵기 때문에 통상 필요한 이전기간으로 누구든지 수긍할 수 있는 것으로 보이는 4월 이내로 하도록 정하였고(토지보상법 시행규칙 제47조 제2항 본문[265]), 대부분 4월을 기준으로 일률 평가한다.

다만, 당해 공익사업을 위한 영업의 금지 또는 제한으로 인하여 4개월 이상의 기간동안 영업을 할 수 없는 경우, 영업시설의 규모가 크거나 이전에 고도의 정밀성을 요구하는 등 당해 영업의 고유한 특수성으로 인하여 4개월 이내에 다른 장소로 이전하는 것이 어렵다고 객관적으로 인정되는 경우에는 실제 휴업기간

264) 대법원 2005. 7. 29. 선고 2003두2311 판결
265) 이와 같은 시행규칙 규정은 상위 법령의 근거 없이 국민의 재산권을 부당하게 제한하는 무효의 규정이라고 할 수 없다. 대법원 1994. 11. 8. 선고 93누7235 판결

으로 하되, 폐업보상과의 형평상 2년을 초과할 수 없도록 하였다(토지보상법 시행규칙 제47조 제2항 단서).

② 영업이익 및 영업장소 이전 후 발생하는 영업이익감소액: 영업이익의 산출방식은 토지보상법 시행규칙 제46조 제3항 전단을 준용하므로 기본적으로 폐업보상과 동일하고, 다만 개인영업의 휴업기간 영업이익은 「통계법」 제3조제3호에 따른 통계작성기관이 조사 · 발표하는 가계조사통계의 도시근로자가구 월평균 가계지출비를 기준으로 산정한 3인 가구의 휴업기간 동안의 가계지출비(휴업기간이 4개월을 초과하는 경우에는 4개월분의 가계지출비를 기준으로 한다)에 미달하는 경우에는 그 가계지출비를 휴업기간에 해당하는 영업이익으로 본다(토지보상법 시행규칙 제47조 제5항). 영업장소 이전 후 발생하는 영업이익감소액[266]은 휴업기간에 해당하는 영업이익의 100분의 20으로 하되, 그 금액은 1천만 원을 초과하지 못한다(토지보상법 시행규칙 제47조 제7항).

③ 고정적 비용: 수용으로 영업장소를 이전함으로써 입게 되는 영업손실 가운데 휴업기간 중의 고정적 비용지출에 의한 손실보상은 생산 · 영업활동을 전제로 한 비용을 제외하고 영업이전에 필요한 최소한의 관리업무 등에 의하여 통상 발생하리라고 예상되는 비용에 한정하여야 한다. 휴업기간에도 정상적으로 근무하여야 하는 최소인원에 대한 인건비 중 휴업수당 또는 휴업수당상당금으로 인한 손실은 달리 그 평가 기준에 관한 사료가 없을 경우에는 당해 영업의 형태 · 규모 · 내용과 근로자의 수 · 업무의 내용 · 일정기간 동안의 근로자의 변동추이 · 휴업기간 등 모든 관련 사정을 고려하여 그 지급대상 · 지급액(지급률) · 지급기간 등을 산정한 후 이를 기초로 그 보상액을 합리적으로 평가할 수밖에 없고, 토지보상법 시행규칙 제51조 제1호에서 소정 요건을 갖춘 근로자에 대하여 지급하여야 할 휴직보상을 평균임금의 소정 비율에 의하여 산정하여야 하는 것으로 규정하고 있는 것은 위와 같은 피수용자에 대한 휴업기간 중의 인건비 손실보상과는 그 취지를 달리하는 것이어서, 위와 달리 볼 근거가 되지 아니한다.[267]

266) 영업장소 이전 후 발생하는 영업이익감소액은 2014. 10. 22. 국토교통부령 제131호로 개정된 토지보상법 시행규칙 제47조 제1항에서 손실보상액에 추가로 포함되었다. 부칙 제2조(2014. 10. 22. 국토교통부령 제131호)에 따라 그 시행일 후 최초로 보상계획을 공고하고 토지소유자 및 관계인에게 보상계획을 통지하는 공익사업부터 적용한다.

(2) 영업장소 일부 편입 및 영업규모 축소에 따른 보상액

공익사업에 영업시설의 일부가 편입됨으로 인하여 잔여시설에 그 시설을 새로 설치하거나 잔여시설을 보수하지 아니하고는 그 영업을 계속할 수 없는 경우의 영업손실 및 영업규모의 축소에 따른 영업손실은, ㉠ 그 시설의 설치 등에 소요되는 기간의 영업이익, ㉡ 그 시설의 설치 등에 통상 소요되는 비용, ㉢ 영업규모의 축소에 따른 영업용 고정자산 · 원재료 · 제품 및 상품 등의 매각손실액을 더한 금액으로 평가한다(토지보상법 시행규칙 제47조 제3항).

① 위 시행규칙 규정은 영업이전에 관한 토지보상법 시행규칙 제47조 제1항 제1호와 달리 그 보수기간 중의 인건비 등 고정적 비용을 보상한다는 명문의 규정을 두고 있지는 아니하지만, 그와 같은 경우라도 고정적 비용에 대한 보상을 금하는 취지로 볼 것은 아니고, 휴업 및 보수기간 중에도 고정적 비용이 소요된다는 점에 있어서 영업장소를 이전하는 영업의 경우와 그렇지 않은 경우를 달리 볼 아무런 이유가 없으며, 영업장소의 이전을 불문하고 휴업 및 보수기간 중 소요되는 고정적 비용을 보상함이 적정보상의 원칙에도 부합하는 점에 비추어 보면, 영업장소를 이전하지 않는 영업의 경우에도 토지보상법 시행규칙 제47조 제1항 제1호를 유추적용하여 영업장소를 이전하는 경우와 마찬가지로 그 보수기간 중의 인건비 등 고정적 비용을 보상함이 타당하다.[268]

② 이러한 잔여 영업시설 손실보상은 토지보상법 제73조 제1항에 따른 잔여지 손실보상, 토지보상법 제75조의2 제1항에 따른 잔여건축물 손실보상과 비교해 보면, 이들은 모두 사업시행자가 공익사업을 시행하기 위해 일단의 토지 · 건축물 · 영업시설 중 일부를 분할하여 취득함으로써 잔여 토지 · 건축물 · 영업시설에 발생한 손실까지 함께 보상하도록 하는 것으로서, 사업시행자가 분할하여 취득하는 목적물의 종류만 다를 뿐 헌법상 정당보상원칙을 구현한다는 점에서 입법 목적이 동일하다. 따라서 위 세 가지 손실보상의 요건을 해석할 때에는 그 보상 목적물의 종류가 다르다는 특성을 고려하되 입법 목적과 헌법상 정당보상

267) 대법원 2001. 3. 23. 선고 99두851 판결, 대법원 2007. 12. 27. 선고 2006두5892 판결
268) 대법원 2005. 11. 25. 선고 2003두11230 판결

의 관점에서 서로 궤를 같이하여야 한다. 따라서 잔여 영업시설 손실보상의 요건인 "공익사업에 영업시설의 일부가 편입됨으로 인하여 잔여시설에 그 시설을 새로이 설치하거나 잔여시설을 보수하지 아니하고는 그 영업을 계속할 수 없는 경우"란 잔여 영업시설에 시설을 새로이 설치하거나 잔여 영업시설을 보수하지 않고는 그 영업이 전부 불가능하거나 곤란하게 되는 경우만을 뜻하는 것이 아니라, 공익사업에 영업시설 일부가 편입됨으로써 잔여 영업시설의 운영에 일정한 지장이 초래되고, 이에 따라 종전처럼 정상적인 영업을 계속하기 위해서는 잔여 영업시설에 시설을 새로 설치하거나 잔여 영업시설을 보수할 필요가 있는 경우도 포함된다고 보아야 한다.[269]

③ 한편, 토지보상법 제75조에서 정한 건축물 등 물건에 대한 손실보상 대상인 '공작물'이, 그와 동시에 그 소유자의 영업시설의 일부에 해당하여 토지보상법 시행규칙 제47조 제3항 제2호에서 정한 영업손실 보상 대상에도 해당하는 경우, 사업시행자가 영업손실 보상으로서 편입 대상 공작물의 영업상 기능을 대체하는 시설의 신규 설치비를 지급한다면 이는 토지보상법 시행규칙 제36조 제2항 제3호의 "사업시행자가 공익사업에 편입되는 공작물 등에 대한 대체시설을 하는 경우"에 해당하여 공작물 손실보상은 허용되지 않는다(중복 보상 금지)고 보아야 할 것이다.

영업을 휴업하지 아니하고 임시영업소를 설치하여 영업을 계속하는 경우 영업손실은 임시영업소의 설치비용으로 평가한다(토지보상법 시행규칙 제47조 제4항).

건축물을 임대용으로 사용한 경우 전부 수용으로 임대료수입을 전혀 얻을 수 없게 되었더라도, 이는 건축물의 교환가격에 전부 포함되었다고 볼 것이므로 별도로 휴업보상을 구할 수 없으나,[270] 임대용으로 쓰던 건물의 일부를 수용한 후에도 잔여건물을 보수하여 계속 임대용으로 사용할 수 있는 경우 잔여건물의 보수비를 포함하여 위와 같은 기준에 따라 보상액을 지급하였더라도 그 보상액에

---

269) 대법원 2020. 4. 9. 선고 2017두275 판결. 공익사업에 골프장의 골프코스 일부가 편입됨으로써 골프장 내에서 인허가를 받아 진행하던 콘도사업이 불가능해졌고 잔여 골프코스만으로는 골프장 운영에 지장이 초래되는 등 손실이 발생한 사안

270) 서울행정법원 2012. 11. 2. 선고 2011구합31178 판결(확정)

는 보수기간이나 임대하지 못한 기간의 일실 임대수입액은 포함되어 있지 않으므로 그러한 경우에는 토지보상법 시행규칙 제47조 제3항에 따라 4월의 범위에서 보수기간이나 임대하지 못한 기간의 일실 임대수입은 수용으로 인한 보상액에 포함하여야 한다.[271)]

마. 공익사업시행지구 밖의 영업손실에 대한 보상

공익사업시행지구 밖에서 제45조에 따른 영업손실의 보상대상이 되는 영업을 하고 있는 자가 공익사업의 시행으로 인하여 ㉠ 배후지의 3분의 2 이상이 상실되어 그 장소에서 영업을 계속할 수 없는 경우, 또는 ㉡ 진출입로의 단절, 그 밖의 부득이한 사유로 인하여 일정한 기간 동안 휴업하는 것이 불가피한 경우에는 그 영업자의 청구에 의하여 당해 영업을 공익사업시행지구에 편입되는 것으로 보아 보상하여야 한다(토지보상법 시행규칙 제64조 제1항).

이러한 공익사업시행지구 밖의 영업손실은 공익사업의 시행과 동시에 발생하는 경우도 있지만, 공익사업에 따른 공공시설의 설치공사 또는 설치된 공공시설의 가동 · 운영으로 발생하는 경우도 있어 그 발생원인과 발생시점이 다양하므로, 이와 같은 공익사업시행지구 밖 영업손실보상의 특성과 헌법이 정한 '정당한 보상의 원칙'에 비추어 보면, 공익사업시행지구 밖 영업손실보상의 요건인 '공익사업의 시행으로 인한 그 밖의 부득이한 사유로 일정 기간 동안 휴업이 불가피한 경우'란 공익사업의 시행 또는 시행 당시 발생한 사유로 휴업이 불가피한 경우만을 의미하는 것이 아니라 공익사업의 시행 결과, 즉 그 공익사업의 시행으로 설치되는 시설의 형태 · 구조 · 사용 등에 기인하여 휴업이 불가피한 경우도 포함된다고 해석함이 타당하다.[272)] 다만 소송실무상 위와 같은 사유(예컨

---

271) 대법원 2006. 7. 28. 선고 2004두3458 판결. 다만, 보수기간이나 임대하지 못한 기간이 4월 이상인 특별한 사정이 있는 경우에는 토지보상법 시행규칙 제47조 제3항을 유추 적용하여 그 기간의 일실 임대수입 역시 수용으로 인한 보상액에 포함하여야 하며, 위와 같이 보수기간이나 임대하지 못한 기간이 4월 이상이라는 특별한 사정이 있다고 보려면 잔여건물이나 임대사업 자체의 고유한 특수성으로 인하여 4월 이내에 잔여건물을 보수하거나 임대하는 것이 곤란하다고 객관적으로 인정할 수 있어야 한다.

272) 대법원 2019. 11. 28. 선고 2018두227 판결. 고속철도사업(공익사업) 시행 결과 그 노선 운행에 따른 소음 · 진동 등으로 인하여 공익사업시행지구 밖의 잠업사가 이전하는 것이 불가피하게 된 사안에서, 토지소유자는 그 영업손실에 대하여 토지보상법 제79조 제2항 및 토지보상법 시행규칙 제64조 제1항 제2호에 따라 직접 보상을 청구할 수 있다고 판시하였다.

대 소음 진동 등)로 인하여 휴업 내지 시설의 이전이 불가피한 경우인지를 판단하는 것이 쉽지 않을 수도 있고, 이 경우 이전비 보상을 어느 범위에서 어떤 방식으로 인정할지에도 상당한 어려움이 예상된다.

이러한 유형의 손실 또는 비용의 보상 역시, 관계 법률에 따라 사업이 완료된 날 또는 제24조의2에 따른 사업완료의 고시가 있는 날부터 1년이 지난 후에는 청구할 수 없다(토지보상법 제79조 제5항, 제73조 제2항).

바. 영농보상

(1) 영농보상의 대상

토지보상법 시행규칙 제48조 제1항은 영농손실보상의 대상이 되는 농지를 농지법 제2조 제1호 (가)목 및 농지법 시행령 제2조 제3항 제2호 (가)목[273]에 해당하는 토지로 정하고 있다. 농지법 제2조 제1호 (가)목의 농지는 "전 · 답, 과수원, 그 밖에 법적 지목을 불문하고 실제로 농작물 경작지 또는 다년생 식물 재배지로 이용되는 토지"로서 대통령령으로 정하는 경우를 제외한 것을 말하고, 농지법 시행령 제2조 제3항 제2호 (가)목의 농지는 "고정식온실 · 버섯재배사 및 비닐하우스와 농림축산식품부령으로 정하는 그 부속시설"을 말한다. 한편 토지보상법 시행규칙 제48조 제3항은 영농손실보상의 대상에서 제외되는 농지를 열거하면서 그 중 하나로 '토지이용계획 · 주위환경 등으로 보아 일시적으로 농지로 이용되고 있는 토지'(제2호, 이하 '일시적 농지'라 한다)를 들고 있고, 농지법 시행령 제2조 제2항은 농지에서 제외되는 토지로서 ① 지목이 전 · 답, 과수원이 아닌 토지(지목이 임야인 토지는 제외한다)로서 농작물 경작지 또는 제1항 각 호에 따른 다년생 식물 재배지로 계속하여 이용되는 기간이 3년 미만인 토지

273) 구 토지보상법 시행규칙(2013. 4. 25. 국토교통부령 제5호로 개정되기 전의 것) 제48조 제1항은 농지법 제2조 제1호 (가)목에 해당하는 토지만을 영농손실보상의 대상이 되는 농지로 규정하고 있었으나, 2013. 4. 25. 개정으로 농지법 시행령 제2조 제3항 제2호(가)목까지 포함하는 것으로 그 보상대상이 확대되었다. 위 개정 시행규칙 규정은 부칙 <국토교통부령 제5호, 2013. 4. 25.> 제4조 제1항에 따라 그 시행일인 2013. 4. 25. 이후 보상계획을 공고하고 토지소유자 및 관계인에게 보상계획을 통지하는 공익사업부터 적용한다. 판례 중에는 개정 전 규정에 따라 버섯재배사의 부지가 영농손실보상의 대상에 해당하지 않는다고 판시한 경우(대법원 2013. 12. 12., 선고, 2011두11846, 판결)도 있으므로 개정 규정이 적용되는 사안인지에 대하여 주의를 요한다.

(제1호, 이하 '제1호 토지'라 한다), ② 지목이 임야인 토지로서 산지관리법에 따른 산지전용허가(다른 법률에 따라 산지전용허가가 의제되는 인가 · 허가 · 승인 등을 포함한다)를 거치지 아니하고 농작물의 경작 또는 다년생식물의 재배에 이용되는 토지(제2호, 이하 '제2호 토지'라 한다), ③ 초지법에 따라 조성한 초지(제3호, 이하 '제3호 토지'라 한다)를 들고 있다.

(2) 보상액 산정

영업의 손실 등에 대한 보상에 관하여 정하고 있는 토지보상법 제77조는 제2항에서 농업의 손실에 대한 보상에 관하여 정하면서, 제4항에서 보상액의 구체적인 산정 및 평가방법과 보상기준을 토지보상법 시행규칙에 위임하고 있다.

토지보상법 시행규칙 제48조 제1항에 의하면, 통계작성기관이 매년 조사 · 발표하는 농가경제조사통계의 도별 농업총수입 중 농작물수입을 도별 표본농가현황 중 경지면적으로 나누어 산정한 도별 연간 농가평균 단위경작면적당 농작물 총수입의 직전 3년간 평균의 2년분[274]을 농지의 면적에 곱하여 산정한 금액을 영농손실액으로 보상하도록 되어 있다. 다만, 토지보상법 시행규칙 제48조 제2항은 본문에서 관보에 고시된 농작물실제소득인정기준[275]에 따라 실제소득을 입증하는 자가 경작하는 농지에 대하여는 제1항의 규정에 불구하고 그 면적에 단위경작면적당 3년간 실제소득 평균의 2년분을 곱하여 산정한 금액을 영농손실액으로 보상한다고 규정하면서, 단서[276]에서 그 인정 실제소득의 상한을 해당 작목별 단위경작면적당 평균생산량의 2배를 판매한 금액으로 제한하고(제1호), 농작물실제소득인정기준에서 직접 해당 농지의 지력(地力)을 이용하지 아니하고 재배 중인 작물을 이전하여 해당 영농을 계속하는 것이 가능하다고 인정하는 경우 실제소득의

274) 수용 전 보상 없이 사전 착공을 한 경우, 사업시행자는 2년분의 영농손실보상금을 지급하는 것과 별도로, 공사의 사전 착공으로 인하여 토지소유자나 관계인이 영농을 할 수 없게 된 때부터 수용개시일까지 입은 손해에 대하여 이를 배상할 책임이 있다(대법원 2013. 11. 14. 선고 2011다27103 판결).

275) 고시에서 농작물 총수입의 입증자료로 거래실적을 증명하는 서류 등을 규정한 것은 객관성과 합리성이 있는 증명방법을 예시한 데 지나지 아니하고, 거기에 열거된 서류 이외의 증명방법이라도 객관성과 합리성이 있다면 그에 의하여 농작물 총수입을 인정할 수 있다고 봄이 타당하다(대법원 2012. 6. 14. 선고 2011두26794 판결)

276) 토지보상법 시행규칙 제48조 제2항 단서는 2013. 4. 25. 신설되어 부칙<국토교통부령 제5호, 2013. 4. 25.> 제4조 제1항에 따라 위 규정 시행일인 2013. 4. 25. 이후 보상계획을 공고하고 토지소유자 및 관계인에게 보상계획을 통지하는 공익사업부터 적용된다.

4개월분을 곱하여 영농손실액을 산정하도록(제2호) 예외 규정을 두고 있다.

사. 소송의 형태

공익사업으로 인하여 영업을 폐지하거나 휴업하는 자가 사업시행자로부터 토지보상법 제77조 제1항에 따라 영업손실에 대한 보상을 받기 위해서는 같은 법 제34조, 제50조 등에 규정된 재결절차를 거친 다음 그 재결에 대하여 불복이 있는 때에 비로소 같은 법 제83조 내지 제85조에 따라 권리구제를 받을 수 있을 뿐, 이러한 재결절차를 거치지 않은 채 곧바로 사업시행자를 상대로 손실보상을 청구하는 것은 허용되지 않는다.[277] 공익사업에 영업시설 일부가 편입됨으로써 잔여 영업시설에 손실을 입은 사람이 사업시행자로부터 토지보상법 시행규칙 제47조 제3항에 따라 잔여 영업시설의 손실에 대한 보상을 청구하는 경우에도 마찬가지이다.[278]

재결절차를 거쳤는지 여부는 보상항목별로 판단하여야 한다. 편입토지 · 물건 보상, 지장물 보상, 잔여 토지 · 건축물 손실보상 또는 수용청구의 경우에는 원칙적으로 개별물건별로 하나의 보상항목이 되지만, 잔여 영업시설 손실보상을 포함하는 영업손실보상의 경우에는 '전체적으로 단일한 시설 일체로서의 영업' 자체가 보상항목이 되고, 세부 영업시설이나 영업이익, 휴업기간 등은 영업손실보상금 산정에서 고려하는 요소에 불과하다. 그렇다면 영업의 단일성 · 동일성이 인정되는 범위에서 보상금 산정의 세부요소를 추가로 주장하는 것은 하나의 보상항목 내에서 허용되는 공격방법일 뿐이므로, 별도로 재결절차를 거쳐야 하는 것은 아니다.[279]

277) 대법원 2011. 9. 29. 선고 2009두10963 판결; 앞서 본 간접손실 보상청구 역시 마찬가지이다(대법원 2019. 11. 28. 선고 2018두227 판결).
278) 대법원 2020. 4. 9. 선고 2017두275 판결
279) 대법원 2018. 7. 20. 선고 2015두4044 판결

5. 주거이전비와 이사비

가. 주거이전비

토지보상법 제78조 제5항 및 토지보상법 시행규칙 제54조는 주거용 건축물의 공익사업시행지구 편입으로 그 소유자나 그 세입자가 주거를 이전하는 경우 주거이전비를 보상하도록 정하고 있다.

(1) 주거이전비의 법적 성격과 기능

주거이전비는 당해 공익사업 시행지구에 거주하는 소유자와 세입자들의 조기 이주를 장려하여 사업추진을 원활하게 하려는 정책적 목적과 주거이전으로 특별한 어려움을 겪을 거주자들을 위한 사회보장적 목적을 겸유하는 급부이다.[280] 사업시행자의 세입자에 대한 주거이전비 지급의무를 규정하고 있는 토지보상법 시행규칙 제54조 제2항은 당사자의 합의 또는 사업시행자의 재량에 의하여 그 적용을 배제할 수 없는 강행규정이다.[281]

이주대책대상자인 주거용 건축물의 소유자는 이주대책과는 별도로 주거이전비의 지급을 청구할 수 있다.

(2) 주거이전비 보상의 요건

(가) 주거용 건축물의 세입자

주거용 건축물의 세입자에 대한 주거이전비 보상과 관련하여 토지보상법 시행규칙 제54조 제2항 본문은 '공익사업의 시행으로 인하여 이주하게 되는 주거용 건축물의 세입자(무상으로 사용하는 거주자를 포함하되, 법 제78조제1항에 따른 이주대책대상자인 세입자는 제외한다)로서 사업인정고시일 등 당시 또는 공익사업을 위한 관계법령에 의한 고시 등이 있은 당시 해당 공익사업시행지구 안에서 3월 이상 거주한 자'에 대하여 주거이전비를 보상하도록 규정하고 있다.

---

280) 대법원 2006. 4. 27. 선고 2006두2435 판결
281) 대법원 2011. 7. 14. 선고 2011두3685 판결

① '공익사업의 시행으로 인하여 이주' : 공익사업시행지구에 거주하던 중 다른 이유 없이 공익사업의 시행 때문에 이주하게 되는 경우를 뜻한다. 구체적으로는 점유권원 및 존속기간, 세입자와 소유자의 관계, 이주 시점, 당해 공익사업의 진행 경과 등을 종합적으로 고려하여 판단한다.

한편, 주거용 건축물의 세입자가 사업시행자로부터 주거이전비와 이사비를 지급받기 위한 전제로서 정비구역 밖으로 먼저 또는 그 지급과 동시에 이주하여야 할 필요는 없다.[282)]

② '세입자' : '세입자'는 당해 주거용 건축물을 임차하여 그 건축물을 점유·사용할 권원을 가지고 주거용으로 사용하는 사람을 의미한다. 여기에는 사용대차도 포함되나, 토지보상법 제78조 제1항에 따른 이주대책대상자인 세입자는 주거이전비 보상대상에서 제외된다(토지보상법 시행규칙 제54조 제2항).[283)] 세입자 본인이 아닌 가구원은 사업시행자를 상대로 직접 주거이전비 청구를 할 수 없다.[284)]

한편, 주택재개발정비사업의 사업구역 내 주거용 건축물을 소유하는 조합원이 사업구역 내 타인의 주거용 건축물에 거주하는 세입자일 경우, 즉 소유자 겸 세입자에 해당하는 경우에는, 토지보상법 시행령 제40조 제3항 제3호(2016. 1. 6. 대통령령 제26867호로 개정된 것, 이후 해당 내용이 제40조 제5항 제3호로 이동)가 토지보상법 제78조 제1항에 따른 이주대책대상자에 포함시키고 있으므로 토지보상법 시행규칙 제54조 제2항에 따른 '세입자로서의 주거이전비(4개월분)' 지급 대상이 될 수는 없고, 다만 토지보상법 시행규칙 제54조 제1항에 따라 '소유자로서의 주거이전비(2개월분)'만 지급받을 수 있다. 위 개정 시행령 규정은 부칙(2016. 1. 6. 대통령령 제26867호) 제2조에 따라 그 시행일 이후 보상계획을 공고하고 토지소유자 및 관계인에게 보상계획을 통지하는 경우부터 적용되나, 판례는 도시정비법 적용 사안(재개발)에서 위 개정규정 이전에도 소유

---

282) 대법원 2017. 10. 26. 선고 2015두46673 판결

283) 구 토지보상법 시행규칙(2020. 12. 11. 국토교통부령 제788호로 개정되기 전의 것) 제54조 제2항은 '세입자'에 '무상으로 사용하는 거주자'가 포함된다는 취지를 명시하지 않았으나, 개정 규정에는 그와 같은 취지가 명시되었다.

284) 대법원 2011. 8. 25. 선고 2010두4131 판결

자 겸 세입자인 '세입자로서의 주거이전비(4개월분)' 지급 대상이 될 수 없다고 판시한 바 있다.[285)]

③ '주거용 건축물': 1981. 1. 24. 이전에 건축된 무허가건축물등은 주거이전비 보상대상인 '주거용 건축물'을 판단함에 있어서 이를 적법한 건축물로 본다[토지보상법 시행규칙 부칙(건설교통부령 제556호, 2007. 4. 12.) 제3조]. 그러나 공부상 주거용 용도가 아닌 건축물을 허가·신고 등의 적법한 절차 없이 임의로 주거용으로 용도를 변경하여 사용한 경우 그 건축물은 원칙적으로 주거이전비 보상 대상이 되는 '주거용 건축물'로는 볼 수 없고 '무허가건축물 등'에 해당하며, 토지보상법 시행규칙 제54조 제2항 단서가 주거이전비 보상 대상자로 정하는 '무허가건축물 등에 입주한 세입자'는 기존에 주거용으로 사용되어 온 무허가건축물 등에 입주하여 일정 기간 거주한 세입자를 의미하고, 공부상 주거용 용도가 아닌 건축물을 임차한 후 임의로 주거용으로 용도를 변경하여 거주한 세입자는 이에 해당한다고 할 수 없다.[286)]

④ '사업인정고시일 등 당시 또는 공익사업을 위한 관계법령에 의한 고시 등이 있은 당시 당해 공익사업시행지구 안에서 3월 이상 거주' : 사업시행인가고시일 또는 관계법령에 의한 고시 등 사업진행의 여러 단계 중에서 공익사업을 시행할 예정임을 알 수 있게 된 최초의 시점을 주거이전비 보상대상자의 판단기준시점으로 정함으로써 주거이전비를 노리고 공익사업의 시행구역으로 전입하는, 이른바 악의의 세입자에 대한 주거이전비 보상을 막고자 한 것이다. 도시정비법상 주거용 건축물의 세입자에 대한 주거이전비의 보상은 정비계획을 외부에 공표함으로써 주민 등이 정비사업이 시행 예정임을 알 수 있게 된 때인, 정비계획에 관한 공람공고일 당시 당해 정비구역에서 3월 이상 거주한 자(무허가건축물 등에 입주한 세입자의 경우 1년 이상 거주한 자)를 대상으로 한다.[287)]

---

285) 대법원 2017. 10. 31. 선고 2017두40068 판결

286) 대법원 2013. 5. 23. 선고 2012두11072 판결

287) 대법원 2020. 1. 30. 선고 2018두66067 판결. 위 판시 사안 이후 전부개정된 도시정비법 시행령(대통령령 제28628호, 2018. 2. 9.) 제54조 제4항은 주거이전비 보상대상자의 인정시점을 '공람공고일'로 본다고 규정하고 있는데, 이를 위 토지보상법상 '3개월 거주 요건'을 배제한 취지로 해석할 여지도 있다. 그러나 위 2018두66067 판결 사안에 적용되던 구 도시정비법 시행규칙(2009. 12. 1. 국토해양부령 제183호로 개정되어 2018. 2. 9. 국토교통부령 제491호 2018. 2. 9.호로 전부개정되기 전의 것) 제9조의2가 주거이전비의 보상대상을 "공람공고일 현재 해당 정비구역에 거주하고 있는 세입자"로 정하고 있

한편, 1989. 1. 25. 이후 건축된 무허가 건축물의 세입자는 토지보상법 시행규칙 제54조 제2항 단서 및 부칙(건설교통부령 제556호, 2007. 4. 12.) 제3조에 따라 같은 시점을 기준으로 1년 이상 거주하였어야 한다.

거주 여부는 주민등록표를 일응의 기준으로 삼을 것이나, 중요한 것은 실제 거주 여부이다. 토지보상법 시행규칙 제54조 제3항(2020. 12. 11. 신설)은 거주사실의 입증을 같은 시행규칙 제15조 제1항에 따라 주민등록표 외에도 공공요금영수증, 각종 납입증명서 등 그 밖에 실제 거주사실을 증명하는 객관적 자료에 의하도록 규정하고 있다.

⑤ 도시정비법에 따라 사업시행자에게서 임시수용시설을 제공받는 세입자도 토지보상법 및 동 시행규칙에 따른 주거이전비를 별도로 청구할 수 있다.[288]

(나) 주거용 건축물의 소유자

주거용 건축물의 소유자에 대한 주거이전비 보상과 관련하여 토지보상법 시행규칙 제54조 제1항 본문은 "공익사업시행지구에 편입되는 주거용 건축물의 소유자에 대하여는 당해 건축물에 대한 보상을 하는 때에 가구원수에 따라 2월분의 주거이전비를 보상하여야 한다."라고 규정하고, 같은 항 단서는 그 소유자가 당해 건축물에 실제 거주하지 않고 있거나 당해 건축물이 무허가건축물 등인 경우에 당해 소유자를 보상대상에서 제외하고 있다.

① 주거이전비는 가구원 수에 따라 소유자에게 지급되는 것으로서 소유자가 그 지급청구권을 가지는 것으로 보아야 하고, 따라서 소유자 아닌 가구원은 사업시행자를 상대로 직접 주거이전비의 지급을 구할 수 없다.[289]

었음에도, 대법원은 위 규정이 토지보상법 시행규칙 제45조 제2항의 '3개월 거주 요건'을 배제한 취지가 아니라는 전제에서 위와 같은 판시를 하였다. 이는 도시정비법 시행규칙 개정에도 불구하고 대법원 2010. 9. 9. 선고 2009두16824 판결의 법리를 유지한 것으로, 주거이전비 지급의무 자체가 토지보상법 시행규칙이 준용됨으로써 인정되는 것임을 고려하면 타당한 결론이라고 보인다. 결국 전부개정된 도시정비법 시행령 제54조 제4항이 적용되는 사안에서도 위 판례 법리는 유효하다고 본다.

288) 대법원 2011. 7. 14. 선고 2011두3685 판결. 따라서 주택재개발사업 정비구역에 있는 주거용 건축물의 세입자가 주거이전비를 받을 수 있는 권리를 포기한다는 취지의 각서를 제출하고 사업시행자가 제공한 임대아파트에 입주한 다음 별도로 주거이전비를 청구하였다면, 위 포기각서는 강행규정인 토지보상법 시행규칙 제54조 제2항 본문에 반하여 무효이다.

289) 대법원 2011. 8. 25. 선고 2010두4131 판결

토지보상법 시행규칙 제54조 제1항이 본문에서 주거이전비 보상의무 발생을 규정하면서 단서에서 '실제 거주' 요건을 두고 있는 점 등을 고려하면, 도시정비법상 주거용 건축물의 소유자에 대한 주거이전비의 보상은 주거용 건축물에 대하여 정비계획에 관한 공람 · 공고일부터 해당 건축물에 대한 보상을 하는 때까지 계속하여 소유 및 거주한 주거용 건축물의 소유자를 대상으로 한다고 해석된다.[290)]

② 도시정비법상 주택재개발사업에 있어서 주거용 건축물의 소유자인 현금청산대상자로서 현금청산에 관한 협의가 성립되어 사업시행자에게 주거용 건축물의 소유권을 이전하거나 현금청산에 관한 협의가 성립되지 아니하여 토지보상법에 의하여 주거용 건축물이 수용된 이에 대하여는 토지보상법을 준용하여 주거이전비 및 이사비를 지급하여야 한다.[291)] 반면, 정비사업에 동의하여 분양신청을 함으로써 정비사업에 참여한 '토지 등 소유자'는 사업시행자에 준하는 지위를 가지고 있으므로 주거이전비 청구권이 발생하지 않는다.[292)]

앞서 본 바와 같이 재개발정비사업의 사업구역 내 주거용 건축물을 소유하는 조합원이 사업구역 내 타인의 주거용 건축물에 거주하는 세입자일 경우, 즉 소유자 겸 세입자에 해당하는 경우에는 '세입자'가 아닌 '소유자'로서의 주거이전비(2개월분)'만 지급받을 수 있다.

③ 1989. 1. 24. 이전에 건축된 무허가건축물 등은 주거이전비 보상대상인 '주거용 건축물'을 판단함에 있어서 이를 적법한 건축물로 본다[토지보상법 시행규칙 부칙(건설교통부령 제344호, 2002. 12. 31.) 제5조]. 그러나 주거용 용도가 아닌 다른 용도로 이미 허가를 받거나 신고를 한 건축물은 그 소유자가 공익사업시행지구에 편입될 당시 허가를 받거나 신고를 하는 등의 적법한 절차에 의하지 아니하고 임의로 주거용으로 용도를 변경하여 사용하고 있는 경우에는 토지보상법 시행규칙 제54조 제1항 단서에서 주거이전비를 보상하지 아니한다고

290) 대법원 2015. 2. 26. 선고 2012두19519 판결, 대법원 2016. 12. 15. 선고 2016두49754 판결

291) 대법원 2013. 1. 16. 선고 2011두19031 판결, 대법원 2019. 4. 23. 선고 2018두55326 판결

292) 대법원 2011. 11. 24. 선고 2009다28394 판결. 위 판결은 구 도시정비법상 도시환경정비사업 사안에 관한 것이나, 재개발사업 등 기타 정비사업에도 마찬가지 법리가 적용될 수 있다고 본다. 대법원 2017. 10 . 31. 선고 2017두40068 판결은 "주택재개발정비사업의 개발이익을 누리는 조합원은 그 자신이 사업의 이해관계인이므로 관련 법령이 정책적으로 조기 이주를 장려하고 있는 대상자에 해당한다고 보기 어렵다."고 판시하기도 하였다(다만 위 판결은 소유자 겸 세입자인 조합원에 대한 주거이전비 지급 여부에 관한 것이었다).

규정한 '무허가건축물등'에 포함된다.[293]

④ 주거이전비 보상요건의 충족 여부의 판단 기준시점은 당해 건축물에 대한 보상을 하는 때이다. 협의 취득의 경우에는 협의가 이루어진 시점을, 재결에 의한 수용의 경우에는 수용재결일을 뜻한다고 봄이 옳다.

(3) 주거이전비 지급청구권 발생시점 및 이행기

(가) 주거이전비 지급의 요건을 충족하는 세입자는 이후의 사업시행자이 주거이전비 산정통보일, 관리처분계획 인가고시일 또는 수용개시일까지 계속 거주할 것을 요함이 없이 사업인정고시일 등에 바로 주거이전비 지급청구권을 취득한다.[294] 다만, 세입자에게 지급해야 하는 주거이전비, 이사비 지급의무의 이행기에 관하여는 관계 법령에 특별한 규정이 없으므로, 이행기의 정함이 없는 채무로서 채무자는 이행청구를 받은 다음 날부터 이행지체 책임이 있다.[295]

(나) 소유자의 경우 명시적인 대법원 판례는 없으나, 협의가 이루어진 시점이나 수용재결일에 주거이전비 청구권을 취득한다고 본다. 사업시행인가고시일에 주거이전비 지급청구권을 취득하는 세입자와 달리 사업시행인가고시일 당시의 소유자라 하더라도 주거용 건축물에 대한 보상이 이루어지기 전에 소유권을 상실한 소유자는 주거이전비 지급청구권을 취득할 수 없고, 토지보상법 시행규칙 제54조 제1항이 건축물의 소유자가 해당 건축물에 실제 거주할 것을 요건으로 하고 있기 때문이다.[296]

도시정비사업의 경우 현금청산대상자에 대한 손실보상 협의 및 수용재결 등의 이행기를 정하고 있으므로, 사업시행자가 그 기간을 넘겨 수용재결을 신청한 경우에는 법정 지연이자를 가산하여 토지등소유자에게 지급하여야 한다(도시정비법 제73조 제3항).

---

293) 대법원 2013. 5. 23. 선고 2013두437 판결

294) 대법원 2006. 4. 27. 선고 2006두2435 판결, 대법원 2012. 4. 26. 선고 2010두7475 판결, 대법원 2017. 10. 26. 선고 2015두46673 판결

295) 대법원 2012. 4. 26. 선고 2010두7475 판결, 대법원 2020. 1. 30. 선고 2018두66067 판결

296) 이도행, "주택재개발사업에서의 주거이전비, 이사비 및 이주정착금과 관련된 실무상 문제점", 행정재판실무연구 VI(제139집, 2020), 199쪽

(다) 한편, 도시정비사업의 시행으로 인한 토지 및 건축물 수용의 경우에도 도시정비법 제81조 제1항 단서 제2호에 따라 토지보상법에 따른 손실보상이 완료될 때까지 토지 또는 건축물의 소유자 · 임차권자 등은 종전 토지 또는 건축물을 사용 · 수익할 수 있으므로, 주택재개발사업의 사업시행자가 공사에 착수하기 위하여 현금청산대상자나 세입자로부터 정비구역 내 토지 또는 건축물을 인도받기 위해서는 협의나 재결절차 등에 의하여 결정되는 주거이전비 등도 지급할 것이 요구된다. 만일 사업시행자와 현금청산대상자나 세입자 사이에 주거이전비 등에 관한 협의가 성립된다면 사업시행자의 주거이전비 등 지급의무와 현금청산대상자나 세입자의 부동산 인도의무는 동시이행의 관계에 있게 되고, 재결절차 등에 의할 때에는 주거이전비 등의 지급절차가 부동산 인도에 선행되어야 한다.[297]

(4) 주거이전비 산정 및 적용 법령의 기준시점

(가) 세입자에게 지급할 주거이전비는, 특별한 사정이 없는 한 사업시행인가 고시 당시 시행 중인 시행규칙이 준용되어 그 시행규칙에서 정한 보상대상자의 요건 및 보상금액에 따라 보상의무가 정하여진다. 그리고 주거이전비의 보상내용은 사업시행인가 고시가 있은 때에 확정되므로 이때를 기준으로 보상금액을 산정하여야 한다.[298]

따라서 사업시행인가 고시일이 속한 연도/분기에 통계법 제3조 제3호에 따른 통계작성기관이 조사 · 발표한, 가계조사통계의 도시근로자가구의 가구원 수별 월평균 (명목)가계지출비를 기준으로 주거이전비를 산정한다(토지보상법 시행규칙 제54조 제4항). 국가통계포털(http://kosis.kr)에서 검색이 가능하다.[299]

(나) 반면, 소유자의 경우 주거이전비 보상을 받으려면 건축물에 대한 보상이 이루어지는 시점에 그 건축물에 실제 거주하고 있어야 하는 관계로, 보상 시점

297) 대법원 2021. 6. 30. 선고 2019다207813 판결
298) 대법원 2012. 8. 30. 선고 2011두7755 판결
299) 주제별통계 > 소득 · 소비 · 자산 > 가계소득지출 항목에서 조회할 수 있다. '가계지출' 항목은 통계조사 항목의 개편에 따라 대분류가 달라지기도 한다.

(협의취득계약일 또는 수용재결일)에 이르러서야 주거이전비 수급요건의 충족 여부를 확인할 수 있으므로, 당해 건축물에 대한 보상 시점이 속한 연도/분기의 통계자료를 기준으로 주거용 건축물의 소유자에 대한 주거이전비를 산정하여야 한다.

(다) 주거이전비 산정의 근거법령인 토지보상법 시행규칙 제54조는 세입자에 대한 주거이전비 대상자(무허가 건축물 세입자의 전부 또는 일부 배제), 지급금액(월 평균 가계지출비 3개월분 혹은 4개월분), 가구원 수별 주거이전비 산정방식(특히 가구원 수가 1인인 경우와 6인 이상인 경우) 등에 관하여 여러 차례 개정이 이루어졌으므로, 어느 시점의 법령을 적용하는지에 따라 주거이전비의 액수가 달라질 수 있음에 주의하여야 한다. 별도의 경과규정이 없는 이상[300] 주거이전비 보상액 산정의 기준시점을 기준으로 적용 법령을 결정하여야 할 것이다.

(5) 소송의 형태 등

수용재결에 주거이전비도 포함하는 것이 바람직하나, 실제로는 주거이전비를 포함하지 않은 경우가 더 많다. 이 경우 주거이전비의 지급을 구하려면 토지보상법 제85조 제2항의 보상금 증액소송과 병합하여, 아니면 그와 별도로,[301] 공법상 당사자소송을 제기하여야지 수용재결이나 이의재결의 취소를 구하는 항고소송을 제기할 일은 아니다.[302] 수용재결시 주거이전비를 과소 산정한 경우도 물론 같다.

나. 이사비

공익사업시행지구에 편입되는 주거용 건축물의 거주자가 해당 공익사업시행지구 밖으로 이사를 하는 경우에는 이사비, 즉, 가재도구 등 동산의 운반에 필요

300) 2007. 4. 12. 건설교통부령 제556호로 일부 개정되어 같은 날 시행된 토지보상법 시행규칙은 그 부칙 제4조에서 본칙 제54조 제2, 3항은 시행일 이후 보상계획을 공고하고 토지소유자 및 관계인에게 보상계획을 통지하는 분부터 적용한다고 규정하고 있다.

301) 실무상 대체로 별도의 공법상 당사자소송이 제기되고 있다.

302) 대법원 2008. 5. 29. 선고 2007다8129 판결, 대법원 2019. 4. 23. 선고 2018두55326 판결

한 비용을 보상하여야 한다(토지보상법 시행규칙 제55조 제2항).

(1) 이사비 제도의 취지 역시 주거이전비와 마찬가지로 공익사업의 추진을 원활하게 함과 아울러 주거를 이전하게 되는 거주자들을 보호하려는 것이므로, 이사비 보상대상자는 공익사업시행지구에 편입되는 주거용 건축물의 거주자로서 '공익사업의 시행으로 인하여' 이주하게 되는 자로 보는 것이 타당하다.[303] 이러한 취지는 도시정비법에 따른 정비사업의 경우에도 마찬가지이다.[304] 사업시행인가고시 이전에 이주한 경우에는 '공익사업의 시행으로 인하여' 이주한 것으로 보기 어려울 것이다.

(2) 주거이전비와는 달리 이사비에 관하여는 법령상 소유자와 세입자에게 적용할 기준이 따로 정하여져 있지 않다. 세입자는 사업시행자의 이사비 산정통보일이나 수용개시일까지 계속 거주하지 아니하여도 사업인정고시일에 바로 이사비 지급청구권을 취득한다는 것이 판례의 입장이므로,[305] 소유자의 경우도 그와 달리 보기는 어려울 것이다.[306]

(3) 무허가 건축물의 경우에도 이사비는 지급한다. 주거이전비와 다른 점이다. 다만, 공부상 주거용 용도가 아닌 건축물을 임차한 후 임의로 주거용으로 용도를 변경하여 거주한 세입자는, 주거이전비에 관한 토지보상법 시행규칙 제54조 제2항의 '무허가건축물 등에 입주한 세입자'에 포함되지 않는 것[307]과 같은

---

303) 대법원 2010. 11. 11. 선고 2010두5332 판결

304) 대법원 2016. 12. 15. 선고 2016두49754 판결. 위 판결은 '정비사업구역 지정 · 고시 이후 주택재개발사업의 시행으로 인하여 이주하게 된' 주거용 건축물 거주자에 대하여 이사비 보상대상자에 해당한다는 취지로 판시하였는데, 해당 사안에서 사업시행인가고시는 2007. 8. 13.에 있었으므로, 정비사업구역 지정 · 고시 이후 사업시행인가고시가 있기 전에 이주한 경우까지 '공익사업의 시행으로 인하여' 이주한 것으로 본 취지는 아니다.

305) 대법원 2006. 4. 27. 선고 2006두2435 판결, 대법원 2012. 4. 26. 선고 2010두7475

306) 대법원 2016. 12. 15. 선고 2016두49754 판결. 위 판결은 주택재개발정비사업구역 지정을 위한 공람공고 당시 사업구역에 위치한 자신 소유의 주거용 건축물에 거주하던 중 분양신청을 하고 그에 따른 이주의무를 이행하기 위해 정비구역 밖으로 이주한 후 을 주택재개발정비사업조합과의 분양계약 체결을 거부함으로써 현금청산대상자가 된 토지등소유자가 이사비 보상대상자에 해당한다고 판시하고, 사업시행인가고시일을 기준으로 이사비를 산정한 원심 판결을 확정하였다.

307) 대법원 2013. 5. 23. 선고 2012두11072 판결

맥락에서 이사비 보상대상에서 제외된다.[308)]

(4) 이사비는 토지보상법 시행규칙 제55조 제2항 [별표 4] “이사비 기준”에 따라 산정한다. 실제 이전할 동산의 유무나 다과를 묻지 않는다.[309)]

(가) 이사비는 임금, 차량운임, 포장비로 구성되는데, 포장비는 임금과 차량운임을 더한 금액의 15%를 지급하므로, 결국 임금과 차량운임에 따라 이사비의 액수가 결정된다. 투입할 인원과 차량대수는 주택 연면적을 기준으로 한다. 한 주택에 여러 세대가 거주하는 경우 세대별 점유면적에 따른다. 주거용 부분과 상업용 부분이 혼재되어 있을 경우 주거용 부분을 특정하여 주거용 부분의 연면적을 기준으로 이사비를 산정하여야 할 것이다.

무허가 건축물의 거주자에게도 이사비를 지급하는 점 등에 비추어 볼 때 주택 연면적은 대장에 등재된 면적에 한할 것이 아니라 불법 증축된 부분을 포함한 실제 면적을 의미한다고 봄이 옳다. 물론, 달리 증명이 없으면 공부상 면적에 따를 것이고, 공부조차 없는 경우에는 최소 면적인 33㎡ 미만 기준으로 계산할 수밖에 없을 것이다.

(나) 임금은 통계법 제3조 제3호에 따른 통계작성기관이 같은 법 제18조에 따른 승인을 받아 작성 · 공표한 공사부문 보통 인부의 노임을 기준으로 한다. 역시 국가통계포털(http://kosis.kr)에서 검색이 가능하다. 사업인정고시일이 속한 연도/반기의 통계자료에 따르면 된다.

(다) 종전에는 임금과 달리 차량운임의 경우 통계청 자료가 없어 물가정보 등 다른 증명방법에 의하여야 하였고, 실무상 대당 10~20만 원으로 다툼 없는 사실로 정리하는 경우가 많았다. 그런데 2016. 1. 6. 토지보상법 시행규칙 [별표

308) 서울고등법원 2013. 9. 13. 선고 2013누6727 판결. 상고 기각(대법원 2014. 2. 13. 선고 2013두21274 판결)되어 확정.

309) 대법원 2006. 4. 27. 선고 2006두2435 판결

4]가 개정되어 차량운임은 한국교통연구원이 발표하는[310] 최대적재량이 5t인 화물자동차의 1일 8시간 운임을 기준으로 한다는 규정이 신설되었다. 다만 위 개정 규정은 규칙 시행 이후 보상계획을 공고하고, 토지소유자 및 관계인에게 보상계획을 통지하는 경우부터 적용되므로(부칙 제2조), 위 개정 규정이 적용되지 않는 사안에서는 종전 실무와 같이 대당 10~20만원으로 다툼 없는 사실로 정리할 필요가 있다.

(4) 기타 소송상의 취급은 주거이전비와 대체로 같다.

6. 이주대책과 생활대책

가. 이주대책 및 생활대책의 의의와 비교, 법적 성질

(1) 토지보상법 제78조 제1항은 공익사업의 사업시행자에게 공익사업의 시행으로 주거용 건축물을 제공함에 따라 생활의 근거를 상실하게 되는 자를 위하여 이주대책을 수립·실시하거나 이주정착금을 지급할 의무를 지우고 있다. 이러한 이주대책은 헌법 제23조 제3항이 정하는 정당한 보상의 내용이 아니라 생활보상의 일환으로 이루어지는 것으로서[311], 공익사업의 시행에 필요한 토지 등을 제공함으로 인하여 생활의 근거를 상실하게 되는 이주대책대상자들에게 종전 생활상태를 원상으로 회복시키면서 동시에 인간다운 생활을 보장하여 주기 위하여 마련된 제도이다.[312]

생활대책은 생업의 근거를 상실한 자로 하여금 이주하는 곳에서 생계를 회복·유지하고 생활의 안정을 기할 수 있도록 배려하는 제반조치를 말한다.

(2) 이주대책 및 생활대책은 이주자 입장에서는 생활기반의 복원에 대한 지원

310) 한국교통연구원 화물운송시장정보센터 - 운송주선업체 실태보고서(http://koti.re.kr/slzs/roftMain.do)
311) 헌법재판소 2015. 10. 21. 선고 2013헌바10 결정
312) 대법원 2011. 6. 23. 선고 2007다63089, 63096 전원합의체 판결

으로서 의미가 있고, 사업시행자 입장에서는 이주자들의 재산권 박탈에 대한 저항을 완화하고 소유권 및 점유의 이전에 대한 협조를 유도함으로써 사업을 신속하고 원활하게 추진하는 데 보탬이 된다.

(3) 보상실무상 이주대책은 택지 또는 주택 등을 직접 공급하는 형태를, 생활대책은 점포 또는 상가용지 등을 직접 공급하는 형태를 취한다.

(4) 양자는 모두 공익사업으로 토지 등 재산권을 잃은 사람들의 생활의 재건을 돕는 조치로서, 재산적 손실에 대한 보상이 아닌, 생활보상의 범주에 속하는 점에서는 일치하나, 이주대책이 토지보상법 제78조 제1항에 근거를 두고 있는 반면, 생활대책은 일반적으로 그와 같은 명문의 법령상 근거 없이 일반적으로 사업시행자의 내부규정에 따라 실시한다. 전자가 수용에 의한 취득과 협의취득을 가리지 않는 반면, 후자는 통상 협의양도에 따라 자진이주한 사람만을 대상으로 하는 점도 다르다.

(5) 그러나 사업시행자들은 이주대책과 생활대책을 함께 동시에 하나의 계획으로 마련하여 시행하는 것이 보통이다.

나. 이주대책

(1) 이주대책의 수립 · 실시 의무

사업시행자는 이주대책대상자 중 이주정착지에 이주를 희망하는 자가 10호 이상이면 ① 공익사업시행지구의 인근에 택지 조성에 적합한 토지가 없는 경우나 ② 이주대책에 필요한 비용이 당해 공익사업의 본래 목적을 위한 소요비용을 초과하는 등 이주대책의 수립 · 실시로 인하여 당해 공익사업의 시행이 사실상 곤란한 경우가 아닌 한 이주대책을 수립 · 실시하여야 한다(토지보상법 시행령 제40조 제2항, 토지보상법 시행규칙 제53조 제1항).

(2) 대상자

(가) 이주대책의 대상자는 주거용 건축물의 소유자로서 공익사업의 시행으로 당해 건축물을 제공함에 따라 생활의 근거를 상실한 사람이다.

토지보상법 제78조 제1항 소정의 이주대책의 대상이 되는 주거용 건축물이란 토지보상법 시행령 제40조 제5항 제2호의 '공익사업을 위한 관계 법령에 의한 고시 등이 있은 날(이하 '이주대책기준일'이라 한다)' 당시 건축물의 용도가 주거용인 건물을 의미한다고 해석되므로, 그 당시 주거용 건물이 아니었던 건물이 이주대책기준일 이후에 주거용으로 용도변경된 경우에는 건축 허가를 받았는지 여부에 상관없이 수용재결 내지 협의계약 체결 당시 주거용으로 사용된 건물이라 할지라도 이주대책대상이 되는 주거용 건축물이 될 수 없다.

한편, 위 이주대책기준일에는 토지수용 절차에 토지보상법을 준용하도록 한 관계 법률에서 사업인정의 고시 외에 주민 등에 대한 공람공고를 예정하고 있는 경우에는 사업인정의 고시일 뿐만 아니라 공람공고일도 포함될 수 있다.[313] 그렇지만 법령이 정하는 이주대책대상자에 해당되는지 여부를 판단하는 기준은 각 공익사업의 근거 법령에 따라 개별적으로 특정되어야 한다. 강행규정인 이주대책 수립 등에 관한 토지보상법령의 적용대상은 일관성 있게 정해져야 하므로 그 기준이 되는 개별 법령의 법정 이주대책기준일은 하나로 해석함이 타당하다. 만약 그와 반대로 이를 둘 이상으로 보아 사업시행자가 그중 하나를 마음대로 선택할 수 있다고 한다면 사업마다 그 기준이 달라지게 되어 혼란을 초래하고 형평에 반하는 결과를 낳을 수 있어 바람직하지 아니하다.[314]

주거용 건축물인지 판단하는 기준시점은 이주대책기준일이므로, 기준일 이후에 주거용으로 용도변경된 경우에는 건축 허가를 받았는지 여부에 상관없이 수용재결 내지 협의계약 체결 당시 주거용으로 사용된 건물이라 할지라도 이주대책대상이 되는 주거용 건축물이 될 수 없다.[315] 소유자인지는 일응 건물등기부 등본을 기준으로 판단할 것이나, 결국에는 실질적인 처분권이 있는지에 따라 결

313) 대법원 2009. 2. 26. 선고 2007두13340 판결
314) 대법원 2015. 8. 27. 선고 2012두26746 판결. 위 판결은 구 도시개발법의 법정 이주대책기준일은 도시개발구역의 지정에 관한 공람공고일이라고 판시하였다.
315) 대법원 2009. 2. 26. 선고 2007두13340 판결

정하여야 한다.[316)]

(나) 세입자는 제외되며, 다만 해당 공익사업지구에 주거용 건축물을 소유한 자로서 타인이 소유하고 있는 건축물에 거주하는 세입자는 이주대책대상자에 해당한다(토지보상법 시행령 제40조 제5항 제3호).

다음의 경우는 주거용 건축물의 소유자라도 이주대책대상자에서 제외한다(토지보상법 시행령 제40조 제5항 제1호, 제2호).

① 허가를 받거나 신고를 하고 건축 또는 용도변경을 하여야 하는 건축물을 허가를 받지 아니하거나 신고를 하지 아니하고 건축 또는 용도변경을 한 경우(제1호). 구 토지보상법 시행령(2011. 12. 28. 대통령령 제23425호로 일부 개정되기 전의 것) 제40조 제3항 제1호는 "허가를 받거나 신고를 하고 건축하여야 하는 건축물을 허가를 받지 아니하거나 신고를 하지 아니하고 건축한 건축물의 소유자"라고만 규정하고 있었으나 그 당시도 대법원은 주거용 아닌 다른 용도로 이미 허가를 받거나 신고를 한 건축물을 적법한 절차 없이 임의로 주거용으로 용도를 변경하여 사용하는 자도 이에 해당한다고 새기고 있었다.[317)]

다만, 무허가·무신고 건축물이라도 1989. 1. 24. 이전에 건축되었으면 토지보상법 시행령 부칙(대통령령 제17854호, 2002. 12. 30.) 제6조에 따라 이주대책의 대상이 된다. 위 부칙 규정의 문언과 도입 경위, 이주대책 제외대상자를 규정한 구 토지보상법 시행령 제40조 제3항 각 호의 취지 및 체계 등에 비추어 보면, 위 부칙 규정은 1989. 1. 24. 당시 이미 건축된 무허가 건축물인 경우에는 그 소유자에 대하여 구 토지보상법 시행령 제40조 제3항 각 호가 정하는 이주대책대상자 제외요건 중 제1호의 적용을 예외적으로 배제하려는 데 그 취지가 있는 것일 뿐, 이와 같은 건축시점뿐만 아니라 무허가 건축물의 소유권 또는 실질적 처분권의 취득시점까지도 1989. 1. 24. 이전이어야만 이주대책대상자의 범위에 포함될 수 있다는 의미는 아니라고 해석해야 한다.[318)]

316) 대법원 1999. 8. 20. 선고 98두17043 판결
317) 대법원 2011. 6. 10. 선고 2010두26216 판결

소송실무에서는 1989. 1. 24. 이전에 지은 무허가 · 무신고 건축물의 경우에도 그 후 증 · 개축을 하여 수용 당시 건물이 최초 건물과 동일성을 상실했는지 여부를 놓고 다투는 사례가 적지 않다.[319)]

② 해당 건축물에 공익사업을 위한 관계 법령에 따른 고시 등이 있은 날부터 계약체결일 또는 수용재결일까지 계속하여 거주하고 있지 아니한 경우(제2호 본문). 다만, 질병으로 인한 요양, 징집으로 인한 입영, 공무, 취학, 해당 공익사업지구 내 타인이 소유하고 있는 건축물에의 거주, 그 밖에 이에 준하는 부득이한 사유로 인하여 거주하지 아니한 경우에는 그러하지 아니하다(같은 호 단서 각 목).

이주대책대상자에 해당하기 위한 거주요건을 갖추었는지 여부를 판단함에 있어서는 해당 대상자가 실제로 이주대책기준에서 정하는 기간 동안 당해 건축물을 생활근거지로 삼아 거주하였는지 여부가 기본적인 판단기준이 되어야 할 것이고, 위 시행령 단서에서 말하는 취학 등의 부득이한 사유는 해당 대상자가 책임질 수 없거나 불가피한 사유로 일시적으로 당해 건축물에 거주하지 못한 경우로서, 구체적으로는 주장되는 사유의 내용 및 불가피성과 더불어 당해 건축물에서 거주하지 않은 총 기간, 해당 사유에 비추어 미거주 기간이 합리적인지 여부, 해당 사유가 종료된 후 얼마 만에 당해 건축물로 다시 주거를 옮겼는지, 거주하지 못한 기간 동안 당해 건축물의 관리 현황은 어떠하였는지 등의 여러 사정을 종합적으로 고려하여 판단하여야 한다.[320)][321)]

전입신고가 되어 있으면 일응 거주한 것으로 추정할 수 있으나, 사업시행자가 이주자의 실제 거주 사실을 부인하여 다투면서 실제 거주를 의심할 만한 간접사

---

318) 대법원 2016. 5. 12. 선고 2014다72715 판결

319) 대법원 2016. 8. 24. 선고 2016두37218 판결. 1989. 1. 24. 이전부터 존재하던 무허가 · 무신고 건축물을 위 일자가 지난 후 철거하고 계속 거주할 의사로 같은 자리에 건물을 신축하였더라도 신축건물을 멸실 건물과 동일한 건축물로 볼 수는 없다는 전제에서, 그 소유자를 이주대책대상자에서 제외한 처분을 적법하다고 본 사안.

320) 대법원 2009. 9. 24. 선고 2009두8830 판결.

321) 재개발조합의 조합원으로서 그 소유의 주거용 건축물에 거주하던 중 분양신청을 하고 그에 따른 이주의무를 이행하기 위해 정비구역 밖으로 이주하였으나, 이후 자신의 선택으로 분양계약신청을 철회하고 현금청산대상자가 된 경우에는 '질병으로 인한 요양, 징집으로 인한 입영, 공무, 취학 그 밖에 이에 준하는 부득이한 사유로 인하여 거주하지 아니한 경우'에 해당한다고 보기 어렵다고 한 사례로, 대법원 2016. 12. 15. 선고 2016두49754 판결

실을 입증하는 경우에는 추정이 깨어진다고 보아야 한다. 이 경우 거주사실의 증명자료로는 주민등록표 이외에 전기요금, 전화요금, 텔레비전시청료 등의 수용가 정보, 우편물송달자료, 자녀의 학생부, 거주지 인근의 금융기관 · 병원 · 약국 등의 이용에 관한 자료 등을 주로 제출하고, 사업시행자의 지장물 조사 내용(건물구조, 거주실태 등)도 거주사실을 판단하는 데 주요한 참고자료이다.

(3) 이주대책의 내용

(가) 이주성착지의 조성을 통한 택지나 주택의 공급

이주대책의 원칙적 모습은 사업지구 외부의 이주정착지 조성을 통한 택지나 주택의 공급이다. 사업시행자는 사업시행지구 인근에 택지조성에 적합한 토지가 없으면 이주대책을 수립하지 않을 수 있다(토지보상법 시행령 제40조 제2항 본문, 토지보상법 시행규칙 제53조 제1항 제1호). 이주대책의 내용에는 이주정착지에 대한 도로 · 급수시설 · 배수시설 그 밖의 공공시설 등 통상적인 수준의 생활기본시설[322]이 들어 있어야 한다. 이에 필요한 비용은 사업시행자가 부담하며(토지보상법 제78조 제4항), 비용의 산출방식은 토지보상법 시행령 제41조의2 제2항이 규정하고 있다. 그러나 현실에서 이주정착지의 조성을 통한 이주대책이 시행되는 경우는 거의 찾아볼 수 없다.

(나) 택지개발촉진법 또는 주택법 등에 의한 택지나 주택의 공급

사업시행자가 택지개발촉진법 또는 주택법 등 관계법령에 의하여 이주대책대상자에게 택지 또는 주택을 공급한 경우(이하 '특별공급'이라 한다)에는 이주대책을 수립 · 실시한 것으로 본다(토지보상법 시행령 제40조 제2항 단서). 특별공급을 하는 경우 이주대책을 위해 별도로 이주정착지를 조성할 필요가 없다. 현실에서는 이 방식이 오히려 원칙에 가깝다.

사업시행자가 구 토지보상법 시행령 제40조 제2항 단서에 따라 택지개발촉진

322) 도로, 상수도 및 하수처리시설, 전기시설, 통신시설, 가스시설을 가리킨다(토지보상법 시행령 제41조의2 제1항).

법 또는 주택법 등 관계 법령에 의하여 이주대책대상자들에게 택지 또는 주택을 공급(특별공급)하는 것도 구 토지보상법 제78조 제1항의 위임에 근거하여 사업시행자가 선택할 수 있는 이주대책의 한 방법이므로, 특별공급의 경우에도 이주정착지를 제공하는 경우와 마찬가지로 사업시행자의 부담으로 같은 조 제4항이 정한 생활기본시설을 설치하여 이주대책대상자들에게 제공하여야 한다고 봄이 상당하고, 이주대책대상자들이 특별공급을 통해 취득하는 택지나 주택의 시가가 그 공급가액을 상회하여 그들에게 시세차익을 얻을 기회나 가능성이 주어진다고 하여 달리 볼 것은 아니다.[323]

(다) 이주정착금의 지급

이주대책을 수립 · 실시하지 아니하는 경우(토지보상법 시행령 제40조 제2항 본문 및 토지보상법 시행규칙 제53조 제1항)나 이주대책대상자가 이주정착지가 아닌 다른 지역으로 이주하고자 하는 경우에는 이주대책대상자에게 이주정착금을 지급하는 것으로 이주대책에 갈음한다(토지보상법 시행령 제41조). 이주정착금은 보상대상인 주거용 건축물에 대한 평가액의 30%에 해당하는 금액으로 하되, 그 금액이 1,200만 원 미만이면 1,200만 원으로, 2,400만 원을 초과하면 2,400만 원으로 한다(토지보상법 시행규칙 제53조 제2항). 이주정착금은 토지보상법 시행규칙의 개정으로 상향되어 왔으므로, 이주정착금 지급 시점에 따라 개정 법령 적용 여부를 따져 보아야 한다.[324]

(라) 강행법규성

사업시행자의 이주대책 수립 · 실시의무를 정하고 있는 토지보상법 제78조 제1항은 물론 그 이주대책의 내용에 관하여 규정하고 있는 같은 법 제78조 제4항 본문 역시 당사자의 합의 또는 사업시행자의 재량에 의하여 그 적용을 배제할

323) 대법원 2011. 6. 23. 선고 2007다63089,63096 전원합의체 판결
324) 2020. 12. 11. 전까지는 하한이 600만 원, 상한이 1,200만 원이고[구 토지보상법 시행규칙(2020. 12. 11. 국토교통부령 제788호로 개정되기 전의 것) 제53조 제2항, 부칙(2020. 12. 11. 국토교통부령 제788호) 제3조], 2012. 1. 1. 전까지는 하한이 500만 원, 상한이 1,000만 원이다[구 토지보상법 시행규칙(2012. 1. 2. 국토해양부령 제427호로 개정되기 전의 것), 부칙(2012. 1. 2. 국토해양부령 제427호) 제3조]

수 없는 강행법규이다. 따라서 만일 이주대책대상자들과 사업시행자 또는 그의 알선에 의한 공급자와 사이에 체결된 택지 또는 주택에 관한 특별공급계약에서 토지보상법 제78조 제4항에 규정된 생활기본시설 설치비용을 분양대금에 포함시킴으로써 이주대책대상자들이 생활기본시설 설치비용까지 사업시행자 등에게 지급하게 되었다면, 사업시행자가 직접 택지 또는 주택을 특별공급한 경우에는 특별공급계약 중 분양대금에 생활기본시설 설치비용을 포함시킨 부분이 강행법규인 토지보상법 제78조 제4항에 위배되어 무효이고, 사업시행자는 그 금액을 부당이득으로 이주대책대상자들에게 반환할 의무가 있다. 다만 토지보상법 제78조 제4항에 따라 사업시행자의 부담으로 이주대책대상자들에게 제공하여야 하는 것은 위 조항에서 정한 생활기본시설에 국한된다.[325]

(마) 사업시행자의 재량

사업시행자는 이주대책기준을 정하여 (법이 정한 이주대책대상자를 배제하지 않는 한도에서) 이주대책을 수립 · 실시하여야 할 자를 선정하여 그들에게 공급할 택지 또는 주택의 내용이나 수량을 정할 수 있고, 이를 정하는 데 재량을 가지므로, 이를 위해 사업시행자가 설정한 기준은 그것이 객관적으로 합리적이 아니라거나 타당하지 않다고 볼 만한 다른 특별한 사정이 없는 한 존중되어야 한다.[326] 위와 같은 내부규정에 따르지 않은 처분은 특별한 사정이 없는 한 평등원칙 등 위반으로서 재량권의 일탈 · 남용에 해당할 수 있다.[327]

다만, 토지보상법령은 이주대책대상자의 범위를 정하고 이주대책대상자에게 시행할 이주대책 수립 등의 내용에 관하여 구체적으로 규정하고 있으므로, 사업시행자는 이처럼 법이 정한 이주대책대상자를 법령이 예정하고 있는 이주대책

---

325) 대법원 2011. 6. 23. 선고 2007다63089, 63096 전원합의체 판결. 위 판결은 종전 판례의 이른바 '원가공급원칙'(사업시행자가 이주정착지를 제공하거나 주택 등을 특별공급하는 경우 이주대책대상자들에게 택지의 소지가격 및 택지조성비 등 투입비용의 원가만을 부담시킬 수 있고 이를 초과하는 부분은 전가할 수 없다는 취지)을 폐기하고, 이전의 대법원 판결(대법원 1994. 5. 24. 선고 92다357873 전원합의체 판결 등)들은 모두 변경하였다.

326) 따라서 이주대책기준일을 기준으로 그 이전에 사업구역에 주택을 취득한 거주자와 그 이후에 취득한 거주자에 대하여 분양아파트의 면적에 차등을 둔 이주대책기준은 위법하지 않다. 2009. 3. 12. 선고 2008두12610 판결

327) 대법원 2002. 9. 24. 선고 2000두1713 판결 법리 참조

수립 등의 대상에서 임의로 제외하여서는 아니 된다. 그렇지만 그 규정 취지가 사업시행자가 시행하는 이주대책 수립 등의 대상자를 법이 정한 이주대책대상자로 한정하는 것은 아니므로, 사업시행자는 해당 공익사업의 성격, 구체적인 경위나 내용, 그 원만한 시행을 위한 필요 등 제반 사정을 고려하여 법이 정한 이주대책대상자를 포함하여 그 밖의 이해관계인에게까지 넓혀 이주대책 수립 등을 시행할 수 있다. 그런데 사업시행자가 이와 같이 이주대책 수립 등의 시행 범위를 넓힌 경우에, 그 내용은 법이 정한 이주대책대상자에 관한 것과 그 밖의 이해관계인에 관한 것으로 구분되고, 그 밖의 이해관계인에 관한 이주대책 수립 등은 법적 의무가 없는 시혜적인 것으로 보아야 한다. 그리고 시혜적으로 시행되는 이주대책 수립 등의 경우에 그 대상자의 범위나 그들에 대한 이주대책 수립 등의 내용을 어떻게 정할 것인지에 관하여는 사업시행자에게 폭넓은 재량이 있다고 할 것이다. 따라서 피고가 그 이주대책을 위하여 설정한 기준은 형평에 반하는 등 객관적으로 합리적이지 아니하다고 볼 특별한 사정이 없는 한 존중되어야 한다.[328][329]

(4) 이주대책 수립 · 실시의 절차와 진행 과정

(가) 사업시행자가 이주대책을 수립하고자 하는 때에는 미리 관할 지방자치단체장과 협의하여야 하며(토지보상법 제78조 제2항), 그 내용을 이주대책대상자에게 통지하여야 한다(토지보상법 시행령 제40조 제1항).

(나) 택지개발사업의 예를 통해 이주대책[330]을 수립 · 시행하는 과정을 개관해 보면 다음과 같다.

---

328) 대법원 2015. 8. 27. 선고 2012두26746 판결.

329) 다만, 공익사업의 시행자인 지방자치단체나 공기업들은 대개 공익사업시행과 관련한 내부규정에 이주대책과 관련된 내용을 두고 있는데, 이러한 내부규정들은 사무처리준칙으로서 대외적 기속력이 없으므로, 법원으로서는 대상자 요건의 구비 여부를 판단함에 있어 이에 무조건 구속되는 것은 아니다. 가령, 사업시행자의 내부 규정에 이주대책의 적용요건으로서 소유권의 확인은 건물등기부 등본에 의한다는 규정이 있더라도, 관계 법령의 규정에 의하면 소유자는 실질적인 처분권을 가진 자를 의미하는 것이므로, 건물등기부등본 이외의 다른 신빙성 있는 자료에 의하여 그와 같은 실질적인 처분권의 입증을 배제할 수는 없다. 대법원 1997. 2. 11. 선고 96누14067 판결

330) 생활대책은 앞서 언급한 바와 같이 이주대책과 하나로 수립, 시행하는 것이 보통이므로, 생활대책의 경우도 그와 같다. 생활대책에 관한 부분에서는 다시 언급하지 않는다.

① 먼저 사업시행자가 이주대책을 수립한 다음 예비대상자에 대한 개별통보 및 공고를 하면서 이주대책기준일, 유형별 이주대책의 내용, 대상자 요건, 신청기간과 장소, 구비서류 등 이주 및 생활대책의 신청에 관한 안내를 한다.

② 이주자들이 소정의 구비서류를 첨부하여 신청기간에 이주대책의 적용을 신청한다.

③ 사업시행자는 자체적으로 마련한 심사기준과 사업시행자가 미리 사업지구 내 대상 건축물 및 그 소유관계와 거주사실 등을 조사한 보상자료를 기초로 이주대책의 대상자를 결정하여 이를 해당자들에게 통보한다.

④ 사업시행자는 이주대책의 대상에서 제외된 사람이 이의신청을 할 경우 이에 대한 결정을 해서 회신한다.

⑤ 이상과 같은 절차를 거쳐 대상자가 확정되면 사업시행자는 분양예정통보와 분양공고를 하고 대상자들은 그에 따라 분양 또는 공급의 신청을 한다.

⑥ 분양 또는 공급의 신청을 한 사람들을 대상으로 추첨 등의 방법으로 분양 또는 공급할 물건을 확정한 후 대상자와 사업시행자가 직접 분양계약을 체결한다.[331]

(5) 이주대책에 관한 소송

(가) 소송의 형태

이주자는 이주대책대상자 선정 신청 또는 분양신청을 하고 사업시행자가 이를 거부하면 당해 거부처분의 취소를 항고소송으로 구하여야 한다. 이주자가 사업시행자에 대한 이주대책대상자 선정신청 및 이에 따른 확인·결정 등 절차를 밟지 아니하여 구체적인 수분양권을 아직 취득하지도 못한 상태에서 곧바로 분양의무의 주체를 상대방으로 하여 민사소송이나 공법상 당사자소송으로 이주대책상의 수분양권의 확인 등을 구하는 것은 허용할 수 없고, 나아가 그 공급대상인 택지나 아파트 등의 특정부분에 관하여 그 수분양권의 확인을 소구하는 것은

331) 생활용지의 경우도 상가(점포)를 분양하는 경우는 이상과 대체로 같으나, 일정 면적의 상업용지를 공급하는 경우에는 대상자들이 조합을 결성하여 그 조합 명의로 희망하는 필지에 대한 공급신청을 하고 추첨 등의 방법으로 수분양조합이 결정되면 그 조합과 사업시행자가 공급계약을 체결하는 방식을 취하는 것이 보통이다.

더더욱 불가능하다고 보아야 한다. 따라서 본래의 이주대책상의 정해진 절차에 따라 사업시행자에 대하여 이주대책대상자 선정신청을 하고 사업시행자가 이를 적극적으로 거부한 경우에는 그 거부처분의 취소를, 그 신청에 대하여 아무런 응답이 없는 경우에는 부작위위법의 확인을 각 소구하여야 할 것이다.[332] 나아가 이주대책의 종류가 달라 각 그 보장하는 내용에 차등이 있는 경우 이주자의 희망에도 불구하고 사업시행자가 요건 미달 등을 이유로 그중 더 이익이 되는 내용의 이주대책대상자로 선정하지 않았다면 이 또한 이주자의 권리의무에 직접적 변동을 초래하는 행위로서 항고소송의 대상이 된다.[333]

(나) 소송의 대상

이주대책을 실시하는 과정에서 이주자의 대상자 선정신청에 대하여 사업시행자가 대상자에 해당하지 않는다는 취지의 회신을 하고, 상당 기간이 지난 후 다시 그 이주자가 같은 신청을 하면 사업시행자가 같은 취지의 회신을 하는 경우처럼 사업시행자의 제외처분 내지 거부처분이 여러 차례 이루어진 경우가 있다. 이 경우 최초의 부적격 통보에 대한 제소기간이 경과하였다 해도 두 번째 부적격 통보를 제외처분으로 보아 그 취소를 청구할 수 있는 경우가 있고,[334] 토지 · 주택공사와 같은 경우 내부적 이의신청 절차를 두고 있는 경우가 있는데 이러한 사례에서 두 번째 신청에 대하여 한 부적격 통보와 관련하여 예외적으로 항고소송 대상성을 인정하는 판례 군(群)이 형성되어 있다.[335]

(다) 피고 적격

토지주택공사나 에스에이치(SH)공사와 같은 공기업의 경우 그 설립 목적, 취급업무의 성질, 권한과 의무 및 택지개발사업의 성질과 내용 등에 비추어 같은 공사가 관계 법령에 따른 사업을 시행하는 경우 법률상 부여받은 행정작용권한

332) 대법원 1994. 5. 24. 선고 92다35783 전원합의체 판결
333) 대법원 2014. 2. 27. 선고 2013두10885 판결
334) 대법원 1992. 10. 27. 선고 92누1643 판결
335) 대법원 2021. 1. 14. 선고 2020두50324 판결, 대법원 2021. 1. 14. 선고 2018두60168 판결, 대법원 2016. 7. 14. 선고 2015두58645 판결 등 참조

을 행사하는 것으로 보아야 할 것이므로 같은 공사가 시행한 택지개발사업 및 이에 따른 이주대책에 관한 처분은 항고소송의 대상이 된다.[336)337)] 따라서 피보상자가 이주대책 대상자 제외처분을 다투는 경우에는 공기업 또는 공사 자체를 피고로 삼아야 하고, 그 사장을 상대로 처분의 취소를 구할 것은 아니다. 중앙 행정기관이나 광역자치단체장이 기초자치단체장에게 이주대책에 관한 사무를 위임 또는 위탁한 경우도 그와 같다.

(라) 구체적 이주대책기준의 적법성

실무에서는 사업시행자가 내부 사무처리준칙을 기초로 수립 · 공고한 이주대책상의 기준이 위법 · 부당하다는 주장을 하는 경우가 많으나, 그와 같은 이주대책기준이 토지보상법령이 정한 것보다 엄격한 내용으로 되어 있어 이주자의 권리를 침해한다거나, 내용상 불합리한 차별을 내포하고 있는 경우 등과 같이 기준 자체가 위법하다고 보이는 경우를 제외하고는 통상 사업시행자의 재량권 존중을 강조하여 그와 같은 주장을 받아들이지 않고 있다.

분양아파트의 공급을 이주대책의 내용으로 하는 공익사업에서 시행되는 이주대책과 관련하여 원고 측에서 자신이 비록 이주대책기준에 따른 소유 및 거주요건을 갖추지 못하였다고 하더라도 「주택공급에 관한 규칙」의 규정에 따른 주택특별공급의 대상자는 된다고 주장하는 경우가 있다. 그러나 토지보상법상의 이주대책과 「주택공급에 관한 규칙」에 의한 주택의 특별공급은 각기 그 요건과 절차를 달리하는 것이므로, 이 경우에도 공익사업의 시행에 따른 이주대책대상자에 해당하지 아니하는 자에게 당연히 「주택공급에 관한 규칙」에 의하여 주택을 특별 공급하여야 한다거나 그와 같은 이를 이주대책대상자에서 제외한 조치의

336) 대법원 1992. 11. 27. 선고 92누3618 판결

337) 에스에이치공사는 서울특별시장으로부터 서울특별시가 사업시행자가 된 택지개발사업지구에 거주하다가 사업시행에 필요한 가옥을 제공함으로 인하여 생활의 근거를 상실하게 되는 이주자들에게 택지개발촉진법과 구 「공공용지의 취득 및 손실보상에 관한 특례법」(2002. 2. 4. 법률6656호로 폐지되기 전의 것) 및 「주택공급에 관한 규칙」 등의 법령에 따라서 택지개발사업의 시행으로 조성된 토지를 분양하여 주거나 분양아파트 입주권을 부여하는 내용의 이주대책 수립권한을 포함한 택지개발사업에 따른 권한을 위임 또는 위탁받았다고 할 것이므로, 서울특별시가 사업시행자가 된 택지개발사업과 관련하여 이주대책대상자라고 주장하는 자들이 에스에이치공사 명의로 이루어진 이주대책에 관한 처분에 대한 취소소송을 제기함에 있어 정당한 피고는 에스에이치공사이다. 대법원 2007. 8. 23. 선고 2005두3776 판결

위법 여부를 토지보상법이 아닌 「주택공급에 관한 규칙」의 규정에 따라 판단하여야 하는 것은 아니다.[338)]

다. 생활대책

토지보상법은 제78조 제1항에서 "사업시행자는 공익사업의 시행으로 인하여 주거용 건축물을 제공함에 따라 생활의 근거를 상실하게 되는 자(이하 '이주대책대상자'라 한다)를 위하여 대통령령으로 정하는 바에 따라 이주대책을 수립·실시하거나 이주정착금을 지급하여야 한다."고 규정하고 있을 뿐, 생활대책용지의 공급과 같이 공익사업 시행 이전과 같은 경제수준을 유지할 수 있도록 하는 내용의 생활대책에 관한 분명한 근거 규정을 두고 있지는 않으나, 사업시행자 스스로 공익사업의 원활한 시행을 위하여 필요하다고 인정함으로써 생활대책을 수립·실시할 수 있도록 하는 내부규정을 두고 있고 그 내부규정에 따라 생활대책대상자 선정기준을 마련하여 생활대책을 수립·실시하는 경우에는, 이러한 생활대책 역시 "공공필요에 의한 재산권의 수용·사용 또는 제한 및 그에 대한 보상은 법률로써 하되, 정당한 보상을 지급하여야 한다."고 규정하고 있는 헌법 제23조 제3항에 따른 정당한 보상에 포함되는 것으로 보아야 한다.[339)]

(1) 생활대책의 대상자

근래 시행되고 있는 택지개발 사업 등에 있어 실시되는 생활대책으로는 사업지구에 편입된 토지·건물 등 보상대상 전부를 협의에 의하여 보상받은 자로서 이주대책대상자, 일정요건을 갖춘 영업·영농 등 피보상자 또는 종교시설 등의 소유자나 운영자 등이 대상자로 되어 있다.

(2) 생활대책의 내용과 성격

(가) 수도권 지역 택지개발사업에서는 영업보상자 등 생활대책대상자들을 일

338) 대법원 1994. 2. 22. 선고 93누15120 판결 등
339) 대법원 2011. 10. 13. 선고 2008두17905 판결

정 기준에 따라 나누어 소규모의 상업용지나 근린생활시설용지를 감정가격에 공급하고 있다. 공급하는 용지의 면적은, 예컨대 허가영업인지 아닌지, 종전의 점포를 소유하고 영업을 한 자인지 임차하여 영업을 한 자인지 등 여러 기준에 따라 차등을 두고 있다. 공익사업에 상업시설의 신축이 포함된 경우에는 신축 상업시설의 일부를 분양하기도 한다.

(나) 생활대책의 적용대상이 되기 위한 요건으로 협의양도 및 자진이주를 요구하는 것이 보통이지만, 그렇다고 하여 생활대책에 따른 상가나 상업용지의 공급이 협의양도계약의 내용을 이루게 되는 것은 아니다.

(3) 생활대책에 관한 소송

(가) 생활대책대상자 선정기준에 해당하는 자는 사업시행자에 대하여 생활대책대상자 선정 여부의 확인 · 결정을 신청할 수 있는 권리를 가진다고 할 것이어서, 만일 사업시행자가 그러한 자를 생활대책대상자에서 제외하거나 그 선정을 거부하면, 이러한 생활대책대상자 선정기준에 해당하는 자는 사업시행자를 상대로 항고소송을 제기할 수 있다.[340][341]

(나) 생활대책대상자 제외처분 취소소송의 본안에서 흔히 나오는 주장으로는, 보상대상 물건을 협의양도하지 못한 데 불가피한 사정이 있거나 원고에게 귀책사유가 없으므로 협의양도한 경우와 마찬가지로 보아야 한다는 주장, 협의양도의 경우에만 생활대책대상자로 인정하는 것이 평등원칙, 재산권, 재판청구권 등을 침해하여 위법하다는 주장, 수용재결을 받았더라도 자진이주나 철거에 응한

340) 대법원 2011. 10. 13. 선고 2008두17905 판결

341) 대법원 2016. 7. 14. 선고 2015두58645 판결. 한국토지주택공사가 택지개발사업의 시행자로서 택지개발예정지구 공람공고일 이전부터 영업 등을 행한 자 등 일정 기준을 충족하는 손실보상대상자들에 대하여 생활대책을 수립 · 시행하였는데, 직권으로 갑 등이 생활대책대상자에 해당하지 않는다는 결정(이하 '부적격통보'라고 한다)을 하고, 갑 등의 이의신청에 대하여 재심사 결과로도 생활대책대상자로 선정되지 않았다는 통보(이하 '재심사통보'라고 한다)를 한 사안에서, 비록 재심사통보가 부적격통보와 결론이 같더라도, 단순히 한국토지주택공사의 업무처리의 적정 및 갑 등의 편의를 위한 조치에 불과한 것이 아니라 별도의 의사결정 과정과 절차를 거쳐 이루어진 독립한 행정처분으로서 항고소송의 대상이 된다고 한 판결.

이상 생활대책대상자로 인정하여야 한다는 주장, 보상대상 물건 전부를 협의 양도할 것을 요구하는 기준이 부당하다는 주장 등이 있다. 그러나 일반적으로 생활대책이 특별한 법률적 근거 없이 사업시행자가 공익사업의 원활한 시행을 위해 내부규정을 마련하여 임의로 시행하는 제도로서, 이주대책과 마찬가지로 구체적인 생활대책의 기준, 절차, 내용 등을 결정할 재량이 사업시행자에게 있는 이상 생활대책대상자 선정기준이 객관적으로 합리적이 아니라거나 타당하지 않다고 볼 만한 특별한 사정이 없는 한 존중하여야 할 것이므로, 실무상 위와 같은 주장들은 거의 예외 없이 배척되고 있다.

「행정소송의 이론과 실무 II」 2022

난민 관련 소송

I 난민제도 개관

1. 서론

국가로부터 박해를 받아 인간으로서 타고난 생존의 권리를 침해당하거나 위협당한 사람을 돕는 제도적 장치가 난민보호제도이다. 역사적으로는 3,500년 전의 초기 문명에서도 난민보호제도의 사례를 발견할 수 있으나, 현대의 난민구호를 위한 제도적 장치는 20세기 초 서구에서 형태를 갖추기 시작하였고,[1] 이와 같은 제도화의 노력은 1951년 유엔난민기구(United Nations High Commissioner for Refugees)의 설립이라는 상설기구의 형태로 결실을 맺어 현재에 이르고 있다.

한편 1951년 1월 「난민의 지위에 관한 협약」(Convention Relating to the Status of Refugees, 이하 '난민협약'이라고 한다) 체결로써 난민의 개념, 난민의 권리와 의무 등을 규범화하였다. 그런데 난민협약은 난민을 정의하면서 '1951년 1월 1일 이전에 유럽에서 발생한 사건으로 인하여'라는 시간적 · 장소적 제한을 두고 있었으므로, 난민협약의 시간적 · 장소적 제한을 폐지하는 「난민의 지위에 관한 의정서」(Protocol Relating to the Status of Refugees, 이하 '난민의정서'라고 한다)를 1967년 채택하였다.

우리나라는 1992년 12월 3일 난민협약과 난민의정서에 대한 비준서를 기탁한 후 난민협약과 난민의정서가 발효하자 1993년 12월 10일 출입국관리법을 개정하여 난민인정제도를 도입하였다가 2012년 2월 10일 난민법을 제정하여 난민인정제도를 규율하고 있다. 난민법이 2013년 7월 1일부터 시행됨으로써 우리나라는 난민협약에 가입한 지 약 20년 만에 독립된 난민법을 가지게 되었다.

---

1) 최초의 제도적 장치는 제1차 세계대전 이후 1921년 설립된 러시아 난민을 위한 고등판무관사무소(Office of the High Commissioner for Russian Refugees)이고, 그 후 1933년 독일 난민을 위한 고등판무관(High Commissioner for Refugees coming from Germany), 1938년 난민고등판무관 및 정부간 난민위원회(High Commissioner for Refugees and Intergovernmental Committee on Refugees) 등이 설치되었다.

2. 난민보호에 관한 우리나라의 현행 법제

가. 난민협약, 난민의정서에 의한 보호

난민협약은 체약국의 일반적 의무로서 인종 · 종교 · 출신국에 따른 차별 없이 난민협약을 적용하도록 규정하고 있고(제3조), 나아가 난민에게 각종 인권을 보장하여야 할 체약국의 의무에 관하여도 구체적으로 정하고 있다.

난민협약에서 규정한 위와 같은 각종 권리와 의무 중 차별 없는 협약 적용 의무(제3조), 재판받을 권리(제16조 제1항), 추방 또는 송환 금지 의무(제33조)에 관하여는 체약국의 유보(reservation)가 불가능하나(제42조), 그 외 난민의 권리와 관련된 조항들에 관하여는 체약국의 유보가 가능하다. 그러나 우리나라는 현재 어떠한 유보도 없이 난민협약에 가입한 상태이다.[2] 따라서 위와 같은 난민협약상 난민의 권리에 관한 각종 규정은 헌법 제6조 제1항에 따라 국내법과 같은 효력을 가진다.

나. 난민법에 의한 보호

우리나라는 종래 출입국관리법 제8장의2에서 제76조의2 이하 9개 조문으로 난민인정의 절차나 난민의 처우 등을 규정하고 있었다. 그러던 중, 난민협약 가입 이후 다른 선진국에 비해 난민을 충분히 받아들이고 있지 아니하여 국제사회에서 책임을 다하지 못하고 있다는 비판에 직면하였고, 난민인정 절차의 신속성, 투명성, 공정성에 대하여 국내외적으로 지속적인 문제 제기가 있었다. 또한 난민신청자가 최소한의 생계를 유지할 수 있는 수단이 봉쇄되어 있는데다가, 난민인정을 받은 경우에도 난민협약이 보장하는 권리조차 제대로 누리지 못하는 등 난민 등의 처우에 있어서도 많은 문제점이 있다는 지적이 이어졌다. 우리나라는 이러한 비판을 수용하여 난민인정 절차 및 난민 등의 처우를 규율할 기본법으로 난민법을 제정하였다.[3] 난민법은 난민에 대하여 구 출입국관리법령보다

2) 당초 우리나라는 난민협약 제7조 소정의 상호주의 규정을 유보하였다가 2009년 9월 8일 유보를 철회하였다.
3) 이후 난민법은 두 차례 개정되었는데, 2014. 3. 18. 법률 제12421호 개정으로 '출입국관리사무소 · 출장소 · 외국인보호소' 등의 조직 명칭이 '지방출입국 · 외국인관서'로 변경되었고, 2016. 12. 20. 법률 제

훨씬 더 높은 수준의 절차적, 실체적 보호를 규정하고 있다.

3. 난민인정 절차

난민법(이하 개별 조문을 인용할 때는 '법'이라고 하고 그 시행령은 '시행령'이라고 한다)은 제5조 이하에서 난민인정 신청과 심사 등을 규정하고 있다. 이를 중심으로 우리나라의 난민인정 절차를 살펴본다.

가. 난민인정 신청

(1) 일반적인 난민인정 신청

대한민국 안에 있는 외국인으로서 난민인정을 받으려는 사람은 법무부장관에게 난민인정 신청을 할 수 있다. 이 경우 외국인은 난민인정신청서를 지방출입국 · 외국인관서의 장에게 제출하여야 한다.[4] 이때 외국인은 난민인정신청서에 여권 또는 외국인등록증(이를 제시할 수 없는 경우에는 그 사유서), 난민인정 심사에 참고할 문서 등 자료가 있는 경우 첨부하여 제출하여야 한다(법 제5조).

한편, 구 출입국관리법(2012. 2. 10. 법률 제11298호로 개정되기 전의 것) 제76조의2 제2항은 "난민인정의 신청은 외국인이 대한민국에 상륙하거나 입국한 날(대한민국에 있는 동안에 난민의 사유가 발생한 경우에는 그 사실을 안 날)부터 1년 이내에 하여야 한다. 다만 질병이나 그 밖의 부득이한 사유가 있는 경우에는 그러하지 아니하다."고 규정하여 신청기간을 1년으로 제한하였으나, 법 제정 당시 위 신청기간 제한 조항을 삭제하면서, 다만 난민신청의 남용을 방지하기 위하여 법 제8조 제5항 제3호에 '1년 이상 체류하다가 체류기간 만료일에 임박하여 난민인정 신청을 하거나 강제퇴거집행을 지연시킬 목적으로 이를 신청할 경우' 난민심사절차의 일부를 생략할 수 있도록 하였다.

14408호 개정으로 '난민위원회의 위원 중 공무원이 아닌 민간위원에 대하여 형법 제127조 및 132조까지의 규정 적용시 공무원으로 의제하는 규정'이 신설되었다.

4) 현재 난민인정신청서 접수는 모든 지방출입국 · 외국인관서(출입국 · 외국인청, 출입국 · 외국인사무소, 출장소, 외국인보호소 등)에서 가능하다.

(2) 출입국항에서의 난민인정 신청

외국인이 입국심사를 받는 때에 난민인정 신청을 하려면 출입국관리법에 따른 출입국항을 관할하는 지방출입국 · 외국인관서의 장에게 난민인정신청서를 제출하여야 한다(법 제6조 제1항).

서울고등법원은 외국인이 경유지인 인천국제공항에 도착한 후 환승하지 아니한 채 환승구역 출국장에서 지내다가 대한민국에 입국하기 위하여 난민신청을 하겠다는 의사를 표명하였으나, 인천공항출입국 · 외국인청장이 공항 환승객에 대하여는 입국심사를 진행한 사실이 없어 법 제6조에 따라 난민인정 신청을 할 자격이 없다는 이유로 아무런 절차를 개시하지 않은 사안에서, "공항 환승객에게도 법률상 또는 조리상 난민인정 신청권이 인정되고, 따라서 인천공항출입국 · 외국인청장이 난민인정 신청에 따라 난민인정 심사 회부 여부를 결정하는 등 난민법이 정한 절차를 개시할 의무가 있음에도 아무런 절차를 개시하지 아니한 부작위가 위법하다."고 판단하였다.[5)]

법무부장관은 위와 같이 출입국항에서 난민인정신청서를 제출한 외국인에 대하여 그 신청서가 제출된 날부터 7일 이내에 난민인정 심사에 회부할 것인지를 결정하여야 하며,[6)] 그 기간 안에 결정하지 못하면 그 신청자의 입국을 허가하여야 한다(법 제6조 제3항).

한편 법무부장관은 출입국항에서의 난민신청자가 대한민국의 안전 또는 사회질서를 해칠 우려가 있다고 인정할 만한 상당한 이유가 있는 경우, 인적사항 관

---

5) 서울고등법원 2021. 4. 21. 선고 2020누45348 판결(확정, 위 법원은 법 제5조 제1항 제1문은 대한민국 안에 있는 외국인에게 난민인정 신청권을 부여하고 있고 제2문은 그 신청절차를 규율하고 있는데, 대한민국의 주권은 대한민국 공항 및 그 환승구역에 있는 외국인에게도 미치므로 대한민국 환승구역에 진입한 외국인은 '대한민국 안에 있는 외국인'으로 봄이 타당한 점, '입국심사를 받는 때에' 난민인정 신청을 하는 경우에 관하여 규정한 법 제6조 제1항은 출입국항에서 보다 신속한 난민인정 신청절차를 이용할 수 있도록 하는 규정으로 보이고 출입국항에서의 외국인에게 별도의 난민인정 신청권을 부여하거나 입국심사를 받는 때에 한정하여 그 신청을 할 수 있다는 취지로 보이지는 아니하는 점, 난민법이 '난민의 지위에 관한 1951년 협약'의 이행법률로서의 성격이 있고 궁극적인 목적이 난민의 보호에 있음을 고려하면 공항 환승객의 난민인정 신청권을 부정하는 해석은 난민법의 목적에 반할 우려가 있는 점, 공항 환승객에게 난민인정 신청권이 없다고 보아 처분청이 아무런 조치를 하지 아니하는 것을 용인하게 되면, 공항 환승객에 대한 난민인정 심사 회부 여부 및 심사 등에 관한 법원의 사법심사를 원천적으로 봉쇄하는 결과로 이어지는 점 등을 근거로 하여 공항 환승객에게도 법률상 또는 조리상 난민인정 신청권이 인정된다고 판단하였다)

6) 지방출입국 · 외국인관서의 장은 출입국항에서 난민인정신청서를 제출한 사람에 대하여 난민인정 심사 회부 결정 기간 동안(7일의 범위 내에서) 일정한 장소에 머무르게 할 수 있고, 그 기간 동안 기본적인 의식주를 제공하여야 한다(법 제6조 제2항 및 제4항, 시행령 제4조).

련 질문 등에 응하지 아니하여 신원을 확인할 수 없는 경우, 거짓 서류를 제출하는 등 사실을 은폐하여 난민인정을 받으려는 경우(다만, 본인이 지체 없이 자진하여 그 사실을 신고한 경우는 제외), 박해의 가능성이 없는 안전한 국가 출신이거나 안전한 국가로부터 온 경우, 난민인정을 받지 못한 사람 또는 난민인정이 취소된 사람이 중대한 사정의 변경 없이 다시 난민인정을 받으려는 경우, 법 제19조 각 호[7]의 어느 하나에 해당된다고 인정할만한 상당한 이유가 있는 경우, 그 밖에 오로지 경제적인 이유로 난민인정을 받으려는 등 난민인정 신청이 명백히 이유 없는 경우에는 난민인정 심사에 회부하지 아니할 수 있다(시행령 제5조 제1항). 이때 위 각 호에서 정하고 있는 난민인정 심사 불회부결정 사유의 존재에 대한 증명책임은 원칙적으로 해당 처분청에게 있다.[8]

법무부장관은 난민인정 심사 회부 여부를 결정한 때에는 지체 없이 그 결과를 출입국항에서의 난민신청자에게 알려야 하는데(시행령 제5조 제2항), 난민인정 심사에 회부하기로 결정된 사람에게 그 결정일에 난민인정 신청을 한 것으로 보아 난민인정 신청 접수증을 교부하고 난민인정 심사 절차를 진행하며(시행령 제5조 제6항), 난민인정 심사에 회부하지 않기로 결정된 사람에게 난민인정 심사 불회부결정통지서를 발급하여야 한다(시행령 제5조 제7항).[9] 종래에는 난민인정 심사에 회부하지 않기로 결정된 사람에게 이를 알리는 '방법'에 관하여 별도의 규정이 존재하지 않아 지방출입국·외국인관서의 장은 난민인정 심사 불회부결정을 문서가 아닌 구두로 고지하여 왔고, 이와 관련하여 행정절차법상 절차 준수 여부, 즉 처분을 문서로써 하지 않고, 처분의 이유와 근거를 제시하지 아니하며, 처분에 대한 불복방법 등을 고지하지 아니한 위법이 있는지 여부(행정절차법 제23조, 제24조, 제26조)가 문제되어 이와 관련하여 하급심의 판단이 있어왔으나,[10] 위와 같이 난민인정 심사에 회부하지 않기로 결정된 사람에게 '난

---

7) 뒤에서 살펴보는 (3)의 (나)항 참조

8) 서울고등법원 2019. 9. 27. 선고 2019누47119 판결(심리불속행 상고기각으로 확정) 등

9) 구 시행령(2019. 12. 31. 대통령령 제30278호로 개정된 것) 제5조 제7항으로 신설되었다.

10) 서울고등법원 2016. 7. 7. 선고 2015누61698(심리불속행 상고기각으로 확정) 판결은 「난민인정 심사 불회부결정의 신속성 및 특성에 비추어 행정절차법을 적용하여야 한다고 단정할 수 없다」고 판시한 반면, 서울고등법원 2016. 10. 27. 선고 2015누48227 판결(심리불속행 상고기각으로 확정), 인천지방법원 2016. 6. 17. 선고 2016구합326 판결(서울고등법원에서 항소기각 되었으나, 대법원 계속 중에 행정청이 난민인정 심사 불회부결정을 직권으로 철회하고 난민인정 심사 회부결정을 함에 따라 대법원은 원심을

민인정 심사 불회부결정통지서'를 발급하도록 하는 규정이 신설됨에 따라 더 이상 행정절차법상의 절차 준수 여부가 문제되지는 않을 것으로 보인다.

(3) 난민신청자의 처우

이와 같이 대한민국에 난민인정을 신청한 외국인으로서 난민인정 신청에 대한 심사가 진행 중인 사람, 난민불인정결정이나 난민불인정결정에 대한 이의신청의 기각결정을 받고 이의신청의 제기기간이나 행정심판 또는 행정소송의 제기기간이 지나지 아니한 사람 또는 난민불인정결정에 대한 행정심판 또는 행정소송이 진행 중인 사람을 '난민인정을 신청한 사람'(이하 '난민신청자'라고 한다)이라고 한다(법 제2조 4호).

난민신청자는 난민인정신청서를 제출한 날로부터 6개월을 넘지 아니하는 범위에서 생계비 등을 지원받을 수 있고,[11][12] 난민인정 신청일부터 6개월이 지난

파기하고 각하판결을 하였다) 등 다수의 하급심 판결들은 「행정절차법 제3조 제2항 제9호, 행정절차법 시행령 제2조 제2호에서 행정절차법이 적용되지 아니하는 경우로 '외국인의 난민인정에 관한 사항'을 규정하고 있으나, 외국인의 난민인정에 관한 사항(출입국항에서의 난민인정 신청에 따른 난민인정 심사 회부 여부에 관한 결정의 경우도 포함)이라 하더라도 이는 행정절차법의 적용이 전적으로 배제되는 것이 아니라, 성질상 행정절차를 거치기 곤란하거나 불필요하다고 인정되거나 행정절차에 준하는 절차를 거치도록 하고 있는 경우에만 행정절차법의 적용이 배제되는 것으로 보아야 할 것인데, 출입국항에서의 난민인정 신청에 따른 난민인정 심사 불회부결정이 그 성질상 행정절차를 거치기 곤란하거나 불필요한 경우에 해당하지 않고, 난민법에서 달리 행정절차에 준하는 절차를 거치도록 하는 규정이 전혀 마련되어 있지 아니하므로, 행정절차법이 적용된다」고 판단하면서, 다만 구체적인 사안별로 처분 당시 당사자가 어떠한 근거와 이유로 처분이 이루어진 것인지 충분히 알 수 있어서 그에 불복하여 행정구제절차로 나아가는 데 지장이 없을 정도인지 여부에 따라 절차적 위법 여부를 판단하였다.

11) 서울고등법원 2016. 9. 27. 선고 2016누36934 판결(확정)은 법무부장관이 생계비를 지원해 준 난민인정 신청자 가 홍콩을 다녀오자 출국비용을 부담할 수 있을 정도의 경제적 능력이 되고, 완전히 출국하여 돌아오지 않을 경우 휴면예금 등이 발생할 우려가 있다는 등으로 생계비를 지급하지 아니하면서 문자로 생계비 지급이 종료되었다고 통지한 사안에서 「난민인정 신청자의 생계비 지원신청권은 법규상 또는 조리상 인정되는 권리로, 생계비 지원을 거부하는 결정은 항고소송으로 다툴 수 있는 처분에 해당하고, 난민생계비 지급신청에 대한 거부처분은 '난민인정' 그 자체에 관한 것이 아닐 뿐만 아니라, '난민인정에 관한 사항' 혹은 '그 밖의 처분'에 해당한다고 보더라도 '성질상 행정절차를 거치기 곤란하거나 불필요하다고 인정되는 처분이나 행정절차에 준하는 절차를 거치도록 하고 있는 처분'에 해당한다고 보기 어려우므로 행정절차법이 적용된다고 봄이 상당하다 할 것인데, 생계비를 지급하지 않기로 결정하면서 그 이유 및 근거를 제시하여 문서로써 통지하지 아니한 행위는 행정절차법상 문서주의 및 처분의 이유제시 의무를 준수하지 아니한 절차상 하자가 존재한다」고 판단하였다.

12) 서울행정법원 2016. 7. 7. 선고 2015구합79413 판결(확정)은 에티오피아 국적의 외국인이 대한민국에 입국하여 체류하다가 난민인정 신청을 한 후 난민신청자 생계비 지원 신청을 하였으나 법무부장관이 휴대전화로 "You are failed to receive the living expensives."라는 내용의 문자메시지를 전송한 사안에서 「'난민신청자의 생계비 지원 신청에 대한 결정'은 성질상 행정절차를 거치기 곤란하거나 거칠 필요가 없다고 인정되거나 행정절차에 준하는 절차를 거치도록 한 경우에 해당하지 않으므로 행정절차법이 적용되는데, 난민법 시행령 제17조 제2항이 '난민신청자의 국내 체류 기간, 취업활동 여부, 난민지원시설 이용 여부, 부양가족 유무, 생활 여건 등을 고려하여 생계비 지원 여부를 결정한다'고 규정하고 있음에도 위 통보

경우에는 출입국관리법 제20조에 따른 체류자격외 활동에 대한 허가의 방법으로 취업을 허가받을 수도 있다(법 제40조, 시행령 제17, 18조). 또한 난민신청자는 주거시설 및 의료지원을 받을 수 있으며(법 제41, 42조, 시행령 제19, 20조), 난민신청자 및 그 가족 중 미성년자 외국인은 국민과 같은 수준의 초등 및 중등교육을 받을 수도 있다(법 제43조).

다만 난민신청자 중 난민불인정결정에 대한 행정심판 또는 행정소송이 진행중인 사람, 난민인정을 받지 못한 사람 또는 법 제22조에 따라 난민인정이 취소된 사람이 중대한 사정의 변경 없이 다시 난민인정을 신청한 경우, 대한민국에서 1년 이상 체류하고 있는 외국인이 체류기간 만료일에 임박하여 난민인정 신청을 하거나 강제퇴거 대상 외국인이 그 집행을 지연시킬 목적으로 난민인정을 신청하는 경우에는 위와 같은 생계비 등, 주거시설, 의료지원의 처우를 일부 제한할 수 있다(법 제44조 및 시행령 제21조).

나. 난민인정 심사

난민인정신청서를 제출받은 지방출입국·외국인관서의 장은 지체 없이 난민신정자에 대하여 면접을 실시하고 사실조사를 한 다음 그 결과를 난민인정신청서에 첨부하여 법무부장관에게 보고하여야 한다(법 제8조 제1항). 난민인정 심사는 크게 면접 실시와 사실조사로 이루어지는데, 이를 전담하는 난민심사관[13]이 배치된 지방출입국·외국인관서에서 이루어진다(법 제8조 제4항).

다만 거짓 서류의 제출이나 거짓 진술을 하는 등 사실을 은폐하여 난민인정

만으로는 처분 상대방인 외국인이 어떠한 근거와 이유로 통보가 이루어진 것인지 전혀 알 수 없으므로 위 통보는 행정절차법 제23조 제1항을 위반하였고, 법무부장관이 휴대전화 문자메시지로 생계비 지원 신청을 거부할 수 있다는 규정이 없고 그에 관하여 상대방이 동의하였다는 자료도 없으며, 위 통보가 '신속히 처리할 필요가 있거나 사안이 경미한 경우에는 말 또는 그 밖의 경우로 할 수 있다'고 규정한 행정절차법 제24조 제1항 단서에 해당한다고 볼 수도 없으므로 위 통보는 행정절차법 제24조 제1항을 위반하여 위법하다」고 판단하였다.

13) 법무부장관은 지방출입국·외국인관서에 면접과 사실조사 등을 전담하는 난민심사관을 두어야 하는데, 난민심사관은 '출입국관리 업무에 종사하는 5급 이상의 공무원으로서, 난민 관련 업무에 2년 이상 종사하였거나 법무부장관이 정하는 난민심사관 교육과정을 마쳤을 것'을 자격요건으로 하고 있고, 난민신청자 및 그 밖에 관계인에 대한 출석요구서 발급 및 출석요구 대장 기록 업무, 난민신청자에 대한 면접 실시 및 난민면접조서 기록 업무, 난민면접조서의 확인절차 실시 및 추가·삭제 또는 변경 요청사항 기록 업무, 난민신청자와 통역 또는 번역인으로부터 난민면접조서에 서명 및 기명날인 받는 업무를 수행하고 있다(법 제8조 제4항 및 시행령 제6조 및 제7조).

신청을 한 경우, 난민인정을 받지 못한 사람 또는 법 제22조에 따라 난민인정이 취소된 사람이 중대한 사정의 변경 없이 다시 난민인정을 신청한 경우, 대한민국에서 1년 이상 체류하고 있는 외국인이 체류기간 만료일에 임박하여 난민인정 신청을 하거나 강제퇴거 대상 외국인이 그 집행을 지연시킬 목적으로 난민인정 신청을 한 경우 중 어느 하나에 해당하는 난민신청자에 대하여는 위와 같은 심사절차의 일부를 생략할 수 있다(법 제8조 제5항). 또한 난민신청자는 난민심사에 성실하게 응하여야 하며, 법무부장관은 난민신청자가 면접 등을 위한 출석요구에도 불구하고 3회 이상 연속하여 출석하지 아니하는 경우에는 난민인정 심사를 종료할 수 있다(법 제8조 제6항).

(1) 면접

난민신청자가 주장하는 박해는 난민신청자의 본국인 외국에서 일어난 일에 대한 것인데다가, 난민신청자가 자신의 주장사항에 대한 증거자료를 제대로 갖추기가 어렵고, 난민심사자 역시 그 증거자료, 참고자료를 입수하기가 쉽지 않은 특수성 등으로 인하여 법무부장관 및 그로부터 위임을 받은 지방출입국 · 외국인관서의 장은 대부분 난민면접 절차에서 작성된 난민면접조서를 기준으로 하여 난민신청자의 난민인정 여부를 결정하게 되므로, 난민면접은 난민인정 심사과정에서 가장 중요하고도 핵심적인 조사절차이다. 다수의 하급심 판결들은 난민면접이 제대로 이루어지지 않은 절차적 하자가 있다고 주장하는 사안에서, 위와 같이 난민면접의 중요성에 관하여 설시하면서 구체적인 사안별로 난민면접이 실질적으로 충실하게 이루어졌는지 여부에 따라 절차적 하자 존부를 판단하고 있다.[14] 앞서 본 바와 같이 법 제8조 제5항 각 호에 해당하는 경우 난민심사 절차의 일부를 생략할 수 있는 경우가 있기는 하나, 난민면접 절차는 위와 같은 중요성 등에 비추어 볼 때 특별한 사정이 없는 한 필수적으로 거쳐야 하는 심사 절차이다.[15]

14) 서울고등법원 2018. 6. 27. 선고 2017누47245 판결(확정), 서울행정법원 2017. 10. 12. 선고 2017구단4294 판결(확정) 등

15) 서울고등법원 2017. 12. 6. 선고 2017누55598 판결(심리불속행 상고기각으로 확정)은 부모와 함께 난민인정 신청을 한 미성년자 자녀에 대하여 난민면접 절차를 거치지 아니한 사안에서 「미성년자 자녀의 난

한편 난민신청자의 요청이 있는 경우 같은 성(性)의 공무원이 면접을 실시하여야 하고(법 제8조 제2항), 지방출입국 · 외국인관서의 장이 필요하다고 인정하는 경우 면접과정을 녹음 또는 녹화할 수 있으나, 난민신청자의 요청이 있는 경우에는 녹음 또는 녹화를 거부하여서는 아니 된다(법 제8조 제3항). 또한 난민신청자는 변호사의 조력을 받을 권리를 가지고(법 제12조), 난민심사관은 난민신청자의 신청이 있는 때에는 면접의 공정성에 지장을 초래하지 아니하는 범위에서 신뢰관계 있는 사람의 동석을 허용할 수도 있다(법 제13조).[16] 법무부장관은 난민신청자가 한국어로 충분한 의사표현을 할 수 없는 경우에는 면접 과정에서 대통령령으로 정하는 일정한 자격을 갖춘 통역인[17]으로 하여금 통역하게 하여야 하며(법 제14조), 난민심사관은 난민신청자가 난민면접조서에 기재된 내용을 이해하지 못하는 경우에는 난민면접을 종료한 후 난민신청자가 이해할 수 있는 언어로 통역 또는 번역을 하여 그 내용을 확인할 수 있도록 하여야 한다(법 제15조). 이때 난민심사관은 잘못 기록된 부분이 없는지 물은 후, 난민신청자가 난민면접조서의 기록 사항에 대하여 추가 · 삭제 또는 변경을 요청하면 그 요청한 내용을 난민면접조서에 추가로 기록하여야 한다(법 제8조 제4항, 시행령 제7조 제3항). 난민신청자는 본인이 제출한 자료와 난민면접조서의 열람이나 복사

민인정신청서에 신청사유가 전혀 기재되어 있지 않고, 부모들에 대한 면접절차에서도 자녀들의 난민신청사유에 대해서 전혀 확인을 한 바도 없는 점, 법에서 난민면접 절차는 필수적인 것으로 규정하고 있고, 난민신청자가 미성년자인 사유는 난민면접 절차를 생략할 수 있는 경우에 해당하지 아니하는 점, 대한민국이 비준한 UN 아동의 권리에 관한 협약 규정에 의하면 아동에게 영향을 미치는 사법적 · 행정적 절차에 있어 직접 또는 대표자에게 진술한 기회를 부여하여야 한다고 규정하고 있는 점, 난민 지위의 인정기준 및 절차편람 제213조가 규정하고 있는 '가족결합의 원칙'은 부모가 난민으로 인정될 경우 미성년 자녀에게 독자적인 난민인정사유가 없거나 별도의 난민면접 절차를 거치지 않았다고 하더라도 가족결합원칙에 따라 난민지위를 부여하라는 의미이지 동반자가 있는 미성년자에게 독자적인 면접절차를 거치지 않아도 된다는 의미로 볼 수 없는 점 등을 근거로 미성년자 자녀에 대하여 난민면접 절차를 실시하지 아니한 것은 법과 UN 아동의 권리에 관한 협약을 위반한 절차적 하자가 있다」고 판단하였다.

16) 광주지방법원 2020. 7. 8. 선고 2020구단94 판결(항소기각으로 확정)은 「법 제12조(난민신청자는 변호사의 조력을 받을 권리를 가진다) 및 법 제13조(난민심사관은 난민신청자의 신청이 있는 때에는 면접의 공정성에 지장을 초래하지 아니하는 범위에서 신뢰관계 있는 사람의 동석을 허용할 수 있다) 규정은 난민신청자가 원하는 경우 변호사의 조력을 받거나 신뢰관계 있는 사람과 동석할 수 있는 권리를 가진다는 선언적인 의미의 규정으로, 피고로서는 정당한 사유 없이 위와 같은 난민신청자의 권리를 침해하지 아니할 의무를 가질 뿐 위 각 규정으로 인하여 피고에게 위와 같은 권리를 난민신청자에게 고지하여야 할 의무가 당연히 발생하는 것은 아니며, 나아가 고지 의무가 있다고 하더라도 난민인정 신청 접수실에 게시된 안내문에 위와 같은 규정이 국문과 영문으로 표시되어 있고, 접수 담당 공무원이 난민인정 절차에 관하여 필요한 사항을 안내하는 방법 등을 통하여 위 규정상의 권리를 고지하였다고 봄이 상당하다」고 판단하였다.

17) 외국어에 능통하고 난민통역 업무 수행에 적합하다고 인정되는 사람으로서 법무부장관이 정하는 교육과정을 마친 사람이어야 한다(시행령 제8조 제1항).

를 요청할 수 있고(법 제16조), 본인의 동의가 있는 경우를 제외하고는 누구든지 난민신청자와 법 제13조에 따라 면접에 동석하는 사람의 주소 · 성명 · 연령 · 직업 · 용모, 그 밖에 난민신청자 등을 특정하여 파악할 수 있게 하는 인적사항과 사진 등을 공개하거나 타인에게 누설하여서는 아니 되고, 출판물에 게재하거나 방송매체 또는 정보통신망을 이용하여 공개하서는 아니 되며, 난민인정 신청에 대한 어떠한 정보도 출신국에 제공되어서는 아니 된다(법 제17조).

(2) 사실조사

법무부장관은 난민신청자에게 유리한 자료도 적극적으로 수집하여 심사자료로 활용하여야 하고(법 제9조), 난민의 인정 또는 법 제22조에 따른 난민인정의 취소 · 철회 여부를 결정하기 위하여 필요하면 법무부 내 난민전담공무원 또는 지방출입국 · 외국인관서의 난민심사관으로 하여금 그 사실을 조사하게 할 수 있으며, 그 조사를 위하여 필요한 경우 난민신청자, 그밖에 관계인을 출석하게 하여 질문을 하거나 문서 등 자료의 제출을 요구할 수 있다(법 제10조). 다만 위와 같은 사실조사를 난민심사 과정에서 필수적으로 실시해야 하는 것은 아니다.[18]

또한 법무부장관은 난민인정 심사에 필요한 경우 관계행정기관의 장이나 지방자치단체의 장(이하 '관계 기관의 장'이라 한다) 또는 관련 단체의 장에게 자료제출 또는 사실조사 등의 협조를 요청할 수 있고, 협조를 요청받은 관계 기관의 장이나 관련 단체의 장은 정당한 사유 없이 이를 거부하여서는 아니 된다(법 제11조).[19]

18) 인천지방법원 2017. 12. 15. 선고 2017구합51567 판결(확정)은 「난민신청자가 주장하는 난민인정의 사유가 중요 부분에 있어 일관성이 전혀 없거나 난민신청자 본인의 진술이나 출입국 · 국내체류 경위, 국적국의 객관적 상황 등에 비추어 주장 자체로 이유 없거나 이에 명백히 배치되는 경우나 난민신청자에게 유리한 자료가 존재한다거나 필요하다고 볼 만한 구체적 사정이 전혀 드러나지 않은 경우 등에 있어서까지도 무조건 추가적인 자료 수집 등의 조치를 하여야 한다고 볼 수는 없다」고 판단하였다.

19) 난민심사관은 이 규정을 근거로 난민신청자가 제출한 문서의 진위여부를 확인하기 위하여 난민인정 신청인 국적국 주재 대한민국 대사관 등을 통하여 사실조사 등을 하는 경우가 있는데, 뒤에서 보는 바와 같이 이 경우에도 법 제17조 규정을 주의할 필요가 있다.

다. 난민인정 등 결정

(1) 난민인정 여부의 결정

난민인정 여부의 결정은 법무부장관의 권한이지만(법 제18조 제1항, 제2항), 법무부장관은 법 제46조, 시행령 제24조 제1항 각 호에 따라 지방출입국 · 외국인관서의 장 즉, 출입국 · 외국인청장(이하 '청장'이라고 한다), 출입국 · 외국인사무소장(이하 '사무소장'이라고 한다), 출입국 · 외국인청 출장소장 또는 출입국 · 외국인사무소 출장소장(이하 '출장소장'이라고 한다), 외국인보호소장에게 난민인정 심사 및 난민인정결정에 관한 사항, 난민인정결정의 취소 및 철회에 관한 사항 등을 위임하고 있다.[20] 현재 서울 · 인천 · 부산 · 제주 · 인천공항출입국 · 외국인청, 대구 · 광주 · 여수출입국 · 외국인사무소, 화성 · 청주외국인보호소에서 난민인정 여부 심사 및 결정을 하고 있다.[21]

법무부장관 또는 그로부터 권한을 위임받은 지방출입국 · 외국인관서의 장은 난민인정 신청이 이유 있다고 인정할 때에는 난민임을 인정하는 결정을 하고 난민인정증명서를 난민신청자에게 교부하고, 난민에 해당하지 아니한다고 결정하는 경우에는 난민신청자에게 그 사유와 30일 이내에 이의신청을 제기할 수 있다는 뜻을 적은 난민불인정결정통지서를 교부한다(법 제18조 제1항, 제2항).

---

20) 제24조(권한의 위임)
① 법무부장관은 법 제46조에 따라 다음 각 호의 권한을 관할 청장, 사무소장, 출장소장 또는 외국인보호소장(외국인보호소장의 경우는 제3호 · 제8호 · 제9호 및 제11호는 제외한다)에게 위임한다.
1. 법 제2조제3호에 따른 인도적 체류허가
2. 법 제5조제5항 및 이 영 제5조제6항에 따른 접수증의 교부
3. 법 제6조제3항에 따른 난민인정 심사 회부 결정 및 입국허가
4. 법 제8조에 따른 난민인정 심사
5. 법 제11조제1항에 따른 협조 요청(법 제21조에 따른 이의신청과 관련한 협조 요청은 제외한다)
6. 법 제18조에 따른 난민 인정 결정에 관한 사항
7. 법 제22조에 따른 난민인정결정의 취소 및 철회에 관한 사항
8. 법 제37조에 따른 난민인정자의 배우자 등의 입국허가
9. 법 제39조에 따른 취업활동허가 및 제40조제2항에 따른 취업허가
10. 법 제42조에 따른 의료지원
11. 제5조제7항에 따른 난민인정 심사 불회부결정통지서의 발급

21) 하이코리아 홈페이지 참조(https://www.hikorea.go.kr/info/InfoDatail.pt?CAT_SEQ=5086&PARENT_ID=162)

(2) 난민인정의 제한사유

법무부장관 또는 지방출입국 · 외국인관서의 장은 난민신청자가 난민에 해당한다고 인정하는 경우에도 법 제19조에 따라 '유엔난민기구 외에 유엔의 다른 기구 또는 기관으로부터 보호 또는 원조를 현재 받고 있는 사람(제1호), 국제조약 또는 일반적으로 승인된 국제법규에서 정하는 세계평화에 반하는 범죄, 전쟁범죄 또는 인도주의에 반하는 범죄를 저지른 사람(제2호), 대한민국에 입국하기 전에 대한민국 밖에서 중대한 비정치적 범죄를 저지른 사람(제3호), 국제연합의 목적과 원칙에 반하는 행위를 한 사람(제4호)'에 해당한다고 인정할 만한 상당한 이유가 있는 경우에는 난민불인정결정을 할 수 있다. 이러한 난민인정의 제한사유는 난민협약 제1조 D, F항[22]에서 정한 난민협약의 적용배제사유와 유사한 규정이라고 평가할 수 있다.

(3) 난민인정자의 처우

대한민국에 체류하는 난민인정자는 다른 법률에도 불구하고 난민협약에 따른 처우를 받는바(법 제30조 제1항), 난민으로 인정되어 국내에 체류하는 외국인은 사회보장기본법 제8조[23] 등에도 불구하고 대한민국 국민과 같은 수준의 사회보장을 받으며(법 제31조),[24] 국민기초생활 보장법 제5조의2[25]에도 불구하고 본

22) 난민협약 제1조 D, E, F항은 다음과 같이 규정하고 있다.
D. 이 협약은 유엔난민기구 외에 국제연합의 다른 기구 또는 기관으로부터 보호 또는 원조를 현재 받고 있는 자에게는 적용되지 아니한다. 그러한 보호 또는 원조를 현재 받고 있는 자의 지위가 국제연합 총회에 의하여 채택된 관련 결의문에 따라 최종적으로 해결됨이 없이 그러한 보호 또는 원조의 부여가 어떠한 이유로 중지되는 경우, 그러한 자는 그 사실에 의하여 이 협약상의 이익을 부여받을 자격이 있다.
F. 이 협약의 규정은 다음 각 호에 해당된다고 인정된 상당한 이유가 있는 자에게는 적용하지 아니한다.
(a) 평화에 반하는 범죄, 전쟁범죄, 또는 인도에 반하는 범죄에 관하여 규정하고 있는 국제문서에서 정하여진 범죄를 저지른 자.
(b) 난민으로서 피난국에 입국하는 것이 허가되기 이전에 그 국가 밖에서 중대한 비정치적 범죄를 저지른 자.
(c) 국제연합의 목적과 원칙에 반하는 행위를 한 자.

23) ■ 사회보장기본법
제8조(외국인에 대한 적용)
국내에 거주하는 외국인에게 사회보장제도를 적용할 때에는 상호주의의 원칙에 따르되, 관계 법령에서 정하는 바에 따른다.

24) 서울행정법원 2021. 11. 23. 선고 2020구합78100 판결(확정)은 난민인정자인 원고가 한 기존주택전세임대 신청에 대하여 행정청이 대한민국 국적이 없는 외국인인 원고는 공공임대주택 신청을 할 수 없다는 이유로 그 신청서 접수를 반려한 사안에서 「위와 같은 행정청의 행위는 원고의 전세임대주택 입주자격에 대한 실체적인 판단에 기초한 것으로서 항고소송의 대상이 되는 거부처분에 해당하고, 난민법 제30조 및

인의 신청에 따라 같은 법 제7조부터 제15조까지에 따른 보호를 받는다(법 제32조). 또한 난민인정자나 그 자녀가 민법에 따라 미성년자인 경우에는 국민과 동일하게 초등교육과 중등교육을 받으며(법 제33조 제1항), 대통령령으로 정하는 바에 따라 난민인정자가 외국에서 이수한 학교교육의 정도에 상응하는 학력을 인정받을 수도 있다(법 제35조). 법무부장관은 난민인정자에 대하여 대통령령으로 정하는 바에 따라 한국어 교육 등 사회적응교육을 실시할 수 있고, 난민인정자가 원하는 경우 대통령령으로 정하는 바에 따라 직업훈련을 받을 수 있도록 지원할 수 있으며(법 제34조), 난민인정자의 배우자 또는 미성년자인 자녀가 입국을 신청하는 경우 출입국관리법 제11조에 해당하는 경우가 아니면 입국을 허가하여야 한다(법 제37조 제1항).

라. 법무부장관에 대한 이의신청

난민불인정결정을 받은 사람 또는 뒤에서 보는 바와 같이 법 제22조에 따라 난민인정이 취소 또는 철회된 사람은 그 통지를 받은 날로부터 30일 이내에 법무부장관에게 이의신청을 할 수 있다. 이 경우 이의신청서에 이의의 사유를 소명하는 자료를 첨부하여 지방출입국 · 외국인관서의 장에게 제출하여야 한다(법 제21조 제1항). 난민신청자는 이의신청을 한 경우에는 행정심판법에 따른 행정심판을 청구할 수 없다(같은 조 제2항). 한편 이의신청을 접수한 법무부장관은 이를 지체 없이 난민위원회에 회부하여야 하고(같은 조 제3항), 난민위원회[26]의 심의를 거

난민협약 제24조 제1항에서 우리나라에 체류하는 난민인정자에 대한 사회보장에 관하여 자국민에게 부여하는 대우와 동일한 대우를 부여하여야 한다고 규정하고 있는 점, 난민법 제31조는 사회보장 관계 법령에서 외국인에 대한 사회보장 제한 또는 사회보장 특례를 규정하고 있다고 하더라도 난민의 경우에는 대한민국 국민과 같은 수준의 사회보장을 받는다는 의미로 보이는 점, 공공주택특별법령에서 명시적으로 난민법 제31조에 따른 난민에 대한 사회보장을 제한하거나 배제하고 있다고 볼 수 없는 점 등을 근거로 하여, 난민인정자인 원고에게도 일반 국민과 동일하게 전세임대주택 입주자로 선정될 수 있는 권리가 있다」고 판단하였다.

25) ■ 국민기초생활 보장법
제5조의2(외국인에 대한 특례)
국내에 체류하고 있는 외국인 중 대한민국 국민과 혼인하여 본인 또는 배우자가 임신 중이거나 대한민국 국적의 미성년 자녀를 양육하고 있거나 배우자의 대한민국 국적인 직계존속과 생계나 주거를 같이하고 있는 사람으로서 대통령령으로 정하는 사람이 이 법에 따른 급여를 받을 수 있는 자격을 가진 경우에는 수급권자가 된다.

26) 난민위원회는 법 제25조에 의하여 법무부에 설치된 기구로서, 위원장 1인을 포함한 15명 이하의 위원으로 구성하되, 위원은 변호사의 자격이 있는 사람, 고등교육법 제2조 제1호 또는 제3호에 따른 학교에서 법

쳐 제18조에 따라 난민인정 여부를 결정한다(같은 조 제6항). 법무부장관은 국가안전보장, 질서유지 또는 공공복리를 해칠 우려가 없다고 인정되는 범위에서 난민위원회의 심의결과를 존중하여야 하며, 이의신청이 이유 있다고 인정하는 경우에는 난민인정결정을, 이의신청이 이유 없다고 인정하는 경우에는 기각결정을, 이의신청이 적법하지 않은 경우에는 각하결정을 하고, 그에 따라 난민인정증명서 또는 이의신청 기각 · 각하결정통지서를 청장, 사무소장, 출장소장 또는 외국인보호소장을 거쳐 이의신청인 또는 그 대리인에게 교부하거나 송달한다(시행령 제11조).

난민신청자는 이의신청을 거치지 않고 곧바로 행정법원에 난민불인정결정의 취소소송이나 무효 등 확인소송을 제기할 수도 있다.

마. 인도적 체류 허가

법무부장관은 난민신청자가 법 제18조 제2항에 따라 난민에 해당하지 않는다고 결정하는 경우 또는 법 제21조 제1항에 따른 이의신청에 대하여 시행령 제11조 제1항에 따라 기각결정을 하는 경우에 법 제2조 제3호[27]에 따라 인도적 체류 허가를 할 수 있다(시행령 제2조).

그러나 외국인에게 인도적 체류 허가 신청권이 존재하는지 여부와 관련하여 다수의 하급심 판결들은 "인도적 체류 허가는 난민인정요건을 충족하지는 못하였으나 본국 송환시 생명 등이 위험해질 가능성이 있는 자에 대하여 인도적 고려 차원에서 체류를 허가해 주는 것으로, 법무부장관에게 인도적 체류 허가를 할 수 있는 권한이 부여되어 있다는 이유만으로 그 상대방에게 행정청에 대하여 해당 행정작용을 하여 줄 것을 구할 신청권이 당연히 인정된다고 볼 수 없는 등 외국인에게 법규상 · 조리상 인도적 체류 허가를 신청할 권리가 인정되지는 않

률학 등을 가르치는 부교수 이상의 직에 있거나 있었던 사람, 난민 관련 업무를 담당하는 4급 이상 공무원이거나 이었던 사람, 그 밖에 난민에 관하여 전문적인 지식과 경험이 있는 사람 중에서 법무부장관이 임명 또는 위촉하게 되어 있다(법 제25, 26조).

27) 법 제2조(정의)
이 법에서 사용하는 용어의 뜻은 다음과 같다.
3. 인도적 체류 허가를 받은 사람(이하 "인도적체류자"라 한다)이란 난민에는 해당하지 아니하지만 고문 등의 비인도적인 처우나 처벌 또는 그 밖의 상황으로 인하여 생명이나 신체의 자유 등을 현저히 침해당할 수 있다고 인정할 만한 합리적인 근거가 있는 사람으로서 대통령령으로 정하는 바에 따라 법무부장관으로부터 체류허가를 받은 외국인을 말한다.

는다."라고 판단하고 있으며,[28] 또한 "외국인이 난민인정신청을 한 것만으로 인도적 체류 허가 신청을 하였다고 보기 어렵고, 난민인정신청에 따른 난민불인정 결정에 인도적 체류를 불허한다는 결정도 함께 하였다고 보기 어렵다."라고 판단하고 있다.[29]

법무부장관은 인도적체류자에 대하여 취업활동 허가를 할 수 있다(법 제39조).

바. 난민인정의 취소 또는 철회

법무부장관은 난민인정결정이 거짓 서류의 제출이나 거짓 진술 또는 사실의 은폐에 따른 것으로 밝혀진 경우에는 난민인정을 취소할 수 있다(법 제22조 제1항).[30] 이와 관련하여 대법원은 "난민으로 인정받은 사람이 난민인정 당시 난민의 요건을 갖추지 못하였는데도, 난민인정의 기초가 된 중요 요소에 관하여 적극적으로 거짓 진술을 하거나 소극적으로 사실을 은폐하는 등의 행위를 하여, 그에 따라 난민인정을 받게 된 경우를 의미하고, 여기서 난민의 인정을 하게 된 중요한 요소에는 난민 신청인의 거짓 진술 등의 내용이 그 주장의 박해 사실과 직접 관련되지 않더라도 전체적인 진술의 신빙성을 평가하는 데 중요한 요소와 관련된 경우도 포함된다."라고 판시하고 있다.[31]

또한 난민인정자가 자발적으로 국적국의 보호를 받고 있는 경우(제1호), 국적을 상실한 후 자발적으로 국적을 회복한 경우(제2호), 새로운 국적을 취득하여 그 국적국의 보호를 받고 있는 경우(제3호), 박해를 받을 것이라는 우려 때문에

---

28) 수원고등법원 2020. 7. 1. 선고 2019누13561판결(심리불속행 상고기각으로 확정), 서울고등법원 2021. 3. 11. 선고 2020누66949판결(심리불속행 상고기각으로 확정), 서울행정법원 2019. 10. 16. 선고 2019구단52440 판결(항소기각 및 심리불속행 상고기각으로 확정) 등

29) 서울고등법원 2021. 1. 20. 선고 2019누31350판결(심리불속행 상고기각으로 확정)

30) 서울행정법원 2018. 1. 11. 선고 2017구단72396 판결(항소 및 상고기각으로 확정, 동성애자임을 이유로 난민인정을 받은 이집트 국적의 남성 외국인이 이집트 여성과 사이에 낳은 아들의 가족결합원칙에 따른 난민인정 신청을 하였다가 이성과 혼인 및 자녀출생 사실이 드러나 난민인정이 취소된 사안)

31) 대법원 2017. 3. 15. 선고 2013두16333 판결[이는 구 출입국관리법(2012. 2. 10. 법률 제11298호로 개정되기 전의 것) 제76조의3 제1항 제3호에 관한 것이나, '난민의 인정을 하게 된 중요한 요소가 거짓된 서류 제출 및 진술, 사실의 은폐 등에 의한 것으로 밝혀진 경우 난민의 인정을 취소할 수 있다'고 규정하고 있어 난민법 제22조 제1항과 유사하다]은 「난민신청인이 난민 신청과 심사 과정에서 성명, 생년월일 등 인적사항에 관하여 거짓 진술을 하였고, 그와 같이 거짓 진술을 하게 된 경위에 관하여 합리적인 이유를 제시하지 못한다면, 이는 단순히 진술의 세부내용에 관한 불일치나 과장이 있는 것에 지나지 않는다고 보기 어렵고, 난민신청인의 전체적인 진술의 신빙성을 평가하는 데 중대한 영향을 미칠 수 있는 사정에 해당할 수 있다」고 판시하였다.

거주하고 있는 국가를 떠나거나 또는 그 국가 밖에서 체류하고 있다가 자유로운 의사로 그 국가에 재정착한 경우(제4호), 난민인정결정의 주된 근거가 된 사유가 소멸하여 더 이상 국적국의 보호를 받는 것을 거부할 수 없게 된 경우(제5호), 무국적자로서 난민으로 인정된 사유가 소멸되어 종전의 상주국으로 돌아갈 수 있는 경우(제6호) 중 어느 하나에 해당하는 경우에는 난민인정결정을 철회할 수 있다(법 제22조 제2항).

사. 행정소송

(1) 소송의 형식, 제소기간 및 대상

난민신청자[32]는 난민불인정결정에 대하여 이의신청을 거친 경우에는 이의신청 기각결정통지서를 받은 날로부터, 이의신청을 거치지 않은 경우에는 난민불인정결정통지서를 받은 날로부터 각 90일 이내에 취소소송을 제기할 수 있다. 90일의 제소기간이 지나면 취소소송은 제기할 수 없고, 무효 등 확인소송을 제기할 수 있을 뿐이다(이하 편의상 취소소송을 중심으로 기술한다).

난민불인정결정에 대하여 이의신청을 거친 경우, 난민불인정결정 통지를 받고 30일을 넘겨서 한 부적법한 이의신청에 대한 결정이 있은 후 그 결정서를 송달받은 날부터 90일 이내에 원래의 난민불인정결정에 대하여 취소소송을 제기하였다고 하여 취소소송이 제소기간을 준수한 것으로 되는 것은 아니다.[33] 다만 구 시행령(2021. 7. 27. 대통령령 제31907호로 일부개정되기 전의 것)이 제11조 제1항에서 "법무부장관은 이의신청이 이유 있다고 인정되면 난민인정결정을 하고 난민인정증명서를 이의신청인에게 교부하며, 이의신청이 이유 없다고 인정되면 이의신청에 대한 기각결정을 하고 이의신청 기각결정통지서를 이의신청인에게 교부한다."고 규정하고 있는 관계로 법무부장관은 이의신청이 그 기간을 준수하지 아니한 경우에도 '각하' 결정이 아닌 '기각'결정을 해 와 주의를 요

32) 대법원 2017. 3. 9. 선고 2013두16852 판결은 미얀마 국적의 갑이 위명(僞名)인 '을' 명의의 여권으로 대한민국에 입국한 뒤 을 명의로 난민인정 신청을 하였으나 법무부장관이 을 명의를 사용한 갑을 직접 면담하여 조사한 후 갑에 대하여 난민불인정 처분을 한 사안에서 「처분의 상대방은 허무인이 아니라 '을'이라는 위명을 사용한 갑이라는 이유로 갑이 처분의 취소를 구할 법률상 이익이 있다」고 판시하였다.

33) 서울고등법원 2016. 12. 21. 선고 2016누72268 판결(심리불속행 상고기각으로 확정)

하였는데, 위 시행령 조항이 2021. 7. 27.자로 개정[34]됨에 따라 난민불인정결정에 대한 이의신청이 신청요건을 갖추지 못하여 부적법한 경우에는 각하결정을 할 수 있도록 명문화하였다.

한편, 난민불인정결정에 대한 통지를 받고 30일을 넘겨서 부적법한 이의신청을 한 경우라 하더라도, 난민불인정결정을 통지받은 때로부터 90일 이내에 취소소송을 제기한 경우에는 제소기간을 준수하였다고 할 것이다.

또한 행정소송법 제8조 제2항에 의하여 행정소송에 준용되는 민사소송법 제173조 제1항 본문은 "당사자가 책임질 수 없는 사유로 말미암아 불변기간을 지킬 수 없었던 경우에는 그 사유가 없어진 날부터 2주 이내에 게을리한 소송행위를 보완할 수 있다."라고 규정하고 있으나, 여기서 말하는 '당사자가 책임질 수 없는 사유'는 당사자가 그 소송행위를 하기 위하여 일반적으로 하여야 할 주의를 다하였는데도 그 기간을 준수할 수 없었던 경우를 가리키고, 소를 제기한 당사자는 당연히 소송 절차의 진행상황과 그 결과를 확인하여 단계에 맞는 소송행위를 할 의무가 있고, 외국인이라는 사정만으로 소송행위에 관한 주의의무의 정도를 달리 볼 수 없다.[35] 따라서 다수의 하급심 판결들은 외국인으로서 한국어를 모른다는 사유만으로는 당사자가 책임질 수 없는 사유로 제소기간을 준수할 수 없는 경우에 해당하지 않는다고 보고 있다.[36]

이의신청을 거친 경우에도 취소소송의 대상은 최초의 난민불인정결정이고(행정소송법 제19조), 이의신청 기각결정이 그 대상이 되는 것은 아니다.

(2) 피고적격 및 관할법원

행정소송법 제13조, 제38조에 따라 법무부장관 또는 법무부장관으로부터 난민인정권한을 위임받아 당해 난민불인정결정을 한 지방출입국 · 외국인관서의

34) 제11조(이의신청에 대한 결정 등)
① 법무부장관은 이의신청에 대하여 다음 각 호의 구분에 따라 결정한다.
1. 이의신청이 이유 있다고 인정하는 경우: 난민인정결정
2. 이의신청이 이유 없다고 인정하는 경우: 기각결정
3. 이의신청이 적법하지 않은 경우: 각하결정

35) 대법원 2017. 4. 11.자 2016무876 결정

36) 서울고등법원 2021. 4. 28. 선고 2020누65007 판결(심리불속행 상고기각으로 확정) 등

장(법 제46조, 시행령 제24조 제1항 제6호)이 피고가 된다. 실무상으로는 위와 같은 위임에 따라 지방출입국·외국인관서의 장이 난민인정 여부를 결정하고 있으므로, 지방출입국·외국인관서의 장이 피고가 되고, 법무부장관을 피고로 하여 난민불인정결정취소 소송을 제기하는 경우에는 피고경정신청(민사소송법 제260조)을 하도록 보정을 권고하고 있다.

법무부장관은 중앙행정기관의 장이므로 법무부장관이 난민불인정결정을 한 경우 난민불인정결정 취소소송의 관할은 서울행정법원이다(행정소송법 제9조 제1항, 정부조직법 제2조 제2항). 그러나 지방출입국·외국인관서의 장은 행정소송법 제9조 제2항에서 대법원 소재지를 관할하는 행정법원에 취소소송을 제기할 수 있는 경우로 규정하고 있는 '중앙행정기관, 중앙행정기관의 부속기관과 합의제 행정기관 또는 그 장'이나 '국가의 사무를 위임 또는 위탁받은 공공단체 또는 그 장'에 해당하지 않으므로 지방출입국·외국인관서의 장이 난민불인정결정을 한 경우 난민불인정결정 취소소송의 관할은 당해 난민불인정결정을 한 지방출입국·외국인관서의 장의 소재지를 관할하는 행정법원이 된다.

(3) 사법심사의 내용

취소소송의 대상이 난민불인정결정이므로, 행정청이 주장하는 난민불인정결정에 관한 실체적 적법사유와 절차적 적법사유는 모두 사법심사의 내용이 된다.

행정청이 원고가 난민인정 요건에 해당하지 않는다는 것을 난민불인정결정의 실체적 적법사유로서 주장할 수 있다는 점에는 이론이 없다. 그러나 원고가 난민인정 요건을 충족하였음에도 행정청에 난민인정을 거부할 수 있는 재량이 인정되어 이를 난민불인정결정의 실체적 적법사유로 주장할 수 있는지는 의문이다.

현재 실무상으로는 행정청의 난민불인정사유는 예외 없이 난민인정 요건의 불충족, 즉 '박해를 받을 우려가 있다는 충분한 근거가 있는 공포의 부존재'이기 때문에, 난민인정 요건을 갖춘 난민신청자에 대한 난민불인정결정에 관한 재량권 행사의 적법성이 사법심사의 내용이 되는 경우는 찾기 어렵다. 즉, 현재의 실무상 난민불인정결정 취소소송에서 사법심사의 초점은 난민인정 요건의 충족 여부에 맞추어져 있다.[37]

(4) 확정판결의 효력

1) 난민불인정결정에 대한 취소판결이 확정되면, 일반적인 취소소송의 확정판결과 마찬가지로 소급효 및 대세효가 생긴다. 따라서 난민불인정결정통지는 그 취소 판결의 확정에 의하여 처음부터 무효인 것이 되고, 이를 누구에게나 주장할 수 있다. 결국 난민불인정결정에 대한 취소판결이 확정되면, 원고의 난민인정 신청에 대하여 행정청이 아직 결정을 내리지 않은 상태로 돌아간다.

또한 거부처분취소 판결의 기속력에 의하여 행정청은 판결의 취지에 따라 다시 난민인정 신청에 대하여 처분을 해야 할 의무가 있다(행정소송법 제30조 제2항). 따라서 행정청으로서는 취소된 처분과 같은 사유를 들어서 다시 난민불인정결정을 할 수 없다. 물론 다른 사유를 이유로는 다시 난민불인정결정을 할 수 있다.

2) 한편, 동일한 원고가 기존에 난민불인정결정에 대한 취소소송에서 패소판결이 확정된 후 다시 난민인정 신청을 하여 난민불인정결정을 받은 후 그 취소를 구하는 소를 제기하는 경우가 다수 있다.

거부처분은 관할 행정청이 처분신청에 대하여 거절의 의사표시를 함으로써 성립되고, 그 이후 동일한 내용의 새로운 신청에 대하여 다시 거절의 의사표시를 한 경우에는 새로운 거부처분이 있는 것으로 보아야 한다(대법원 1991. 6. 11. 선고 90누10292 판결, 대법원 1998. 3. 13. 선고 96누15251 판결 등 참조).

따라서 난민불인정결정에 대한 취소소송에서 패소판결이 확정된 후 새로운 난민인정 신청을 하여 난민불인정결정을 받은 후 위 처분의 취소를 구하는 취소소송을 제기하는 경우, 각 소송의 소송물이 다르므로 후행 난민인정 신청사유가 선행 난민인정 신청사유와 동일하다는 이유만으로는 기존에 확정된 취소판결의 기판력이 후행 난민불인정결정의 취소소송에 미친다고 할 수 없다.

그러나 행정소송의 수소법원이 다른 행정재판의 사실인정에 구속되는 것은 아니지만, 이미 확정된 관련 행정재판에서 인정한 사실은 당해 행정소송에서도 유

---

37) 다만, 난민인정 심사 회부 여부 결정에 관한 행정청의 재량권에 관하여 서울고등법원 2015. 1. 28. 선고 2014누52093 판결(확정)은 「난민인정 심사 회부 여부 결정이 입국심사의 일부로 흡수된다거나 난민인정 심사 불회부결정에 있어 행정청의 재량의 폭이 외국인 입국에 관한 재량의 경우와 같다거나 반드시 연계 해석되어야 한다고 할 수 없다」고 판단한 바 있다.

력한 증거자료가 되므로, 당해 행정소송에서 제출된 다른 증거들에 비추어 관련 행정재판의 사실 판단을 채용하기 어렵다고 인정되는 특별한 사정이 없는 한, 이와 반대되는 사실은 인정할 수 없으며, 특히 전후 두 개의 행정소송이 분쟁의 기초가 된 사실이 같으나 다만 소송물이 달라 기판력에 저촉되지 아니한 결과 새로운 청구를 할 수 있는 경우에 있어서는 더욱 그러하다(대법원 2002. 1. 25. 선고 2001두1635 판결, 대법원 2009. 9. 24. 선고 2008다92312, 92329 판결, 대법원 2016. 6. 23. 선고 2016두292 판결 등 참조).

위와 같은 법리에 따라 결국 후행 취소소송에서는 선행 취소판결의 사실심 변론종결 이후의 새로운 사정이나 새로 제출된 증거들의 존부가 중요한 판단요소가 된다.[38]

3) 동일한 원고가 난민불인정결정에 대한 취소소송에서 패소판결이 확정된 후 동일한 난민불인정결정에 대하여 재차 취소소송을 제기하는 경우도 종종 보이고 있다.

행정처분 취소청구를 기각하는 판결이 확정되면 그 처분이 적법하다는 점에 관하여 기판력이 생긴다(대법원 1996. 6. 25. 선고 95누1880 판결, 대법원 2003. 5. 16. 선고 2002두3669 판결 등 참조). 동일한 당사자 사이에서 전소의 소송물과 동일한 소송물에 대한 후소를 제기하면서 전소 확정판결과 다른 내용의 판단을 구하는 것은 전소 확정판결의 기판력에 저촉되어 허용되지 않고(대법원 2014. 3. 27. 선고 2011다49981 판결 참조), 동일한 소송물에 대한 전소에서 패소판결이 확정되었다면 후소에서도 역시 청구를 기각하여야 한다[대법원 1991. 3. 27. 선고 91다650(본소), 667(반소) 판결 참조]. 다만, 이러한 경우 동일한 난민불인정결정에 대한 후행 취소소송은 대부분 그 제소기간을 도과한 경우가 많은데, 이때 하급심은 소송요건인 제소기간 준수 여부에 관한 판단을 선행하여 각하한다고 판단한 경우[39]도 있고, 앞서 본 기판력 법리에 따라 기각한다고 판단한 경우[40]도 있는 등 견해가 나뉘고 있다.

---

38) 서울행정법원 2021. 5. 27. 선고 2020구단19418 판결(확정), 서울행정법원 2021. 10. 20. 선고 2020구단52330 판결(확정)은 동일한 원고에 대하여 1차 난민불인정처분에 대한 취소를 구하는 소송에서 기각판결이 확정된 후 2차 난민불인정처분의 취소를 구하는 소에서 원고 승소판결을 선고하였다.

39) 서울행정법원 2021. 11. 29. 선고 2021구단23780 판결(미확정)

Ⅱ 소송절차의 진행

이하에서는 난민신청자가 법원에 난민불인정결정 취소소송을 제기한 경우의 소송절차 진행 및 본안 심리와 판단에 관하여 소송구조, 통역 등 난민소송에서 특별히 문제되는 사항들을 중심으로 살펴본다.

1. 소송구조

소송구조제도는 소송비용을 지출할 자금능력이 부족한 사람을 위하여 국가가 비용납입 등을 유예하거나 면제함으로써 이들의 재판받을 권리를 실질적으로 보장하기 위해 마련한 소송법상 제도이다. 민사소송법 제128조부터 제133조 및 민사소송규칙 제24조부터 제27조는 소송구조에 관하여 규정하고 있는데, 행정사건도 민사소송법이 준용되어 행정소송도 소송구조의 대상이 되며(행정소송법 제8조 제2항), 외국인에게도 소송구조를 받을 권리가 인정된다[소송구조제도의 운영에 관한 예규(재일 2002-2) 제3조 제3항].

소송구조에 관한 법원 내부 규정으로는 소송구조사건 처리의 일반적인 기준과 절차를 규정한「소송구조제도의 운영에 관한 예규」(재일 2002-2, 이하 '소송구조예규'라고 한다)와 외국인에 대한 소송구조절차를 다룬「외국인에 관한 소송구조 지정변호사 제도 운영에 관한 내규」(2010. 8. 26. 서울행정법원 내규 제119호, 이하 '서울행정법원 내규'라고 한다)가 있다.

가. 소송구조의 요건

소송구조는 소송비용을 지출할 자금능력이 부족한 사람일 것, 패소할 것이 분

40) 서울행정법원 2019. 11. 28. 선고 2019구단15038 판결(확정), 서울행정법원 2021. 1. 13. 선고 2020구단65381 판결(항소 기각, 미확정)

명한 경우가 아닐 것을 요건으로 한다(민사소송법 제128조 제1항).

무자력 요건 해당 여부의 판단에 관하여는 일반적인 기준과 함께 난민사건의 특수성을 고려하여야 하는데, 대한민국 입국 직후에 난민신청을 한 경우에는 통상 신청인이 국내에 경제적 기반은 물론이고 사회적 기반조차 제대로 갖추지 못한 경우가 대부분이므로 무자력 요건을 쉽게 인정할 수 있으나, 상당기간 국내에 체류하다 난민신청을 한 경우에는 입국 후 경력, 체류기간, 현재 직업 등을 고려하여 무자력 요건 충족 여부를 판단하여야 한다. 민사소송규칙 제24조 제2항은 무자력 요건의 소명방법으로 신청인 및 그와 같이 사는 가족의 자금 능력을 적은 서면을 제출할 것을 요구하고 있는데, 서울행정법원의 경우 난민사건과 관련하여 소송구조예규 제2조 제1항에 따라 영문이 병기(倂記)된 소송구조신청서와 재산관계진술서를 비치하고 있고, 자금능력을 적은 서면으로 재산관계진술서가 일반적으로 활용되고 있다.

패소할 것이 분명한 경우가 아닐 것이란 요건은 구조제도를 이용하여 남소가 이루어지는 것을 방지하기 위한 것으로, '패소할 것이 명백하지 않다'는 것은 소송상 구조신청의 소극적 요건이므로 신청인이 승소의 가능성을 적극적으로 진술하고 소명하여야 하는 것은 아니고, 법원이 당시까지의 재판절차에서 나온 자료를 기초로 패소할 것이 명백하다고 판단할 수 있는 경우가 아니라면 그 요건은 구비되었다고 보아야 한다.[41] 그러나 제소기간을 넘긴 것이 명백한 경우, 신청인의 주장 자체에서 난민에 해당하지 않는 것이 명확하다거나 주장사실이 분명히 허위라고 인정되는 경우, 남소임이 분명한 경우 등에는 이 요건을 갖추지 못한 것으로 해석할 수 있다. 난민소송의 경우 처분서 및 그 일부를 이루는 별지(난민불인정사유서)의 내용을 확인해 보아야 승소 가능성에 대한 최소한의 판단이 가능하므로, 소송구조 신청이 들어오면 소장에 첨부서류가 제대로 제출되었는지를 살펴볼 필요가 있다. 실무상 난민신청자가 난민불인정결정의 취소를 구하는 소를 제기하면서 소송구조를 함께 신청하는 경우가 대부분인데, 이때 처분서 등을 전혀 제출하지 아니한 채 신청하거나 또는 처분서에 해당하는 난민불인정결정통지서를 제출하면서 구체적인 처분사유가 기재된 별지를 빠뜨리는 경우

41) 대법원 2001. 6. 9.자 2001마1044 결정 등

가 종종 있는데, 이러한 경우에는 소송구조 신청에 대해 판단을 하기에 앞서 보완을 명하는 것을 검토할 필요가 있다.

한편, 항소심은 원칙적으로 속심으로서 제1심에서 제출하지 않았던 새로운 주장과 증거를 제출할 수 있으므로 제1심에서 패소하였다는 사실만으로 항소심에서도 패소할 것이 명백하다고 추정되는 것은 아니다.[42)]

나. 소송구조 신청과 재판

소송을 제기하려는 사람과 소송 계속 중인 당사자는 소송구조를 신청할 수 있는데, 구조신청은 서면으로 하여야 한다(민사소송법 제128조 제4항, 민사소송규칙 제24조). 소송구조신청서에는 구조를 신청하는 범위를 명확하게 기재해야 한다. 현재 서울행정법원에 비치된 난민사건용 소송구조신청서 양식에는 '구조를 신청하는 범위'를 "□ 인지대(□ 소장, □ 상소장, □ 기타), □ 송달료, □ 변호사비용, □ 재판기일의 통역료,[43)] □ 기타, □ 위 각 사항 등을 포함한 소송비용 전부"의 6가지로 크게 구분하여 당사자로 하여금 그 중 해당란에 표시하도록 하고 있다.

소송구조결정은 당사자의 신청에 따라 또는 직권으로 할 수 있다(민사소송법 제128조 제1항). 소송구조 신청이 적법하고 이유 있으면 소송구조결정을 한다. 소송비용 중 일부에 대해서만 구조결정을 하려면 구조의 범위를 명확히 기재하여야 하고, 신청 범위보다 적게 인용하는 경우에는 나머지 신청을 기각하는 주문을 누락하지 않도록 유의하여야 한다.

구조신청이 이유 없는 때에는 기각결정을 하며 이에 대하여 신청인은 즉시항고를 할 수 있다(민사소송법 제133조 본문).

---

42) 대법원 2001. 6. 9.자 2001마1044 결정 등

43) 재판기일 외의 통역료(변호사 상담 시 통역인 사용 등)의 경우 신청인이 직접 지급하게 되면 '재판비용'이 아닌 '당사자비용'에 해당하여 소송구조의 대상이 되지 않고, 변호사가 대신 지급하게 되면 이는 체당금으로서 소송구조의 대상이 되는데, 이러한 비용은 신청서식상의 '재판기일의 통역료'가 아닌 '변호사비용'에 포함되는 것으로 보아야 할 것이다. 한편 서울행정법원 내규 제9조 제2항 및 제3항은 소송구조지정 변호사가 통역 · 번역료를 별도로 지급하였다는 사실을 소명한 경우 '변호사 보수'를 정할 때 이를 반영하여 보수를 증액하도록 규정하고 있다.

다. 소송구조의 객관적 범위

민사소송법 제129조 제1항은 소송구조의 객관적 범위에 관하여 재판비용의 납입유예, 변호사 보수와 체당금의 지급유예, 소송비용의 담보면제, 대법원규칙이 정하는 그 밖의 비용의 유예나 면제를 규정하고 있다. 실무상 난민소송에서 주로 문제되는 소송구조 항목은 아래와 같다.

(1) 재판비용

소송비용은 당사자비용과 재판비용으로 구분되는데, 당사자가 법원에 내지 않고 스스로 지출하는 소송서류 작성비용, 소송서류 제출비용, 변론기일 출석에 소요되는 비용 등 당사자비용은 소송구조의 대상이 아니다.

재판비용은 당사자가 소송을 수행하기 위하여 법원에 납입하여야 하는 비용으로 인지대와 예납비용이 있는데, 예납비용에는 송달료, 증인 · 감정인 · 통역인에게 지급하여야 하는 여비 및 숙박료, 일당, 감정료 · 통역료 등이 있다.

실무상 난민소송의 경우 인지대[44] 및 송달료[45]에 대한 소송구조를 신청하는 경우가 다수이고, 앞서 본 바와 같이 신청인이 제출한 재산관계진술서와 난민불인정사유서를 토대로 소송구조 여부를 결정하고 있다.

한편, 현재 난민불인정결정 취소소송의 경우 소송대리인 없이 본인소송으로 진행되는 경우가 다수인 관계로, 재판기일의 통역료[46]에 대해서는 당사자의 신청이 별도로 없더라도 대부분 직권으로 소송구조가 이뤄지고 있으며, 소송대리인이 선임된 경우에는 특별히 본인이 재판기일에 출석하여 구술에 의한 의견진술을 하는 경우나 당사자본인신문을 하는 경우에 한하여 신청 또는 직권으로 소송구조 여부를 결정하고 있다.

---

44) 난민소송은 항고소송으로서 비재산권을 목적으로 하는 소송이고, 그 소송목적의 값은 50,000,000원으로 간주되므로(민사소송 등 인지규칙 제17조 제4호, 제18조의2 본문), 난민신청자가 납부하여야 할 인지액은 230,000원이다.

45) 송달료는 104,000원(5,200원 × 10회 × 당사자 수)이다.

46) 「통역 · 번역 및 외국인 사건 처리 예규」(재판예규 제1730호) 제9조, 제10조에 의하면, 통역인에게는 통역료 외에도 여비, 숙박료 등이 지급되므로 소송구조결정을 하는 경우 '통역료'보다는 '통역비용'이라고 기재하는 것이 바람직하다.

(2) 변호사비용(보수와 체당금)

변호사의 '보수'란 변호사가 소송구조결정에 따라 소송구조를 받을 사람을 위하여 소송을 수행한 대가를 말하고, 변호사의 '체당금'이란 변호사가 소송수행을 위하여 먼저 지출한 비용을 말한다. 재판기일 출석을 위해 지출한 여비 · 숙박비, 법정 외에서 면담할 때 지출된 통역료, 재판에 제출할 서류의 번역료 등이 여기서 말하는 체당금에 해당한다.

난민 관련 소송 사건을 필요적 변호사건으로 정하는 국제규범이나 국내 법률은 없다. 그러나 난민불인정결정 취소소송의 경우 난민인정 여부는 당사자의 생사를 결정할 수도 있는 중요한 문제로서 변호사의 도움이 필요한 경우가 많은데 난민신청자는 변호사 비용을 지출할 여력이 없는 경우가 많고, 법 제12조에서 "난민신청자는 변호사의 조력을 받을 권리를 가진다."라고 규정하고 있는 취지 등을 고려하여 제소기간 도과 등으로 패소가 명백한 사건이 아니라면 가급적 변호사비용에 대하여 소송구조를 인정할 필요가 있다.

변호사비용에 대한 소송구조결정을 받은 당사자는 변호사에게 지급해야 할 비용의 지급이 유예되므로, 변호사는 우선 자신의 비용으로 소송구조를 받은 당사자의 소송사무를 처리할 수밖에 없다. 대신 변호사는 소송구조결정을 받은 사건이 전부 승소 또는 일부 승소로 종결된 경우에는 소송비용 부담의 재판을 받은 상대방으로부터 직접 그 비용을 추심할 수 있다(민사소송법 제132조 제2항, 제1항). 변호사가 보수를 받지 못한 경우에는 국고에서 상당한 금액을 변호사에게 지급하는데(민사소송법 제129조 제2항), 소송구조예규 제11조는 그 금액을 원칙적으로 100만 원으로 정하면서 소송수행의 난이도 등을 고려하여 이를 증감할 수 있도록 하고 있다. 다만 민사소송법 제129조 제2항은 변호사의 보수에 대해서만 국고지급을 허용하고 있으므로 변호사가 지출한 체당금은 국고지급의 대상이 되지 않는다. 외국인에 대하여 소송구조를 한 사건에서 변호사가 그 외국인과 상담하기 위해 통역인을 사용해야 할 필요가 있고 법원에 제출해야 하는 서류 중에는 번역문을 첨부해야 하는 경우가 발생하는데 이러한 비용이 전보되지 않는다면 소송구조가 내실 있게 이루어지지 못할 위험이 있다. 그 때문에 서울행정법원내규 제9조 제2항, 제3항[47]은 국고에서 지급되는 변호사의 보수액을 정함에 있어 이러한 통역·번역료를 고려하도록 하여 변호사가 사실상 이러한 비용을 상환받을 수 있도록 하고 있다. 이러한 통역료와 번역료는 그 본질이 보수가 아닌 체당금이고 소송구조신청인이 승소한 경우에는 상대방으로부터 전보되는 비용이므로 이중지급을 막기 위해서는 패소한 경우에 한하여 위 내규에 따른 증액을 하는 것이 논리적이기는 하나, 제1심에서 원고 청구가 인용된 난민소송 사건이 상급심에서 결론이 달라져 확정되었다면 제1심을 포함한 총 소송비용은 원고가 부담하게 되어 제1심에서 통역료 등을 지출한 변호사는 비록 제1심에서 승소하였다 하더라도 이를 보전받을 방법이 없게 된다. 이런 점을 고려하면 해당 심급의 승소 여부와 상관없이 실제 통역료를 지출한 변호사에게는 변호사보수를 증액하는 것이 바람직하다.

한편 서울행정법원 내규 제6조, 제8조[48]에 따라 변호사비용 전부에 대하여 소송구조를 할 필요성이 인정되지 않더라도 상담 및 소장 작성 등 소 제기 이전 단계에서의 지출된 변호사비용에 대해서도 일부 구조의 결정을 할 수 있다.

변호사비용의 소송구조를 받은 당사자는 소송구조결정에 따른 것임을 알리고 승낙을 받아 변호사를 선임할 수 있다. 선임할 수 있는 변호사에는 제한이 없다. 다만 당사자가 변호사를 선임하는 데 어려움을 겪을 수 있는 점을 고려하여, 소

---

47) 제9조(통역·번역인에 대한 통역·번역료의 소송구조결정 범위)
② 제5조에 따라 소송구조 상담시 통역·번역인이 참석한 경우 소송구조 지정변호사가 통역·번역료를 별도로 지급하였다는 사실을 소명한 경우 재판장은 소송구조 지정변호사 보수를 정할 때 통역·번역료를 고려하여 증액하여야 한다.
③ 제2항의 상담시 통역·번역료를 산정하는 기준은 시간당 40,000원으로 하되, 회수와 관계없이 외국인 1인에 대한 상한을 150,000원으로 한다.

48) 제6조(소송구조 지정변호사의 업무)
① 소송구조 지정변호사는 다음 각호의 업무를 행한다.
1. 소송구조 신청 및 소 제기 여부에 관한 상담
2. 소송구조 신청서 및 소장 작성·제출
3. 소송구조 신청서 또는 소장에 관한 법원의 보정권고 내지 보정명령에 따른 보정
4. 변호사비용에 대하여 전부구조결정이 이루어진 경우 당해 소송 수행에 필요한 제반 업무
② 제1항 제2호에 따라 소송구조 신청서를 법원에 제출할 경우에는 같은 호에 따라 작성한 소장 사본을 첨부한다.
제8조(구조결정의 범위)
① 법원은 변호사비용에 대한 전부구조의 필요성이 인정되지 않는 경우에도 소송구조 변호사가 소장 작성 등의 업무를 행한 사정을 고려하여 그에 해당하는 변호사비용에 대하여 일부구조의 결정을 할 수 있다. 이 때 법원은 구조결정의 범위를 명확하게 기재하여야 한다.
② 제1항의 경우 소송구조 지정변호사에게 지급할 기본보수액은 200,000원으로 하되, 사안의 난이, 당사자의 수, 소송구조 지정변호사가 수행한 직무의 내용, 사건처리에 걸린 기간, 기록의 등사 등에 지출한 비용 기타사항을 참작하여 소송구조 지정변호사의 보수를 증액할 필요가 있다고 인정한 때에는 기본보수액의 100%의 범위 안에서 증액할 수 있다.

송구조예규 제8조는 원칙상 해당 지방변호사회에서 소송구조 사건을 담당할 변호사의 선임안내 및 우선 상담변호사의 지정에 관한 사무를 관장하도록 하고, 변호사회에서 위 사무를 관장할 수 없는 특별한 사정이 있는 경우에는 해당 법원에서 이를 담당하는 것으로 정하고 있다. 통상 변호사 비용에 대하여 소송구조가 이뤄진 경우 담당직원은 위와 같이 작성된 소송구조 변호사 명부[49]에서 해당 외국인의 언어를 고려하여 지정한 변호사를 외국인에게 안내하고, 지정변호사에게는 배정사실을 전화나 우편으로 통보한다. 그리고 이 과정에서 외국인과 담당 직원, 배정된 지정변호시 사이에 의사소통이 원활하지 않으면 법원에서 통역자원봉사를 하는 사람들의 도움을 받을 수 있다.

2. 통역

난민신청자가 박해 상황 등의 난민인정 요건을 서증이나 증인을 통하여 증명하는 사례는 매우 드물다. 따라서 난민신청자에게 난민지위를 부여할지는 본인의 진술과 출신국가 정보(Country of Origin Information, COI)에 의하여 판가름 나는 것이 일반적이며, 특히 본인 진술의 중요성이 매우 크다. 그러므로 난민신청자의 진술에 대한 정확한 통역은 필수적이다.

가. 통역언어의 선정

서울행정법원에서는 난민신청자가 소를 제기할 때 '통역보조 및 통역비용 소송구조에 관한 사전 질문지'를 난민신청자에게 제공하고 있다. 위 사전 질문지에는 난민신청자가 사용하는 언어의 종류, 한국어 구사능력의 정도,[50] 통역 보조인의 대동 여부, 법정 통역인의 필요 여부에 관한 질문이 포함되어 있다.

담당 재판부는 난민신청자가 위 사전 질문지에 표시한 '원고가 사용하는 언어'

49) 2021년도 서울행정법원에 등재된 외국인 · 난민 · 국적 관련 사건 담당 소송구조 변호사는 20명이다.

50) 난민신청자가 기본적인 한국어 생활회화가 가능하다고 하더라도, 난민사건이 난민신청자의 신상에 미치는 영향이 크다는 점을 고려할 때 한국어의 구사능력을 엄격하게 해석하여 통역인의 선정여부를 판단할 것은 아니다. 서울행정법원에서는 난민사건 중 원고의 소송대리인이 없는 사건은 법정통역료에 대하여 직권으로 소송구조를 하고 있다.

를 확인하여 통역인을 선정한다. 난민신청자가 난민면접 당시 사용한 언어와 다른 언어를 표시하는 경우도 있다.[51] 명백한 오기로 보이지 않는 이상 사전 질문지에 표시된 언어의 통역인을 선정하고, 변론기일에서 난민면접 당시와 사용하고자 하는 언어가 다른 부분을 확인하는 방식으로 절차를 진행하는 것이 바람직하다. 다만, 난민신청자가 희망하는 언어의 통역인을 확보할 수 없는 경우에는 이중 통역을 진행하기도 한다. 대표적으로 세네갈 출신 중 월로프어를 사용하는 경우는 프랑스어와 이중통역, 가나 출신 중 트위어는 사용하는 경우는 영어와 이중통역으로 진행하고 있다.

나. 통역인의 선정

각급 법원은 매년 1월 말까지 각 관할지역의 사정에 따라 통역인 후보자를 미리 선정하여 통역인 후보자 명단을 작성해 두어야 하고[52] 재판부는 이러한 후보자 명단을 활용하는 등의 방법으로 통역인을 지정할 수 있다.

서울행정법원에서는 영어 통역인의 경우 상근통역인(화요일부터 금요일까지, 오후 2:00 ~ 18:00까지 근무)을 지정하여 운영하고 있다. 통역료가 아닌, 법원예산 중 사법서비스진흥기금 중 일반용역비 항목으로 용역비용이 지급되므로 상근통역인을 통역인으로 지정하는 경우에는 통역료 예납 내지 법정통역료에 대한 소송구조결정이 필요하지 아니하다.

서울행정법원에서는 일반적으로 난민신청자가 소송대리인 없이 소송을 진행하는 경우 1회 변론기일 전에 직권으로 법정통역료에 대한 소송구조결정 및 통역인지정결정을 하고, 통역인에게 '통역인출석요구서와 통역인지정결정등본, 소장부본 등'을 송달하고 있다.

이전에는 난민신청자가 난민인권센터, 피난처 등 난민 관련 비정부기구 소속 통역 자원봉사자들의 도움을 받아 재판기일에 자원봉사자를 통역인으로 대동하고자 하는 경우가 있었는데, 현재는 이러한 경우는 거의 찾아볼 수 없다.

---

51) 난민신청인의 경우 난민신청 사실이 출신국에 알려질 것을 우려하여 출신국의 공용어가 아닌 언어로 통역하기를 원하는 경우가 있다.

52) 통역 · 번역 및 외국인 사건 처리 예규(재일 2004-5, 이하 '통역 · 번역예규'라 한다) 제6조

다만, 난민신청자가 재판부가 지정하는 통역인(이하 '지정 통역인'이라고 한다)의 국적이 자신의 국적과 같은 경우에는 지정 통역인을 자국 대사관의 협조자로 의심하거나 향후 자신에 대한 정보(난민인정 신청을 하였다는 사실, 난민인정 신청의 내용 등)를 국적국에 제공할 수도 있지 않을까 하는 우려를 할 수 있다. 그러므로 재판부에서는 난민신청자가 동일한 국적의 통역인 내지 특정 종교를 가진 통역인 등의 배제를 요청하는 경우에는 그와 같은 의견을 반영하여 통역인 교체를 고려할 필요가 있다. 그리고 만일 통역인의 능력이나 중립성에 문제가 있다는 의심이 든다면 언제든지 그 통역인의 교체를 명하여야 함은 물론이다.[53]

다. 통역인의 지정 및 그 효력

통역인 지정의 효력은 당해 심급의 변론종결시까지 미치는 것이 원칙이다.

행정소송법 제8조 제2항, 민사소송법 제207조 제2항에 의하면, 난민사건의 선고기일에는 당사자가 출석하지 아니하여도 선고할 수 있다. 현재 서울행정법원에서는 난민신청자가 선고기일에 출석하지 않는 경우가 대부분이어서 통역인에게 선고기일에 출석을 하도록 요청하고 있지 아니하다.

난민신청자가 통역인이 출석하지 않은 상황에서 선고기일에 출석한 경우에는 종합접수실에 근무하고 있는 외국인 민원안내 도우미의 도움을 받을 수 있고, 그럼에도 선고기일의 진행이 어려울 경우에는 선고기일을 다시 지정하여 통역인이 출석한 상태에서 선고기일을 진행하고 있다.

라. 통역료 산정 및 지급

통역료는 실제 통역에 소요된 시간을 기초로 30분 단위(30분씩 끊어 남는 부분은 이를 30분으로 본다)로 산정하되, 최초 30분에 대하여는 70,000원, 이후 추가되는 30분에 대하여는 30분마다 50,000원을 지급한다. 판결의 선고에만 입회한 경우 그 시간이 30분 미만일 때에는 50,000원을 지급하고 30분 이상일

---

53) 지정 통역인을 교체하게 될 경우에는 '통역인지정결정취소결정등본'이 송달되기 전에 지정 통역인에게 교체 사유에 대하여 적절한 방법으로 고지하여 통역인을 배려할 필요도 있다.

때에는 위 기준에 따라 지급한다.[54)]

예정된 시간보다 절차가 늦게 진행되는 등의 사유로 통역인이 법정에서 대기하게 된 경우 그 대기시간을 고려하여 통역료를 증액할 수 있고,[55)] 통역의 난이도, 통역의 전문성 정도 또는 통역의 수준 등 사정을 감안하여 통역료를 적절히 증감할 수도 있다.[56)]

마. 재판부의 유의사항

재판부는 재판기일에 앞서 통역인에게 일반적인 주의사항과 함께 난민소송에 특이한 유의사항을 안내할 필요가 있다. 서울행정법원에서는 본절 말미에 첨부한 '난민사건 법정통역인 안내문'을 만들어 활용하고 있다.

재판부는 원고본인신문이나 증인신문에 앞서 신문사항이 미리 제출된 경우에는 통역인이 원활한 통역을 할 수 있도록 통역인에게 그 부본이나 사본을 제공할 필요가 있다. 신문과정에서 전문적인 분야의 통역 등이 필요한 경우에는 난민면접조서, 난민불인정사유서, 진술서 등을 미리 제공하는 것을 고려할 수도 있다(이 때 필요한 경우 신상정보 부분은 제외하도록 조치).[57)]

3. 재판기일의 진행

실무상 원고의 난민신청사유와 피고의 난민불인정사유가 간단하여 쟁점이 비교적 명확하게 드러나는 경우가 많으므로 변론준비기일의 필요성은 크지 않다. 현재 서울행정법원 난민전담부는 대부분 사건에서 변론준비기일을 거치지 않고 곧바로 변론기일을 진행하고 있다.

---

54) 통역 · 번역예규 제10조 제1호 전문

55) 통역인이 증액 청구를 하는 것을 부담스러워 할 수 있으므로 재판부에서 이를 고려하여 직권으로 증액 여부를 결정할 필요도 있다.

56) 통역 · 번역예규 제10조 제1호 후문, 제3호

57) 미리 제공된 관련 서류의 관리 및 보관에 주의를 하도록 통역인에게 고지를 하고, 이후 이를 통역인으로부터 반납을 받거나 폐기하도록 하여야 한다(호주의 이민 · 난민 항소위원회에서 발간한 통역인 지침서에서는 통역 당시 통역인이 자신의 편의를 위하여 작성한 노트를 통역이 종료된 후 통역인으로부터 반납받아 폐기하도록 하고 있다).

한편 소송대리인 없이 본인소송으로 진행되는 경우, 난민신청자들은 일반적으로 서울행정법원에서 제공하고 있는 '난민불인정처분취소' 사건의 소장 양식을 이용하고 있고, 위 소장에 부동문자로 '난민인정 심사절차에서 신청사유로 주장하였던 것과 같은 이유로 박해를 받을 우려가 있어' 라고만 기재되어 있는 청구원인 이외에 추가로 구체적인 청구원인을 기재하지 않는 경우가 대부분이다. 따라서 서울행정법원 난민전담부는 변론기일에 당사자에게 난민인정 신청사유에 관하여 확인한 후 이를 조서에 기재하고 있으며, 변론기일에서 한 당사자의 진술과 난민면접조서에 기재된 당사자의 진술을 종합하여 청구원인을 구체적으로 특정하고 있다. 또한 난민면접조서는 난민신청자의 난민인정 여부를 결정하는 주요한 서증이므로 변론기일에서 난민면접조서에 대한 진정 성립 여부를 확인하고 있다.

그 외 변론기일 진행에서 일반적인 사건과 차이가 있다면 통역인이 출석하는 경우가 많고 심리를 비공개할 수 있는지 여부가 문제되고 있는바, 이에 관하여 아래에서 살펴본다.

가. 통역인이 출석하는 경우

(1) 통역인 등의 좌석 배치

서울행정법원에서는 통역인이 증인석에서 통역을 하고 있고, 원고본인신문을 위해 원고가 증인석으로 자리를 옮길 때에는 통역인이 증인석에 가까운 피고석으로 자리를 옮겨서 진행을 한다. 원고본인신문을 녹음하여야 하기 때문에 원고 본인, 통역인, 원고 대리인, 피고 소송수행자 등 모두가 마이크를 사용할 수 있도록 좌석을 배치하는데 신경을 써야 한다. 통역인이 원고 및 재판장의 진술뿐만 아니라 재판 진행과 관련된 상황을 통역함에 있어서 가장 적절한 좌석 배치를 고려하여야 한다.

(2) 통역인의 선서

서울행정법원에서는 원고에 대한 질문을 행하기 전에 통역인 선서를 하는 것이 아니라, 당해 사건에 대한 재판을 시작하기 전에 통역인에게 선서를 하도록 하고 있다.

여러 차례 통역한 경험이 있는 통역인들의 경우에는 이미 법원에서 제공한 통역인 유의사항이 담긴 안내문을 숙지하고 있어 이에 관한 확인이 일반적으로 이루어지지 않고 있으나, 통역인에게 위 안내문을 사전에 제공하지 못한 경우라면 그 주요 내용을 고지하는 것이 바람직하다.[58]

(3) 통역의 범위 및 통역에 대한 이의

난민사건의 경우에 재판진행 전 과정에 대한 통역이 필요하다는 견해와 원고 본인에 대한 질문과 그 답변에 국한하여 통역을 제공하면 된다는 견해가 나뉘나, 재판의 당사자인 원고가 본인 및 재판장의 진술뿐만 아니라 재판 과정 전반에서 소외되지 않도록, 여건이 되는 한 전 과정에 대한 통역을 진행하는 것이 바람직하다.

통역 · 번역예규 제13조는 "참여사무관등은 외국인 피고인 사건의 심리 과정 중 통역이 이루어지는 과정의 전부 또는 일부를 녹음장치를 사용하여 녹음하여야 한다."(제1항), "제1항과 같이 녹음을 한 경우 그 녹음물은 형사소송규칙 제39조에도 불구하고 해당 심급의 판결이 선고될 때까지 보관한다. 다만 녹음물이 조서의 일부로 인용된 경우에는 소송기록의 보존기간 동안 보관한다."(제2항)라고 규정하고 있다. 같은 예규 제14조는 "외국인 피고인이 통역의 정확성에 대하여 이의를 제기한 경우 피신문자가 법정에 있는 때에는 동일한 내용의 신문과 통역을 다시 한번 시행하게 하고, 피신문자가 재정하지 아니한 때에는 통역인에게 녹음물을 보내 해당 부분을 다시 통역하게 하여 공판조서의 기재 내용과 일치하는지 여부를 확인하여야 한다."(제1항), "제1항과 같은 절차를 거치더라도 통역의 정확성을 확인하기 어려운 때에는 별도의 통역인을 지정하여 감정을 의뢰하여야 한다."(제2항)라고 규정하고 있다.

난민사건의 경우에도 원고가 통역의 정확성을 확인할 수 있도록 위와 같은 규

58) 특히 소수 언어를 사용하는 경우 인적 교류나 활동 단체 등이 제한되어 있으므로, 통역인을 통하여 난민신청자의 인적사항이나 난민신청 사실 등이 공개되지 않도록 주의할 필요가 있다.

정을 준용하여 녹음을 한 것을 적어도 해당 심급의 판결이 선고될 때까지는 보관하는 것이 바람직하고,[59] 통역에 대한 이의가 있을 경우 위와 같은 규정을 준용하여 처리할 수 있다.

(4) 원고본인신문과 증인신문

원고나 증인의 선서절차를 진행할 경우 통역인이 한국어로 된 선서문을 한 문장씩 번역하여 낭독하면 원고나 증인이 이를 그대로 따라서 말하는 방식으로 한다.

한편, 선서서(당사자본인)나 증인선서문의 '표준 번역문'을 미리 법정에 준비하여 활용하면 진행이 용이하다.[60] 특히 이중통역이 필요한 때에는 중간통역인용(주로 '영문판 표준 번역')도 필요하고, 위와 같은 표준 번역문을 미리 준비하지 못한 경우에는 한국어로 통역이 가능한 통역인이 먼저 선서문을 한 문장씩 번역하여 낭독하면 다른 통역인이 이를 통역하여 원고나 증인이 이를 그대로 따라서 말하는 방식으로 한다.

신문사항의 부본이나 사본을 변론기일 이전에 미리 통역인에게 교부하지 못한 경우에는 신문에 앞서 이를 통역인에게 제공한다.

질문사항이 복잡하고 길거나 통역인이 통역인 유의사항에 어긋나는 방식으로 통역을 하는 경우에는 재판장이 적절히 개입할 필요가 있다. 즉, 소송관계인 등은 신문사항을 간결한 형식으로 하고, 주어와 술어 등을 분명하게 하며, 시제를 명확히 하여 신문하여야 한다. 재판부는 통역인에게 신문사항이나 답변이 길어서 통역이 어려운 경우에는 재판부에 신문사항이나 답변을 끊어서 통역할 수 있도록 언제든지 요청할 수 있음을 미리 고지해 놓는 것이 바람직하다. 통역인이 통역을 하면서 직접화법이 아닌 간접화법을 사용하거나, 진술을 추가 또는 요약하여 전달하거나 질문을 임의로 바꾸거나 통역인 자신의 의견을 덧붙이는 등 잘

59) 변론의 속기 · 녹음에 관한 업무처리요령(재일 2004-3) 제16조 2항에 의하면, '조서 작성의 편의를 위한 녹음'으로 변론기일을 녹음한 경우에는 해당 조서가 완성되면 폐기하는바, 난민사건의 경우에는 일반적인 변론기일을 녹음하는 경우에도 원고본인신문의 녹음 방식과 같이 '조서의 일부' 형식으로 녹음을 하여 통역의 정확성 등을 이후에도 확인할 수 있도록 하여야 한다.

60) 코트넷 '재판양식'에서 선서서(당사자신문)로 검색하면 다양한 언어의 선서서를 찾을 수 있다.

못 통역하는 사례가 종종 있다. 이러한 경우에는 통역 진행 중이라도 재판장이 즉시 개입하여 시정하도록 하여야 한다.

법정시설 문제 등으로 동시통역이 이루어지는 경우는 거의 없고 대부분 순차통역을 한다. 통역은 고도의 집중력이 필요하므로 순차통역이 1시간 이상 이어지는 경우에는 휴식시간이 필요한지 통역인에게 확인하는 것이 바람직하다. 난민사건의 원고본인신문 및 증인신문은 통역을 위한 시간을 고려하면 일반사건에 비해 2배 정도의 시간을 배정하는 것이 바람직하다.

나. 비밀보장과 재판의 비공개 문제

(1) 비밀보장 일반

난민인정을 신청하는 행위는 그 자체로서 자신의 국적국이 인권을 침해하고 있다거나 인권보호에 실패하였다고 주장하는 것이므로 난민인정이 받아들여지지 않을 경우 그 본인에 대하여 국적국의 보복적 조치가 있을 수 있고 난민신청이 받아들여지는 경우에도 잔류한 가족에 대하여 국적국의 보복적 조치가 있을 수 있다. 난민신청자 등의 비밀을 보장하기 위하여, 법 제17조는 난민신청자와 법 제13조에 따라 난민심사관과의 면접에 동석하는 사람의 주소 · 성명 등의 인적사항과 사진 등을 공개하거나 타인에게 누설하는 행위, 출판물에 게재하거나 방송매체 또는 정보통신망을 이용하여 공개하는 행위, 난민인정 신청에 대한 정보를 출신국에 제공하는 행위를 금지하고 있고, 법 제47조 제1호는 이를 위반한 자에 대하여 1년 이하의 징역 또는 1천만 원 이하의 벌금에 처하도록 규정하고 있다.

(2) 심리의 비공개

난민신청자 보호를 위하여 재판을 비공개로 하는 것이 가능한지에 관하여, 종래 재판은 공개가 원칙이고 명문으로 난민사건에 대하여 심리의 비공개를 허용하는 규정이 없으므로 불가능하다는 입장과 난민신청자의 신원에 대한 비밀보장을 위해서 재판 공개의 예외사유를 폭넓게 해석하여 심리의 비공개가 가능하다는 입장이 대립하고 있었다.

법 제23조는 "난민위원회나 법원은 난민신청자나 그 가족 등의 안전을 위하여 필요하다고 인정하면 난민신청자의 신청에 따라 또는 직권으로 심의 또는 심리를 공개하지 아니하는 결정을 할 수 있다."라고 규정하여 심리의 비공개결정의 근거규정을 마련함으로써 이 문제를 입법적으로 해결하였다.

난민사건 진행 중에 다른 사건의 당사자나 소송관계인, 법정 방청객이 있을 경우에는 난민신청사유, 출신국가의 정황 등을 종합적으로 고려하여 심리를 비공개로 진행할지 여부를 검토하는 것이 바람직하다.

Ⅲ 본안의 심리 및 판단: 난민인정의 요건에 관하여

1. 판단의 원칙

가. 증명의 특수성

난민신청자인 원고는 기본적으로 자신이 처한 상황에 관한 증거를 쉽게 입수할 수 있는 위치에 있지 않다. 따라서 난민신청자가 제출한 증거는 작은 것이라도 의미 있는 증거가 될 수 있고, 특히 난민신청자 진술의 신뢰성 문제가 중요한 의미를 갖게 된다.[61]

나. 증명의 책임과 정도

(1) 난민법의 규정

최초의 난민법안 제9조(증명책임 및 증명정도)는 "난민신청자는 본인이 난민

61) "난민의 지위에 관한 1951년 협약과 1967년 의정서에 의한 난민 지위의 인정기준 및 절차편람과 지침"(제네바, 2011년 12월, 이하 '편람'이라 한다) 제195항 내지 제205항 참조

임을 증명하여야 한다. 다만, 신청자의 진술이 거짓이라고 의심할 만한 상당한 이유가 없는 한 그 진술을 뒷받침할 증거가 없다는 이유로 난민인정을 거부하여서는 아니 된다."라고 규정하여 '의심스러울 때는 신청자의 이익으로'라는 원칙을 명시적으로 인정하였다. 그러나 실제 입법과정에서는 위 조항을 법무부장관에게 난민신청자에 대한 유리한 자료의 수집 · 활용 의무를 부과하는 내용으로 대체하였고, 그 결과 현행 난민법에는 증명책임과 증명의 정도에 관한 규정을 두고 있지 않다.

(2) 판례

이에 관한 선도적인 판결은 이른바 나르씨쓰 판결[62]인데, 여기서 대법원은 "난민의 특수한 사정을 고려하여 그 외국인에게 객관적인 증거에 의하여 주장사실 전체를 증명하도록 요구할 수는 없고, 그 진술에 일관성과 설득력이 있고 입국 경로, 입국 후 난민 신청까지의 기간, 난민 신청 경위, 국적국의 상황, 주관적으로 느끼는 공포의 정도, 신청인이 거주하던 지역의 정치 · 사회 · 문화적 환경, 그 지역의 통상인이 같은 상황에서 느끼는 공포의 정도 등에 비추어 전체적인 진술의 신빙성에 의하여 그 주장사실을 인정하는 것이 합리적인 경우에는 그 증명이 된 것이다." 라고 판시함으로써, 증명책임이 난민신청자인 원고에게 있다고 보고 박해를 받을 충분한 근거 있는 공포가 있다는 점을 원고가 증명하여야 한다고 하면서도, 원고가 자신이 난민임을 증명할 수 있는 객관적인 증거나 자료를 제시하지 못하더라도 원고의 진술에 일관성과 설득력이 있는 등 신빙성이 인정된다면 원고는 증명책임을 다한 것으로 보아야 한다고 판시하였다.

위 판결은 ① 민사소송이나 행정소송에서는 이른바 '우세한 증거의 원칙(preponderance of evidence)'에 따라 사실이 존재할 가능성이 존재하지 않을 가능성보다 높은 정도(흔히 말하는 more likely than not)일 것, 즉 50% 이상일 것을 요구하지만, 난민소송에서는 '합리적 가능성의 원칙(reasonable possibility rule)'에 따라 50% 미만이더라도 '합리적으로 생각할 때 그럴 듯하다'는

62) 대법원 2008. 7. 24. 선고 2007두3930 판결

정도면 증명을 다한 것으로 본다는 점, 그리고 ② 난민의 특성에 비추어 객관적인 증거로써 주장사실을 증명하도록 요구할 수 없기 때문에 원고본인의 진술이 주된 증거방법이 되며, 그 증명력을 판단할 때 고려할 요소가 어떤 것인지 선언하였다는 점에 큰 의미가 있다.

그 후 대법원은 "박해의 경험에 관한 난민신청자의 진술을 평가할 때 진술의 세부내용에서 다소간의 불일치가 발견되거나 일부 과장된 점이 엿보인다고 하여 곧바로 신청자 진술의 전체적 신빙성을 부정해서는 안 되고, 그러한 불일치·과장이 진정한 박해의 경험에 따른 정신적 충격이나 난민신청자의 궁박한 처지에 따른 불안정한 심리상태, 시간 경과에 따른 기억력의 한계, 우리나라와 서로 다른 문화적·역사적 배경에서 유래한 언어감각의 차이 등에서 비롯되었을 가능성도 충분히 염두에 두고 진술의 핵심내용을 중심으로 전체적인 일관성 및 신빙성을 평가하여야 한다."라고 판시하여,[63] 난민신청자의 진술의 세부내용에 다소간의 불일치·과장이 있는 경우에도 곧바로 난민신청자 진술의 신빙성을 배척할 것이 아니라 진술의 핵심내용을 중심으로 전체적인 일관성 및 신빙성이 있는지 평가하여야 한다고 보았다. 다만 대법원은 "진술은 그 진술만으로도 난민신청자의 주장을 충분히 인정할 수 있을 정도로 구체적인 사실을 포함하고 있어야 하고, 중요한 사실에 관한 누락이나 생략이 있어서는 아니 되며, 그 자체로 일관성과 설득력이 있어야 하고 다른 증거의 내용과도 부합하지 않으면 안 된다."라고 판시하고 있다.[64]

2. 증거

가. 서증

난민신청자인 원고의 경우 소장을 제출하면서 외국인등록증 및 여권, 난민불인정결정통지서, 이의신청 기각결정통지서 등을 서증으로 제출하고 있다. 피고

63) 대법원 2012. 4. 26. 선고 2010두27448 판결
64) 대법원 2016. 3. 10. 선고 2013두14269 판결

는 답변서를 제출하면서 등록외국인 기록표, 출입국현황조회, 난민면접조서 등을 서증으로 제출하고 있다. 원고는 그 이외에 출신국 국가기관이 발행한 공문서 및 출신국 언어로 된 각종 서류 등을 추가 서증으로 제출하고 있다.

(1) 출신국 국가기관 발행의 공문서의 진정성립 확인

민사소송법 제356조 제1항에 따르면 문서의 작성 방식과 취지에 의하여 공무원이 직무상 작성한 것으로 인정한 때에는 진정한 공문서로 추정하고, 같은 조 제3항에 의하여 위 규정은 외국의 공공기관이 작성한 것으로 인정한 문서에도 준용되므로, 외국의 공문서라고 제출한 문서가 진정성립의 추정을 받기 위해서는 제출한 문서의 방식이 외관상 외국의 공공기관이 직무상 작성하는 방식에 합치되어야 하고, 문서의 취지로부터 외국의 공공기관이 직무상 작성한 것이라고 인정되어야 한다. 현실적으로 공문서의 진정성립을 증명할 만한 증거를 확보하기 곤란한 경우가 많은 난민신청자가 제출한 외국의 공문서의 경우, 반드시 엄격한 방법에 의하여 진정성립이 증명되어야 하는 것은 아니지만, 적어도 문서의 형식과 내용, 취득 경위 등 제반 사정에 비추어 객관적으로 외국의 공문서임을 인정할 만한 상당한 이유가 있어야 한다(대법원 2016. 3. 10. 선고 2013두14269 판결).

위 대법원 판례에 의하면, 난민신청자가 제출하는 공문서의 진정성립을 인정하기 위해서 적어도 문서의 형식과 내용 등이 해당 출신국의 공문서임을 객관적으로 인정할 정도인지 여부를 확인할 필요가 있다. 그러나 난민사건의 특성상 해당 문서를 발행한 출신국의 국가기관에 직접 사실조회신청을 하는 것은 부적절하므로, 부득이 난민신청자의 출신국에 소재한 대한민국 대사관에 사실조회[65]를 하는 방법으로 간접적으로 이를 확인하는 경우가 있다.

(2) 번역

민사소송법 제277조에서 "외국어로 작성된 문서에는 번역문을 붙여야 한다."

65) 이와 관련한 사실조회에 관하여는 아래 (4)항에서 별도로 다룬다.

라고 규정하고 있고, 민사소송규칙 제106조 제2항에서 "서증이 국어 아닌 문자 또는 부호로 되어 있는 때에는 그 문서의 번역문을 붙여야 한다. 다만, 문서의 일부를 증거로 하는 때에는 재판장의 허가를 받아 그 부분의 번역문을 붙일 수 있다."라고 규정하고 있다. 또한 같은 규칙 제109조 제3호에 의하면, "국어 아닌 문자 또는 부호로 되어 있는 문서로서 그 번역문을 붙이지 아니하거나 재판장의 번역문 제출명령에 따르지 아니한 때에는 법원은 그 서증을 채택하지 아니하거나 채택결정을 취소할 수 있다."라고 규정하고 있다.

소송대리인이 선임된 난민사건의 경우 대부분 소송대리인이 자체적으로 번역을 의뢰하여 번역문을 서증으로 제출하고 있다. 현재 번역에 대한 공증은 대부분 하지 않고 있는 것으로 보이는데, 번역의 정확성을 담보하기 위해 상대방에게 번역에 대한 의견을 묻고 이의가 없을 경우에만 이를 서증으로 채택하여야 할 것이다.

소송대리인이 선임되지 않은 난민사건의 경우 난민신청자가 해당 번역문도 함께 제출하여야 하나, 번역문을 제출하지 않는 경우가 다수 있다. 이때 법원은 난민신청자에게 번역문 제출명령을 할 수 있고, 번역문의 제출명령을 받더라도 적절한 번역문을 제출하지 못하는 경우에는 번역료에 대한 소송구조를 하여 위와 같은 문제를 해결할 수 있나.

나. 난민신청자 본인신문

난민사건을 담당하는 법관은 앞서 살핀 바와 같이 난민신청자가 박해로 인정할 만한 위협 등이 있었다는 구체적인 사실을 증명할 직접 증거를 제출하기가 어렵다는 점을 인식하여야 한다. 따라서 난민소송에 있어서는 난민신청자 본인의 진술이 중요한 증거가 되고, 난민신청자의 진술이 믿을 만한지가 매우 중요한 문제로 떠오르게 된다.

앞서 본 나르씨쓰 판결은 난민신청자 진술의 신빙성을 판단하는 요소로서 진술의 일관성, 설득력, 입국 경로, 입국 후 난민신청까지 걸린 시간, 난민 신청 경위, 국적국의 상황, 주관적으로 느끼는 공포의 정도, 난민신청자가 거주하던 지역의 정치 · 사회 · 문화적 환경, 그 지역의 통상인이 같은 상황에서 느끼는 공포의 정도 등을 예시한 바 있다.

위와 같은 이유로 원고에게 소송대리인이 있는 경우에는 원고본인신문을 신청하는 경우가 많다. 서울행정법원에서는 소송대리인이 없는 원고의 경우에도 재판장이 변론기일에 원고에게 난민신청 사유를 비롯하여 앞서 본 난민신청자의 진술의 신빙성을 판단하기 위한 사항들에 관하여 질문을 하고 있다. 또한 그 과정에서 소송대리인의 도움이 필요한 사정 등이 드러나는 경우에는 직권으로 변호사보수에 관한 소송구조결정을 한 후 추가로 원고본인신문의 진행 여부를 검토한다.

다. 출신국가 정보

(1) 정의

난민법상의 난민 개념에 비추어 보면 출신국이란 난민신청자의 국적국뿐만 아니라 상주국을 포함한다. 출신국가 정보(Country of Origin Information, COI)란 난민신청자가 국제적 보호를 받을 필요성이 있는지 결정하기 위하여 필요한 난민신청자의 국적국 또는 상주국의 정치, 사회, 문화, 경제 그리고 인권 상황 등에 관한 정보를 말한다.

(2) 출신국가 정보의 역할

출신국가 정보는 첫째, 난민신청자의 진술을 보강하고 난민신청자의 출국 이전 상황에 대한 증언의 신뢰성을 확보하며, 둘째, 난민신청자가 출신국으로 돌아갈 때 그가 박해나 고문, 잔인하고 비인간적이며 모욕적인 대우 또는 처벌을 받게 될지 평가하기 위하여 필요한 정보를 제공하는 역할을 한다.

편람 제42항에서 “신청자의 진술은 추상적으로 고려될 수 없고, 관련된 배후사정의 문맥에 따라 고려되어야 한다. 신청자의 출신국의 상황을 아는 것이 주된(primary) 목적이 될 수는 없지만, 신청자의 신뢰성을 평가하는 데 있어서 중요한 요소가 된다.” 라고 지적하고 있다. 나르씨쓰 판결에서도 ‘국적국의 상황’이나 ‘거주지역의 정치 · 사회 · 문화적 환경’이 난민신청자의 진술의 신빙성을 평가하는 데 중요한 요소의 하나임을 인정하고 있다. 다만 출신국가 정보는 난민신청자의 진술의 신빙성을 보충할 뿐 그 진술을 대체할 수는 없음에 유의하여야 한다.

(3) 증거의 현출

출신국가 정보는 난민신청자인 원고가 자신의 진술의 신빙성을 높이기 위하여 제시하여야 하지만, 실제로는 처분청인 피고가 원고의 진술의 신빙성을 탄핵하기 위하여 제출하는 경우가 더 많은 것으로 보인다. 유엔난민기구 한국대표부 등 관련 기관에 대한 사실조회를 통하여 증거로 현출하는 방법도 가능하다. 실제로 하급심 판결 중에는 난민신청자인 원고의 소송대리인이 유엔난민기구 한국대표부에 대한 사실조회촉탁신청을 함으로써 그 조회결과의 형태로 출신국가 정보를 소송에 현출한 사례들이 있다. 난민법은 법무부장관이 난민신청자에게 유리한 정보를 수집하여야 하고 난민인정 심사에 필요한 경우 관련 행정기관 등에 자료제출 또는 사실조사 등 협조를 요청할 수 있는 것으로 규정하고 있으므로(제9조, 제11조), 피고를 통한 자료제출 및 확보가 쉬워진 측면이 있고 이를 적극적으로 활용할 필요가 있다.

한편 행정소송법 제26조에 따라 법원은 필요하다고 인정할 때에는 직권으로 증거조사를 할 수 있고 당사자가 주장하지 아니한 사실에 대하여도 판단할 수 있지만, 여기서 법원이 직권으로 판단하는 것은 기록에 나타난 자료를 기초로 하여서만 가능한 것이므로, 법관 자신만이 알고 있는 출신국가 정보를 통하여 난민신청자의 진술의 신빙성을 판단하는 것은 곤란하다. 따라서 법관이 만약 소송당사자들이 미처 제출하지 못한 출신국가 정보를 먼저 확보하였다면 소송당사자들에게 이를 적절히 알려 변론과정에 현출할 수 있도록 하여야 하고, 그에 대한 의견을 개진할 수 있게 함이 마땅하다.

또한 재판부로서는 다음의 사항을 유의할 필요가 있다. 첫째, 처분시점(즉, 난민불인정결정시점)의 출신국가 정보가 관심사이므로 제출한 자료의 작성시점이나 작성 기준시점이 그에 가까운 때인지 확인할 필요가 있다. 둘째, 각국의 난민 판결은 국제적인 수집 · 분석의 대상이 되므로 잘못 작성한 내용이 널리 퍼질 위험이 있다. 따라서 난민소송도 변론주의의 제한을 받기는 하지만 필요한 경우 공개 자료들을 통하여 추가로 검증해 볼 필요가 있다. 셋째, 난민신청자의 국적국에서 과거에 정부 등에 의한 박해사실이 있었다고 하더라도 최근 들어 민주화가 진전되는 등의 사정으로 상황 개선이 있었다고 볼 만한 출신국가 정보가 제출되는 경우가 있는데, 이에 대해 대법원은 "난민신청인이 주장하는 과거의 박해사실이 합리적으로 수긍되는 경우라면 그 출신국의 상황이 현저히 변경되어 박해의 가능성이 명백히 소멸하였다고 볼 만한 특별한 사정이 인정되지 아니하는 한, 난민 인정의 요건인 박해에 관한 충분한 근거 있는 공포가 있다고 보아야 한다." 라고 판시한 바 있다.[66]

(4) 출신국가 정보의 평가

실제 소송에서는 다양한 형태의 출신국가 정보가 현출된다. 난민 신청 사건을 다루는 법관으로서는 소송에 현출된 출신국가 정보를 평가할 때, ① 누가 정보를 생산하였고 그 생산 목적은 무엇인지, ② 정보 생산자가 독립적이고 공평한지, ③ 정보 생산자가 충분한 지식을 가지고 있는지, ④ 생산된 정보를 적절한 어조(주관적이기보다는 객관적인지, 과장하여 말하고 있지는 않은지 등)로 표현하고 있는지, ⑤ 과학적인 방법을 적용하였고 그 과정이 투명한지 또는 정보가 지나치게 비판적인지 등을 확인할 필요가 있다.

(5) 주요 검색처[67]

- 유엔난민기구의 Refworld(http://www.refworld.org)
- 미국 국무부 연례보고서(http://www.state.gov/j/drl/reports/)
- AMNESTY INTERNATIONAL(AL)(http://www.amnesty.org)
- HUMAN RIGHTS WATCH(HRW)(http://hrw.org)
- INTERNATIONAL FEDERATION FOR HUMAN

66) 대법원 2012. 4. 26. 선고 2010두27448 판결
67) 소송당사자가 출신국가 정보를 제대로 제출하지 못하는 경우에는 주요 검색처를 소개하여 관련 자료를 검색하여 제출할 수 있도록 안내할 필요가 있다.

RIGHTS(FIDH)(http://www.fidh.org)
- UNITED NATIONS HIGH COMMISSIONER FOR HUMAN RIGHTS(UNHCHR) (http://www.ohchr.org)
- INTERGRATED REGIONAL INFORMATION NETWORK(IRIN) (http://irinnews.org)
- UK Home Office(http://www.homeoffice.gov.uk)
- ACCORD(Austrian Centre for Country of Orgin and Asylum Research and Documentation(http://rotestreusz.at/822/html)

라. 사실조회

사실조회란 공공기관 · 학교, 그 밖의 단체 · 개인 또는 외국의 공공기관에게 그 업무에 속하는 특정사항에 관한 조사 또는 보관 중인 문서의 등본 · 사본의 송부를 촉탁함으로써 증거를 수집하는 절차를 말한다.

난민사건에서 사실조회신청을 하는 경우는 대표적으로 앞서 본 바와 같이 난민신청자인 원고가 제출하는 서증에 관한 진정성립을 확인, 원고 출신국의 출신국가의 정보 등을 확인하기 위해서이다.

(1) 출신국 소재 대한민국 대사관에 대한 사실조회

먼저, 앞서 본 바와 같이 원고가 제출하는 출신국의 공문서의 진정성립을 확인하기 위하여 직접적으로 출신국 국가기관에 사실조회신청을 하는 것은 난민사건의 특성상 부적절하므로 원고의 출신국 소재 대한민국 대사관에 사실조회를 신청하는 경우가 있다.

법 제17조 제1, 2항에서 난민신청자의 동의 없이 인적사항과 사진 등을 공개하거나 타인에게 누설하여서는 아니 되고, 출판물에 게재하거나 방송매체 또는 정보통신망을 이용하여 공개하여서는 아니 된다고 규정되어 있다. 같은 조 제3항에서는 "난민인정 신청에 대한 어떠한 정보도 출신국에 제공되어서는 아니 된다."고 규정하여 이 경우에는 난민신청자의 동의 여부와 관계없이 난민신청에 대한 어떠한 정보도 제공되어서는 아니 되므로 위와 같은 사실조회 과정에서 위와 같은 위험성에 대하여 주의를 할 필요가 있다.

원고 내지 원고의 소송대리인이 원고가 제출하는 공문서에 기재되어 있는 인적사항 등을 그대로 둔 상태에서 사실조회신청을 하는 경우에는 원고에게 위와 같은 서류를 확인하는 과정에서 원고의 인적사항이 공개될 수 있음에 관한 동의서 내지 확인서를 받아야 한다(그러나 법 제17조 제3항 관련 사항은 동의 여부와 관계없이 불가함에 유의). 이 과정에서 원고에게 그 동의를 요구하거나 강요하여서는 아니 되며, 원고의 동의 내지 확인서를 받지 못한다면, 공문서에서 인적사항 및 이를 유추할 수 있는 부분은 모두 삭제하여 문서의 형식 등에 관하여만 사실조회를 하여야 한다.

법원에서도 위와 같은 사실조회 과정에서 법 제17조의 규정에 반하여 난민신청인의 인적사항 등이 노출되지 않도록 최대한 노력을 하여야 한다.[68] 원고 출신국 소재 대한민국 대사관에 사실조회서를 보낼 경우 아래와 같은 문구를 기재하는 방안을 고려해 볼 수 있다.

> ○ 사실조회사항을 확인하는 과정에서 아래와 같은 난민법 제17조의 규정을 위반하지 않도록 주의해 주시기 바랍니다.
>
> 제17조(인적사항 등의 공개 금지)
> ① 누구든지 난민신청자와 제13조에 따라 면접에 동석하는 사람의 주소 · 성명 · 연령 · 직업 · 용모, 그 밖에 그 난민신청자 등을 특정하여 파악할 수 있게 하는 인적사항과 사진 등을 공개하거나 타인에게 누설하여서는 아니 된다. 다만, 본인의 동의가 있는 경우는 예외로 한다.
> ② 누구든지 제1항에 따른 난민신청자 등의 인적사항과 사진 등을 난민신청자 등의 동의를 받지 아니하고 출판물에 게재하거나 방송매체 또는 정보통신망을 이용하여 공개하여서는 아니 된다.
> ③ 난민인정 신청에 대한 어떠한 정보도 출신국에 제공되어서는 아니 된다.

68) 필요한 경우 사실조회서 표지에 기재되는 원고의 성명 부분도 삭제하는 것이 바람직하다.

○ 이 사실조회서를 받은 기관은 사실조회 업무를 담당하는 직원에게 위와 같은 규정을 준수하도록 고지하고, 난민신청인의 개인정보 및 해당 업무 과정에서 알게 된 사실에 관하여 비밀 준수의무를 부과하여 주시기 바랍니다.

○ 특히 사실조회사항을 확인하는 과정에서 해당 출신국에 사실조회의 목적이 '난민인정 신청'과 관련 있음을 밝혀서는 안 되고, 이에 관한 어떠한 정보도 제공하여서는 아니 되며, 이를 유추할 수 있는 진술 및 행동도 주의하시기 바랍니다.

다음으로, 원고가 주장하는 구체적인 사실관계를 확인하기 위하여 원고 출신국 소재 대한민국 대사관에 사실조회신청을 하는 경우가 있다. 즉, 앞서 본 주요 검색처의 검색이나 단체 등에 대한 사실조회로 확인이 어려운 구체적인 국가정황 즉, 원고의 도주 및 출국과 관련된 경위 사실, 원고의 신분증, 여권, 비자 발급과 관련된 절차 및 경위 사실 등을 확인하기 위하여 출신국에 소재한 대한민국 대사관에 사실조회를 신청하는 경우도 있다.

위와 같은 사항에 대한 사실조회회신서를 검토하여 보면, 사실조회사항에 대하여 해당 대사관에 근무하고 있는 자문변호사 내지 직원을 동하여 확인한 사항을 회신하면서 구체적인 근거를 제시하지 않는 경우가 있어서 그 정확성을 담보하기 어려운 경우가 있다. 그러한 경우 원고는 다른 자료를 통하여 사실조회회신 내용을 반박하여야 하는 어려움이 생기기도 한다. 따라서 위와 같은 사항에 대한 사실조회서를 보낼 경우에는 사실조회사항의 회신 근거를 구체적으로 밝혀줄 것을 요청할 필요가 있다.

(2) 관련 단체 등에 대한 사실조회

난민사건의 경우 앞서 본 바와 같이 출신국가의 정보 또는 원고가 주장하는 난민인정 신청사유와 관련된 구체적인 사실을 확인하기 위해 공공기관이 아닌, 국제 및 국내단체, 원고가 속해 있는 단체나 기관, 관계자 등에게 사실조회신청을 하는 경우가 있다.

사실조회회보가 공문서인 경우 별도의 신빙성 있는 반대자료가 없는 한 그 기재와 어긋나는 사실 인정을 할 수 없다(대법원 1990. 11. 23. 선고 90다카21022 판결 등). 이와 달리 위와 같은 단체나 기관 등에 대한 사실조회회보의 신빙성을 판단할 경우에는 사실조회기관의 설립근거, 활동내역, 사실조회회신 내용의 출처, 조사방법 등을 고려하고, 출신국가 정보를 비롯한 다른 증거들과의 부합 여부를 통하여 신빙성을 판단하여야 할 것이다.

3. 난민인정의 요건

법 제2조 제1호는 난민이란 '인종, 종교, 국적, 특정 사회집단의 구성원인 신분 또는 정치적 견해를 이유로 박해를 받을 수 있다고 인정할 충분한 근거가 있는 공포로 인하여 국적국의 보호를 받을 수 없거나 보호받기를 원하지 아니하는 외국인 또는 그러한 공포로 인하여 대한민국에 입국하기 전에 거주한 국가(이하 "상주국"이라 한다)로 돌아갈 수 없거나 돌아가기를 원하지 아니하는 무국적자인 외국인'이라고 정의하고 있다.

위와 같은 난민법상 난민의 정의에 따르면, 난민으로 인정받으려면 첫째, 충분한 근거 있는 공포(well-founded fear)가 있을 것, 둘째, 그 공포가 박해(persecution)에 관한 것일 것, 셋째, 그 박해가 인종(race), 종교(religion), 국적(nationality), 특정 사회집단의 구성원 신분(membership of a particular social group), 정치적 견해(political opinion)라는 5가지 이유로 인한 것일 것, 넷째, 그러한 공포로 인하여 국적국이나 상주국의 보호를 받을 수 없거나 보호를 받는 것을 원하지 않을 것이라는 요건이 인정되어야 한다.

한편 난민협약 제1조 제A항 제2호에서는 위 4가지 요건에 부가하여 '자신의 국적국 밖에 있는 자일 것'을 규정하고 있는데, 법 제2조 제1호는 '국적국의 보호를 받을 수 없거나 보호받기를 원하지 아니하는 외국인'이라고 표현하고 있으므로, 결과적으로 난민협약과 난민법에서 규정하는 난민 개념은 동일하다고 볼 수 있다.[69]

대법원은 "행정청은 원칙적으로 난민 요건에 해당하는지 여부를 심사하여 난민인정 여부를 결정할 수 있을 뿐이고, 이와 무관한 다른 사유만을 들어 난민인정을 거부할 수는 없다."라고 판시하고 있으며,[70] "행정소송에서 행정처분의 위법 여부는 행정처분이 행하여졌을 때의 법령과 사실 상태를 기준으로 판단하여야 하고, 처분 후 법령의 개폐나 사실상태의 변동에 의하여 영향을 받지 않으므로, 난민인정거부처분의 취소를 구하는 취소소송에서도 그 거부처분을 한 후 국적국의 정치적 상황이 변화하였다고 하여 처분의 적법 여부가 달라지는 것은 아니다."라고 판시하고 있다.[71]

가. '박해'에 관한 공포

(1) 박해의 의미

난민법은 '박해'가 무엇인지를 명시적으로 정의하고 있지 않다. 다만 법 제3조(강제송환의 금지)는 "난민협약 제33조 및 「고문 및 그 밖의 잔혹하거나 비인도적 또는 굴욕적인 대우나 처벌의 방지에 관한 협약」(이하 '고문방지협약'이라고 한다) 제3조[72]에 따라 본인의 의사에 반하여 강제로 송환되지 아니한다." 라고 규정하고 있고, 난민협약 제33조 제1항은 "체약국은 난민을 어떠한 방법으로도 인종, 종교, 국적, 특정 사회집단의 구성원 신분 또는 정치적 의견을 이유로 그 생명

69) 최근에는 이른바 국내피난민(internally displaced persons)의 보호 문제에 대하여 국제사회의 관심이 높아지고 있다. 국내피난민은 지금까지 자신이 살던 거주지에서 쫓겨나긴 했지만 국제적으로 승인된 국경선을 넘지는 않은 사람들로서(즉, 국적국 밖에 있는 자가 아니어서 난민협약상의 난민개념에는 해당하지 않는다) 그 숫자가 전 세계적으로 난민보다 많은 것으로 알려져 있다. 유엔난민기구는 국내피난민들에게 보호와 지원을 제공할 일반적인 권한을 갖고 있지는 않으나, 일부 집단에 대해서는 유엔사무총장이나 총회의 요청에 따라 관련 국가의 동의를 얻어 제한된 범위에서 활동을 하고 있다. 김대순, 국제법론 제16판, 삼영사(2010), 857면

70) 대법원 2017. 12. 5. 선고 2016두42913 판결(미성년자인 원고의 어머니가 국적국으로 돌아가면 원고가 여성 할 례를 받을 수밖에 없다고 주장하면서 난민인정 신청을 하였는데, 행정청은 원고가 국적국으로 돌아갈 경우 할례를 받을 가능성이 있는지는 언급하지 않은 채 '원고의 어머니가 난민으로 인정되지 않으므로 원고도 난민에 해당하지 않는다'는 이유로 난민불인정결정을 한 사안)

71) 대법원 2008. 7. 24. 선고 2007두3930 판결 등

72) ① 어떠한 당사국도 고문 받을 위험이 있다고 믿을만한 상당한 근거가 있는 다른 나라로 개인을 추방·송환 또는 인도하여서는 아니 된다.
② 위와 같이 믿을만한 근거가 있는지 여부를 결정하기 위하여, 권한 있는 당국은 가능한 경우 관련국가에서 현저하며 극악한 또는 대규모 인권침해 사례가 꾸준하게 존재하여 왔는지 여부를 포함하여 모든 관련사항을 고려한다.

또는 자유가 위협받을 우려가 있는 영역의 국경으로 추방하거나 송환하여서는 아니 된다." 라고 규정하고 있다. 따라서 위 규정들의 내용에 비추어 보면 최소한 '생명 또는 자유에 대한 위협'은 박해에 포함된다는 점을 쉽게 인정할 수 있다.

다툼이 있을 수 있는 부분은 그 외 어떠한 권익에 대한 침해가 난민법상 박해에 포함될 수 있는지 인데, 주요 선진국들은 박해를 비단 생명 또는 신체적 자유에 대한 위협에 국한하지 않고, 예컨대 정신적 고통 또는 경제적 박탈이 기본적 인권에 대한 심각한 침해로 여길 수 있을 때에도 박해에 해당한다고 보고 있다.[73)][74)]

대법원도 박해의 개념을 '생명, 신체 또는 자유에 대한 위협'뿐만 아니라 '인간의 본질적 존엄성에 대한 중대한 침해나 차별을 야기하는 행위'까지 포함하는 넓은 의미로 파악하면서,[75)] "동성애라는 성적 지향 내지 성정체성이 외부로 공개될 경우 출신국 사회의 도덕규범에 어긋나 가족이나 이웃, 대중으로부터의 반감과 비난에 직면할 수 있어, 이러한 사회적 비난, 불명예, 수치를 피하기 위해서 스스로 자신의 성적 지향을 숨기기로 결심하는 것은 부당한 사회적 제약일 수 있으나, 그것이 난민협약에서 말하는 박해, 즉 난민신청인에 대한 국제적인 보호를 필요로 하는 박해에 해당하지는 아니하나, 난민신청인의 성적 지향을 이유로 통상적인 사회적 비난의 정도를 넘어 생명, 신체 또는 자유에 대한 위협을 비롯하여 인간의 본질적 존엄성에 대한 중대한 침해나 차별이 발생하는 경우에는 난민협약에서 말하는 박해에 해당한다."라고 판시하였다.[76)]

(2) 박해의 주체

박해는 정부 당국의 동의 아래 집단 또는 개인이 자행하는 경우를 포함하나

---

73) 박해와 관련한 주요 선진국들의 관행(개별 행위별 판단례)을 정리한 내용으로는, 주진열, "출입국관리법 제2조 제2의2호 소정의 난민(難民)의 의미 : 대법원 2008. 7. 24. 선고 2007두3930 판결", 「사법」 제6호, 사법연구지원재단 2008. 12., 313면.

74) 박해의 개념을 '기본적인 인권의 침해'와 '국가보호의 실패'라는 두 가지 요소를 포함하여 이해하는 시각이 있는데, 이러한 견해는 Hathaway 교수가 'The Law of Refugee Status'(1991)에서 박해를 '국가보호의 실패에서 비롯된 기본적 인권에 대한 지속적이거나 체계적인 침해'라고 정의한 데에서 비롯된 것이다. 김성수, "협약상 난민의 요건과 출입국관리법상 난민인정에 관한 고찰", 재판자료 제105집(외국사법연수논집 24), 법원행정처(2004), 47면

75) 대법원 2013. 4. 25. 선고 2012두14378 판결, 2008. 7. 24. 선고 2007두3930 판결(나르씨쓰 판결)

76) 대법원 2017. 7. 11. 선고 2016두56080 판결(이집트 출신의 원고가 자신이 동성애자여서 출신국에서 박해를 받을 우려가 있다고 주장한 사안)

통상 국적국의 정부 당국이 자행하는 것이 일반적이다. 그러나 항상 그런 것은 아니며, 국적국의 일부 계층 등 다른 개인이나 단체도 박해의 주체가 될 수 있고, 이 경우 난민신청자에 대하여 효과적인 보호를 제공할 의사가 없거나 보호를 제공할 능력이 없다면 난민신청자는 난민으로 인정할 수 있다.[77)]

나. 박해의 5가지 '이유'

법 제2조 제1호는 난민을 '인종 · 종교 · 국적 · 특정 사회집단의 구성원인 신분 또는 정치적 견해를 이유로 박해를 받을 수 있다고 인정할'이라고 정의하여 박해의 이유를 난민협약과 같이 보고 있다. 위 요건은 경제적 이주민(economic migrant)이 폭발적으로 증가하는 현대사회에서 순전히 경제적 이유로만 이주한 사람을 난민법상의 난민과 어떻게 구별할 것인가 하는 관점에서 그 중요성이 강조되는 부분이다.

난민신청자는 위 5가지 중 하나의 이유로 박해를 받을 우려가 있다는 충분한 근거를 갖춘 공포가 있음을 증명하여야 한다. 박해가 위 5가지 중 하나의 이유로 또는 둘 이상의 복합적인 이유로 발생된 것인지는 중요하지 않다(편람 제66항).

위 5가지 이유가 박해의 유일하거나 주요한 요인일 필요도 없다. 박해와 위 5가지 이유 사이에 관련성이 있다고 인정할 수 있으면, 위 5가지 이외의 사유가 상대적으로 더 지배적인 역할을 한다고 하더라도 난민법상 박해의 이유가 존재하는 것으로 보아야 한다.[78)] 또한, 난민법상의 박해사유와 함께 다른 동기(예컨대, 경제적 동기)가 뒤섞여 있다 하더라도 난민으로 인정하는 데 방해가 되지 않는다.

아래에서는 박해의 5가지 이유에 관하여 구체적으로 살피고자 한다.

(1) 인종

인종(race)은 모든 종류의 민족적 집단을 포함하는 넓은 의미로 이해함이 보

---

77) 한편 개개의 구체적인 사안에서 박해의 주체가 누구인가를 결정하는 문제는 종종 후술하는 국내적 이주대안(Internal Relocation Alternative)의 문제와 연결된다.

78) 조정현, "난민지위협약상 박해의 이유", 「난민의 개념과 인정절차」, 경인문화사 2011, 129면

통이다. 이는 주로 다수의 인구 중 소수 민족집단을 구성하는, 공통 가계로 이루어진 특정 사회집단의 구성원을 말하지만, 과거 남아프리카공화국이나 르완다의 경우처럼 소수 인종이나 민족이 다수 인종이나 민족을 지배하는 경우도 충분히 상정할 수 있으므로, 단순히 상대적 소수인지 다수인지보다는 실효적인 정치적 힘의 부재로 심각한 피해의 우려가 있는지, 국가의 관련 보호를 받을 수 없는지가 난민 지위의 판정에 있어서는 중요한 분석기준이 된다.[79]

단지 특정한 인종집단에 속한다는 사실만으로는, 난민 지위의 주장의 정당성을 증명하기에 통상 충분하지 않다. 그러나 그 집단에 영향을 주는 특별한 상황 때문에, 그 구성원이라는 사실 자체로 박해를 받을 우려가 있다는 충분한 근거가 있는 공포를 가지는 상황이 있을 수 있다(편람 제70항).

난민신청자들이 인종을 이유로 한 박해를 주장하는 경우로는 종래에는 미얀마의 소수민족(친족, 카렌족)과 방글라데시의 줌마(Jumma)인 등이 있었고, 최근에는 수단에서의 아랍계 민족들에 의한 아프리카계 민족들에 대한 박해, 러시아에서 러시아인들의 우즈벡족, 키르기즈족 등에 대한 박해, 나이지리아에서의 이보족에 대한 박해, 에티오피아에서의 티그라이족의 암하라족, 오모로족 등에 대한 박해[80] 등이 있다.[81]

(2) 종교

세계인권선언 및 국제인권규약은 사상, 양심 및 종교의 자유에 대한 권리를 선언하고, 이 권리는 자신의 종교를 변경할 자유, 또는 공적 혹은 사적으로 교육, 신봉, 숭배 및 의식에 있어서 자신의 종교를 표현할 자유를 포함하고 있다(편람 제71항).[82] 종교를 이유로 한 박해는 다양한 형태를 생각할 수 있는데,

---

79) 조정현(각주 78), 117면

80) 다만 에티오피아는 2018년경 오모로족 출신이 집권을 함에 따라 국내 정세가 바뀌었고, 2020년 11월경 티그라이 지역에서 에티오피아 정부군과 종전 집권당이었던 TPLF(Tigray People's Liberation Front, 티그라이 인민해방전선)가 전쟁 중이다.

81) 수단, 나이지리아, 에티오피아 등에서의 인종차별로 인한 박해사유는 그로 인한 정치운동과 맞물려 있어 정치적 견해를 이유로 한 박해 사유와 함께 주장되고 있다.

82) 다만, 서울고등법원 2018. 1. 18. 선고 2017누74803 판결(심리불속행 상고기각으로 확정)은 「종교를 공개할 경우 국가로부터 차별을 당할 수 있으므로 스스로 자신의 종교를 숨기기로 결심하는 것만으로는 난민협약에서 말하는 박해에 해당되지 않는다」고 판단하였다.

종교 단체의 구성원 신분, 개인적 또는 공적 숭배, 또는 종교교육의 금지, 또는 자신의 종교를 신봉하거나 특정의 종교집단에 속한다는 이유로 중대한 차별조치를 가하는 경우를 생각할 수 있다(편람 제72항). 단지 특정 종교집단의 구성원이라는 이유만으로는 난민 지위 주장의 정당성을 증명하기에 통상 충분하지 않다. 그러나 단순히 그 구성원이라는 이유로 박해를 받을 우려가 있다는 충분한 근거가 있는 공포를 가지는 특별한 상황이 있을 수 있다(편람 제73항).

대법원은 이란 국적의 이슬람교도였던 난민신청자가 한국에서 교회를 다니고 세례를 받은 후 지속적으로 신앙훈련을 받았는데 이러한 사실이 이란에 있는 난민신청자의 가족과 지인들에게 알려진 경우, 이란의 기독교 개종 등에 대한 박해상황을 고려할 때 박해를 받을 충분한 근거 있는 공포가 인정된다고 판시한 원심 판단을 수긍한 바 있다.[83]

대법원은 "파룬궁 수련자들이 난민으로 인정받기 위하여는 중국 내에서 처벌대상이 되는 파룬궁 관련 활동으로 체포 또는 구금과 같은 박해를 받아 한국에 입국한 사람으로서 중국으로 돌아갈 경우 중국 정부로부터 박해를 받을 우려가 있다는 충분한 근거 있는 공포를 가진 사람이거나, 한국에 체류하면서 파룬궁과 관련한 적극적이고 주도적인 활동으로 중국 정부가 주목할 정도에 이르러 중국으로 돌아갈 경우 중국 정부로부터 박해를 받을 우려가 있다는 충분한 근거 있는 공포를 가진 사람에 해당하여야 한다."라고 판시하였다.[84][85]

---

83) 대법원 2012. 3. 29. 선고 2010두26476 판결, 이후에도 이란 국적의 난민신청자가 기독교로 개종함으로 인하여 박해를 받을 충분한 근거가 있는 공포가 있다는 이유로 인용 판결이 선고된 사건이 다수 있다[서울행정법원 2014. 4. 25. 선고 2013구합56713(항소기각 및 심리불속행 상고기각으로 확정), 수원지방법원 2018. 2. 13. 선고 2017구합67316(항소기각으로 확정), 서울행정법원 2019. 8. 30. 선고 2018구단70571(항소기각 및 심리불속행 상고기각으로 확정), 서울행정법원 2021. 5. 27. 선고 2020구단19418 판결(확정) 등]

84) 대법원 2013. 4. 25. 선고 2012두14378 판결(파룬궁 사건, 원고가 오로지 난민 지위를 인정받을 목적으로 파룬궁 관련 활동에 관여한 것은 아닌지, 원고의 활동이 중국 정부의 주목을 끌 정도에 이르렀는지 등을 충분히 심리하여 박해를 받을 충분한 근거 있는 공포를 가진 사람에 해당하는지를 판단하였어야 함에도 난민신청 후에야 이루어진 몇몇 파룬궁 관련 활동에만 주목한 채 난민에 해당한다고 인정하였다는 이유로 파기환송함), 대법원 2016. 7. 22. 선고 2015두59129호 판결(원고가 스리랑카 불교신자로서 기독교로 개종한 사안으로, 원고가 스리랑카로 돌아갈 경우 원고 주장의 불교집단 등으로부터 박해를 받게 될 것이라는 공포는 충분한 근거가 있다고 보기 어렵고, 나아가 그러한 박해가 있을 경우 국적국의 보호를 받을 수 없다고 보기도 어렵다는 이유로 파기환송함)

85) 중국 국적의 전능신교 난민신청자들의 난민불인정결정취소 사건에서 대법원 2012두14378 판결의 법리가 그대로 적용되고 있다.

(3) 국적

'국적'이라는 용어는 단순히 '시민'으로만 이해할 수 없는 것으로서, 민족적 또는 언어적 집단의 구성원을 말하기도 하고, 가끔은 '인종'이라는 용어와 중복하여 사용할 수도 있다. 국적을 이유로 한 박해로는 민족적 · 언어적 소수자에 대한 불리한 대우와 조치를 들 수 있다. 일정한 경우 그러한 소수자에 속한다는 사실만으로 박해를 받을 우려가 있다는 충분한 근거가 있는 공포를 야기하는 상황이 있을 수 있다(편람 제74항).

한 국가 내에 2개 이상의 민족적 · 언어적 소수 집단이 공존하는 사실은 분쟁과 박해상황, 또는 박해의 위험을 야기할 수 있다. 민족 집단 간의 분쟁이 정치적 운동과 결합하는 경우, 특히 정치적 운동이 특정의 '국적'과 결합하는 경우, 국적을 이유로 한 박해와 정치적 견해를 이유로 한 박해 간의 구별은 그리 쉽지 않다(편람 제75항).

대부분의 경우 국적을 이유로 한 박해는 소수에 속하는 사람에게 공포의 이유가 되지만, 지배권을 가진 것이 소수집단인 경우에는 다수에 속하는 사람에게 공포의 이유가 될 경우도 적지 않다(편람 제76항).

난민협약 제1조 제A항 제2호에서는 이중국적자 또는 다국적자의 국적과 관련하여 "2개 이상의 국적을 가진 사람의 경우, '국적국'의 용어는 그가 국적을 가지고 있는 국가 각각을 의미하며, 또한 충분한 근거가 있는 공포에 기초한 정당한 이유 없이 국적국 중 어느 한 국가의 보호를 받고 있지 아니하였다면 당사자에게 국적국의 보호가 없는 것으로 인정되지 아니한다."고 규정되어 있다.

위 조항은 국적국들 중 적어도 한 국가의 보호를 받을 수 있는 이중국적자 또는 다국적자를 난민 지위에서 배제할 의도로 마련된 것이다.[86] 국민에 대한 보호가 항상 가능한 경우, 국가의 보호는 국제적 보호보다 우선한다(편람 제106항). 이중국적 또는 다국적을 가진 신청자의 사안을 조사하는 경우, 법적 의미의

86) 서울행정법원 2019. 6. 19. 선고 2018구단10463 판결(항소기각으로 확정, 원고는 대한민국에서 기니 출신의 아버지와 가나 출신의 어머니 사이에서 출생을 하였는데, 기니와 가나 어디에도 출생신고를 한 바가 없고 여권을 발급받은 사실도 없으나, 가나의 국적법에 의하면 원고는 출생에 의하여 원고의 모의 국적인 가나 국적을 취득한 것으로 보이는바, 원고가 기니와 가나에서의 여성 할례의 위험을 주장하고 있지만, 기니에서 여성 할례의 위험이 있다고 하더라도 가나에서 할례를 당할 위험은 거의 없다고 판단한 사안)

국적 보유와 그 국적국의 보호를 받을 수 있는 가능성 간의 구별을 명확히 할 필요가 있다. 신청자가 공포가 있다고 주장하지 않은 국가의 국적을 가지고 있으나, 그러한 국적은 통상 국민에 대하여 부여되는 보호가 수반되지 않는 한 실효성이 없는 경우가 있을 수 있다.[87] 그러한 경우 제2의 국적의 보유는 난민 지위와 모순되지 않는다. 일반적으로, 부여된 국적이 실효성이 없음을 증명하기 전에 그 국적에 따른 보호의 요청과 보호의 거부가 있어야 한다. 보호의 명확한 거부가 없는 경우라도, 합리적 기간 내에 응답이 없다면 보호의 거부로 볼 수 있다(편람 제107항).

(4) 특정 사회집단의 구성원 신분

특정 사회집단(particular social group)의 구성원 신분이라는 개념에 대해서는 사실상 박해의 원인이 따로 문제되지 않을 정도로 넓게 인정하는 입장에서부터 나머지 박해의 원인을 일반화한 것 이상의 의미는 없다고 보아 독자적인 존재 의의를 부정하는 입장에 이르기까지 다양한 의견이 있다. 이러한 불확정성, 개방성이 난민보호의 확대에 근거를 마련해 주는 긍정적인 역할을 하기도 한다.[88]

'특정 사회집단'은 통상 유사한 배경, 습관, 또는 사회적 지위를 가진 사람들로 이루어진다.[89] 이 항목을 근거로 한 주장은 수로 다른 이유 즉, 인종, 종교 또는 국적을 근거로 한 주장과 겹칠 수 있다(편람 제77항).

집단 스스로 자신들에 대하여 다르게 인식하는지 아니면 박해자가 그들을 다

87) 제주지방법원 2017. 12. 13. 선고 2017구합5304호 판결(항소기각으로 확정, 원고는 중국 및 라오스 국적을 가지고 있으나, 원고가 라오스 국적을 취득한 경위, 라오스 여권의 기재 내용 등에 비추어 보면, 원고가 취득한 라오스 국적은 그 법률상 효력이 문제될 소지가 크다는 이유 등으로 원고의 국적국이 라오스임을 전제로 하여, 원고가 라오스 정부로부터 박해를 받은 경험이나 향후 박해를 받을 위험성이 없다는 점을 주된 이유로 한 이 사건 처분의 적법성은 더 이상 유지되기 어렵다고 판단한 사안)

88) 김성수, "난민의 요건과 출입국관리법상 난민인정에 관한 검토", 「난민의 개념과 인정절차」, 경인문화사 2011, 203면

89) 특정 사회집단은 ① 공통의 특성을 공유한 집단과 ② 사회에서 특정 사회집단의 구성원으로 인식하는 집단으로 구분할 수 있다. 그 중 ① 공통의 특성을 공유한 집단은 다시 (a) 변경이 불가능한 특성을 공유한 집단(이는 다시 ㉠ 여성, 인종, 카스트, 민족 등 선천적인 집단과 ㉡ 퇴역군인, 지주, 전직 노동조합원 등 역사적인 집단으로 나뉜다)과 (b) 변경이 불가능하지는 않지만 인간의 존엄과 관련하여 포기를 강요할 수 없는 특성을 공유한 집단(예컨대, 인권운동가 등)으로 나뉘고, ② 사회에서 특정 사회집단의 구성원으로 인식하는 집단의 대표적인 예로는 여성, 가족, 동성애자, 특정 직업, 사회적 계층 등을 들 수 있다.

르게 인식하는지에 상관없이 어떤 식으로든 집단은 다른 집단과 구분되어야 한다. 집단 구성원들이 서로 알고 있거나 서로 연합하고 있는지는 문제가 아니고 집단의 규모도 마찬가지이다. 예를 들어 '여성'을 하나의 사회집단으로 인정하는 것이 적절한 경우가 있을 수 있다. 또한 사회집단의 가장 가시적인 예 가운데 하나로 가족을 들 수 있다. 정치 활동가나 반대파들을 처벌하거나 항복하게 하거나 활동을 중지시키기 위해 그들의 가족 구성원들을 박해의 대상으로 삼을 수 있는데, 이런 경우에 난민 지위의 근거가 발생한다.

한편 '특정 사회집단의 구성원 신분'이란 용어는 다양한 사회에서 다양하게 변화하는 집단의 성격과 발전하는 국제인권규범을 반영하여 발전적인 관점에서 해석하여야 한다.

대법원은 "난민인정 요건인 '특정 사회집단의 구성원인 신분을 이유로 한 박해'에서 '특정 사회집단'이란 한 집단의 구성원들이 선천적 특성, 바뀔 수 없는 공통적인 역사, 개인의 정체성 및 양심의 핵심을 구성하는 특성 또는 신앙으로서 이를 포기하도록 요구해서는 아니 될 부분을 공유하고 있고, 이들이 사회환경 속에서 다른 집단과 다르다고 인식되고 있는 것을 말한다."라고 판시하면서, 〈국적국으로 송환될 경우 여성 할례를 당하게 될 위험을 이유로 난민신청을 한 사건〉에서는 "라이베리아 공화국 출신의 원고에 대한 의료 목적이 아닌 전통적 · 문화적 · 종교적 이유로 여성 생식기의 전부 또는 일부를 제거하거나 여성 생식기에 상해를 입히는 행위인 '여성 할례'(Female genital mutilation)는 여성의 신체에 대하여 극심한 고통을 수반하는 직접적인 위해를 가하고 인간의 존엄성을 침해하는 행위로서, 특정 사회집단의 구성원이라는 이유로 가해지는 '박해'에 해당한다."라고 판시하였다.[90] 〈이집트 출신의 원고가 자신이 동성애자여서 출신국에서 박해받을 우려가 있다고 주장한 사례〉에서는 "난민신청자의 '동성애'라는 성적 지향이 난민신청자의 출신국 사회의 도덕규범이나 법규범에 어긋나 그것이 외부로 드러날 경우 그로 인해 박해에 노출되기 쉬우며, 이에 대해 출신국 정부에서 보호를 거부하거나 보호가 불가능한 경우에는 특정 사회집단에 해당한다고 볼 수 있다."라고 판시하였다.[91][92]

---

90) 대법원 2017. 12. 5. 선고 2016두42913 판결

(5) 정치적 견해

정부의 의견과 다른 정치적 견해를 가지는 것 자체는 난민 지위를 주장할 수 있는 근거가 되지 않고, 난민신청자는 그러한 정치적 견해를 가지고 있음으로 인하여 박해를 받을 우려가 있는 충분한 근거 있는 공포를 가지고 있음을 증명하여야 한다. 이는 난민신청자가 정부기관이 용인하지 않는 견해를 가지고 있고, 그 견해가 당국의 정책이나 방법을 비판하는 것임을 전제로 한다. 또한 그러한 견해가 당국의 주목을 받거나 당국이 그러한 비판적 견해가 난민신청자에게서 말미암은 것이라고 알고 있음을 전제로 한다(편람 제80항).

또한 난민신청자는 자신이 표현한 정치적 견해와 고통을 가하거나 공포를 야기하는 관련 조치 사이의 인과관계를 증명하여야 하는데, 그러한 조치가 난민신청자의 견해에 명백하게 기인하는 경우는 극히 드물고 그러한 조치는 종종 정권에 대항한 범죄행위에 대한 제재의 형태를 취하기 때문에 이를 증명하는 것이 불가능한 때가 있다. 따라서 난민신청자의 행동의 근원이 된 정치적 견해와 그 견해가 공포의 대상으로 주장한 박해를 야기하였거나 야기할 수 있다는 사실을 증명하는 것이 필요하다(편람 제81항).

난민신청자가 출신국을 떠나기 전에 정치적 견해를 반드시 표명했어야 하는 것은 아니고, 이른바 체재 중 난민의 경우처럼 출국 후 체류국에서 정치적 견해를 표명하고 이로 인하여 귀국할 때 박해를 받을 위험이 생기는 경우도 충분히 상정할 수 있다. 이러한 경우에는 박해를 받을 우려가 있다는 충분한 근거가 있는 공포가 존재하는지에 대한 판단은 정치적 성향을 가지고 있는 난민신청자가 출신국으로 돌아간다면 직면하게 될 결과를 평가하는 것이어야 한다(편람 제83항).

난민신청자가 자신의 견해를 아직 표현하지 않은 경우에도 난민신청자의 강

91) 대법원 2017. 7. 11. 선고 2016두56080 판결

92) 유엔난민기구는 2008. 11. 21. "성적 지향과 성 정체성과 관련된 난민신청에 대한 지침서"(UNHCR Guidance Note on Refugee Claims Relating to Sexual Orientation and Gender Identity)를 발간하였는데, 위 지침서는 여러 국내외적 규범에 의하여 성적 지향을 이유로 한 차별이 금지됨을 언급하면서, 출신국가에 동성애자 등에 대한 처벌규정이 있는 경우나 비국가적 박해자가 문화적 규범에 따라 동성애자 등에게 박해를 가하고 국가가 이러한 박해로부터 동성애자 등을 보호하려고 하지 않는 경우에 난민 요건에 해당할 수 있으며, 성적 지향 또는 성 정체성과 관련된 주장의 특성에 비추어 볼 때 난민신청자의 성적 지향 등을 노출하지 않도록 배려하여야 함은 물론 그 주장에 관련한 증거수집의 어려움 등에 비추어 의심스러울 때는 난민신청자에게 유리하게 판단하여야 한다는 등의 내용을 포함하고 있다.

한 확신으로 인하여 자신의 견해를 조만간 표현하고 결과적으로 당국과 충돌하게 될 것이 합리적으로 예견할 수 있는 경우에는 난민신청자는 정치적 견해를 이유로 박해를 받을 공포를 가지는 것으로 인정될 수 있다(편람 제82항).

개인이 정치적 범죄로 기소 또는 형벌의 대상이 되는 경우, 기소가 정치적 견해 때문인지 또는 정치적 동기로 말미암은 행위 때문인지 구별하여야 한다. 기소가 정치적 동기로 인하여 저지른 가벌적 행위 때문에 이루어지고 예상 가능한 형벌이 관련국의 일반법에 부합하는 것이라면, 그러한 기소에 대한 공포를 이유로는 난민신청자에게 난민의 지위를 인정할 수 없다(편람 제84항).

그런데 범죄를 기소하는 것은, 사정에 따라서, 범죄인에 대하여 그의 정치적 견해 또는 그러한 견해에 의한 표현을 처벌하는 구실이 될 수 있다. 또한 정치범은 그가 저질렀다고 당국이 주장한 범죄에 대하여 가혹하거나 자의적인 형벌을 받게 되리라고 믿을 만한 근거가 있을 수 있다. 그러한 가혹하거나 자의적인 형벌은 박해에 해당한다(편람 제85항).[93]

정치범을 난민으로 인정할 수 있는지 결정하는 데는 다음과 같은 요소들을 고려하여야 한다. 즉, 난민신청자의 인성, 그의 정치적 견해, 행위의 동기, 저지른 행위의 성격, 기소의 성격과 그 동기, 끝으로 기소의 근거가 되는 법의 성격을 들 수 있다. 이들 요소는 당사자가 자신이 저지른 행위에 대하여 단순히 법에 따른 기소와 형벌에 대한 공포가 아닌 박해의 공포를 가지고 있음을 증명할 수 있는 것이 된다(편람 제86항).[94]

일반적으로 징병제 국가에서 징집 기피의 유일한 이유가 병역에 대한 반감이나 전투에 대한 공포라면 이는 난민 인정의 사유가 되지 아니하나(편람 제167항, 제168항 참조), 그 징집 기피가 자신의 진실한 정치적, 종교적 신념 등에

---

93) 서울행정법원 2021. 4. 21. 선고 2019구단59137 판결(확정), 서울행정법원 2020. 9. 16. 선고 2019구단69455 판결(항소기각으로 확정), 서울행정법원 2020. 5. 13. 선고 2018구단78025판결(항소기각으로 확정) 등 하급심은 이집트에서 반정부 시위 중에 행하여진 가벌적 행위에 대하여 과도한 형이 선고된 경우에 관하여 정치적 사유로 인한 박해에 해당한다고 보고 있다.

94) 대법원 2012. 2. 9. 선고 2011두25258 판결은 중국 국적자인 난민신청자가 산업연수(D-3) 자격으로 대한민국에 입국한 후 불법체류하다가 본국으로 송환당할 처지에 놓이자 중국에서 탈북자에게 숙식을 제공하는 등 탈북자 지원활동을 하였기 때문에 중국으로 돌아갈 경우 정부로부터 박해를 받을 우려가 있다며 난민인정신청을 한 사안에서 「입국 경로, 입국 후 난민신청까지의 기간, 난민신청 경위 등 여러 사정에 비추어 볼 때 난민신청자가 '정치적 의견을 이유로 박해를 받을 충분한 근거 있는 공포'를 가지고 있음이 증명되었다고 볼 수 없다」고 판시한 바 있다.

의하여 이루어진 것으로 평가될 수 있을 때에는 난민의 지위가 인정될 수도 있는데, 이 경우 징집 기피의 이유가 되는 정치적 신념 등의 진실성은 철저히 조사되어 입증되어야 한다(편람 제170항 내지 174항 참조).[95] 대법원은 "단순히 강제징집을 거부한 사정만으로는 박해의 원인이 있었다고 할 수 없으나, 그 징집 거부가 정치적 동기에 의하여 이루어지는 등 정치적 의견을 표명한 것으로 평가될 수 있을 때에는 박해의 원인이 있었다고 할 수 있다."라고 판시하였다.[96]

한편, 국제적 또는 국내적 무력충돌의 결과로 출신국을 강제로 떠날 수밖에 없었던 사람은 통상 난민협약이나 난민의정서에 의하여 난민으로 간주되지 않는다(편람 제164항). 이에 따라 국적국의 정세가 위험하고 치안이 불안정하다는 일반적이고 추상적인 국가정황의 문제만으로는 정치적 견해를 이유로 한 박해로 보고 있지 않다.

(6) 박해 이유의 발생 시기(이른바 '체재 중 난민'의 문제)

본국을 떠날 때에는 난민이 아니었는데 이후 난민이 된 자를 '체재 중 난민(Refugee *sur place*)'이라고 한다. 난민법과 난민협약에서는 난민신청자가 국적국 또는 상주국을 떠나기 전에 이미 난민 지위의 요건을 갖출 것을 요구하고 있지 않다. 따라서 박해의 이유가 국적국 또는 상주국을 떠나온 이후에 발생하더라도 난민으로 인정할 수 있다. 체재 중 난민은 난민신청자가 국적국에 없는 동안 국적국의 상황 변화(쿠데타와 같은 정치적 변화 등)에 의하여 발생할 수도 있고, 이미 인정받은 난민과 결합하거나 또는 거주국에서 정치적 견해를 표명하는 것과 같은 난민신청자가 국외에서 한 행동의 결과로 발생할 수도 있다(편람 제95항, 제96항).

거주국에서 정치적 의견을 표명하는 것과 같은 자신의 행동의 결과로서 체재

95) 서울행정법원 2019. 10. 16.선고 2019구단52440 판결(항소기각 및 심리불속행 상고기각으로 확정)은 시리아 정부의 지지기반과 대립관계에 있는 수니파 무슬림이자 테러단체가 지배한 지역의 출신 사람으로 해외에서 장기간 체류하는 방법으로 시리아 정부로부터의 강제징집을 기피하였고, 그로 인하여 시리아 정부에 대한 정치적 반대 의견을 가지고 있는 것으로 간주되어 박해의 우려가 있다며 난민인정을 신청한 사안에서 「국적국으로부터 실제 강제징집을 당하였다고 인정하기 어려울 뿐만 아니라, 난민신청자의 그동안의 정치 활동 이력 등에 비추어 보면 진실한 정치적 신념에 따른 징집 기피라고 보기 어렵다」는 취지에서 난민불인정결정 취소청구를 기각하였다.

96) 대법원 2008. 7. 24. 선고 2007두3930 판결

중 난민을 주장하는 경우에는 그러한 행동이 출신국 당국의 주목을 받을 수 있는 것인지 또는 그러한 행동이 출신국 당국에 의하여 어떻게 판단될지 유의하여야 한다(편람 96항).[97)]

대법원은 "국적국을 떠난 후 거주국에서 정치적 의견을 표명하는 것과 같은 행동의 결과로서 '박해를 받을 충분한 근거 있는 공포'가 발생하였다면, 난민으로 보호받기 위하여 스스로 박해의 원인을 제공하였다는 이유만으로 난민인정을 거부할 수 없다."라고 판시하여 체재 중 난민을 인정하는 취지의 원칙적 입장을 표명하면서도, 그저 국적국 대사관 앞에서 시위하거나 시위하는 모습이 사진에 찍혔다는 사정만으로는 국내 정치활동으로 귀국 시 박해를 받을 충분한 근거 있는 공포를 갖는 난민에 해당한다고 보기 부족하다고 판단한 사례가 있다.[98)] 또한 대법원은 대한민국에 입국한 이후 이슬람교에서 기독교로 개종한 이란 국민에 대하여 출신국으로 돌아갈 경우 종교를 이유로 박해를 받을 충분한 근거가 있는 공포가 있다는 이유로 난민의 지위를 인정하였는데 위 판결은 개종을 이유로 한 체재 중 난민을 인정한 사례이다.[99)]

(7) 가족결합원칙

가장이 난민 정의의 기준을 충족하면, 통상 가족결합의 원칙에 따라 그의 부양가족에게도 난민 지위가 인정된다. 그러나 부양가족이 비호국이나 다른 국가의 국민으로 그 국가의 보호를 받을 수 있는 경우에는 난민의 지위를 인정해 줄 것을 요구할 수 없다. 난민의 가족 구성원이 가족결합의 원칙에 의하여 혜택을 받을 수 있는 것에 대하여 최소한의 요건으로 배우자와 미성년자인 자녀를 포함하고, 실제로 난민의 다른 부양가족, 예컨대 고령의 부모와 같이 생계를 같이 하는 부양가족이 통상 포함된다.[100)] 한편, 가장이 난민이 아닌 경우에도 그의 부

97) 서울고등법원 2018누38460 판결(심리불속행 상고기각으로 확정) 등은 체재 중 난민에 해당하는지 여부에 관하여 '난민신청자의 정치적 신념 또는 행위가 국적국의 주의를 끌거나 주목을 받을 수 있는지 여부'로 판단하고 있다.

98) 대법원 2011. 7. 14. 선고 2008두12559 판결

99) 대법원 2012. 3. 29. 선고 2010두26476 판결. 서울행정법원도 유사한 사례에서 체재 중 난민을 인정한 바 있다. 서울행정법원 2011. 7. 15. 선고 2011구합6561 판결(항소기각으로 확정), 2011. 7. 14. 선고 2011구합6578 판결(항소기각으로 확정), 2011. 7. 14. 선고 2011구합6301 판결(항소기각으로 확정)

100) 서울행정법원 2021. 5. 27. 선고 2020구단19418 판결(확정)은 이슬람교에서 기독교로 개종한 이란 국

양가족이 자신의 사유로 난민인정 신청을 하는 것을 방해받지 않는바, 가족결합의 원칙은 부양가족에게 유리하게 적용되고, 불리하게는 적용되지 않는다(편람 제184항, 제185항).[101]

미성년자가 부모 일방(혹은 쌍방) 또는 다른 가족과 동반하는 경우, 부모나 다른 가족이 난민 지위를 구하면 미성년자의 난민의 지위는 가족결합의 원칙에 따라 결정된다(편람 213항).[102]

(8) 증명책임

난민인정 요건에 대한 증명책임은 난민신청자에게 있으므로, 난민신청자는 위 5가지 중 최소 하나 이상의 이유와 박해 사이에 관련성이 있음을 증명하여야 한다.

적의 원고에게 본인의 박해사유 외에 난민인정결정을 받은 미성년자인 자녀가 있는 사안에서 「법 제37조 제1항에서 난민인정자의 배우자 또는 미성년자인 자녀가 입국을 신청하는 경우 입국을 허가하도록 규정하고 있을 뿐, 미성년자 자녀가 난민으로 인정받은 경우 그 부모나 부호자의 입국 처리여부에 관한 규정을 두고 있지 않으나, 한 가족 구성원이 특정 국가에 합법적으로 거주하고 있는 경우 가족이 함께 살기 위하여 다른 가족 구성원이 그 국가에 입국하고 거주할 권리를 의미하는 가족결합권은 헌법 제36조 제1항에서 보호되는 권리인 점, 난민협약을 채택한 회의의 권고안에서 미성년자인 난민도 특별히 후견과 입양에 유의하여 보호할 것을 권고하고 있으며, 유럽연합 회원국 중 25개국이 채택한 '가족재결합에 대한 지침' 제10조 제3항에서 미성년자가 난민인정을 받은 경우 그 직계존속의 입국과 체류도 허용하도록 규정하고 있는 점, 미성년자가 난민인정자인 경우 가족결합원칙이 적용되지 않는다고 해석할 경우 미성년자 난민으로서는 박해가 확실시 되는 본국으로 돌아가 부모와 함께 살거나 부모와 떨어져 국내에서 혼자 살아가야 하는 가혹한 선택을 강요받게 되는 점, 난민인 자녀에게도 부모로부터 분리되지 않고 양육을 받을 권리가 있고 이를 보장할 필요성이 있는 점 등에 비추어 난민인 미성년자의 부모에게도 가족결합권을 인정함이 타당하다」고 판단하였다.

101) 서울행정법원 2021. 2. 17. 선고 2019구단9408 판결(확정)은 대한민국에서 유학 중인 짐바브웨 국적의 원고가 배우자의 난민불인정결정을 이유로 난민불인정결정을 받은 사안에서 「원고는 야당 활동 및 반정부 시위 활동을 한 배우자가 짐바브웨를 떠나자 여당 사람들이 자신을 찾고 있어 본국으로 돌아갈 경우 배우자와는 별개로 본인이 박해를 받을 우려가 있다고 주장한 것임에도, 그와 같은 원고 본인에 대한 박해 우려에 대한 심사를 하지 아니한 채 배우자를 난민으로 인정하지 않는다는 사유만으로 원고를 난민으로 인정하지 아니한 것은 위법하다」고 판단하였다.

102) 앞서 본 서울고등법원 2017. 12. 6. 선고 2017누55598 판결(심리불속행 상고기각으로 확정)은 「위 조항에서 규정하고 있는 '가족결합의 원칙'은 부모가 난민으로 인정될 경우 미성년 자녀에게 독자적인 난민인정사유가 없거나 별도의 난민면접절차를 거치지 않았다고 하더라도 가족결합원칙에 따라 난민지위를 부여하라는 의미이지 동반자가 있는 미성년자에게 독자적인 면접절차를 거치지 않아도 된다는 의미로 볼 수 없다」고 판단하였다.

다. '충분한 근거가 있는 공포'

(1) '충분한 근거가 있는 공포'의 의미

난민신청자를 난민으로 인정하기 위해서는, 위에서 살핀 5가지 이유로 박해를 받을 수 있다고 인정할 '충분한 근거가 있는 공포'를 증명하여야 한다. '충분한 근거가 있는 공포'는 '공포'라는 주관적인 심리상태와 '충분한 근거'라는 객관적인 요소로 이루어져 있다. 주관적 요소인 공포를 판단할 때는 난민신청자의 개인적 배경, 가족 배경, 자신이 처해 있는 사정에 대한 본인의 해석 및 개인적 경험 등 난민인정 신청을 하게 된 주된 동기가 공포라는 것을 나타낼 수 있는 모든 것이 고려의 대상이 된다. 한편 객관적인 요소로는 난민신청자의 진술을 평가하는 것이 필요하고, 그의 진술이 '충분한 근거 있는' 것인지 파악하기 위해서는 난민신청자의 성격, 배경, 영향력, 재산, 솔직함 등 모든 요소들을 평가하여야 한다.

판례가 '충분한 근거가 있는 공포'의 개념을 직접 정의한 바는 없지만, 나르씨쓰 판결에서 "그 진술에 일관성과 설득력이 있고 입국 경로, 입국 후 난민 신청까지의 기간, 난민 신청 경위, 국적국의 상황, 주관적으로 느끼는 공포의 정도, 신청자가 거주하던 지역의 정치 · 사회 · 문화적 환경, 그 지역의 통상인이 같은 상황에서 느끼는 공포의 정도 등에 비추어 전체적인 진술의 신빙성에 의하여 그 주장사실을 인정하는 것이 합리적인 경우에는 그 증명이 된 것이다."라고 판시한 바 있다.

나르씨쓰 판결에 따르면, 공포는 원칙적으로 난민신청자 개인이 주관적으로 느끼는 심리상태임을 알 수 있다. 따라서 난민신청자가 주관적으로 어떠한 공포도 갖고 있지 않다면 난민으로 인정하지 않을 수 있을 것이다. 한편 난민신청자 자신이 아무리 주관적으로 공포를 갖고 있다고 주장하더라도, 난민신청자가 살았던 지역의 정치 · 사회 · 문화적 환경 등에 비추어 공포를 느낄 수 있는 객관적 상황을 인정할 수 없거나 또는 난민신청자가 살았던 지역에 거주하는 난민신청자와 같은 처지의 통상인이 국적국 송환 시 박해가능성에 대한 공포를 갖고 있지 않을 것이라고 볼 만한 사정이 있으면 난민으로 인정하지 않을 수 있다.[103]

(2) 증명책임

앞서 살핀 바와 같이 판례는 박해를 받을 '충분한 근거 있는 공포'가 있다는 점을 난민신청자가 증명하여야 한다고 하였으나, 자신이 난민임을 증명할 수 있는 어떤 객관적인 증거 내지 자료를 제시하지 못하더라도 그 진술이 일관성과 설득력을 갖추는 등 신빙성이 있으면 증명책임을 다한 것이라고 한다. 그리고 진술의 신빙성 평가에 따라 난민신청인이 주장하는 과거의 박해 사실이 합리적으로 수긍되는 경우라면 그 출신국의 상황이 현저히 변경되어 박해의 가능성이 명백히 소멸하였다고 볼 만한 특별한 사정이 인정되지 않는 한, 난민 인정의 요건인 박해에 관한 충분한 근거 있는 공포가 있다고 보아야 한다고 보고 있다.[104]

(3) '진술의 신뢰성' 판단을 위한 주요 간접사실

난민신청자의 진술이 신뢰성이 있는지는 여러 간접사실을 종합하여 추론할 수밖에 없다. 아래에서 보는 여러 간접사실은 그 하나하나가 결정적인 역할을 하는 것은 아니므로, 부정적 요소로 고려할 수 있는 몇 가지 사실을 인정할 수 있다는 이유만으로 섣불리 난민의 지위를 부정하여서는 아니 되고 여러 사정을 종합적으로 고려하여 최대한 객관적으로 판단하여야 한다. 아래에서는 진술의 신뢰성 판단을 위한 주요 간접사실들을 표로 정리하여 본다.

(1) 체재 중 난민의 선의	
쟁점	난민인정을 위하여 스스로 박해의 원인을 제공한 경우
판례	난민은 국적국을 떠난 후 거주국에서 정치적 의견을 표명하는 것과 같은 행동의 결과로서 박해를 받을 충분한 근거가 있는 공포가 발생한 경우에도 인정할 수 있고, 난민으로 보호받기 위해 박해의 원인을 제공하였다고 하여 달리 볼 것은 아니라고 판단한 사례가 있는 반면(대법원 2008. 7. 24. 선고 2007두19539 판결, 대법원

103) 주진열(각주 73), 16-17면

104) 대법원 2019. 2. 14. 선고 2018두41723 판결, 대법원 2012. 4. 26. 선고 2010두27448 판결 등

2017. 3. 9. 선고 2013두16852 판결), 난민신청 후에야 이루어진 몇몇 파룬궁(法輪功) 관련 활동에만 주목하여 난민에 해당한다고 속단하여서는 안 되고 원고가 오로지 난민 지위를 인정받을 목적으로 파룬궁 관련 활동에 관여한 것은 아닌지를 충분히 심리해야 한다고 판단한 사례도 있다(대법원 2013. 4. 25. 선고 2012두14378 판결).

(2) 국적국의 주목가능성

쟁점	특히 종교나 정치적 견해를 이유로 한 난민, 그중에서도 체재 중 난민의 경우
판례	1. 국적국의 주목을 받고 있지 않다고 본 사례로는 ① 난민신청자가 국적국에서 별다른 정치활동 등을 하지 않거나 활동을 하였더라도 주도적이고 핵심적으로 활동하지 않은 경우(서울행정법원 2011. 4. 27. 선고 2010구합37353 판결), ② 반정부활동으로 국적국에서 별다른 불이익을 받지 않은 경우(서울고등법원 2011. 3. 24. 선고 2010누29903 판결), ③ 정상적으로 출국하였거나 경제적인 목적으로 입국한 경우(서울고등법원 2011. 6. 14. 선고 2010누39948 판결), ④ 단체의 일반회원으로만 활동하거나 시위나 행사에만 참여한 경우[105] 등이 있고, 2. 국적국의 주목을 받을 가능성이 있다고 한 사례로는 ① 국적국에서 대규모 종교행사를 개최한 경우(서울고등법원 2010. 10. 21. 선고 2010누11889 판결), ② 국적국에서 체포영장이 발부되

105) 서울행정법원 2011. 5. 18. 선고 2010구합45637 판결(항소기각으로 확정, 원고가 1999. 9. 23. 입국한 이후 2008년 1월경 파룬궁 수련을 시작하고 2008년 4월경 중국 공산당 탈당성원대회에 참석한 사안에서 중국 정부가 국외에서 파룬궁 관련 활동을 하는 사람의 인적사항과 그 활동내역 등을 자세히 파악하여 주목하고 있다고는 보이지 아니하므로 위와 같은 단순한 행사 참여 등의 활동만으로 박해가능성이 없다고 판단), 2010. 11. 10. 선고 2010구합25466 판결(항소기각 및 상고기각으로 확정, 원고가 중국 내에서 파룬궁과 관련된 불법 집회나 시위 활동, 공공장소에서의 소란행위, 파룬궁 선전물의 출판 등과 같은 공개적이고 적극적인 활동을 한 적이 없어 단순한 파룬궁 일반 수련생에 불과하였던 것으로 보이고, 대한민국에 입국하여서도 파룬궁 탄압에 대한 항의활동을 함에 있어서 주도적이고 핵심적인 역할을 수행한 것이 아니라 단지 전단지 배포나 행사 참석 등 보조적인 역할을 수행한 것에 불과한 점 등에 비추어 원고가 중국 정부의 특별한 주목을 받아 박해를 받을 우려가 있다고 볼 만한 충분한 근거가 있는 공포를 가진 사람에 해당한다고 보기 어렵다고 판단)

었거나 형이 선고된 경우(서울행정법원 2010. 11. 25. 선고 2010구합22009 판결), ③ 국적국에서 반정부단체에 자금과 식량을 제공하고 이러한 이유로 군인들이 원고의 집을 방문하기도 한 경우(서울고등법원 2011. 7. 12. 선고 2010누27297 판결)에 국적국의 주목을 받고 있다고 본 경우 등이 있다. 체재 중 난민의 경우, 대한민국에 입국한 이후 적극적인 반정부활동 등을 한 경우에 국적국의 주목을 받을 가능성이 있다고 본 판결이 다수 있다.[106]

(3) 견해의 표현

쟁점 종교나 정치적 견해 등을 표현하지 않는 한 박해를 받을 가능성이 없다는 사정을 난민의 지위를 부정하는 사유로 삼을 수 있는지 여부

판례 ① 기독교 개종이 정부의 탄압대상인 것은 사실이나 공개적으로 이슬람교를 배신한다고 선언하거나 모독하지 않는 한 사형당하지 않고, 또한 대중들에게 적극적으로 전도활동을 하지 않는 한 개종한 사실만으로는 처벌받는 경우도 드문 점을 들어 난민 지위의 인정을 위한 적극적 요소로 고려하지 않은 판결도 있으나(서울행정법원 2009. 12. 4. 선고 2009구합30912 판결 등), ② 종교의 자유는 기본적으로 종교 활동의 자유를 포함하는데, 기독교도임을

106) 서울고등법원 2010. 11. 11. 선고 2010누9398 판결(심리불속행 상고기각으로 확정, 대한민국에서 TV 기자 및 프로그램 진행자로 활동하였고, 각종 파룬궁 관련 행사에 참가하면서 사회자나 중문 성명서 낭독자로 활동한 사안), 서울고등법원 2010. 11. 2. 선고 2009누26199 판결(심리불속행 상고기각으로 확정, 미얀마 대사관 앞 등 공공장소에서 6년 이상 동안 지속적으로 1년에 수십 차례에 걸쳐 집회 및 시위를 하고, 원고들이 반정부활동을 표방하면서도 다양한 형태의 캠페인, 기자회견, 문화활동, 인터뷰나 방송출연 기회 등을 활용함으로써 대한민국에서 일반인들에게도 많이 알려지고 국내외의 언론 노출도 잦았던 사안), 서울행정법원 2011. 4. 29. 선고 2010구합37100 판결(항소기각으로 확정, 이란 대통령 부정선거로 인하여 자국 내 반정부 시위가 격화하고 전 세계적인 비난여론이 높아지는 상황에서 2009년 6월 한국과 이란 사이에 있었던 월드컵경기 최종 예선전이 이루어진 월드컵 경기장의 관람석에서 'Free Iran'이라는 문구가 새겨진 현수막을 들고 시위하였고, 이에 대하여 당시 이란 축구팀과 동행한 정부수행팀에서 원고를 비롯한 이란인들의 시위에 대하여 거세게 항의의사를 표출하면서 시위 장면을 사진으로 찍기도 하였으며 위 월드컵 경기장 안팎에서 있었던 국내 거주 이란인들의 시위가 로이터 뉴스로 방영되어 유튜브에 게시되기도 하였고, 그 무렵 이란에서의 부정선거에 대한 반대시위 과정에서 많은 이란인들이 사망한 것과 관련하여 약 4회에 걸쳐 매주 일요일에 주한 이란대사관 앞에서 시위진압 과정에서 사망한 사람의 확대 사진이 출력된 현수막을 들고 시위 등을 하였던 사안), 서울행정법원 2010. 6. 4. 선고 2009구합47293 판결(확정, 대한민국에서 미얀마 정부를 비판하는 블로그를 운영하고 온라인 언론매체에 미얀마에 관한 기사를 작성하여 투고하였으며 뉴스 앵커로 활동하면서 미얀마 정부를 비판하고 미얀마 대사관 앞 항의시위에 참가하거나 1인 시위 등을 한 사안)

숨기고 생활하라고 강요하는 것은 종교의 자유를 거의 포기하게 하는 것이나 다름 없는 점(서울행정법원 2011. 7. 15. 선고 2011구합6561 판결 등), 원고가 중국으로 돌아간 후 파룬궁 수련을 포기하는 내용의 진술서를 제출하여 실질적인 박해를 모면할 가능성이 있고 그런 다음 중국 당국의 감시를 받지 아니하는 은밀한 장소에서 개인적으로 수련을 계속할 수 있다고 하더라도, 그러한 사정을 들어 원고의 난민 지위를 부정하는 것은 원고에게 본국에서 자신의 신념과 배치되는 진술서를 작성한 후 은밀하게 파룬궁을 수련하도록 강요하는 것으로서 원고에게 양심의 자유를 포기하게 하는 것과 다르지 아니한 점(서울행정법원 2011. 8. 18. 선고 2011구합3005 판결) 등을 들어 적극적으로 난민의 지위를 인정하는 판결들도 있다.

참고	특정의 종교나 정치적 견해를 가지고 있음에도 박해를 받을 우려로 이를 외부에 표현하지 못하는 경우 그 자체를 박해의 일종으로 볼 여지가 있다. 다만 그 전제로 난민신청자가 진정으로 그러한 종교나 정치적 신념을 가지고 있다는 점을 인정할 수 있어야 한다.

(4) 입국과 난민신청의 동기

쟁점	난민과 경제적 이주민의 구별
판례	하급심 판결 중에는 경제적 활동을 난민인정 요건의 판단에 있어 부정적 요소로 고려한 것들이 다수 있다(서울행정법원 2011. 6. 29. 선고 2011구합5438 판결 등). 다만 생계를 위한 경제적 활동이 불가피한 점을 들어 난민신청자가 경제적 이유로 난민인정 신청을 한 것이 아니라고 판단한 사례도 있다(서울행정법원 2010. 10. 21. 선고 2010구합17250 판결 등). 체재 중 난민의 경우 경제적인 문제로 대한민국에 입국하였다고 하더라도 이를 문제 삼지 않고 난민의 지위를 인정한 사례가 다수 있다(서울고등법원 2010. 11. 11. 선고 2010누9398 판결 등).

참고	난민신청자일지라도 생존을 위하여 경제활동을 계속할 수밖에 없으므로 다소간의 경제적 동기는 상존한다는 점을 고려해야 한다. 특히 체재 중 난민의 경우에는 입국의 동기를 특별히 문제 삼지 않는다.

(5) 대한민국을 선택한 사정

쟁점①	대한민국을 난민 신청국으로 선택한 데 특별한 사정이 있어야 하는지 여부
판례	하급심 판결 중에는 대한민국을 선택한 구체적인 이유까지 고려할 것은 아니라고 판단한 것도 있고(서울행정법원 2009. 12. 10. 선고 2009구합29370 판결), 대한민국으로의 입국을 사전에 계획하거나 대한민국을 선택한 데 특별한 사정이 없는 경우를 난민 지위 인정에 부정적 요소로 고려한 것도 있다.[107]
참고	난민 신청국의 선택 자체를 난민인정 결격사유로 삼는 것은 옳지 않다는 견해가 많다. 그러나 다른 나라를 선택하는 것이 합리적으로 보이는 특별한 사정이 있는 경우, 진술의 신뢰성에 부정적 요인으로 작용할 가능성이 있다.
쟁점②	대한민국에 입국하기 이전에 경유한 제3국에서 난민신청을 하지 않은 사정이 부정적 요소로 고려될 수 있는지 여부
판례	하급심 판결 중에는 대한민국에 입국하기 이전에 국적국을 떠나 제3국에서 상당 기간 안전하게 거주하였던 사정을 진술의 신빙성, 나아가 난민 지위의 인정과 관련하여 부정적 요소로 삼은 사례들이 있다(서울행정법원 2011. 7. 21. 선고 2011구합7106 판결 등).

107) 서울고등법원 2008. 7. 3. 선고 2008누725 판결(확정, 나이지리아 정부의 박해를 피하기 위하여 국외탈출을 결심하였다면 그 대상국으로는 대한민국보다는 나이지리아의 인접국을 먼저 고려하는 것이 경험칙에 부합한다), 2007. 9. 19. 선고 2007누4355 판결(상고기각으로 확정, 단순히 기독교 개종을 위하여 난민인정 신청을 하고자 하는 것이라면 아무런 연고가 없는 한국이 아니라 처의 고국인 필리핀 등에서 난민신청을 할 수도 있었을 것으로 보인다), 서울행정법원 2008. 4. 11. 선고 2007구합31836 판결(확정, 원고가 박해를 피하기 위하여 해외탈출을 결심하였다면 그 대상국으로는 대한민국보다 네팔의 인접국을 먼저 고려하는 것이 경험칙에 부합한다)

참고 그 자체만으로 난민 지위 인정에 부정적 요소로 고려하는 것은 난민협약의 취지에 어긋나는 면이 있다. 다만 대한민국에 입국하기 이전에 경유한 제3국에서 상당한 기간 머무르는 등 긴밀한 유대 관계가 형성되었음에도 그곳에서 난민인정 신청을 하지 않은 경우에, 박해사유와 관련된 진술의 신뢰성 판단에 부정적으로 작용할 여지가 있을 것이다.

(6) 입국하여 상당한 기간이 지난 후의 신청

쟁점 대한민국 입국 이후 상당한 기간이 경과하였고, 체류기간 만료 직전 또는 불법체류자로 단속된 이후 난민인정신청을 한 사정 등

판례 하급심 판결 중에도 상당기간 경과 후 난민인정 신청을 한 사정을 부정적 요소로 삼은 사례가 다수 있으며(서울행정법원 2011. 7. 22. 선고 2011구합5421 판결 등), 대한민국에 입국한 이후 곧바로 난민인정 신청을 한 경우 이를 긍정적 요소로 고려한 사례도 있다(서울고등법원 2010. 11. 25. 선고 2010누13786 판결 등).

다만 난민신청자가 대한민국에 입국한 이후 바로 난민인정신청을 하지 않았다고 하더라도 이는 난민인정신청 절차를 알지 못하였기 때문일 수도 있다는 점을 들어 난민 지위의 인정에 부정적 요소로 삼지 않은 판결도 있다(서울행정법원 2010. 10. 21. 선고 2010구합17250 판결 등).

또한, 대한민국에 입국한 후 상당한 기간이 경과하여 난민인정 신청을 하였지만 입국 이후의 개종을 이유로 하여 난민의 지위를 인정한 사례가 있다(서울행정법원 2011. 7. 15. 선고 2011구합6561 판결 등 참조, 체재 중 난민의 경우에는 난민인정 신청 원인이 입국 후 활동에 근거하기 때문에 대한민국에 입국한 이후 상당기간이 경과하여 난민인정신청을 할 수밖에 없는 경우가 많다).

참고 난민법 제6조, 제7조 등의 규정에 따라 외국인이 대한민국에 입국하는 과정에서 외국인에게 난민인정 신청 및 그 절차에 관한 정

보를 고지하게 된다면, 난민인정 신청이 늦었다는 사유는 난민인정에 부정적 요소로 평가할 가능성이 있다.

(7) 국내적 이주 대안

쟁점	국적국 내 다른 지역으로 이전함으로써 박해를 피할 수 있었다는 사정
법률규정	난민법은 '국적국의 보호를 받을 수 없거나 보호 받기를 원하지 아니'할 것을 규정함으로써 국적국의 보호가 거부되거나 국적국이 박해의 원인으로서 사실상 보호를 기대할 수 없는 경우에만 국제적 보호의무가 발생함을 명백히 하고 있다.
참고	국내적 이주대안이 난민신청자의 박해에 대한 염려를 근거 없는 것으로 만들만큼 실효적인 것이어야 한다.[108]

(8) 출국 과정의 적법성

문제점	정상적으로 발급받은 여권으로 국적국을 떠났다는 사정
판례	하급심 판결 중에는, 여권을 발급받아 정상적으로 출국하였다는 사정을 난민 지위의 인정에 부정적 요소로 고려한 판결들이 다수 있다(서울행정법원 2011. 6. 16. 선고 2011구합3982 판결 등). 또한, 국적국을 벗어난 이후에 다시 국적국에 입 · 출국한 적이 있다거나 국적국 대사관에서 여권을 갱신하거나 유효기간을 연장한 사정을 난민 지위의 인정에 부정적 요소로 고려한 판결도 있다(서울행정법원 2011. 5. 18. 선고 2010구합45637 판결 등). 한편 미얀마 친족에 대한 일반적인 박해 상황, 난민신청자 개인이 받았던 박해의 경험, 대한민국에서 벌인 반정부 활동 등을 종합적으로 고려할 때, 난민신청자가 본인의 여권으로 무사히 출국하였다는 사정을 난민지위 인정에 대한 장애요소로 삼을 수 없다고 판시한 사례가 있다(서울행정법원 2012. 12. 6. 선고 2012구합

108) 김성수, "난민의 요건과 출입국관리법상 난민인정에 관한 검토", 난민의 개념과 인정절차, 경인문화사(2011), 194-195면

8687 판결 등).

참고 다른 사유에 비하여 우월적인 지위를 갖는 결정적인 요소로 취급하는 데에는 신중을 기하여야 한다. 난민이라고 하더라도 합법적으로 출국할 수 있는 방법이 봉쇄되어 있지 않고 여권을 비밀리에 취득하였을 가능성도 배제할 수 없기 때문이다.

(9) 난민신청자 본인 또는 그 가족에 대한 박해

① 난민신청자가 국적국에서 박해를 받은 경우 계속해서 박해의 위험에 놓일 것을 예상할 수 있다. 다만 국적국의 사정변경으로 더는 박해받을 가능성이 없는 경우에는 난민의 지위를 인정할 수 없을 것이다. 하지만 이 경우에도 이전에 받은 박해에서 말미암은 강력한 이유 때문에 난민으로 인정하는 것이 적절한 경우도 있다.

② 난민신청자가 국적국에서 박해를 받지 않은 경우 장래 박해가능성이 없다고 단정할 수 없으므로 바로 난민인정의 부정적인 요소가 되는 것은 아니다.

③ 국적국에서 난민신청자와 유사한 상황에 놓인 사람들이 박해받고 있다는 사정은 난민인정의 적극적 요소가 된다.

④ 난민신청자의 가족이 국적국에서 박해를 받고 있지 않다는 사정은 부정적 요소가 되는 경우가 많다.

라. '그러한 공포로 인하여 국적국이나 상주국의 보호를 받을 수 없거나 보호받기를 원하지 않을 것'

(1) 난민보호의 보충적 성격

난민법상 난민으로 인정받기 위해서는 국적국으로 돌아갈 때 앞서 본 5가지 사유로 박해를 받을 우려가 있다는 충분한 근거 있는 공포를 인정할 수 있어야 할 뿐만 아니라, '국적국이나 상주국의 보호를 받을 수 없거나 그러한 공포로 인하여 보호를 받는 것을 원하지 않을 것'이라는 요건도 충족하여야 한다. 이러한 요건은 난민법에 따라 제공하는 보호가 국적국의 자국민에 대한 보호 실패를 전제로 하는 '보충적 보호'라는 점을 명백히 한 것으로 볼 수 있다. 따라서 국적국이 보호를 거부하거나 박해의 주체이기 때문에 사실상 국적국의 보호를 기대할 수 없는 경우에만 난민법에서 정한 보호의무가 발생한다.109)

(2) 이중국적의 문제

난민법은 난민신청자가 이중국적자인 경우 그 난민인정 요건에 관하여 별도의 규정을 두고 있지 않다. 앞서 본 바와 같이 난민협약 제1조 제A항 제2호에 의하면 하나 이상의 국적을 가진 사람의 경우에는 원칙적으로 국적을 갖고 있는 모든 국가로부터 보호를 받지 못하는 때에만 협약상 난민에 해당하게 된다.

난민신청자가 아직 특정 국가의 국적을 취득하지는 않았으나 이를 취득할 수 있는 지위에 있는 경우(이른바 '사실상의 이중국적자'인 경우) 실제 그 국적을 취득한 것과 동일하게 취급하여 자신의 국적국은 물론 국적을 취득할 수 있었던 국가로부터도 보호를 받지 못하는 때에만 협약상 난민으로 인정할 것인지가 문제인데, 유엔난민기구 집행위원회는 "어떤 나라에서 비호를 구할 것인지에 관한 비호신청자의 의사는 가능한 한 존중되어야 한다. 단지 다른 나라에서 비호를 구할 수 있었다는 이유만으로 비호가 거부되어서는 안 된다. 다만 비호를 신청한 사람이 다른 나라와 긴밀한 유대관계(connection or close links)를 갖고 있는 것으로 보이는 경우로서 그 나라에서 비호를 구하도록 하는 것이 상당하고 합리적(fair and reasonable)이라고 여겨지는 때에는 그렇게 요구할 수 있다." 라고 결정하여 형식적인 국적취득의 가능성보다는 실질적인 연관성에 주목할 것을 요구하고 있다.110)

---

109) 김성수, "협약상 난민의 요건과 출입국관리법상 난민인정에 관한 고찰", 「재판자료」 제105집(외국사법연수논집 24), 법원행정처 2004), 25면

110) 유엔난민기구 집행위원회 결정 제15호 (xxx) para. h (iv) (1979).

(3) 북한이탈주민의 문제[111)]

헌법상 북한 지역도 대한민국의 영역에 속하고 그 주민도 대한민국의 국민이라는 것이 대법원 판례의 입장이며 학계의 지배적인 견해이다. 따라서 북한 주민의 경우 우리나라의 주권이 실효적으로 미치는 지역에 들어오기만 하면 법률상은 물론 사실상으로도 우리나라의 국민으로서 보호를 받게 된다.[112)]

그런데 북한이탈주민이 영국 등 제3국에서 난민인정 신청을 한 경우에 영국 법원 등이 대한민국 국민의 지위를 이유로 난민인정을 불허한 사례가 있다. 북한이탈주민은 북한과 대한민국의 국적을 모두 보유한 이중국적자와 유사한 지위에 있는데, 대한민국으로부터 보호를 받을 수 있기 때문에 협약상 난민에 해당하지 않는다는 것이다.

111) 북한을 탈출하여 중국 등 제3국으로 간 탈북자가 난민협약상의 난민에 해당하는지에 대하여는 견해가 대립한다. 탈북자들이 난민에 해당한다면 북한으로 강제송환을 당하지 않아도 되기 때문에 탈북자에게 난민 지위를 인정할지는 현실적으로 매우 절실한 문제이다. 주된 논의는 식량난(경제적 사정)을 이유로 중국으로 탈출한 북한 주민들에게 난민협약에서 정한 5가지 중 어느 하나 또는 그 이상의 사유를 인정할 수 있는지에 관한 것이다. 이에 대하여 난민협약의 당사국인 중국은 탈북자가 단순히 경제적 유민 또는 불법월경자에 해당할 뿐 난민의 범주에 포함되지 않는다는 이유로 탈북자를 강제 북송하고 있으며, 대외적으로 그 숫자조차 확인해 주지 않고 있는 실정이다. 김정일이 사망한 직후 다수의 해외 언론은 "김정은이 북한과 중국의 국경지역에 근무하는 군인들에게 중국으로 탈출하는 북한 주민을 발견하는 즉시 현장에서 사살해도 좋다는 지침을 내렸고, 그에 따라 북한 주민이 탈북 도중에 사살되었다." 라는 기사를 보도한 바 있다. 이는 북한의 지도부가 체제유지를 위해서 주민의 탈북이라는 행동을 단순한 출입국관리법위반행위가 아닌 반체제적 행위, 즉 정치적 행위로 이해하고 있음을 보여주는 단적인 예이다. 그런데 탈북자들은 탈북이 실패할 경우에 받게 될 생명과 신체에 대한 위험을 감수하면서까지 탈북을 결행하고 있다. 이러한 사정에 비추어 보면, 북한을 탈출한 탈북자들은 장차 북한으로 강제송환당할 경우 '(전가된) 정치적 의견' 또는 '특정 사회집단의 구성원 신분'을 이유로 박해를 받게 될 충분한 근거 있는 공포를 가진다고 인정할 수 있을 것으로 보인다.

112) 이러한 점에 비추어 보면, 탈북자를 난민으로 인정하지 않은 결정의 취소를 구하는 소송이 국내 법원에 들어올 가능성은 거의 없다.

사유별 주요 인용 판결	
검색어	난민, 인용(행정단독, 합의), 받아들여(행정항소)
기 간	2017. 1. 1. ~ 2021. 10. 31.

박해사유	인종
사건번호	**서울고등법원 2020. 6. 24. 선고 2019누52326 판결 (확정)**
사안요지	원고는 수단 국적으로, 수단 정부가 아프리카계 민족 출신인 원고에게 반군에 대항하기 위한 민병대 가입을 강요하고, 원고가 이를 거절하자 국가안보국이 원고를 구금하여 폭행 및 고문을 하였으며, 원고가 반군에 가입하거나 지지하지 않는다는 각서를 작성하는 조건으로 석방된 이후 조건 미준수를 이유로 수단 정부로부터 수배되어 박해를 받을 우려가 있다고 주장하는 사안
주요 판단내용	1. 국가안보국으로부터 민병대 가입을 강요받고 이를 거부하여 구금되기까지의 경위를 일관되고 상세하게 진술하고 있고, 원고의 진술은 그 당시 받은 진단서 및 원고에 대한 의학적 평가지 등 객관적 증거들과도 부합하여 신빙성 있음 2. 원고의 도주 및 출국과정에 대한 진술은 혼란한 수단의 정세와 행정력 정도에 비추어 볼 때 거짓이라 보기 어렵고, 원고에 대한 구금 사유 및 정황 등에 비추어 볼 때 구금이력이 기록에 남아 있지 않을 가능성이 있어, 구금되었던 이력에도 불구하고 제재 없이 자국의 공항을 통과한 사실을 이례적으로 볼 수 없음 3. 수단 정부가 도피한 원고에 대하여 이적행위 및 헌법질서 저해행위를 이유로 체포영장을 발부한 상태(주 수단 대한민국 대사관을 통해 체포영장이 진정한 것으로 확인됨)이고, 수단의 아프리카계 민족에 대한 탄압 상황 등에 비추어 볼 때 박해를 받을 우려 있음

박해사유	종교
사건번호	**수원지방법원 2018. 2. 13. 선고 2017구합67316 판결 (항소기각으로 확정)**
사안요지	원고는 이란 출신으로, 이슬람교에서 기독교로 개종한 사실이 이란에 알려져 박해를 받을 우려가 있다고 주장한 사안
주요 판단내용	1. 난민은 국적국을 떠난 후 거주국에서 정치적 의견을 표명하는 것과 같은 행동의 결과로서 '박해를 받을 충분한 근거 있는 공포'가 발생한 경우에도 인정될 수 있는 것이고, 난민으로 보호받기 위해 박해의 원인을 제공하였다고 하여 달리 볼 것은 아님(대법원 2017. 3. 9. 선고 2013두16852 판결, 대법원 2008. 7. 24. 선고 2007두19539 판결 참조) 2. 원고가 대한민국에 입국한 후 약 13년을 불법 체류하던 중 강제퇴거명령을 받고 보호되어 있다가 난민신청을 하였으나, 그러한 사실만으로 원고의 개종사실에 대한 진술의 신빙성을 부정하기 어렵다고 판단함 3. 이란의 종교 관련 국가정황정보와 원고의 대한민국 체재 중 종교 활동 관련 사실에 관한 증거(인터뷰 내용, 봉사활동 사진, 교회 교인들의 탄원, 교회 관련자의 증언)조사 후 원고의 경우 적극적인 기독교 포교활동을 하여 그 활동이 외부적으로 상당히 공개되었다고 판단함
사건번호	**서울행정법원 2019. 8. 30. 선고 2018구단70571 판결 (항소기각 및 심리불속행 상고기각으로 확정)**
사안요지	원고는 이란 국적으로, 무슬림이었으나 대한민국을 출·입국하는 동안 기독교에 대해 깊은 감동을 받아 이슬람교에 대한 회의를 가지다가 이란으로 돌아가서 기독교로 개종하게 되어 박해를 받을 우려가 있다고 주장하는 사안

박해사유	종교
주요 판단내용	1. 원고의 진술 내용, 한국 이란인 교회 담임목사의 증언, 한국 이란인 교회 동료들의 사실확인서, 활동사진 등에 비추어 원고의 개종의 진정성이 인정됨 2. 기독교 개종으로 인하여 박해받은 정황에 대한 원고의 진술이 일관되고, 실제 박해를 받은 적이 없다고 하더라도 원고의 그 동안의 신앙생활을 감안하면 내면의 신앙심에 반하여 기독교임을 숨기고 생활하라고 강요하는 것은 종교활동의 자유를 포기하게 하는 것으로 그 자체로 박해에 해당하는 등 이란의 종교 현황에 비추어 볼 때 박해를 받을 우려에 대한 충분히 근거 있는 공포가 인정됨
사건번호	**서울행정법원 2021. 5. 27. 선고 2020구단19418 판결 (확정)**
사안요지	원고는 이란 국적으로 대한민국 거주 중에 먼저 기독교로 개종한 아들(1차 난민불인정처분에 대하여 패소 · 확정판결을 받았으나, 2차 난민인정신청시 난민인정처분을 받음)의 권유로 이슬람교에서 기독교로 개종하였다가 다시 천주교로 개종함에 따라 이슬람교 국가인 본국으로 돌아갈 경우 종교적 견해를 이유로 박해를 받을 우려가 있다고 주장하는 사안
주요 판단내용	1. 동일한 사유로 난민인정 신청하여 불인정처분을 받고, 이에 대한 취소소송에서 패소 · 확정판결(개종사실이 본국에 알려지거나 두드러진 활동을 한 바 없어 이란 정부가 특별히 주목할 가능성이 낮고, 종교적 정체성을 보전하기 위하여 적극적인 종교 활동이 중요한 의미가 있는 경우로 보기 어렵다는 점 등의 이유로)을 받았으나, 종전 처분 당시와는 달리 원고의 개종 사실이 국내외 언론보도 등을 통해 널리 알려진 사정변경이 있어 이란 정부의 주목 가능성이 상당함 2. 미성년인 자녀가 난민으로 인정된 경우 부모에게도 가족결합권이 인정됨

박해사유	특정 사회 집단의 구성원 신분
사건번호	**서울고등법원 2018. 12. 5. 선고 2018누58532 판결 (심리불속행 상고기각으로 확정)**
사안요지	원고는 라이베리아 출신으로 전통종교단체인 산데 소사이어티(Sande Society)의 퀸(Queen)인 어머니 및 위 단체 사람들이 기독교인인 원고에게 위 단체가입 및 승계, 의식 강요 등을 요구하며 위협하였다고 주장한 사안
주요 판단내용	1. 박해의 주체는 국가기관에 한정되지 아니하고, 정부의 보호가 이루어지지 않는 상황에서 비정부조직이 될 수도 있음[편람 제65항 참조] 2. 특정 사회집단의 구성원인 신분을 이유로 한 박해 관련 판례(대법원 2017. 7. 11. 선고 2016두56080 판결) 및 여성 할례 관련 판례(대법원 2017. 12. 5. 선고 2016두42913 판결)를 설시 3. 원고의 주장에 부합하는, 원고가 대한민국에 입국하기 전의 신문기사, 라이베리아의 일반적인 산데 소사이어티의 종교의식 등에 대한 보고 등을 토대로 원고 진술의 신빙성을 인정함
사건번호	**서울고등법원 2019. 10. 30. 선고 2018누70402 판결 (확정)**
사안요지	원고는 나이지리아 국적으로, 동성애를 금지하고 있는 본국에서 동성애를 이유로 기소되어 수배 중이고, 이웃들에게 폭행을 당하다가 도망쳐 나오게 되었다며 박해를 받을 우려가 있다고 주장하는 사안
주요 판단내용	1. 원고의 동성애 성향을 갖게 된 경위와 시기, 동성애 현장이 발각된 당시의 상황, 대한민국 입국 전까지의 행적 등에 관한 진술이 비교적 일관되고, 나이지리아의 정황 및 공소장(이에 대해 재외공관 공증법에 따라 주 나이지리아 대한민국 대사관 공증담당영사로부터 확인서를 발급받아 제출함) 등 객관적 증거에도 부합하는 등 신빙성 있음 2. 나이지리아는 동성애에 대한 처벌규정 이 존재하고, 원고가 동성애로 기소되어 있는 등 박해를 받을 우려가 있음

박해사유	정치적 견해
사건번호	**서울행정법원 2017. 8. 9. 선고 2016구단63517 판결 (확정)**
사안요지	원고는 요르단 출신으로 '이슬람의 봄'의 요르단 국가 내 도화선이 되었던 디반 지역 시위를 주도하고 반정부 활동으로 인하여 요르단 정부로부터 위협을 받고 있고, 이스라엘과의 협력도 필요하다는 판단을 개진하여 팔레스타인계 난민들로부터도 위협을 받고 있다고 주장한 사안
주요 판단내용	1. 난민인정신청서, 난민면담조서, 소송 중 진술이 구체적이고 전반적으로 일관되며, 진술에 부합하는 인터넷신문, 동영상 등에 의하여 원고의 진술의 신빙성을 인정함 2. 요르단의 일반 정황 및 반정부 운동가에 대한 정치적 탄압 상황에 관한 증거들과 원고가 집회에 참가하거나 발언한 내용이 촬영 또는 기재된 요르단의 뉴스, 민영 방송, 동영상, 사진 등의 증거를 통하여 원고의 정치적 활동과 박해 가능성을 인정함
사건번호	**서울행정법원 2017. 10. 19. 선고 2017구단2526 판결 (확정)**
사안요지	원고는 부룬디 출신으로, 야당인MSD(Movement for Solidarity and Democracy) 당원으로 활동하던 중 집권 여당인 CNDD-FDD의 청년조직인 임보네라쿠레(Imbonerakure)로부터 CNDD-FDD 정당에 가입할 것을 강요받고, 구타를 당하고 성폭행을 당할 뻔 하는 등의 위협을 받았다고 주장한 사안
주요 판단내용	1. 원고의 출국 경위, 정치상황, 박해 상황에 관한 진술이 어느 정도 일관되고, 객관적인 국가정황정보에 부합하여 신빙성을 인정함 2. 부룬디 주재 주요 우방국 공관관계자들이 원고가 제출한 MSD 당원증의 형식과 인장의 모양에 비추어 진본으로 보인다는 의견을 제시함 3. 박해에 대한 충분한 근거 있는 두려움을 고려함에 있어 친구, 친척, 동일한 인종 혹은 사회 집단 구성원에게 일어난 일

박해사유	정치적 견해
	을 통하여 원고도 조만간 박해의 희생자가 될 것이라는 두려움 역시 충분한 근거가 될 수 있음. 원고의 MSD 동료 당원들이 살해되거나 고문을 당하였고, 다른 나라로 피신하였으며, 원고의 언니와 모 역시 미국으로 피신한 상태임 4. 부룬디 정부의 사법적 보호를 기대하기 어렵고, 부룬디의 면적, 임보네라쿠레 등의 여러 지역에 걸친 불법행위에 비추어 보면, 원고가 부룬디 내의 다른 지역으로 이주한다고 하더라도 충분한 안전이 확보될 수 없음
사건번호	**서울행정법원 2017. 11. 30. 선고 2017구단13601 판결 (항소기각으로 확정)**
사안요지	원고는 에티오피아 출신으로, 야당활동 및 반정부 시위와 활동에 참여하였고, 대한민국에 입국한 이후에도 에티오피아 정부가 테러단체로 지정한 단체에 가입하여 반정부 시위 및 관련 활동에 참여하여 에티오피아 정부나 연방경찰로부터 박해를 받을 우려가 있다고 주장한 사안
주요 판단내용	1. 원고가 야당에 가입하여 참여한 선거운동, 반정부 시위, 경찰에 체포된 경위, 그 후 구금된 내용, 에티오피아 정치상황, 총선 전후의 경찰의 야당원들에 대한 박해상황에 관한 진술이 어느 정도 일관되고, 국가정황정보 등 다른 증거들과도 부합하여 진술의 신빙성을 인정함 2. 원고가 증거로 제출한 '구금석방확인서'에 관하여 주 에티오피아 대한민국 대사관은 문서 양식이나 스탬프, 내용 등의 측면에서 전형적인 주재국 연방경찰청측 문서 양식을 따르고 있어 진본일 가능성이 있다는 의견을 제시함. 각 정당가입확인서 역시 스탬프, 서명, 문서명의자 등에 비추어 진본일 가능성이 상당 부분 존재한다는 의견을 밝히고 있음 3. 원고가 핵심 간부가 아니라도, 원고의 활동 경력, 구금 전력 등에 비추어 보면, 에티오피아 정부나 연방경찰의 체포대상

박해사유	정치적 견해
	으로 지목될 가능성이 있고, 원고의 두려움, 공포가 과장되었다고 보이지 아니하며, 에티오피아 정부의 사법적 보호를 기대하기는 어려울 것으로 보임 4. 원고의 대한민국에서의 시위 활동 및 내용, 참여 빈도, 신문기사에 원고의 얼굴이 노출된 점 등에 비추어 보면, 에티오피아 정부가 원고를 특정할 수 있을 것으로 보임
사건번호	**제주지방법원 2017. 12. 13. 선고 2017구합5304 판결 (항소기각으로 확정)**
사안요지	원고는 중국 및 라오스 국적의 외국인으로, 중국 내에 있는 북한이탈민들의 중국 탈출을 돕는 등 중국의 국내법 및 탈북자 정책에 반하여 탈북자 지원활동을 한 자로서 중국으로 돌아갈 경우 정부로부터 박해를 받을 우려가 있다고 주장한 사안
주요 판단내용	1. 특정인이 경제적이거나 인도적인 동기 등에 기해 자국의 실정법을 위반하는 행위를 하였다고 하더라도, 구체적인 사정 여하에 따라서는 문제된 실정법 위반 행위에 자국의 법과 정책을 비판하는 내용의 정치적 의견 또한 반영되었다고 보아야 할 경우가 적지 않고, 오히려 일반적으로는 특정인의 실정법 위반 행위에 내재된 동기를 경제적 · 인도적 혹은 정치적인 성격의 것으로 명확하게 구분하기가 쉽지 않을 것으로 보임. 특히 이 사건에서 문제되는 중국 내 탈북자 지원 내지 북송 등을 둘러싼 문제는, 북한과 중국뿐만 아니라 대한민국의 정치적 이해관계 등과도 결부된 민감한 정책적 사안으로서 이를 특정 국가의 단순한 출입국관리의 문제로 단순화하여 보기 어려움. 원고가 탈북자 지원 활동에 관여한 기간과 규모, 원고가 협력한 개인이나 단체가 해당 활동에 있어 갖는 위상 및 탈북자 문제에 관한 중국 내 정책의 기조 등에 위와 같은 사정을 더하여 보면, 과거 원고에 대한 형사처벌의 원인이 되었던 탈북자 지원 활동에는 해당 사안과 관련하여

박해사유	정치적 견해
	중국이 취하여 온 정책에 대한 정치적 의견 표명으로서의 의미도 포함되어 있다고 평가할 수 있음
사건번호	**서울행정법원 2018. 4. 6. 선고 2017구단13847 판결 (확정)**
사안요지	원고는 에티오피아 출신의 암하라족으로, 아버지가 멩기스투 정권 하에서 공직에 있었고, 원고가 티그레이족 출신을 중심으로 이루어진 EPRDF(Ethiopian People's Revolutionary Democratic Front, 에티오피아 인민혁명 민주전선)를 지지하지 않고 정책에 반대하는 의견을 지속적으로 표명하여, EPRDF가 정권을 잡은 에티오피아 정부 및 집권여당으로부터 박해를 받을 우려가 있다고 주장한 사안
주요 판단내용	1. 원고의 체포, 조사받은 경험 등이 구체적이고 일관되어 신빙성이 있고, 에티오피아의 국가정황정보와 부합함 2. 반정부 인사에 대한 상황이 일부 변화한 언론보도가 있기는 하나, 그러한 사정만으로 반정부인사에 대한 박해 가능성이 사라졌다고 단정하기 어려움
사건번호	**서울행정법원 2019. 1. 18. 선고 2018구단7993 판결 (항소기각 및 심리불속행 상고기각으로 확정)**
사안요지	원고는 중국 출신으로, 천안문 사태에 대한 중국 정부 비판 활동 및 중국민주당 활동으로 중국 정부로부터 박해를 받을 우려가 있다고 주장하는 사안
주요 판단내용	1. 원고의 이메일, 원고의 구체적인 활동 내용, 관련 기사와 방송, 관련 연감, 사이트 등에 민주화 운동과 관련하여 원고의 성명이 포함되어 있는 점, 확인증서 등에 비추어 원고의 주장은 신빙성이 있고, 수차례 구금을 당하고 중국 정부로부터 감시를 받는 등의 박해를 받은 것으로 판단함
사건번호	**서울고등법원 2018. 3. 28. 선고 2017누76960 판결 (상고기각으로 확정)**
사안요지	원고는 기니의 뿔(Pheul)족 출신으로, UFDG(Union of

박해사유	정치적 견해
	Democratic Forces of Guinea, 이하 'UFDG'라 한다) 정당활동 및 뿔족 출신이라는 이유로 군 경찰의 표적이 되어 박해를 받을 우려가 있다고 주장한 사안
주요 판단내용	1. 원고의 역할, 겪은 폭력, 체포되었던 정황과 이후 석방되게 된 계기 등에 관하여 일관된 진술을 하고 있고, 이는 원고가 이미 난민인정신청 당시 보유하고 있었던 것으로 보이는 당원증, 선거감독관 임명장, 병원진단서, 기니에 대한 각종 기사, 관련 서류 및 이후 입수한 인터뷰 기사, 진술서 및 최근의 기니 정국에 관한 언론기사와 상당 부분 부합함 2. 원고의 진술 중 과장된 부분이 있고, 일부는 일관되지 않거나 객관적인 증거와 모순되기도 함. 그러나 이는 부수적인 정황이거나 전체적인 맥락에서는 같은 취지인 경우도 있는데다가, 질문에 대답해야 하는 원고의 수동적인 지위, 우리 법원의 엄격한 난민인정기준에 비추어 난민인정을 받지 못할 것에 대한 우려 등에 따른 것으로 보이므로, 전체적으로는 원고 진술의 신빙성을 탄핵할 만한 사정으로 볼 수 없음 3. 원고가 여권을 발급받고 출국함에 이려움이 없었으나, 기니에서는 신원조회 절차 없이 기니 국적을 가진 사람에게는 모두 여권이 발급되고 있고, 특별한 발급제한 사유도 없으며, 정식으로 수배명령이 내려지지 않았다면 기니의 치안당국으로서는 원고가 기니 국내에서 정부에 반대하는 활동을 하는 것보다는 기니를 떠나 돌아오지 않는 것을 선호하여, 출국을 묵인하였을 가능성도 배제할 수 없음. 원고가 출국을 제지당하거나 특별한 문제가 없었다는 사정만으로 원고 진술의 신빙성을 배척하기 어려움. 어학연수 비자를 발급받아 입국하였다는 사정이 원고 진술의 신빙성을 부정할 사정은 될 수 없음 4. UFDG가 기니의 제1야당으로서 어느 정도 영향력을 가지고 있다 하더라도, 앞서 본 기니의 정황에 비추어 그와 같은 영

박해사유	정치적 견해
	향력이 사후 구제를 돕는 것은 별론으로 하더라도, 원고와 같은 지역의 젊은 활동가가 군 경찰 등 치안조직에 의하여 폭력과 불법적인 체포, 구금 등 생명, 신체에의 위해를 당할 위험을 원천적으로 차단하여 줄 것을 기대하기는 어려움
사건번호	**서울고등법원 2019. 8. 28.선고 2018누72842 판결 (확정)**
사안요지	원고는 수단 국적의, 다르푸르 지역 출신의 베르티 족으로 반정부단체인 살리흐 파벌의 간부로 활동하던 중 살리흐와 구 수단정부와의 평화협정 체결에 반대하여 살리흐로부터 위협받고, 구 수단정부로부터도 평화협정 체결에 동의하라고 협박을 당하고 있는 등 박해를 받을 우려가 있다고 주장하는 사안
주요 판단내용	1. 원고가 주장하는 살리흐 파벌과의 갈등으로 인한 위협, 구 수단 정부로부터의 위협, 출국과정에 관한 진술 중 일관성이 문제되는 부분이 일부 존재하나 대부분의 진술이 일관되고, 회원증 등과 같은 객관적 증거에 부합하므로, 정치적 의견을 이유로 한 박해를 받을 우려가 있음
사건번호	**서울행정법원 2019. 10. 29. 선고 2017구단30729 판결 (항소기각 및 심리불속행 상고기각으로 확정)**
사안요지	원고는 이집트 국적으로, 반정부단체인 무슬림형제단에 가입하여 활동, 무슬림형제단이 주축이 되어 창당한 자유정의당의 선거운동에 참여한 활동으로 박해를 받을 우려가 있다고 주장하는 사안
주요 판단내용	1. 원고가 무슬림형제단 및 자유정의당 소속으로 활동한 내용이 진술 및 객관적 자료로 확인되고, 이러한 활동 내용이 방송 등을 통해 대외적으로 노출된 것으로 보이며, 원고와 함께 활동하였던 동료들 다수가 이집트 정부에 의해 체포·구금되거나 해외로 도피한 상태이고, 자유정의당 대변인으로 활동하다가 현재 망명 중인 사람의 확인서 등에 의하면 박해의 우려가 있음

박해사유	정치적 견해
	2. 무슬림형제단 회원 중에서 출국 심사 관계자에게 뇌물을 주고 출국한 사례도 있고, 이집트 정부가 무슬림형제단을 테러조직으로 지정하여 출국금지가 확대 및 강화되기 전부터 출국준비를 해 왔다는 원고의 진술, 이집트 대사관의 여권갱신 절차나 정책은 각 소재 국가에 따라 다른 점 등에 의하면, 정상적인 출국심사를 받고 이집트를 출국한 사정과 주한 이집트 대사관에서 여권을 갱신된 사정은 난민인정에 방해가 되지 않음
사건번호	**인천지방법원 2020. 2. 7. 선고 2019구합50636 판결 (항소기각으로 확정)**
사안요지	원고들은 이집트 국적으로 부부인데, 원고1은 반정부시위에 참가하고 기자 신분으로 군부의 불법적 고문 등에 대한 비판적 기사를 작성하는 등으로 인하여 허위의 혐의(반정부단체에 가담 및 무기 운반을 지원한 혐의)로 기소되어 궐석재판에서 7년 구금형과 5년 보호관찰의 유죄판결을 선고받는 등 박해의 우려가 있고, 원고2도 반정부시위에 참여하고, 경찰의 폭행행위에 항의하다가 구금되었고, 궐석재판으로 2년 노동형의 유죄판결을 선고받는 등 박해를 받을 우려가 있으며, 원고1이 난민에 해당하는 이상 가족결합의 원칙에 따라 원고2에게도 난민의 지위가 인정되어야 한다고 주장하는 사안
주요 판단내용	1. 원고1의 반정부 시위활동 및 그 과정에서의 체포 및 구금에 대한 진술이 구체적 · 일관적이며, 원고 작성의 기사, 인터넷 블로그 등을 통해 원고의 정치활동이 확인되고, 이러한 원고의 활동이 이집트 뉴스 등에 보도되는 등 대외적으로 상당 부분 노출되었을 것으로 보이며, 원고1에 대한 형사판결 내용에 비추어 보면 실제 그 내용과 같은 범죄를 저질렀는지 의문이 들고, 위와 같은 판결이 유효하게 남아 있는 한 원고1에 대한 테러리스트 등재가 취소되었다 하더라도 박해의 위험

박해사유	정치적 견해
	성이 있음 2. 원고2는 별도의 난민요건 여부에 관하여 판단하지 아니한 채 가장인 원고1이 난민으로 인정되었으므로, 가족결합의 원칙상 난민 지위 인정함
사건번호	**서울행정법원 2020. 5. 13. 선고 2018구단78025 판결 (항소기각으로 확정)**
사안요지	원고는 이집트 국적으로, 반정부시위 도중 체포 및 구금되어 징역 5년을 선고받는 등 본국으로 돌아갈 경우 박해를 받을 우려가 있다고 주장한 사안
주요 판단내용	1. 원고에 대한 1심 및 항소심 형사판결문, 항소심 기일통지서, 경찰 및 검찰 조서가 주 이집트 대사관에 대한 사실조회 등을 통해 진정성립이 확인됨 2. 원고의 진술이 직접 경험하지 않은 사람이라면 진술하기 어려운 구체성을 갖고 있고, 인터뷰 기사, 이메일, 진술서, 공문서 등 객관적인 자료에 의하여 그 신빙성이 전체적으로 뒷받침되며, 이집트의 국가정황과도 부합하여 전반적으로 신빙성이 있고, 세부내용에서 다소 불일치하는 부분이 있더라도 진술 전체의 신빙성을 부정할 정도로 보이지 않음 3. 원고에 대한 형사처벌이 반정부 시위활동을 하였다는 이유로 허위 내지 과장된 범죄사실에 기초하여 과도하게 이루어진 것으로 보이고, 위 판결이 확정되어 그 형이 집행될 가능성이 있는 이상 박해를 받을 우려가 있다고 봄
사건번호	**서울행정법원 2020. 7. 22. 선고 2019구단13858 판결 (항소기각으로 확정)**
사안요지	원고는 수단 국적의 아프리카계 민족으로, 수단에서 아랍계 민족들에 의하여 이루어지고 있는 아프리카계 민족들에 대한 차별과 학살에 대항하기 위하여 반정부 무장단체 소속으로 활동하면서 쿠데타를 도모하다가 실패에 이르고(그 과정에서 원고가 남

박해사유	정치적 견해
	동생 명의의 계좌를 사용하여 쿠데타 관련 자금을 관리하던 것이 발각됨에 따라 남동생이 사형선고를 받아 사망함) 그로 인하여 자국에서 오랜 기간 도피 생활을 하다가 대한민국으로 입국하면서 난민인정신청을 한 사안
주요 판단내용	1. 원고의 반정부단체 가입 시기, 쿠데타 참여 및 당시 상황, 도피 경위, 남동생의 활동 및 사망 경위에 관한 원고의 진술은 10년이라는 시간의 경과로 인한 기억의 한계, 원고가 사용하는 수단 아랍어가 아닌 이집트 내지 아랍에미리트 아랍어를 사용하는 통역인에 의하여 통역이 이루어짐에 따라 표현 및 번역상의 문제로 인한 세부적인 차이에 불과하고 전체적으로 일관되고 구체적이며, 문서의 형식과 내용, 취득경위에 비추어 진정성립이 인정되는 수단 난민캠프 확인서, 원고 및 남동생 관련 형사판결문, 남동생의 사망증명서 등 객관적인 자료와도 부합하는 등 신빙성이 있음 2. 원고의 가족들이 현재 난민캠프에서 거주하고 있고, 원고가 긴 도피생활을 하다가 대한민국에 입국한 점, 처분 이후에 구 수단 정부가 실권하고 새로운 군사과도정부가 들어섰으나 구 수단 정부 측의 사람들이 현재도 군사과도정부의 요직을 차지하고 있는 등 박해가능성이 명백히 소멸하였다고 볼 만한 사정이 없음
사건번호	**서울행정법원 2020. 9. 16. 선고 2019구단69455 판결 (항소기각으로 확정)**
사안요지	원고는 이집트 국적으로, 아버지 및 남동생과 반정부 시위에 참석하여 활동하다가 궐석재판으로 5년의 징역형 및 벌금형을 선고받았고, 경찰의 추적을 피하기 위해 군에 입대하였다가 아버지와 남동생이 체포 및 구금되는 과정에서 원고의 입대사실이 알려져 탈영을 한 후 위조여권을 이용하여 도피하는 등 본국으로 돌아갈 경우 박해를 받을 우려가 있다고 주장하는 사안

박해사유	정치적 견해
주요 판단내용	1. 원고의 진술은 직접 경험하지 않은 사람이라면 진술하기 어려운 부분이 있는 등 비교적 구체적이고 일관되며, 원고가 입국 당시 가지고 온 핸드폰에 저장된 사진 및 영상, 진정한 판결정본으로 확인되는 원고에 대한 형사판결문 등에 의하여 확인되는 객관적 정황과도 부합하여 신빙성이 있음 2. 원고가 단순 시위참가자에 불과하더라도 시위 참여를 이유로 선고받은 판결의 효력이 유지되고 있고, 반정부 시위자에 대한 이집트 정부의 탄압이 현재까지도 완화되지 않고 있으며, 원고의 아버지 및 남동생의 체포 및 구금 이력 등에 비추어 볼 때, 박해를 받을 우려가 있음
사건번호	**서울행정법원 2021. 4. 21. 선고 2019구단59137 판결 (확정)**
사안요지	원고는 이집트 국적으로 반정부 시위에서 시위를 방해한 사람을 살해하였다는 공소사실로 기소되어 궐석재판으로 진행된 형사사건에서 징역 25년형을 선고받는 등 본국으로 돌아갈 경우 박해를 받을 우려가 있다고 주장하는 사안
주요 판단내용	1. 형사판결의 기재내용에 따라 테러행위를 목적으로 집단을 이루어 사람을 살해한 자에 해당하여 대한민국 밖에서 중대한 비정치적 범죄를 저지른 자로서 난민인정을 제한하여야 할 사유가 존재하는지 여부가 문제되었으나, 판결의 내용을 이집트 국가정황에 비추어 보면 원고가 실제 살해를 하였는지 단정할 수 없고, 주도적으로 반정부 시위에 참가한 것에 대한 보복으로 이집트 정부에 의해 악의적으로 기소되었을 가능성을 배제할 수 없음 2. 원고가 반정부 시위 과정에서 상당한 역할을 수행하였으며, 알자지라 방송의 시사프로그램에서 인터뷰를 하면서 이집트 정부에 대해 강한 비판을 하여 주목 가능성이 큼 3. 범죄자의 경우 출국금지 명단 누락 여부에 따라 이집트 여권으로 해외에서 정상적으로 출국하는 것이 가능한 사실이 확

박해사유	정치적 견해
	인되므로, 수배 중임에도 여권을 이용하여 외국에서 출국한 사정만으로 원고의 주장이 허위라고 단정할 수 없음
사건번호	**광주고등법원 2021. 4. 22. 선고 2019누12349 판결 (확정)**
사안요지	원고들은 파키스탄 국적으로, 원고1은 PAT정당에 가입하여 PAT의 반정부 시위에 적극적으로 참여하였고, 위와 같은 활동을 이유로 납치된 후 불법고문을 당하였으며, 체포영장이 발부되어 형사재판이 진행 중으로, 박해를 받을 우려가 있고, 배우자인 원고2와 자녀들인 원고 3, 4는 가족결합의 원칙에 따라 난민으로 인정되어야 한다고 주장하는 사안
주요 판단내용	1. 원고1의 감금 및 고문, 피신, 체포영장의 발부 및 출국 경위 등에 관한 주장이 비교적 일관되고 설득력 있으며, 당시 파키스탄의 사회적 · 정치적 상황, 초동수사보고서, 체포영장, 원고1의 재판에 관여한 파키스탄 변호사의 진술 등 객관적인 증거와도 부합하여 신빙성 있음 2. 원고1에 대하여 발부된 체포영장이 유효하고, 파키스탄에서 다른 PAT 등의 당원들에게 선고하고 있는 판결의 내용 등에 비추어 보면 원고1에 대하여 중형이 선고될 가능성이 있는 등 박해를 받을 우려가 있음
사건번호	**서울고등법원 2021. 7. 23.선고 2021누33106 판결 (확정)**
사안요지	원고는 수단 국적의 아프리카계 민족으로, 수단 정부에 대항하는 무장투쟁조직인 SPLM-N에 가입하여 활동하다가 군인에게 체포되어 고문을 받다가 사망한 것으로 착각하고 길거리에 버려져 도망쳤고, 수단 법원에서 사형판결을 받은 상태로 박해를 받을 우려가 있다고 주장하는 사안
주요 판단내용	1. 원고의 SPLM-N 가입시기, 훈련내용, 활동지역 및 내용 등에 관한 진술이 구체적이고, 수단의 정치상황과 SPLM-N 회원증, SPLM-N 지부 대표의 확인서, 사진, 원고의 상처 등에 대한 의학적 견해 등 객관적 증거와도 부합하여 신빙성 있음

박해사유	정치적 견해
	2. 구 수단 정부가 실권하고 새로운 군사과도정부가 들어섰으나, 구 수단 정부 측 사람들이 현재 군사과도정부의 요직을 차지하고 있는 등 박해가능성이 명백히 소멸했다고 보기 어려움
사건번호	**서울행정법원 2021. 10. 20. 선고 2020구단52330 판결 (확정)**
사안요지	원고는 이집트 국적으로, 동생이 이집트 민주화 시위를 주도하다가 사망하자 누나(난민인정결정을 받음)와 함께 동생의 사망의 책임 주체로 군부를 지목하면서 군부 독재에 반대하는 정치활동을 해 왔으므로 정부로부터 박해를 받을 우려가 있다고 주장하는 사안
주요 판단내용	1. 원고는 종전의 난민불인정처분에 대하여 패소확정 판결을 받았으나, 선행처분과 후행처분은 별개의 처분으로 종전 소송에서의 패소 확정판결의 기판력이 이 사건 소송에 미친다고 볼 수 없음 2. 종전 소송 이후에 새롭게 제출된 서증, 국제앰네스티 사실조회 회신, 종전 소송 이후에 이루어진 인터뷰 내용 등에 의하여 동생 사망과 관련된 운동이 단순히 동생의 사망을 추모하기 위한 운동이 아닌 군부 독재 규탄을 위한 정치적 운동으로 확인되고, 원고도 누나와 함께 위와 같은 운동을 해 온 사실이 확인되므로, 반정부 시위 등에 대한 이집트 정부의 탄압이 현재까지 계속되고 있는 정치적 상황에 비추어 보면, 정치적 견해를 이유로 이집트 정부의 주목을 받아 박해를 받을 가능성이 있음

[난민사건 언어별 사용국가]

언어	사용국가
네팔어	네팔
러시아어	러시아, 우즈베키스탄, 카자흐스탄
루간다어	우간다
르완다어	르완다, 부룬디, 우간다, 콩고민주공화국
말라얄람어	인도
말레이어	말레이시아, 동티모르
몽골어	몽골
미얀마어	미얀마
벵골어	방글라데시, 인도
베트남어	베트남
소말리아어	소말리아
스와힐리어	르완다, 모잠비크, 부룬디, 케냐, 콩코민주공화국, 탄자니아
스페인어	베네수엘라
싱할라어	스리랑카
아랍어	모로코, 모리타니, 수단, 시리아, 알제리, 에리트레아, 예멘, 요르단, 이집트, 차드, 튀니지, 팔레스타인
암하라어	에티오피아
영어	가나, 감비아, 나이지리아, 남아프리카 공화국, 라이베리아, 짐바브웨, 카메룬, 케냐
우르두어	파키스탄, 인도

언어	사용국가
우즈벡어	우즈베키스탄, 카자흐스탄
월로프어	세네갈
페르시아어	이란
인도네시아어	인도네시아
중국어	중국
카자흐어	카자흐스탄
캄보디아어	캄보디아
키르기스어	키르기스스탄
타갈로그어	필리핀
타밀어	스리랑카, 인도
태국어	태국
터키어	터키
트위어	가나
펀자브어	인도, 파키스탄
풀라르어	감비아
프랑스어	기니, 르완다, 모로코, 베냉, 부룬디, 부르키나파소, 세네갈, 알제리, 앙골라, 카메룬, 코트디부아르, 콩고, 토고, 튀니지
힌디어	인도

서 울 행 정 법 원

제○부

난민사건 법정통역인 안내문

법정통역인의 업무를 맡아 주셔서 감사합니다. 법정에서의 통역 업무와 관련하여 다음과 같이 안내 드리오니 참고하여 주시기 바랍니다.

1. 일반적인 주의사항

가. 양심에 따라서 성실하게 통역을 하여야 합니다.

통역인은 통역을 하기에 앞서 먼저 위와 같은 취지의 선서를 하게 됩니다. 이는 사법 정의를 실현하기 위하여 법률이 요구하는 것으로서, 고의로 거짓 통역을 하면 처벌받을 수 있습니다.

나. 공정함을 유지하여야 합니다.

재판은 공정하게 진행되어야 하므로, 통역인도 공정함을 의심받을 만한 행동을 하여서는 아니 됩니다. 그러므로 우선 원고 또는 원고 측 증인과 친분이 깊다는 등 특별한 관계가 있는 경우에는 지체 없이 재판부에 알려야 합니다. 또한, 난민사건의 특성상 원고가 재판절차 이외의 장소에서 통역인에게 법률적인 상담을 요청하는 일이 있을 수 있게 되는데, 통역인의 개인적인 경험 등으로 재판의 가능성이나 향후의 절차 등을 이야기하면 이것에 의하여 원고가 영향을 받을 우려가 충분히 있습니다. 통역인은 원고의 조언자가 아니라는 점을 유의하시기 바랍니다.

다. 직무상 알게 된 비밀을 누설하여서는 아니 됩니다.

통역인은 사전에 재판 관계 서류 등을 받아 두게 되는 경우도 있고, 또한 심리 중에 여러 가지 사항을 들어서 알게 되기도 합니다. 통역인은 이처럼 직무상 알게 된 비밀을 제3자에게 알려서는 아니 됩니다.

2. 변론기일 전 준비

가. 정확한 통역과 원활한 심리를 위하여 법원으로부터 (1) 난민불인정처분의 사유가 적힌 서류 또는 (2) 원고본인(또는 증인) 신문사항이 적힌 서면 등을 미리 전송 받을 수도 있습니다만, 이 경우 사건에 대하여 편견을 가지지 아니하도록 주의하여야 합니다.

나. 법정에서의 통역 경험, 특히 난민사건에서의 통역 경험이 전혀 없는 경우 사전에 다른 사건의 법정 통역 과정을 방청하거나 서울행정법원의 홈페이지(sladmin.scourt.go.kr), 유엔난민기구의 홈페이지(www.unhcr.or.kr) 등을 통하여 전문용어를 익혀두면 도움이 됩니다.

3. 변론기일의 통역

가. 원진술자(원고나 증인)가 말한 그대로 충실하게 통역하여야 합니다.

재판에서는 동일한 내용에 대하여 여러 각도에서 몇 번이고 질문이나 답변이 반복되는 경우가 있을 수 있는데, 이러한 경우 각 질문의 뉘앙스 등에 충분히 주의하여 답변자의 말을 충실하게 통역하여야 합니다. 일부를 생략하거나 이야기한 내용을 간단하게 정리해서 그 취지만을 통역하는 것은 최대한 피하여야 합니다. 이와 같은 정확한 통역을 위하여 반드시 법정에 가기 전에 메모지를 준비하였다가 진술 내용을 메모하는 것이 필요합니다. 또한, "이러이러합니다."라는 직접화법으로 통역을 하여야 하고, "이러이러합니다라고 답변합니다."라는 간접화법으로 통역하여서는 아니 됩니다. 한편, 통역하는 과정에서 이에 들어맞는 적절한 외국어가 존재하지 아니하는 경우 재판장과 상의할 수도 있습니다.

나. 질문이나 답변의 내용을 정확하게 이해하지 못한 경우의 대처 방법

통역인이 있는 사건의 경우 재판장이나 당사자, 변호인은 가급적 간결하게 질문을 하려고 하는 것이 보통이지만, 복잡한 질문이나 여러 개의 질문이 한꺼번에 이루어져 통역하기 곤란한 경우 또는 신문 도중에 이해하기 어려운 말이 나오는 경우가 있을 수 있습니다. 원고나 증인의 목소리가 작거나 또는 말이 빨라 이를 알아듣기 어려운 경우가 생길 수도 있습니다. 이러한 경우에는 그냥 넘어 가거나 대충 처리하지 말고 재판장에게 알림으로써 통역인 스스로가 질문이나 답변의 취지를 충분하게 이해하여야 합니다. 즉 발언 내용을 정확하게 이해할 수 없을 경우에는 재판장에게 다시 한 번 발언이 이루어질 수 있게 해 달라고 요청하여야 합니다.

다. 원고나 증인이 통역된 내용을 잘 이해하지 못하는 경우의 대처 방법

원고나 증인이 통역인의 통역 내용을 제대로 이해하지 못하고 답변을 하는 경우 통역인이 임의로 원래 질문의 취지에 맞추어 통역을 하여서는 아니 됩니다. 이 경우 통역인은 원고나 증인이 말한 그대로를 통역한 후 원고나 증인이 질문의 취지를 잘 이해하지 못하고 있다는 점을 재판장에게 알려야 합니다. 그러면 재판장은 원고나 증인이 질문의 내용을 정확히 이해할 수 있도록 직접 질문을 알기 쉽게 정리하기도 하고, 질문자인 당사자나 소송대리인에게 쉽게 바꾸어 질문하도록 요청할 수 있습니다. 질문을 하는 측과 답변을 하는 측이 서로 정확한 이해를 하지 못한 상태에서 그대로 절차를 진행할 경우 공정한 재판에 중대한 차질이 생길 수 있다는 점을 명심하여야 합니다.

라. 재판의 전반적인 진행 내용도 통역하여야 합니다.

특히 소송대리인이 선임되지 아니한 난민사건의 경우, 증인신문의 내용뿐만 아니라 재판장이나 피고 측 소송수행자의 발언 등 재판의 전반적인 진행 내용을 원고에게 충실하게 통역하여 알려주어야 합니다.

재판장 판사 ○○○

「행정소송의 이론과 실무 II」 2022

학교폭력 관련 소송

I 들어가며

학교폭력에 따른 행정소송의 유형으로는 「학교폭력 예방 및 대책에 관한 법률」(이하 '학교폭력예방법') 제16조에 따른 피해학생에 대한 보호 조치 및 제17조에 따른 가해학생에 대한 징계 조치의 위법성을 다투는 소송과 학교폭력을 미연에 방지하지 못한 교사 등에 대한 관리감독상의 책임을 물어 해당 교사를 징계한 경우 그 징계의 위법성을 다투는 소송 등이 있다. 행정사건 이외에도 학교폭력과 관련한 손해배상청구 등 민사사건이나 가해학생에 대한 소년보호사건, 형사사건 등이 있다. 학교폭력예방법은 2004. 1. 29. 법률 제7119호로 제정된 후 여러 차례 개정되었고, 비교적 최근인 2019. 8. 20. 법률 제16441호 개정 법률이 2020. 3. 1. 시행됨에 따라 학교폭력의 심의절차와 조치에 대한 불복절차 등이 변경되었다. 이 글에서는 학교폭력예방법에 근거하여 가해학생에 대해 이루어지는 조치를 중심으로 행정소송에 있어 문제 되는 실무상 쟁점들에 대해 살펴보기로 한다.

II 학교폭력예방법의 제정 및 개정 경과

1. 학교폭력예방법의 제정

2004년 제정된 학교폭력예방법은 학교 자체에 학교폭력대책자치위원회(이하 '자치위원회')를 설치하여 학교폭력 예방 프로그램의 구성 및 실시, 피해학생의 보호, 가해학생에 대한 선도 및 징계 등 학교폭력의 예방 및 대책에 관련된 사항을 심의하도록 하였다. 학교폭력예방법의 제정은 전담기구의 설치, 정기적인 학교폭력 예방교육의 실시, 학교폭력 피해자의 보호와 가해자에 대한 선도 · 교육

등을 통해 학교폭력의 예방 및 대책을 위한 제도적 틀을 마련했다는 점에 의의가 있다.[1)]

제정 이후 학교폭력예방법은 학교폭력에 대한 사회적 이슈와 맞물려 여러 차례에 걸쳐 개정되었는데,[2)] 2012년과 2019년에 이루어진 개정 내용에 대해 간략히 보면 아래와 같다.

2. 2012년 법률 개정

2012년에는 피해학생 및 가해학생에 대한 조치를 강화하는 방향으로 큰 폭의 개정이 이루어졌다.

먼저 2012년 1차 개정 법률은 따돌림의 정의규정을 신설하고 강제적인 심부름도 학교폭력의 정의에 추가하였으며(제2조), 자치위원회의 소집요건을 '재적위원 4분의 1 이상이 요청하는 경우' 등으로 완화하고(제13조 제2항), 피해학생의 심리상담 · 조언 및 일시보호에 소요되는 비용까지 가해학생의 보호자가 부담하도록 하며(제16조 제5항), 가해학생에 대한 조치를 '경한 조치'에서 '중한 조치' 순으로 변경하고(제17조 제1항), 가해학생이 다른 학교로 전학을 간 이후에는 전학 전의 피해학생 소속 학교로 다시 전학 올 수 없도록 하였으며(제17조 제10항), 전학 및 퇴학 조치에 대해 이의가 있는 학생 및 보호자가 시 · 도학생징계조정위원회(이하 '조정위원회')에 재심을 청구할 수 있도록 하였다(제17조의2 제2항).

2012년 2차 개정 법률에서는 학교폭력의 범위를 '학생을 대상으로 발생한' 사건으로 확대하고 학교폭력의 정의에 '사이버 따돌림'을 추가하였으며(제2조 제1

1) 2004. 1. 29. 법률 제7119호 제정이유 참조
2) 학교폭력예방법은 제정 이후 2020년 12월까지 12차례 개정되었다(타법 개정으로 인한 경우는 제외). 이하에서 2012년 개정 법률은 2012. 1. 26. 법률 제11223호로 개정된 것(1차)과 2012. 3. 21. 법률 제11388호로 개정된 것(2차), 2019년 개정 법률은 2019. 8. 20. 법률 제16441호로 개정된 것을 의미한다.

호, 제1호의3), 피해학생에 대한 조치 유형 중 '전학권고' 규정을 삭제하고(제16조 제1항), 피해학생의 보호 조치나 가해학생에 대한 조치에 대해 이의가 있는 피해학생 또는 그 보호자는 학교폭력대책지역위원회(이하 '지역위원회')에 재심을 청구할 수 있도록 하였다(제17조의2 제1항). 나아가 가해학생에 대한 조치 부과를 의무화하고 출석정지의 기간제한을 두지 않으며,[3] 협박 또는 보복행위에 대해서는 조치를 병과하거나 가중 조치할 수 있도록 하고, 가해학생이 해당 조치를 거부하거나 기피하는 경우 추가 조치를 요청할 수 있도록 하였으며, 가해학생의 특별교육에 보호자가 동참하도록 하고 이를 위반하는 경우 과태료를 부과하도록 하였다(제17조 제1항, 제2항, 제9항, 제11항, 제22조 제2항). 또한 학교폭력을 축소 · 은폐한 학교장 및 교원에 대해 징계의결을 요구하도록 하고, 학교폭력 예방에 기여한 학교 또는 교원에게 상훈을 수여하거나 근무성적 평정에 가산점을 부여할 수 있도록 하였다(제11조 제10항, 제11항).

3. 2019년 법률 개정

2012년 개정 법률은 학교 측의 폭력에 대한 불합리한 처리나 축소 · 은폐가능성 등을 우려하여 학교폭력에 예외 없이 엄정하게 대처하기 위해 가해학생에 대한 의무적 조치 규정을 두었다. 또한 교육부는 학교폭력의 효과적인 예방책이라는 기대로 2012. 1. 27. 「학교생활기록 작성 및 관리지침」(교육과학기술부훈령 제239호)을 개정하여 생활지도 및 상급학교 진학 자료로 활용하도록 학교생활기록부에 자치위원회의 가해학생에 대한 조치사항을 기재하도록 하였다.[4] 그러나 이와 같은 법률 개정과 학교폭력 근절 노력에도 학교폭력은 여전히 존재하고, 학교생활기록부 기재와 관련하여 재심 및 행정심판, 행정소송이 폭증하는

3) 헌법재판소는 학교폭력 가해학생에 대해 수개의 조치를 병과하고 출석정지기간의 상한을 두지 아니한 2012년 개정 법률 제17조 제1항이 학습의 자유를 침해하지 않는다고 보아 합헌 결정을 하였다. 이에 대해 '출석정지' 부분은 과잉금지원칙에 위반되어 학습의 자유를 침해한다는 헌법재판관 2인의 반대의견이 있었다(헌법재판소 2019. 4. 11. 선고 2017헌바140 전원재판부 결정).

4) 헌법재판소는 학교생활기록부에 가해학생에 대한 조치사항을 입력하고 이러한 내용을 졸업과 동시에 삭제하도록 규정한 「학교생활기록 작성 및 관리지침」(2016. 4. 5. 교육부훈령 제169호) 제16조 제2항, 제18조 제5항은 가해학생의 개인정보자기결정권을 침해하지 않는다고 보아 합헌 결정을 하였다(헌법재판소 2016. 4. 28. 선고 2012헌마630 전원재판부 결정).

등 많은 부작용을 낳게 되었다. 이에 자치위원회 심의 건수의 증가[5]로 담당 교원 및 학교의 업무 부담이 증가하고, 전체위원의 과반수를 학부모대표로 위촉하도록 하고 있어 학교폭력 처리에 전문성이 부족하다는 의견이 제기되었으며, 경미한 수준의 학교폭력 사안인 경우에도 자치위원회의 심의대상이 되어 담당 교원 및 학교장의 적절한 생활지도를 통한 교육적 해결이 곤란하다는 문제의식 하에 2019. 8. 20. 법률 제16441호로 학교폭력예방법이 개정되었다.[6]

2019년 개정 법률에서는 첫째, 학교폭력의 예방 및 대책에 관련된 사항을 심의하기 위하여 학교에 두던 자치위원회를 폐지하면서 교육지원청에 학교폭력대책심의위원회(이하 '심의위원회')를 두고, 전체위원의 3분의 1 이상을 해당 교육지원청 관할 구역 내 학교에 소속된 학생의 학부모로 위촉하도록 하여 학부모위원의 비율을 줄였으며(제12조, 제13조), 둘째, 피해학생 및 그 보호자가 심의위원회의 개최를 원하지 아니하는 경미한 학교폭력[7]의 경우 학교장이 학교폭력사건을 자체적으로 해결할 수 있도록 하면서 이를 심의위원회에 보고하게 하였고(제13조의2),[8] 셋째, 지역위원회와 조정위원회로 이원화되어 있던 재심절차를 폐지하고 행정심판으로 일원화하여, 교육장이 내린 조치에 대해 이의가 있는 피해학생 · 보호자, 가해학생 · 보호자는 행정심판법에 따른 행정심판을 청구할 수 있도록 하였다(제17조의2).

---

5) 자치위원회가 심의하는 학교폭력 건수는 아래와 같이 지속적으로 증가하여 왔다(교육부의 '2018년 1차 학교폭력 실태조사 결과' 보도자료 파일 참조).

기간	학교급별 자치위원회 심의건수(전년 대비 증가율)			
	초	중	고	합계
2015학년도 ('15.3.1.~'16.2.29.)	3,239	10,585	6,006	19,830
2016학년도 ('16.3.1.~'17.2.29.)	4,092 (26.3%)	11,775 (11.2%)	7,599 (26.5%)	23,466 (18.3%)
2017학년도 ('17.3.1.~'18.2.29.)	6,159 (50.5%)	15,576 (32.3%)	9,258 (21.8%)	30,993 (32.1%)

6) 2019. 8. 20. 법률 제16441호 개정이유 참조
7) 다음 각 요건에 모두 해당하는 사안을 의미한다. ① 2주 이상의 신체적 · 정신적 치료를 요하는 진단서를 발급받지 않은 경우, ② 재산상 피해가 없거나 즉각 복구된 경우, ③ 학교폭력이 지속적이지 않은 경우, ④ 학교폭력에 대한 신고, 진술, 자료제공 등에 대한 보복행위가 아닌 경우(학교폭력예방법 제13조의2 제1항)
8) 해당 규정은 2019. 9. 1.부터 시행되었다(법률 제16441호 부칙 제1조 단서).

2019년 개정 법률에 따른 학교폭력 사안처리 흐름도는 아래와 같다.[9)]

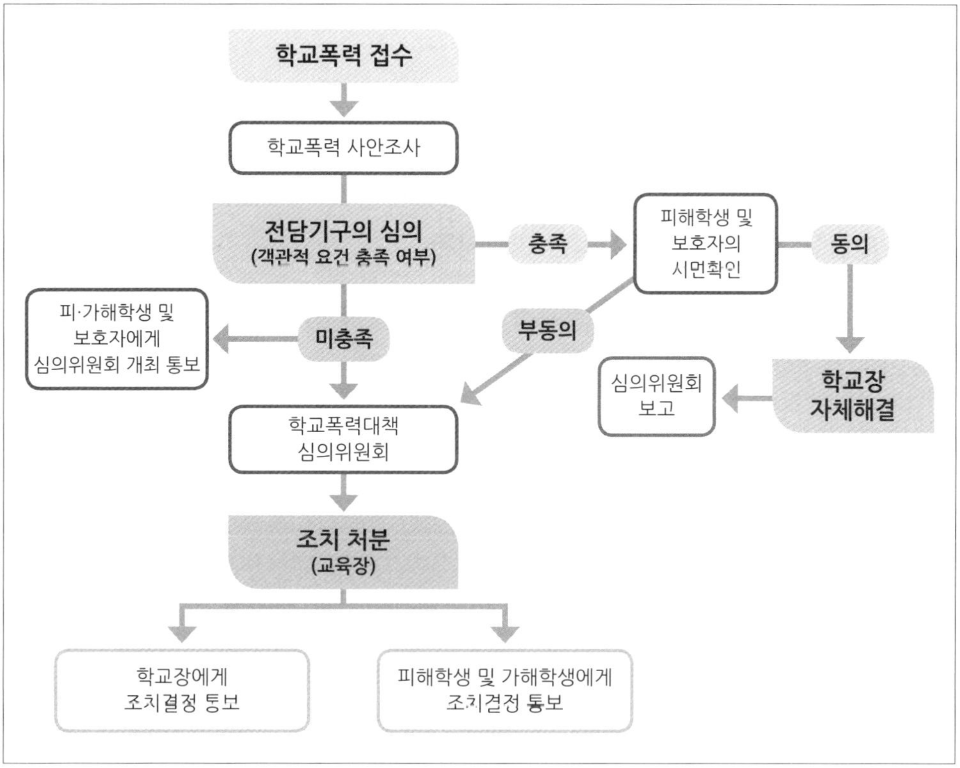

한편, 2015. 3. 5. 제정된 초 · 중등교육법 시행규칙(교육부령 제57호)에서는 종래의 「학교생활기록 작성 및 관리지침」과 같이 학교생활기록부에 가해학생에 대한 조치사항을 기재하도록 정하였는데(제21조 제1항), 2020. 2. 28. 교육부령 제201호로 개정되면서 학교폭력예방법 제17조 제1항 제1호 내지 제3호까지에 따른 조치사항의 경우 해당 학생이 그 조치사항을 이행하지 않거나 조치를 받은 후 동일 학교급에 재학하는 동안(초등학생인 경우에는 그 조치를 받은 날부터 3년 이내의 범위에서 동일 학교급에 재학하는 동안) 다른 학교폭력 사건으로 제17조 제1항의 조치를 받은 경우에만 이를 기재하도록 하였다(제21조 제2항).

9) 교육부 · 이화여자대학교 학교폭력예방연구소, 학교폭력 사안처리 가이드북(2021), 46면

Ⅲ 불복절차의 구조와 관련된 문제

1. 2019년 법률 개정 이전 불복절차

가. 재심절차의 구조와 행정심판 관할기관

2012년 개정 법률(이하 '구 학교폭력예방법')은 재심 규정을 신설하여 재심제도라는 특별한 권리구제절차를 두었는데, 피해학생 또는 그 보호자(이하 별도로 구분할 필요가 없는 경우 '피해학생'으로 지칭한다)는 학교장의 조치에 대하여 지역위원회에, 가해학생 또는 그 보호자(이하 동일하게 '가해학생'으로 지칭한다)는 전학 또는 퇴학처분에 한하여 조정위원회에 각각 재심을 청구할 수 있도록 규정함으로써 재심절차가 이원화되었다(구 학교폭력예방법 제17조의2).

구 학교폭력예방법에 따른 재심절차 구조는 아래와 같다.[10]

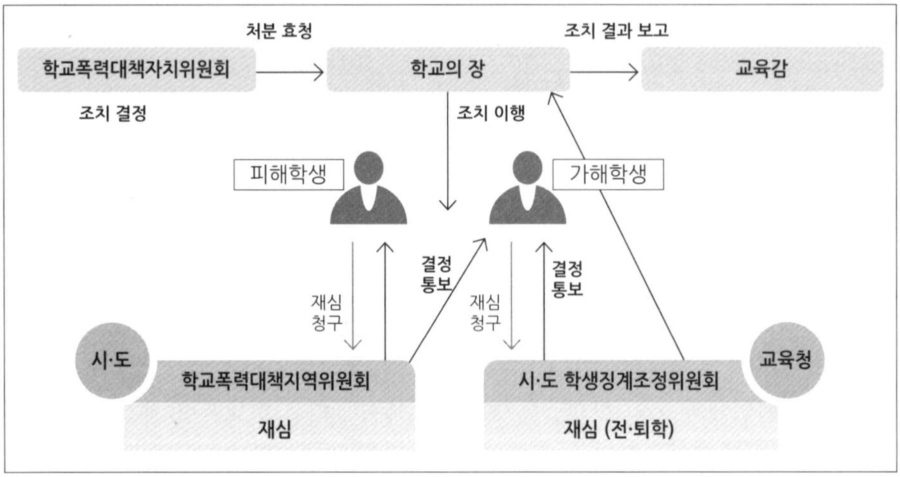

10) 교육부 · 이화여자대학교 학교폭력예방연구소, 학교폭력 사안처리 가이드북(2018), 72면

한편, 행정심판이 제기되는 경우 이를 심리 · 재결하는 행정심판기관 또한 나뉘어져 있었다. 즉, 피해학생은 지역위원회의 재심결정에 대해 행정심판을 제기할 수 있고(구 학교폭력예방법 제17조의2 제4항), 지역위원회는 시 · 도에 설치되어 있으므로 그 행정심판은 중앙행정심판위원회에서 관할한다(구 학교폭력예방법 제9조 제1항, 행정심판법 제6조 제2항 제2호). 반면 조정위원회는 시 · 도 교육청에 설치되어 있으므로(초 · 중등교육법 제18조의3), 가해학생이 곧바로 행정심판을 제기하는 경우 또는 조정위원회의 재심을 거쳐 행정심판을 제기하는 경우에는 시 · 도 교육청 행정심판위원회가 그 행정심판을 관할한다(행정심판법 제6조 제3항).

나. 사립학교장 징계 조치의 처분성 여부

구 학교폭력예방법은 학교장이 가해학생 및 피해학생에 대한 조치를 하도록 규정하고 있었다. 국 · 공립학교의 경우 설립주체가 국가나 지방자치단체로서 학교장의 피해학생에 대한 보호 조치나 가해학생에 대한 조치는 행정처분에 해당하므로[11] 행정쟁송 절차에서 그 위법성을 다툴 수 있다. 반면 사립학교의 경우 학교폭력예방법에 근거한 사립학교장의 조치에 대한 불복절차가 민사사건으로 다루어져야 하는지 행정사건으로 다루어져야 하는지 논의되어 왔다.

종래의 행정소송 실무서[12]는, 우리나라에서 6년의 초등교육과 3년의 중등교육은 의무교육이고(교육기본법 제8조 제1항), 지방자치단체는 그 관할 구역의 의무교육대상자를 모두 취학시키는 데에 필요한 초등학교, 중학교를 설립 · 경영할 원칙적인 의무가 있으며, 다만 지방자치단체가 설립한 초등학교 · 중학교에 그 관할 구역의 의무교육대상자를 모두 취학시키기 곤란하면 국립 또는 사립의 초등학교 · 중학교에 일부 의무교육대상자에 대한 교육을 위탁하는 점(초 · 중등교육법 제12조 제2항, 제3항) 등을 근거로, 사립 초등학교, 중학교의 학생교

11) 국립 교육대학 학생에 대한 퇴학처분을 행정처분으로 본 대법원 1991. 11. 22. 선고 91누2144 판결 등 참조

12) 서울행정법원 실무연구회, 행정소송의 이론과 실무(2013), 973면

육은 공무수탁사인에 의한 공행정활동이라고 보아 학생에 대한 보호 · 징계 조치를 국 · 공립학교 학생의 경우와 동일하게 행정처분으로 보아야 한다는 견해를 취하였다(행정사건설).[13] 반면, 교육부에서 발간한 지침서는 사립학교에서 이루어진 보호 · 징계 조치는 사법관계에 해당한다는 입장이었고,[14] 사법관계라는 전제에서 판단한 하급심 판결도 다수 존재한다(민사사건설).[15]

지방자치단체와 사립학교 운영자 사이의 의무교육의 위탁관계는 초 · 중등교육법 등 관련 법령에 의하여 정해지는 공법적 관계에 해당한다.[16] 그러나 사인 간에 이루어지는 교육은 교육을 받을 권리의 자유권적 측면과 사립학교 운영의 자유를 기반으로 한 사적자치의 영역에 속하므로 사립학교의 재학관계는 기본적으로 사법상 계약의 형태인 재학계약을 통하여 형성된다.[17] 그리고 '의무교육의 위탁관계'와 '학생의 재학관계'는 구별되는 것으로 그 법적 성질이 일치하여야 하는 것은 아니고, 사법상 법률관계에 대해 공법적 제한이 가해진다는 사정만으로 그 법률관계가 곧바로 공법관계로 전환되는 것도 아니다.[18] 따라서 의무교육 단계에서 사립학교로의 위탁교육이 이루어지는 초등학교, 중학교라 하더라도 구 학교폭력예방법에 근거한 사립학교장의 조치는 사법상의 행위로 보는 것이 타당하다.[19]

---

13) 행정사건설에 따른 대표적인 하급심 사례로, 대구고등법원 2017. 11. 10. 선고 2017나22439 판결은 민사법원에서 본안 판단을 한 제1심 판결을 파기하고 행정소송 관할법원으로 이송하였다.

14) 학교폭력 사안처리 가이드북(2018, 각주 10) 78면에서는 사립학교 재학생과 학교와의 관계는 사법관계에 해당하여 사립학교 재학생은 학교장의 조치에 대하여 행정심판을 제기할 수 없다고 설명하고 있었다.

15) 사립 중학교의 학교폭력 조치 무효확인을 구하는 민사사건에서 본안 판단을 한 판결이 대법원에서 확정된 사례로 부산지방법원 2017. 6. 14. 선고 2016가합51166 판결(심리불속행 기각판결로 확정됨) 등이 있다. 또한 피해학생이 직접 학교폭력불인정처분의 취소를 구한 사안에서 공법상 법률관계에 해당하지 않는다는 등의 이유로 각하한 사례로는 울산지방법원 2018. 5. 31. 선고 2017구합873 판결 등이 있다.

16) 대법원 2015. 1. 29. 선고 2012두7387 판결

17) 차성안, 소송을 통한 장애인 권리구제의 쟁점-장애인 교육차별에 관한 사례분석을 중심으로, 사회보장법 창간호(2012), 52면

18) 박재억, 사립중학교 학교법인과 학생의 재학관계와 학교법인의 안전배려의무 위반, 대법원판례해설 제117호(2019), 55면

19) 대법원은 사립중학교 학생이 훈련 중 상해를 입어 학교법인을 상대로 손해배상을 구한 사건에서, 학교법인과 학생의 재학관계는 사법상 계약에 따른 법률관계에 해당하고 지방자치단체가 학교법인이 설립한 사립중학교에 의무교육대상자에 대한 교육을 위탁한 때에 그 학교법인과 해당 사립중학교에 재학 중인 학생의 재학관계도 기본적으로 마찬가지라고 판시하면서, 학교법인은 재학계약에 따라 부담하는 안전배려의무를 위반한 경우 채무불이행책임을 부담한다고 보았다(대법원 2018. 12. 28. 선고 2016다33196 판결).

다. 재심결정의 처분성 여부

(1) 지역위원회의 재심결정

사립학교 학생은 학교장의 보호 조치 내지 징계 조치에 대해 지역위원회(피해학생) 또는 조정위원회(가해학생)에 재심을 청구한 다음 재심결정에 불복하여 행정심판과 행정소송을 제기할 수 있다.[20)]

그런데 구 학교폭력예방법 제17조의2 제5항에 따라 피해학생의 재심청구, 지역위원회의 심사 절차 및 결정 통보 등에 필요한 사항을 정하도록 위임받은 구 학교폭력예방법 시행령(2020. 2. 25. 대통령령 제30441호로 개정되기 전의 것, 이하 같다) 제24조 제6항은 '지역위원회는 재심사 결정 시 법 제16조 제1항 각 호와 제17조 제1항 각 호의 어느 하나에 해당하는 조치(수 개의 조치를 함께 부과하는 경우를 포함한다)를 할 것을 해당 학교의 장에게 요청할 수 있다.'라고만 규정하고 재심결정의 형성력이나 기속력을 규정하고 있지 않아 행정처분에 해당하는지 문제된다.

먼저, 피해학생이 지역위원회의 재심결정에 대해 불복하여 행정소송을 제기한 경우, 아래와 같은 이유에서 가해학생에 대한 추가조치를 요청하지 아니하는 지역위원회의 재심결정은 처분으로 보는 것이 타당하다. ① 피해학생은 자치위원회 심의를 거쳐 학교장이 내린 조치에 대해 불복하여 재심청구를 하는 것이므로, 지역위원회가 추가조치를 요청하는 결정을 하는 경우 가해학생에 대하여 그에 따른 조치가 이루어질 수 있지만, 지역위원회의 요청이 없는 경우 학교장이 임의로 가해학생에 대해 추가적인 조치를 할 수 없다. ② 구 학교폭력예방법은 가해학생에게 내려진 조치가 피해학생에게도 중대한 영향을 미치는 점을 고려하여 학교와 독립된 행정청인 지역위원회에 재심을 청구할 수 있는 불복절차를 마련하였는데, 재심청구를 받아들이지 않은 지역위원회의 결정에 대해 처분성

20) 행정소송의 이론과 실무(2013, 각주 12), 975면은 행정사건설의 입장에서, 행정쟁송절차에서 쟁송대상은 국 · 공립학교 및 의무교육 중인 사립 초등학교, 중등학교 학생의 경우 학교장이 내린 조치이고, 사립고등학교 학생의 경우 지역위원회와 조정위원회의 재심결정 자체가 되어야 할 것이라고 설명하고 있다.

을 부인하여 불복의 가능성을 없애는 것은 법치행정의 원리에 부합하지 않는다. ③ 구 학교폭력예방법 제17조의2 제4항은 지역위원회 결정에 이의가 있는 '청구인'은 행정심판을 제기할 수 있다고 규정하고 있으므로 지역위원회 재심결정에 대해 처분성을 인정하는 것이 이론상 간명할 뿐만 아니라, 만일 지역위원회 결정의 처분성이 부인된다면 피해학생으로서는 위 규정에 따라 행정심판을 제기한 다음 그 행정심판 재결에 대해 행정소송을 제기하게 될 것이므로 명문의 규정 없이 필요적 전심절차를 거치도록 요구하는 결과가 되어 행정소송법 제18조 제1항의 취지에 반한다.[21)]

다음으로, 지역위원회의 재심결정에 대해 가해학생이 행정소송을 제기하는 경우, 하급심 판결의 주류는 가해학생에 대한 추가조치를 요청하는 재심결정에 대해 학교장이 기속되지 않고, 구 학교폭력예방법 제17조의2 제4항은 재심 '청구인'에 대하여만 행정심판을 제기할 수 있다고 규정하고 있다는 등의 이유에서, 지역위원회의 재심결정은 가해학생의 법적 지위 내지 구체적인 권리의무에 직접적 변동을 초래하는 처분으로 보기 어렵고 행정심판의 재결에도 해당하지 않는다고 보아 그 처분성을 부인하고 있다.[22)] 그런데 이에 대하여는, ① 구 학교폭력예방법 제17조의2 제4항은 지역위원회의 재심결정에 대해 처분성을 부여하고 있고, ② 처분성 여부는 원고적격의 문제와 달리 객관적으로 파악하여야 하며, ③ 법률우위의 원칙에 따라 구 학교폭력예방법 시행령 제24조 제6항의 규정만으로 법률에서 인정하는 처분성을 부인할 수 없다는 등의 이유에서 지역위원회의 재심결정을 행정처분으로 보아 대상적격을 인정하여야 한다는 견해가

---

21) 피해학생 보호자의 지역위원회 재심결정에 대한 취소청구에 대해 본안 판단을 한 사례로 서울행정법원 2019. 1. 17. 선고 2018구합72383 판결(심리불속행 기각판결로 확정됨), 수원지방법원 2019. 4. 18. 선고 2018구합2248 판결(심리불속행 기각판결로 확정됨) 등이 있다. 한편, 서울행정법원 2019. 4. 26. 2018구합70066 판결은 가해학생인 원고가 지역위원회를 상대로 재심결정의 취소를 구하는 소를 각하하면서, 구 학교폭력예방법 제17조의2 제1항에 따른 재심청구인이 될 수 없는 가해학생은 학교장에 의한 조치 자체를 다툴 수 있는 반면, 재심청구인(피해학생 또는 그 보호자)은 재심청구가 기각되는 내용의 재심사 결정이 있다고 하더라도 그 자신에 명확한 법률상 불이익이 돌아오는 별도의 처분이 내려지는 것은 아니므로 재심사 결정 자체의 위법을 다툴 수밖에 없으며, 결국 재심사 결정은 재심청구인에 대해서만큼은 그의 재심청구권에 관한 행정청의 행위로서 처분에 해당한다고 보았다.

22) 서울행정법원 2018. 7. 27. 선고 2018구합3349 판결, 서울행정법원 2019. 11. 15. 선고 2019구합59127 판결, 인천지방법원 2020. 11. 26. 선고 2020구합50113 판결, 수원지방법원 2018. 10. 10. 선고 2018구합60978 판결, 대구지방법원 2021. 11. 10. 선고 2020구합24235 판결 등.

유력하게 제시되고 있다. 이와 관련하여, 사립고등학교 학생에 대한 보호 · 징계 조치에 관한 재심결정은 행정처분에 해당하여 행정소송의 대상이 된다고 보아 본안 판단을 한 하급심 판결이 대법원에서 확정된 사례가 있다.[23)]

(2) 조정위원회의 재심결정

구 학교폭력예방법 제17조의2 제6항은 가해학생의 재심청구, 심사절차, 결정 통보 등에 대해 초 · 중등교육법 제18조의2 제2항부터 제4항까지의 규정을 준용하도록 하고 있는데, 초 · 중등교육법 및 그 시행령에도 조정위원회의 재심결정 효력에 대한 명문의 규정이 없으므로 동일한 문제가 제기될 수 있다.

가해학생의 재심청구를 기각하는 조정위원회 재심결정의 경우 피해학생이 지역위원회의 재심결정에 대해 불복한 경우와 동일한 이유로 처분성을 인정할 수 있을 것이므로, 가해학생은 조정위원회 재심결정에 대해 행정심판은 물론 행정소송을 제기할 수 있다고 본다.[24)]

반면, 가해학생의 주장을 받아들인 재심결정의 경우, 사립학교의 학교장이 재심결정에 따라 가해학생에 대한 조치를 하지 않기로 하거나 완화하더라도 그 조치의 당사자가 아닌 피해학생으로서는 민사소송을 통해 불복하기 곤란한 문제가 있으나, 구 학교폭력예방법 제17조의2 제6항에 따라 준용되는 초 · 중등교육법 제18조의2 제3항은 조정위원회 심사결정에 이의가 있는 '청구인'은 행정심판을 제기할 수 있다고 규정하고 있고, 달리 조정위원회의 재심결정과 관련하여 피해학생에 대해 직접 불복할 수 있는 절차가 마련되어 있지 않으므로, 피해학생으로서는 조정위원회의 재심결정에 따라 이루어진 학교장의 조치에 대해 지역위원회 재심을 청구하고 행정쟁송을 제기하는 등으로 다투어야 할 것이다.[25)]

---

23) 서울고등법원(춘천) 2019. 1. 23. 선고 2018누1027 판결(대법원 심리불속행 기각판결로 확정됨). 한편 위 사건에서 피고 지역위원회는 학교장에게 추가조치를 요청한 것이 아니라 직접 가해학생에 대한 징계에 '전학 처분'을 추가하는 재심결정을 하였다.

24) 가해학생의 조정위원회 재심결정에 대한 취소청구에 대해 본안 판단을 한 사례로 의정부지방법원 2019. 3. 26. 선고 2018구합14597 판결, 서울행정법원 2019. 6. 7. 선고 2018구합4632 판결(심리불속행 기각판결로 확정됨) 등이 있다.

2. 2019년 법률 개정에 따른 불복절차

2019년 개정된 학교폭력예방법은 종전 학교 내 자치위원회에서 하던 심의기능을 교육지원청에 설치한 심의위원회로 이관하였다(제12조, 제13조).[26] 이에 따라 심의위원회가 교육장에게 피해학생의 보호와 가해학생의 선도 · 교육을 위한 보호 · 징계 조치를 요청하고 교육장이 해당 조치를 한다. 다만 학교장은 피해학생이 긴급보호를 요청하는 경우 피해학생에 대한 심리상담 · 조언, 일시보호, 그 밖에 필요한 조치를 할 수 있고, 가해학생에 대한 선도가 긴급하다고 인정할 경우 가해학생에 대하여 서면사과, 접촉 · 협박 및 보복행위 금지, 학교봉사, 특별교육이수 또는 심리치료, 출석정지의 조치를 할 수 있다. 이 경우 피해학생에 대한 긴급조치는 심의위원회에 즉시 보고하여야 하고, 가해학생에 대한 긴급조치는 심의위원회에 즉시 보고하여 추인을 받아야 한다(제16조, 제17조). 나아가 학교폭력예방법은 재심절차를 폐지하고, 피해학생 및 가해학생 모두 교육장이 내린 조치에 대해 행정심판법에 따른 행정심판을 청구할 수 있다고 규정하였다(제17조의2).[27]

따라서 개정된 학교폭력예방법이 적용되는 사안의 경우 교육장의 조치에 대한 불복절차를 행정사건으로 처리하면 될 것으로 보인다. 또한 학교폭력예방법 제17조의2는 필요적 전심절차를 거치도록 하는 특별한 규정으로 볼 수 없으므로 행정심판을 거치지 않고 곧바로 행정소송을 제기할 수 있다. 다만 학교장의 긴급조치에 관하여는 여전히 민사사건으로 다룰 것인지 행정사건으로 다룰 것인지의 문제가 남아있다.

---

25) 이와 달리 가해학생의 재심청구를 인용한 조정위원회의 재심결정에 대하여도 처분성을 인정하여야 한다는 견해가 제시될 수 있다. 이와 관련하여 피해학생이 조정위원회의 재심결정 및 이에 따른 학교장의 조치를 모두 취소의 대상으로 삼은 사례에서, 학교장의 조치가 취소되더라도 조정위원회 재심결정이 취소되지 않는다면 학교장이 재차 동일한 조치를 할 가능성이 있다는 등의 이유로 피고 조정위원회의 본안전항변을 배척하고 본안 판단에 나아간 하급심 판결이 있는데(대전지방법원 2017. 11. 9. 선고 2017구합101576 판결), 항소심 법원은 피해학생과 가해학생 모두 해당 학교를 졸업하여 재심결정 및 학교장 조치의 취소를 구할 법률상 이익이 없다는 이유로 1심 판결을 취소하고 소각하 판결을 선고하였다(대전고등법원 2018. 4. 19. 선고 2017누14289 판결).

26) 개정 법률 시행일인 2020. 3. 1. 당시 자치위원회에서 심의 중인 사항은 종전의 규정에 따라 자치위원회에서 심의하도록 하였다(법률 제16441호 부칙 제3조).

27) 개정 법률 시행 전에 조치를 받은 경우 종전의 규정에 따라 재심을 청구할 수 있고, 시행 당시 종전의 제17조의2에 따라 재심이 진행 중인 사람에 대하여는 종전의 규정을 적용한다(위 부칙 제4조).

Ⅳ 소송상 제기되는 구체적인 쟁점

1. 집행정지

가. 집행정지 요건의 심리 관련

학교폭력 소송에서 집행정지와 관련하여서는 신청인(주로 가해학생이 될 것이다)에게 생길 회복하기 어려운 손해 및 그 예방 필요성과 함께 집행정지로 인해 공공복리에 미칠 영향을 신중하게 고려하여야 한다. 특히 학생의 신분 변동이 임박한 경우에는 그 조치사항들이 학교생활기록부에 기재되어 진학 자료로 사용될 수 있다는 측면과 본안 판단 이전에 신분이 변동되어 조치로써 달성하려는 목적을 달성하기 어렵게 될 수 있다는 측면에서 집행정지 여부에 대한 결정이 본안 판단과 같은 정도의 중요성을 지니게 되므로 위와 같은 요소를 균형 있게 고려하여 결정할 필요가 있다. 대법원은 행정소송법 제23조 제3항에서 규정하고 있는 집행정지의 소극적 요건과 관련하여, 공공복리에 미칠 영향이 중대한지의 여부는 절대적 기준에 의하여 판단할 것이 아니라, 신청인의 '회복하기 어려운 손해'와 '공공복리' 양자를 비교 · 교량하여, 전자를 희생하더라도 후자를 옹호하여야 할 필요가 있는지 여부에 따라 상대적 · 개별적으로 판단되어야 한다고 설시하고 있다.[28]

학교폭력예방법 제17조 제1항에서 규정하는 가해학생에 대한 조치 중 전학처분(제8호), 퇴학처분(제9호)의 경우 그 조치 자체로 해당 학교의 학생이라는 신분을 박탈하게 되어 통상 '금전보상이 불능인 경우 내지는 금전보상으로는 사회관념상 참고 견딜 수 없거나 현저히 곤란한 경우'에 해당할 것이므로 집행정지의 적극적 요건은 용이하게 인정될 것이다. 반면에 전학 · 퇴학처분은 가해학생

28) 대법원 2010. 5. 14.자 2010무48 결정 등

에 대한 조치 중 가장 중한 것이므로 이미 학교폭력 사안이 중한 경우일 것이고, 이러한 경우 피해학생의 보호가 우선적으로 고려되어야 한다.[29] 따라서 이러한 조치에 관한 학교폭력 소송에서는 집행정지 단계에서 피해학생의 보호, 가해학생의 선도 · 교육 등 학교폭력예방법의 입법 목적과 본안의 승소가능성 등을 종합적으로 고려할 필요가 있다.

서면사과(제1호), 접촉 · 협박 및 보복행위 금지(제2호), 학교봉사(제3호)의 경우 비교적 경한 조치로서, 그 중 제2호 조치는 소극적 제한 조치에 불과하므로 집행정지 신청을 인용하는 데에 신중을 기할 필요가 있다. 그러나 위 각 조치는 개정된 초 · 중등교육법 시행규칙 제21조 제2항에 따른 학교생활기록부 조건부 기재 유보대상으로서, 서면사과, 학교봉사 등의 조치를 이행하지 않은 경우에 학교생활기록부에 기재하도록 되어 있고, 집행정지를 명하는 경우 그 종기까지 학교생활기록부 기재가 유보되므로,[30] 학교폭력 해당 여부가 불분명한 사안이거나 가해학생이 이를 이행하지 않음으로써 상급학교 진학에 불이익이 따를 수 있는 경우 등에는 '회복하기 어려운 손해를 예방하기 위한 긴급한 필요'를 인정할 수 있다.

나. 집행정지 결정과 학교생활기록부의 기재

가해학생에 대한 조치의 집행정지 효력과 관련하여 해당 조치에 대한 학교생활기록부의 기재를 삭제하여야 하는지 문제된다. 학교 측은 가해학생에 대한 조

29) 2020년 11월 고등학생이 권투연습을 핑계로 동급생을 폭행하여 의식불명이 된 소위 '권투연습 핑계 폭력' 사건이 발생하여 큰 사회적 논란이 되었는데, 해당 사건에서 가해학생 중 일부는 같은 학교의 다른 동급생에 대한 학교폭력 가해행위로 전학 등의 처분을 받았으나 행정심판을 제기하고 집행정지 신청이 인용되어 해당 학교에 그대로 다니던 중 가해행위에 가담하였다고 한다. 이덕난 · 유지연, 학교폭력 피해학생 보호 강화를 위한 입법 및 정책 개선 과제, NARS 현안분석 제189호(2021), 1면.

30) 대법원은 과징금 부과처분에 대한 집행정지 결정이 내려졌다면 그 집행정지 기간 동안은 과징금의 납부기간이 더 이상 진행되지 않는다고 보았다(대법원 2003. 7. 11. 선고 2002다48023 판결). 교육부가 마련한 '학교생활기록부 기재요령'에서도 가해학생이 학교폭력예방법 제17조 제1항 제1호부터 제3호까지의 조치를 받고 이행기간 만료 이전에 집행정지(효력정지) 인용결정을 받아 조치를 미이행 했을 경우 집행정지 기간 동안 조치 이행의무가 정지된 점을 고려하여 학교생활기록부 기재를 보류하도록 안내하고 있다 [교육부, 학교생활기록부 초등학교 기재요령(2021), 95면, 학교생활기록부 중학교 기재요령(2021), 122면, 학교생활기록부 고등학교 기재요령(2021), 132면].

치에 대하여 집행정지 결정이 내려지더라도 그 조치 자체의 실행만을 유보하고 학교생활기록부 기재는 그대로 두는 업무처리를 하는 경우가 있다.[31)]

이와 관련하여 학교생활기록부 기재 삭제를 구하는 집행정지 신청을 각하한 사례,[32)] 집행정지 또는 효력정지를 명하면서 이유에서 '학교생활기록부 입력도 그에 따른다.'고 한 사례,[33)] 효력정지를 명하면서 이유에서 '학교생활부의 관련 내용도 삭제하는 등의 조치가 있어야 한다.'고 한 사례,[34)] 신청인이 신청취지 제1항에서 효력정지를 구하면서 제2항에서 그 효력정지에는 학교생활기록부 기재의 삭제가 포함된다고 기재한 사안에서, 재학 중 발생한 객관적 사실을 배제시키는 것은 수시모집 대학전형의 공정성 확보라는 공공복리에 중대한 영향을 미칠 우려가 있다는 이유로 기각한 사례,[35)] 조치의 효력정지 신청에 대해 그 효력까지 정지될 경우 학교생활기록부상 해당 기재가 삭제되거나 그 사용이 허용되지 않게 될 수 있다는 이유로 집행정지만을 명한 사례[36)] 등이 있다.

집행정지 요건을 갖춘 신청에 관하여는 결정으로써 처분 등의 효력이나 그 집행 또는 절차 속행의 전부 또는 일부를 정지할 수 있다(행정소송법 제23조 제2항). '효력정지'란 처분의 효력이 존속하지 않는 상태에 놓는 것이고, '집행정지'란 처분의 집행력을 박탈하여 그 처분의 내용을 실현하는 행위를 금지하는 것이며, '절차속행정지'란 처분이 유효함을 전제로 법률관계가 진전되어 다른 처분이 이루어지는 경우에 그 기초가 되는 선행처분의 효력을 박탈하여 절차속행, 법률

31) 학교폭력 사안처리 가이드북(2021, 각주 9) 79면에서는 '가해학생 조치사항에 대한 행정심판 및 소송이 청구된 경우에도 기재된 조치사항을 삭제하지 아니하고, 향후 조치가 변경되거나 취소될 경우 이를 수정하며 조치결정 일자는 변경하지 않는다.'고 안내하고 있다.

32) 춘천지방법원 2018. 8. 27.자 2018아5059 결정, 서울행정법원 2020. 6. 30.자 2020아11672 결정(위 결정에서는 조치에 대한 효력정지 신청을 인용하면서 결정 이유에서 위 조치를 기재한 학교생활기록부의 사용이 허용되지 않는다고 하였다) 등

33) 서울고등법원(춘천) 2018. 5. 23.자 2018루8 결정(심리불속행 기각결정으로 확정됨), 서울고등법원(춘천) 2019. 10. 22.자 2019아61 결정, 서울행정법원 2017. 10. 20.자 2017아2270 결정, 서울행정법원 2018. 11. 2.자 2018아13213 결정, 춘천지방법원 강릉지원 2019. 5. 30.자 2019아20015 결정, 수원지방법원 2019. 9. 26.자 2019아3799 결정 등

34) 의정부지방법원 2020. 9. 2.자 2020아50230 결정

35) 서울행정법원 2020. 9. 3.자 2020아12453 결정

36) 서울고등법원 2020. 9. 14.자 2020루1350 결정(위 서울행정법원 2020아12453 결정에 대한 항고심 결정으로, 신청인은 항고심에서 신청취지 제2항을 취하하였다. 심리불속행 기각결정으로 확정됨)

관계의 진전을 금하는 것이다.[37] 따라서 '집행정지'는 해당 조치의 집행력만을 박탈하는 것이므로 이미 학교생활기록부에 기재된 학교폭력 관련 사항의 삭제의 의미까지 포함한다고 보기 어렵다. 그러나 처분의 '효력정지'가 있으면 잠정적 · 일시적으로 그 처분의 효력이 존속하지 않는 상태에 놓이게 되고, 행정소송법 제23조 제6항에서는 처분 등을 취소하는 확정판결의 기속력에 관한 행정소송법 제30조 제1항을 집행정지의 결정에 준용하고 있어, 기속력에 따른 원상회복이나 결과제거조치 등이 따라야 할 것이므로, 해당 조치가 유효함을 전제로 학교생활기록부에의 기재를 유지하는 것은 '효력정지' 결정의 효력에 반한다고 보인다.[38] 이 경우 학교생활기록부 조건부 기재 유보대상과 같이 '조건부 기재 유보 관리대장'에 기재하여 관리하면 될 것이다.[39]

2. 소송요건

가. 원고적격

(1) 피해학생 및 그 보호자

구 학교폭력예방법은 재심제도를 마련하여 피해학생과 가해학생이 각각 학교장의 조치에 대하여 지역위원회와 조정위원회에 재심을 청구하고 이에 대해 행정심판을 제기하도록 하면서, 가해학생의 경우에는 전학 또는 퇴학처분에 한하여 재심을 청구할 수 있도록 규정하였다(제17조의2 제1항, 제2항). 이와 관련하여, 2012년 법률 개정 이후 피해학생이 재심절차를 거치지 않고 가해학생에 대한 조치 관련 처분에 대해 직접 행정심판이나 행정소송을 제기할 수 있는지 문제되어 왔다.

헌법재판소는 가해학생에 대한 조치에 대해 피해학생에게는 모두 재심을 허

37) 법원실무제요[5-1] 행정(2016), 304면
38) 이정민, 학교폭력 가해학생에 대한 조치 관련 소송상 몇 가지 쟁점, 경기법조 제25호(2018), 424면
39) 오영표, 학교폭력사건의 소송상 주요 쟁점, 대전지방법원 2020년 하반기 헌법행정실무연구회 발표자료(2020), 8면

용하는 것과 달리 가해학생에 대하여는 전학과 퇴학의 경우만 재심을 허용하고 있었던 구 학교폭력예방법 제17조의2 제2항에 대한 헌법소원심판사건에서, 피해학생은 그 조치의 당사자가 아니므로 결과에 불만이 있더라도 직접 소송을 통한 권리 구제를 도모할 수 없어 재심의 기회를 허용해야 할 필요성이 크다는 등의 이유로 자의적인 차별이 아니라고 하였다.[40] 이에 비추어 볼 때 헌법재판소는 피해학생이 지역위원회 재심절차를 거치지 않고는 직접 가해학생에 대한 조치를 다툴 수 없다는 입장이었던 것으로 보인다. 그러나 하급심 판결에서는 구 학교폭력예방법 제17조에서 가해학생의 선도 · 교육 외에 '피해학생의 보호'를 가해학생에 대한 조치의 목적으로 들고 있고, 피해학생이 행정소송을 제기할 수 없다는 명문의 규정을 두고 있지 않으며, 가해학생에게 지나치게 가벼운 조치가 내려진 경우 피해학생이 충분한 보호를 받지 못하게 될 우려가 있다는 점 등을 근거로 피해학생이나 그 보호자의 원고적격을 인정하여 왔다.[41]

2012년 법률 개정 이전까지는 학교폭력 징계 조치에 대한 행정심판 사례가 많지 않았고,[42] 피해학생이 직접 가해학생에 대한 조치를 다툰 행정소송 사례도 발견되지 않는 점[43] 등에 비추어 2012년 법률 개정 당시 피해학생에게 재심을 허용하는 규정을 마련한 것은 그 불복수단을 마련하여 주기 위함이었다고 보인다. 그러나 법률상 보호이익설에 따라 피해학생에게 가해학생에 대한 처분의 취소를 구할 원고적격을 인정할 수 있다고 보이므로, 피해학생으로서는 지역위

40) 헌법재판소 2013. 10. 24. 선고 2012헌마832 전원재판부 결정. 이에 대해 가해학생과 그 보호자의 기본권을 지나치게 제한한다는 헌법재판관 3인의 반대의견이 있었다.

41) 광주고등법원(전주) 2016. 6. 13. 선고 2015누856 판결(심리불속행 기각판결로 확정됨), 대전고등법원 2016. 9. 21. 선고 2016누10181 판결(심리불속행 기각판결로 확정됨), 서울행정법원 2020. 3. 6. 선고 2019구합61793 판결(심리불속행 기각판결로 확정됨) 등.

42) 전국 시 · 도 교육청 행정심판의 경우 2011년 전국 총 98건 중 학교폭력 관련 처분에 대한 것이 없었는데 2012년 총 243건 중 129건이 학교폭력 관련 처분의 취소를 구하는 것이었고, 중앙행정심판위원회 행정심판의 경우 학교폭력 징계 조치에 대한 건수가 2011년 1건, 2012년 21건이었으나 2013년에는 89건으로 증가하였으며 집행정지 신청도 2012년에는 9건이었으나 2013년에는 36건으로 증가하였다고 한다. 김정연, 판결 및 불복절차 사례를 통해 본 학교폭력예방법의 비판적 고찰, 형사정책연구 제28권 4호(2017), 150면, 신강숙, 행정심판 사례를 통하여 본 학교폭력예방법 고찰, 강원법학 제41권(2014), 649면 참조.

43) 피해학생이나 보호자가 제기한 행정소송으로는 학교장을 상대로 가해학생에 대한 조치의 취소를 구한 수원지방법원 2012구합11073 사건 및 지역위원회를 상대로 재심결정의 취소를 구한 서울행정법원 2013구합17091 사건이 2012년도에 자치위원회가 개최된 사안의 것으로 선행 사례로 확인된다(법원 판결문 검색시스템을 통해 확인).

원회에 재심을 제기하지 않고 곧바로 학교장의 처분을 다툴 수 있다고 보는 것이 타당하다. 나아가 개정된 학교폭력예방법 제17조의2 제1항에서는 피해학생과 그 보호자가 교육장의 조치에 대해 행정심판을 청구할 수 있다고 규정하고 있는데, 피해학생에게 행정심판의 청구인적격을 인정하고 있는 이상 행정소송의 원고적격을 부정할 이유가 없다. 다만 피해학생의 보호자는 학교폭력 사건의 당사자가 아니라 피해학생의 조력을 위해 절차상 참여하는 것에 불과하므로 위 규정에서 명시하고 있지 않은 행정소송에 있어서의 원고적격까지 인정하여야 하는지는 의문이다.

(2) 가해학생의 보호자

한편, 가해학생의 보호자가 원고적격을 갖는지는 학교폭력예방법 제17조 제9항에 따라 부가되는 보호자 특별교육 이수 조치를 별도로 다툴 소의 이익이 있는지와 관련되어 있다.

학교폭력예방법 제17조 제9항은 '심의위원회는 가해학생이 특별교육을 이수할 경우 해당 학생의 보호자도 함께 교육을 받게 하여야 한다.'라고 규정하고 있는데, 위 규정에 따른 보호자 특별교육 이수 조치는 가해학생의 선도 · 교육을 위해 특별교육 이수 조치를 부과하는 경우에 그 교육 목적을 달성하기 위하여 마련된 부수처분으로서 가해학생의 특별교육 이수를 전제로 한다고 볼 것이다. 따라서 졸업 등의 사유로 가해학생 특별교육 이수 조치의 효력이 소멸한 경우 보호자에 대한 특별교육 이수 조치의 취소를 구할 이익도 없다.[44]

가해학생 특별교육 이수 조치의 취소 청구 부분의 소의 이익이 인정되는 경우, 가해학생이 자신에 대한 특별교육 이수 조치와 함께 보호자 특별교육 이수 조치의 취소를 구하는 사안에서 보호자 특별교육 이수 조치를 별도로 다툴 법률상 이익이 없다고 보아 각하한 사례[45]와 본안 판단에 나아가 청구를 인용한 사

44) 서울고등법원 2016. 11. 3. 선고 2016누50848 판결(심리불속행 기각판결로 확정됨), 서울고등법원 2019. 7. 11. 선고 2018누70570 판결

례[46]가 있다. 보호자 특별교육 이수 조치가 가해학생의 특별교육 이수를 전제로 하더라도 별도로 그 취소나 무효 확인을 구할 소의 이익이 있다고 할 것이고,[47] 이 경우 그 처분의 상대방인 가해학생의 보호자는 법률상 이익이 있는 자로서 원고적격이 인정될 것이다.[48]

나. 피고적격

항고소송에서는 원칙적으로 처분 등을 행한 행정청에게 피고적격이 있다(행정소송법 제13조 제1항). 따라서 구 학교폭력예방법 하에서 학교장이 내린 조치에 대한 항고소송의 피고적격은 학교장에게 있었다.[49] 2019년 개정된 학교폭력예방법에 따르면 심의위원회의 요청에 따라 교육장이 보호 · 징계 조치를 하게 되므로 이를 다투는 항고소송의 피고적격은 교육장에게 있다. 다만, 학교장은 가해학생에 대한 선도가 긴급하다고 인정할 경우 직접 가해학생에 대한 조치를 할 수 있는데(학교폭력예방법 제17조 제4항) 이러한 긴급조치를 다투는 항고소송의 피고적격은 여전히 학교장에게 있다. 또한 가해학생이 학교폭력예방법에 따른 조치를 거부하거나 회피하는 경우 학교장은 초 · 중등교육법 제18조에 따라 징계하여야 하는데(학교폭력예방법 제17조 제7항), 그 징계 조치에 불복하는 행정소송에 있어서도 학교장이 피고로 되어야 할 것이다.

---

45) 서울고등법원 2020. 9. 17. 선고 2019누65452 판결(원고적격과 소의 이익 모두 부정), 서울고등법원 2020. 10. 21. 선고 2019누52135 판결(원고적격과 소의 이익 모두 부정), 서울고등법원 2021. 2. 3. 선고 2019누66066 판결(소의 이익 부정, 심리불속행 기각판결로 확정됨)

46) 서울고등법원 2018. 4. 13. 선고 2017누80839 판결, 서울고등법원 2019. 5. 3. 선고 2018누55809 판결

47) 가해학생 특별교육 이수 조치의 위법성을 주장할 수 있을 뿐만 아니라 보호자 특별교육 이수 조치의 독자적 위법사유를 주장할 수도 있다. 예를 들면 그 처분 상대방이 보호자가 아닌 경우, 이수시간이 과도한 경우 등이 있을 수 있다.

48) 서울행정법원 2020. 10. 16. 선고 2019구합83311 판결. 한편 서울행정법원 2020. 6. 5. 선고 2019구합55910 판결은 가해학생의 실질적 당사자성, 대부분의 경우 특별교육이수의 당사자인 보호자가 사실상 소송에 관여하는 점, 소송 결과의 모순 발생 우려와 소송경제 등을 고려할 때 가해학생에게 원고적격이 인정된다고 보았는데, 가해학생 보호자의 원고적격을 부정하는 취지는 아니라고 보인다.

49) 한편, 2012년 개정 법률에서는 재심청구 대상을 '자치위원회 또는 학교의 장이 제16조 제1항 및 제17조 제1항에 따라 내린 조치'(제17조의2 제1항), 또는 '자치위원회가 제17조 제1항 제8호와 제9호에 따라 내린 조치'(제17조의2 제2항)로 규정하였으나, 자치위원회는 학교폭력 사안에 대하여 피해학생 보호 조치 및 가해학생에 대한 조치를 심의 · 의결하는 기구이고 결정의 주체는 학교장이므로, 2017. 11. 28. 법률 제15044호로 개정된 구 학교폭력예방법에서 '학교의 장이 내린 조치'로 개정하였다.

다. 소의 이익

학교폭력예방법에 따른 가해학생에 대한 조치는 교육지원청에 설치되는 심의위원회의 요청에 따라 교육장이 가해학생에 대한 조치를 하거나 학교장이 긴급조치를 하고, 가해학생에 대한 조치 중 대부분은 성질상 학교 내에서 이루어져야 하는 것이며, 가해학생이 이를 거부 · 회피하는 경우 학교장이 징계하도록 규정하고 있는 점 등에 비추어, 가해학생에 대한 조치는 그 처분 당시의 해당 학교 학생의 신분이나 지위를 전제로 한다고 할 것이다. 따라서 가해학생이 졸업 등의 사유로 해당 학교의 학생 신분을 상실하게 되면 그 처분의 효력이 소멸하여 원칙적으로 취소를 구할 소의 이익이 인정되지 않는다.[50] 다만 처분의 효력이 소멸한 뒤에도 그 처분 등의 취소로 인하여 회복되는 법률상 이익이 있는 경우에 한하여 소의 이익 유무를 평가하게 될 뿐이다(행정소송법 제12조 후문).

초 · 중등교육법 제30조의6 제1항은 상급학교의 학생 선발에 이용하기 위한 경우(제2호) 등에는 학교생활기록을 제공하도록 규정하고 있다. 따라서 가해학생이 해당 학교의 학생 신분을 상실한 경우에도 학교생활기록부에 조치사항의 기재가 남아있는 경우에는 상급학교 진학 등에 있어 불이익을 받을 우려가 있어 그 조치의 취소를 구할 법률상 이익이 인정된다.[51] 초 · 중등교육법 시행규칙 제22조 및 「학교생활기록 작성 및 관리지침」 제18조에 따른 학교생활기록부 학교폭력 조치사항 삭제시기를 정리하면 아래 도표와 같다.[52]

---

50) 대구고등법원 2016. 12. 23. 선고 2016누5359 판결(심리불속행 기각판결로 확정됨), 서울고등법원 2018. 10. 16. 선고 2018누48672 판결(심리불속행 기각판결로 확정됨).

51) 서울고등법원 2017. 3. 21. 선고 2016누69781 판결(심리불속행 기각판결로 확정됨)

52) 학교폭력 사안처리 가이드북(2021, 각주 9), 81면

<table>
<tr><th>가해학생 조치사항
(학교폭력예방 및 대책에 관한 법률)</th><th>학교생활기록부
영역</th><th>삭제 시기</th></tr>
<tr><td>제1호(피해학생에 대한 서면사과)</td><td rowspan="4">행동특성 및
종합의견</td><td rowspan="4">▶ 졸업과 동시(졸업식 이후부터 2월말 사이 졸업생 학적반영 이전)
▶ 학업중단자는 해당학생이 학적을 유지했을 경우 가정하여 졸업할 시점</td></tr>
<tr><td>제2호(피해학생 및 신고 · 고발 학생에 대한 접촉, 협박 및 보복금지)</td></tr>
<tr><td>제3호(학교에서의 봉사)</td></tr>
<tr><td>제7호(학급교체)</td></tr>
<tr><td>제4호(사회봉사)</td><td rowspan="3">출결사항
특기사항</td><td rowspan="4">▶ 졸업일로부터 2년 후
▶ 졸업 직전 전담기구 심의를 거쳐 졸업과 동시 삭제 가능
▶ 학업중단자는 해당학생이 학적을 유지하였을 경우를 가정하여 졸업하였을 시점으로부터 2년 후</td></tr>
<tr><td>제5호(학내외 전문가에 의한 특별교육 이수 또는 심리치료)</td></tr>
<tr><td>제6호(출석 정지)</td></tr>
<tr><td>제8호(전학)</td><td rowspan="2">인적 ·학적 사항
특기사항</td></tr>
<tr><td>제9호(퇴학)</td><td>▶ 삭제 대상 아님</td></tr>
</table>

3. 절차상 자주 다투어지는 문제

가. 심의 · 의결기구의 구성 및 운영절차의 위법

(1) 구 학교폭력예방법 제13조 제1항은 '자치위원회는 위원장 1인을 포함하여 5인 이상 10인 이하의 위원으로 구성하되, 대통령령으로 정하는 바에 따라 전체위원의 과반수를 학부모전체회의에서 직접 선출된 학부모대표로 위촉하여야 한다. 다만, 학부모전체회의에서 학부모대표를 선출하기 곤란한 사유가 있는 경우에는 학급별 대표로 구성된 학부모대표회의에서 선출된 학부모대표로 위촉할 수 있다.'라고 규정하고 있었다. 자치위원회 전체위원의 과반수를 원칙적으로 학부모전체회의에서 직접 선출한 학부모 대표로 위촉하도록 한 것은 2011년 법률 개정(2011. 5. 19. 법률 제10642호로 개정되어 2011. 11. 20. 시행된 것) 이후부터인데, 학부모전체회의에서 학부모대표를 선출하기 곤란한 사유가

없음에도 학부모전체회의에서 직접 선출하지 아니하는 등 위 규정을 위반하여 절차상 하자가 인정된 사례가 많았다. 이와 관련된 구체적 판결 사례들을 들면 아래와 같다.

○ 가정통신문을 통해 학부모총회 개최를 안내하면서 자치위원회 학부모위원 선출 공고를 하지 아니한 사례(위법)[53)]

○ 학부모총회에서 무기명 직접투표로 선출할 것을 공고하였다가 선출위원과 동일한 수의 후보자들이 입후보 등록서를 제출하자 학부모총회 개최 전에 무투표당선 예정이라는 가정통신문을 발송한 사례(위법)[54)], 학부모총회에서 직접투표로 선출할 것을 공고하였다가 후보자의 수와 선출인원이 동일하자 투표절차를 거치지 않고 후보자들을 학부모위원으로 선출한 사례(적법)[55)]

○ 자치위원회 학부모위원을 선출하기 위한 임시학부모총회 소집공고를 한 다음 후보자등록 마감 결과 선출위원과 동일한 수의 학부모가 입후보 등록하자 임시학부모총회 개최 전에 무투표 당선 보고를 하였고, 임시학부모총회 등에서 학부모위원의 선출에 대해 추인 절차를 거쳤다는 자료가 없는 사례(위법)[56)]

○ 학부모전체회의에서 선출한 학부모위원이 자치위원회 위원의 과반수에 달하지 못하자 학부모대표회의에서 학부모위원을 선출한 사례[57)]

---

53) 서울고등법원 2018. 1. 24. 선고 2017누52025 판결, 서울행정법원 2019. 6. 13. 선고 2018구합82403 판결, 서울행정법원 2019. 6. 13. 선고 2019구합58698 판결, 의정부지방법원 2019. 11. 19. 선고 2019구합10486 판결, 인천지방법원 2019. 1. 18. 선고 2018구합52437 판결, 인천지방법원 2019. 6. 13. 선고 2018구합53850 판결, 대전지방법원 2020. 9. 17. 선고 2019구합102771 판결, 청주지방법원 2019. 11. 21. 선고 2019구합6166 판결, 대구지방법원 2020. 1. 16. 선고 2019구합23700 판결, 부산지방법원 2020. 7. 3. 선고 2019구합24832 판결, 광주지방법원 2019. 12. 5. 선고 2019구합10399 판결

54) 서울행정법원 2020. 6. 5. 선고 2019구합55910 판결

55) 인천지방법원 2020. 8. 20. 선고 2019구합54225 판결(심리불속행 기각판결로 확정), 위 사건의 항소심 판결(서울고등법원 2020누54588호)에는 학부모전체회의 당시 후보자들을 소개하는 절차 등을 통해 참석자들에게 이의제기 기회를 부여하였다는 사정이 나타나 있다.

56) 서울행정법원 2019. 5. 16. 선고 2018구합80360 판결

57) 학부모전체회의에서 학부모대표를 선출하기 곤란한 경우에 해당하지 않는다고 보아 위법하다고 본 사례로 광주지방법원 2019. 2. 14. 선고 2018구합10781 판결, 반면, '학부모전체회의에서 학부모대표를 선출하기 곤란한 사유'에는 학부모전체회의에서 지원자가 없어 학부모위원 정원을 모두 선출하지 못한 경우도 포함된다고 보아 적법하다고 본 사례로 서울고등법원(춘천) 2021. 7. 14. 선고 2020누1204 판결

○ 학부모대표의 선출 절차를 거치지 아니한 채 학교 측의 부탁을 받은 학부모가 자치위원에 포함된 사례(위법)[58]

○ '학급별 대표로 구성된 학부모대표회의'가 아니라 '학년별'로 개최된 학부모대표회의에서 학부모대표를 선출한 사례(위법)[59]

○ 학부모전체회의나 '학급별 대표로 구성된 학부모대표회의'가 아닌 '학부모 전체 임원회의'에서 학부모대표를 선출하거나, 학부모회 대표 8명을 위원으로 하는 '학부모 대표자 회의'에서 그 중 6명의 학부모를 학부모대표로 선출한 사례(위법)[60]

(2) 구 학교폭력예방법 시행령은 자치위원회의 위원은 해당 학교의 교감, 해당 학교의 교사 중 학생생활지도 경력이 있는 교사, 구 학교폭력예방법 제13조 제1항에 따라 선출된 학부모대표, 판사 · 검사 · 변호사, 해당 학교를 관할하는 경찰서 소속 경찰공무원, 의사 자격이 있는 사람, 그 밖에 학교폭력 예방 및 청소년보호에 대한 지식과 경험이 풍부한 사람 중에서 해당 학교의 장이 임명하거나 위촉한다고 규정하고(제14조 제1항), 자치위원회 위원의 제척 · 기피 및 회피 제도를 마련하고 있다(제26조). 한편, 구 학교폭력예방법 제21조는 학교폭력의 예방 및 대책과 관련된 업무를 수행하거나 수행하였던 자는 그 직무로 인하여 알게 된 비밀 또는 가해학생 · 피해학생 및 신고자 · 고발자와 관련된 자료를 누설하여서는 아니 된다고 규정하면서(제1항) 자치위원회 회의는 공개하지 아니하는 것을 원칙으로 하되, 피해학생 · 가해학생 또는 그 보호자가 회의록의 열람 · 복사 등 회의록 공개를 신청한 때에는 개인정보에 관한 사항을 제외하고 이를 공개하도록 규정하도록 규정하고 있으며(제3항), 구 학교폭력예방법 시행령 제33조는 '학교폭력 피해학생과 가해학생에 대한 심의 · 의결과 관련된 개인별 발

58) 수원지방법원 2018. 7. 12. 선고 2018구합61872 판결
59) 대구고등법원 2018. 12. 21. 선고 2018누3814 판결, 서울행정법원 2018. 7. 12. 선고 2017구합81090 판결, 서울행정법원 2019. 6. 13. 선고 2018구합82403 판결, 인천지방법원 2018. 3. 30. 선고 2017구합316 판결, 부산지방법원 2018. 5. 31. 선고 2017구합24357 판결
60) 서울행정법원 2018. 1. 18. 선고 2017구합72577 판결, 서울행정법원 2018. 5. 17. 선고 2017구합82697 판결

언 내용'(제2호) 등을 비밀로 규정하고 있다. 이와 관련하여 자치위원회 위원의 자격 등 심의절차의 공정성 여부가 문제된 구체적 사례들은 아래와 같다.

○ 학교장이 피해자 및 가해자에 대한 조치를 결정하기 위한 자치위원회의 회의에 참석한 사례(위법)[61]

○ 피해학생의 담임교사에게 제척사유가 있다고 본 사례(위법)[62]

○ 전담기구의 구성원 등 학교폭력 사건의 조사업무를 수행한 교감 · 교사가 자치위원회 위원으로 심의 · 의결에 참여한 사례[63]

(3) 2019년 개정된 학교폭력예방법 제12조 제1항, 제2항은 교육지원청에 설치하는 심의위원회에서 종래 자치위원회가 담당하던 가해학생에 대한 조치의 심의 등을 담당하도록 하면서, 제13조 제1항에서 '심의위원회는 10명 이상 50명 이내의 위원으로 구성하되, 전체위원의 3분의 1 이상을 해당 교육지원청 관할 구역 내 학교(고등학교를 포함한다)에 소속된 학생의 학부모로 위촉하여야 한다.'라고 규정하게 되었고, 2020. 2. 25. 대통령령 제30441호로 개정된 학교폭력예방법 시행령 제14조 제1항에서 교육장으로 하여금 심의위원회 위원을 임

61) 의정부지방법원 2015. 4. 14. 선고 2014구합7133 판결에서는 교장이 자치위원회 회의에 참여한 것은 비공개원칙과 자치위원회 결정의 공정성 · 독립성 훼손 가능성 등에 비추어 위법하다고 보았다. 다만, 항소심(서울고등법원 2015누44679호)은 학부모대표 선출절차를 이유로 위법하다고 판단하면서 교장의 자치위원회 회의에 참석한 것이 위법한지에 대해서는 더 나아가 판단하지 않았다.

62) 광주지방법원 2014. 5. 1. 선고 2013구합2402 판결(심리불속행 기각판결로 확정됨)

63) 이에 대해서는 하급심 판결의 입장이 나뉘어 있다.
당해 사건에 관하여 상담 및 조사 업무를 수행한 전문상담교사(전문상담사)나 학교폭력 책임교사, 부장교사 등은 자치위원회 위원에게 요구되는 업무수행의 공정성과 독립성이 보장된다고 할 수 없어 자치위원회 위원으로서의 자격이 없다고 본 사례로 서울고등법원 2019. 12. 12. 선고 2019누30111 판결, 수원고등법원 2021. 7. 16. 선고 2020누15532 판결, 수원고등법원 2020. 10. 28. 선고 2020누10506 판결, 서울행정법원 2018. 12. 14. 선고 2017구합80851 판결, 제주지방법원 2020. 12. 15. 선고 2019구합6370 판결 등.
반면, 전담기구의 구성원이었던 교사나 부장교사 등에게 자치위원회 위원으로서 제척 또는 기피 사유가 있다고 보기 어렵다고 본 사례로 서울고등법원 2020. 9. 24. 선고 2019누55066 판결(심리불속행 기각판결로 확정됨), 서울고등법원 2021. 3. 12. 선고 2020누51497 판결, 서울행정법원 2019. 10. 31. 선고 2018구합86870 판결, 서울행정법원 2019. 11. 8. 선고 2019구합71271 판결, 서울행정법원 2020. 7. 9. 선고 2019구합86747 판결, 서울행정법원 2020. 7. 31. 선고 2019구합84758 판결, 서울행정법원 2021. 4. 22. 선고 2020구합53620 판결, 의정부지방법원 2019. 7. 11. 선고 2018구합15446 판결, 의정부지방법원 2019. 10. 29. 선고 2018구합16968 판결, 인천지방법원 2020. 5. 29. 선고 2019구합55150 판결, 수원지방법원 2020. 5. 21. 선고 2019구합68184 판결, 수원지방법원 2020. 9. 3. 선고 2019구합70248 판결 등.

명 · 위촉하도록 하였다. 따라서 심의위원회의 구성 · 운영 절차와 관련한 다툼은 크게 줄어들 것으로 전망된다.

나. 행정절차법의 적용 여부

(1) 행정절차법 제3조 제2항 제9호는 '해당 행정작용의 성질상 행정절차를 거치기 곤란하거나 거칠 필요가 없다고 인정되는 사항과 행정절차에 준하는 절차를 거친 사항으로서 대통령령으로 정하는 사항'에 대하여는 행정절차법을 적용하지 아니한다고 규정하고 있고, 그 위임에 따른 행정절차법 시행령 제2조 제8호는 '학교 · 연수원 등에서 교육 · 훈련의 목적을 달성하기 위하여 학생 · 연수생 등을 대상으로 행하는 사항'을 정하고 있다. 대법원은 행정절차법 시행령 제2조 제8호는 교육과정과 내용의 구체적 결정, 과제의 부과, 성적의 평가, 공식적 징계에 이르지 아니한 질책 · 훈계 등과 같이 교육 · 훈련의 목적을 직접 달성하기 위하여 행하는 사항을 말하는 것으로 보아야 하고, 생도에 대한 퇴학처분과 같이 신분을 박탈하는 징계처분은 여기에 해당한다고 볼 수 없다고 하였다.[64] 위 대법원 판결의 취지에 비추어 징계로서의 성격을 갖는 가해학생에 대한 조치에 대하여도 원칙적으로 행정절차법이 적용된다고 할 것이다.[65]

(2) 행정절차법 제21조 제1항, 제3항, 제4항, 제22조에 의하면, 행정청이 당사자에게 의무를 부과하거나 권익을 제한하는 처분을 하는 경우에는 미리 '처분의 제목', '처분하려는 원인이 되는 사실과 처분의 내용 및 법적 근거', '이에 대하여 의견을 제출할 수 있다는 뜻과 의견을 제출하지 아니하는 경우의 처리방법', '의견제출기관의 명칭과 주소', '의견제출기한' 등의 사항을 당사자 등에게 통지하여야 하고, 의견제출기한은 의견제출에 필요한 상당한 기간을 고려하여 정하여야 하며, 다른 법령 등에서 필수적으로 청문을 하거나 공청회를 개최하도록 규정하고 있지 아니한 경우에도 당사자 등에게 의견제출의 기회를 주어야 하며, 다만 '해당 처분의 성질상 의견청취가 현저히 곤란하거나 명백히 불필요하

64) 대법원 2018. 3. 13. 선고 2016두33339 판결
65) 서울고등법원 2014. 10. 1. 선고 2014누40168 판결(심리불속행 기각판결로 확정됨)

다고 인정될 만한 상당한 이유가 있는 경우' 등에 한하여 처분의 사전통지나 의견청취를 하지 아니할 수 있다. 따라서 행정청이 침해적 행정처분을 하면서 당사자에게 위와 같은 사전통지를 하거나 의견제출의 기회를 주지 아니하였다면, 그 사전통지나 의견제출의 예외적인 경우에 해당하지 아니하는 한, 그 처분은 위법하여 취소를 면할 수 없다. 이처럼 행정절차법이 당사자에게 의무를 부과하거나 권익을 제한하는 처분을 하는 경우에 사전통지 및 의견청취를 하도록 규정한 것은 불이익처분 상대방의 방어권 행사를 실질적으로 보장하기 위함이다.[66]

학교폭력예방법 제17조 제5항은 '심의위원회는 가해학생에 대한 조치를 요청하기 전에 가해학생 및 보호자에게 의견진술의 기회를 부여하는 등 적정한 절차를 거쳐야 한다.'고 규정하고 있고, 이는 사전 통지 및 의견청취에 관한 행정절차법의 규정과 동일한 취지에서 행정절차에 준하는 절차를 거치도록 하는 것이므로, 행정절차법 제3조 제1항에 의하여 행정절차법의 적용이 배제되는 '다른 법률에 특별한 규정이 있는 경우'에 해당한다고 할 것이고, 이와 달리 행정절차법 제21조, 제22조가 중첩 적용된다고 보더라도 학교폭력예방법 제17조 제5항에 따라 가해학생과 보호자에게 그 조치하려는 원인이 되는 사실에 관하여 미리 고지를 하고 의견을 진술할 기회를 부여하는 등 위 규정에 따른 '적정한 절차'를 거친 경우에는 행정절차법에 따른 사전 통지 및 의견제출 절차도 거친 것으로 봄이 타당하다. 한편 학교폭력예방법 제17조 제7항은 '학교의 장이 제4항에 따른 조치를 한 때에는 가해학생과 그 보호자에게 이를 통지하여야 한다.'고 규정하고 있는데, 학교장의 긴급조치는 가해학생에 대한 선도가 긴급하다고 인정되는 경우에 이루어지는 점을 고려하여 긴급조치에 대해 사전 통지나 의견제출 기회 등의 절차를 거치지 않고 통지만을 하도록 정한 것이므로, '출석정지'를 제외한 학교장 긴급조치의 경우 사전 통지나 의견제출에 관한 행정절차법 적용이 배제되는 '다른 법률에 특별한 규정이 있는 경우'에 해당하거나 행정절차법 제21조 제4항, 제22조 제4항의 '해당 처분의 성질상 의견청취가 현저히 곤란하거나 명백히 불필요하다고 인정될 만한 상당한 이유가 있는 경우'에 해당한다고 볼

66) 대법원 2016. 10. 27. 선고 2016두41811 판결, 대법원 2020. 4. 29. 선고 2017두31064 판결

것이다.[67)]

다만 학교폭력예방법 시행령 제21조 제2항은 학교장이 긴급조치로서 '출석정지' 조치를 하려는 경우에는 해당 학생 또는 보호자의 의견을 들어야 한다고 규정하고 있으므로, 출석정지의 긴급조치를 하기에 앞서 의견청취절차를 제대로 이행하지 않은 경우에는 위법하다.[68)]

(3) 행정청이 처분을 할 때에는 원칙적으로 당사자에게 그 근거와 이유를 제시하여야 한다(행정절차법 제23조 제1항). 이 경우 행정청은 처분의 원인이 되는 사실과 근거가 되는 법령 또는 자치법규의 내용을 구체적으로 명시하여야 한다(행정절차법 시행령 제14조의2). 또한 행정절차에 관한 일반법인 행정절차법은 제24조 제1항에서 '행정청이 처분을 할 때에는 다른 법령 등에 특별한 규정이 있는 경우를 제외하고는 문서로 하여야 하며, 전자문서로 하는 경우에는 당사자 등의 동의가 있어야 한다. 다만 신속히 처리할 필요가 있거나 사안이 경미한 경우에는 말 또는 그 밖의 방법으로 할 수 있다.'라고 정하고 있다. 이 규정은 처분내용의 명확성을 확보하고 처분의 존부에 관한 다툼을 방지하여 처분상대방의 권익을 보호하기 위한 것이므로, 이를 위반한 처분은 하자가 중대 · 명백하여 무효이다.[69)]

위에서 살핀 바와 같이 학교폭력예방법에 근거한 가해학생에 대한 조치의 경우 원칙적으로 행정절차법이 적용된다고 보는 것이 타당하고, 학교폭력예방법에서 행정절차법에 따른 처분의 이유 제시(제23조)와 처분의 방식(제24조)에 관한 규정을 배제하고 이에 준하는 절차를 거치도록 하였다고 볼 만한 절차 규정을 마련하고 있지 아니하므로 위 규정은 학교폭력 사건에도 적용된다고 보아야 할 것이다. 다만, 행정청의 자의적 결정을 배제하고 당사자로 하여금 행정구제

---

67) 서울고등법원 2018. 10. 2. 2018누39319 판결(심리불속행 기각판결로 확정됨), 대전고등법원 2021. 5. 21. 선고 2020누13248 판결

68) 의정부지방법원 2017. 12. 14. 선고 2016구합1443 판결

69) 대법원 2019. 7. 11. 선고 2017두38874 판결

절차에서 적절히 대처할 수 있도록 하는 처분의 근거 및 이유제시 제도의 취지에 비추어, 처분을 하면서 당사자가 그 근거를 알 수 있을 정도로 이유를 제시한 경우에는 처분의 근거와 이유를 구체적으로 명시하지 않았더라도 그로 말미암아 그 처분이 위법하다고 볼 수는 없다.[70] 따라서 가해학생에 대한 조치에 앞서 피해학생의 신고 내용 등에 따라 구체적인 학교폭력 혐의사실에 대한 가해학생 조사가 이루어진 경우에는 당해 처분에 이르기까지의 전체적인 과정 등을 종합적으로 고려할 때 가해학생이 어떠한 근거와 이유로 처분이 이루어진 것인지를 충분히 알 수 있어서 불복절차로 나아가는 데 별다른 지장이 없었다고 인정되는 경우가 많을 것이다.

(4) 사전 통지 및 의견진술의 기회 제공, 처분의 이유 제시, 처분의 방식과 관련한 구체적 판결 사례들은 아래와 같다.

○ 자치위원회에서 심의할 학교폭력의 구체적인 내용에 관하여 미리 통지하지 아니하거나, 자치위원회에서 원고에게 피해학생으로서 의견진술의 기회를 부여하였을 뿐 원고의 어떠한 발언이 상대 학생에게 어떠한 오해의 소지를 주었는지에 관하여 구체적으로 확인하거나 진술할 기회를 부여하지 않은 사례(위법)[71]

○ 자치위원회 참석 안내 통지서에 원고의 가해행위를 심의한다는 내용이 기재되어 있지 않고, 자치위원회 회의 과정에서 원고의 행위 또한 심의 대상이라는 점 및 원고의 가해행위와 조치에 관한 명시적인 고지 및 의견진술의 기회를 부여받지 못하여 피해 사실에 관한 의견만을 진술하였을 뿐 가해행위에 대한 변명이나 반박할 기회를 충분히 받지 못한 사례(위법)[72]

○ 통지서에 제2행위가 심의대상이라는 취지로 기재하였을 뿐 제1행위에 대하여

---

70) 대법원 2019. 1. 31. 선고 2016두64975 판결

71) 서울행정법원 2019. 4. 26. 선고 2018구합84379 판결, 서울행정법원 2017. 7. 7. 선고 2017구합121 판결, 수원지방법원 2017. 3. 21. 선고 2016구합64099 판결

72) 서울행정법원 2018. 11. 15. 선고 2018구합64757 판결, 서울행정법원 2018. 10. 25. 선고 2018구합69769 판결

는 아무런 기재도 하지 않아 통지서의 기재만으로는 원고가 제1행위의 가해학생으로 학교폭력의 심의대상에 포함되는지 예측할 수 없었던 사례(위법)[73]

○ 사전 통지서에 구체적 사실관계를 기재하지 않고 성희롱 사안이라고만 기재하여 심의대상이 된 원고의 구체적인 발언이 안건에 포함되었는지 사전에 알지 못하였던 사례(위법)[74]

○ 자치위원회 회의 개최 전에 원고가 학교폭력의 가해학생임과 그 학교폭력의 내용에 관하여는 아무런 통지를 하지 아니하였고, 원고와 보호자가 가해학생이 아닌 피해학생의 지위에서 참석한 결과, 처분사유가 되는 욕설 등 폭언행위에 대하여는 의견진술의 기회를 갖지 못한 사례(위법)[75]

○ 자치위원회 회의 하루 전에야 개최 사실을 전화로 통지받았고, 그 이전까지는 원만한 화해 하에 담임종결 처리되는 것으로 알고 있었던 사례(위법)[76]

○ 자치위원회가 개최된다는 사실만 통지하였을 뿐 학교폭력의 내용에 관하여는 아무런 통지를 하지 않았고, 진술서를 보여 달라는 원고 보호자의 요청을 거절하는 등 구체적인 학교폭력 사실을 통지하지 않은 사례(위법)[77]

○ 원고가 조사 과정에서 작성한 학교폭력 확인서를 원고의 부모에게 전달하였으니, 전담기구의 사실조사를 통해 자치위원회에 보고된 사건개요서에는 그 이외에 다른 많은 학교폭력의 내용들이 포함되어 있고, 자치위원회 개최 전에 원고나 보호자에게 그 내용이 고지되지 않았으며, 자치위원회 회의에서 원고의 보호자가 학교폭력 확인서 내용 이외에는 자세히 알지 못한다는 취지로 말하자 그때서야 목격자와 설문조사 결과로 확인된 내용이라며 간단히 언급한 사례(위법)[78]

○ 학교에서 원고의 보호자에게 원고가 학교폭력에 연루되었음을 전화로 통지

73) 서울행정법원 2019. 5. 16. 선고 2018구합87361 판결
74) 서울행정법원 2017. 12. 12. 선고 2016구합8692 판결
75) 광주지방법원 2016. 1. 28. 선고 2015구합1816 판결
76) 춘천지방법원 2015. 7. 15. 선고 2014구합5178 판결
77) 서울행정법원 2015. 1. 29. 선고 2014구합62586 판결
78) 수원지방법원 2014. 7. 23. 선고 2013구합17207 판결

하였으나 그 내용만으로 구체적인 사실관계 등을 파악하기 힘들고, 조치결과 통지 내용을 보더라도 원고가 누구에게 어떠한 학교폭력 행위를 하였는지 특정되지 않으며, 원고의 보호자가 모순점을 지적하자 재차 조치결과 통지를 하였으나 그 통지서에는 원고가 피해학생으로 기재되어 있고, 피해학생인 원고가 가해학생에게 서면 사과할 것을 명하는 등 그 내용 자체로 모순되는 처분을 한 사례(위법)[79]

○ 처분서에 '집단 따돌림 관련 건'이라고 기재되어 있을 뿐 구체적인 내용이 전혀 기재되지 않거나, 학교폭력의 시기, 종류, 태양, 횟수에 관한 구체적인 사유가 기재되지 않은 사례(위법)[80]

○ 처분서에는 학교폭력예방법에 따른 조치결과와 근거 법조문만이 기재되어 있을 뿐 원고들이 어떠한 사실로 학교폭력예방법을 위반하였는지에 대한 적시가 전혀 되어 있지 않은 사례(위법)[81]

○ 처분서에 처분의 원인이 되는 사실을 구체적으로 특정하지 않았고, 법원의 석명준비명령에 따라 비로소 학교폭력 행위를 특정한 사례(위법)[82]

○ 구두로 전학 처분을 통보한 후 전학 절차를 진행하였을 뿐 문서로 전학 처분을 통지하지 아니한 사례(위법)[83]

4. 실체상의 문제

가. 학교폭력의 해당 여부

(1) 학교폭력예방법 제2조 제1호에 따르면, "학교폭력"이란 학교 내외에서 학생을 대상으로 발생한 상해, 폭행, 감금, 협박, 약취 · 유인, 명예훼손 · 모욕, 공

---

79) 서울행정법원 2019. 5. 16. 선고 2018구합80360 판결
80) 대전지방법원 2018. 8. 10. 선고 2017구합106373 판결, 부산지방법원 2018. 12. 7. 선고 2018구합23283 판결
81) 서울행정법원 2015. 1. 27. 선고 2014구합65431 판결
82) 청주지방법원 2013. 5. 23. 선고 2012구합2172 판결
83) 서울고등법원 2019. 10. 17. 선고 2018누71979 판결

갈, 강요 · 강제적인 심부름 및 성폭력, 따돌림, 사이버 따돌림, 정보통신망을 이용한 음란 · 폭력 정보 등에 의하여 신체 · 정신 또는 재산상의 피해를 수반하는 행위를 말한다.[84] 이와 같이 학교폭력예방법은 법률의 적용대상이 되는 '학교폭력'을 유형적 폭력에 한정하고 있지 않을 뿐만 아니라, 규정의 형식상 열거된 유형에 한정되지 않고 이와 유사하거나 준하는 행위를 포함하고 있다.

(2) 사회가 변화함에 따라 학교폭력 유형이 다양해지고 있고, 유형적 폭력만이 아니라 따돌림이나 괴롭힘 등 무형적 폭력이 심각한 사회문제가 되고 있는 점을 고려하면, 학교폭력의 유형을 가능한 포섭하기 위하여 개개의 유형을 제한적으로 나열하는 것보다는 그 행위가 피해학생에게 미치는 영향을 중시하여 열거적인 형태로 규율하면서 시대변화에 따라 새롭게 나타나는 학교폭력의 유형을 포섭할 수 있도록 포괄적인 개념으로 정의하는 것은 입법기술상 불가피한 측면이 있다.[85]

또한 학교폭력예방법은 학교폭력 문제를 형사사법절차가 아닌 학교 내의 자율적인 분쟁해결절차로 처리하여 '피해학생의 보호, 가해학생의 선도 · 교육 및 피해학생과 가해학생 간의 분쟁조정을 통하여 학생의 인권을 보호하고 학생을 건전한 사회구성원으로 육성'하기 위한 것이므로(제1조), '상해, 폭행, 감금, 협박, 약취 · 유인, 명예훼손 · 모욕, 공갈, 강요, 성폭력'과 같이 일부 행위유형에 대해 형사법에서 처벌하는 범죄행위와 동일한 용어를 사용하고 있다고 하더라도 학교에서의 폭력행위를 국가 및 사회에서 형벌이 부과되는 범죄에 대한 법제에서와 같은 개념으로 이해할 것은 아니다. 따라서 학교폭력으로 규정된 개개의 행위 유형들을 파악함에 있어서는 형법 등을 포함한 전체 법체계와의 조화를 고려하되 학교폭력예방법의 목적 · 취지에 따라 독자적으로 판단하여야 한다.[86]

---

84) "따돌림", "사이버 따돌림"에 대하여는 별도의 정의규정을 두었다(제2조 제1호의2, 제1호의3), 한편, 2012년 법률 개정 당시 제20조의3을 신설하여 "정보통신망을 이용한 음란 · 폭력 정보 등에 의한 신체상 · 정신상 피해"에 대해 따로 법률로 정할 수 있는 근거 규정을 마련하였으나, 입법에 이르지 않았다.

85) 이정민(각주 38), 433면, 문영희, 강동욱,「학교폭력 예방 및 대책에 관한 법률」의 적용범위 및 피해자보호제도에 관한 비판적 검토와 그 개선방안, 법과 정책 제21집 1호(2015), 155면

86) 김정연(각주 42), 160면, 김성태, 학교폭력예방법에 대한 고찰-법적용 실제에 있어서의 문제를 중심으로,

(3) 또한 학교폭력예방법은 학교폭력을 정의하면서 '신체 · 정신 또는 재산상의 피해를 수반하는 행위'라는 개념징표를 포함하고 있다. 이러한 개념징표에 대해서는 학교폭력예방법의 적용대상 여부를 객관적이고 외적인 행위자의 행위보다는 피해자의 상태를 기준으로 할 우려가 있고, 더욱이 정신적 피해의 판단은 행위자의 행위보다는 상대학생의 감정 또는 인식상태에 의하여 좌우될 가능성이 크다는 지적이 있다.[87] 학교폭력예방법은 피해학생의 보호 외에도 가해학생의 선도 · 교육 및 피해학생과 가해학생 간의 분쟁조정을 통하여 학생의 인권을 보호하고 학생을 건전한 사회구성원으로 육성함을 목적으로 하고(제1조), 이러한 학교폭력예방법의 목적을 고려하면, 피해자가 입게 되는 정신적 피해에 대한 평가는 피해자 본인의 주관적 심리를 기준으로 하기 보다는 보편적 사회법칙, 경험법칙 등에 따라서 객관적으로 이루어져야 한다. 따라서 피해학생 또는 피해자의 부모가 주관적으로 정신적 고통을 호소하더라도 사회적으로 상당한, 합리적인 판단에 따랐을 때 정신적 피해가 부정되는 경우 학교폭력에 해당하지 않는다고 볼 것이다.[88]

(4) 구 학교폭력예방법은 피해학생 또는 보호자가 요청하는 경우나 학교폭력이 발생한 사실을 신고 · 보고받은 경우 등 회의 소집사유가 있는 경우 반드시 자치위원회를 개최하도록 하고(제13조 제2항),[89] 자치위원회의 가해학생에 대한 조치 요청과 그 요청에 따른 학교장의 조치를 의무적인 것으로 규정하였다(제17조 제1항, 제6항).[90] 이러한 개정은 학교폭력 억제를 위한 엄격한 법 적용

홍익법학 제16권 3호(2015), 615면

87) 김혜경, 학교폭력에 대한 형사법적 접근의 제한, 형사정책연구 제24권 4호(2013), 271면

88) 문영희, 강동욱(각주 85), 164면, 김성태(각주 86), 616면,

89) 학교폭력 사안처리 가이드북(2018, 각주 10) 38면은, 학교장이 자체 해결할 수 있는 사안은 ① 피해학생에게 신체 · 정신 또는 재산상의 피해가 있었다고 볼 객관적인 증거가 없고, 즉시 잘못을 인정하여 상호 간에 화해가 이루어진 경우, ② 제3자가 신고한 사안에 대한 사안조사 결과, 오인신고였던 경우, ③ 학교폭력 의심사안(담임교사 관찰로 인한 학교폭력 징후 발견 등)에 대한 사안조사 결과, 학교폭력이 아니었던 경우로 제한되고, 위의 경우에도 학생(학부모)이 자치위원회 개최를 요청할 경우 반드시 자치위원회를 개최하여 처리하여야 한다고 설명하고 있었다.

90) 학교폭력 사안처리 가이드북(2018, 각주 10), 122면은 자치위원회가 조치결정 없이 회의를 종료하는 경우로서 ① 신체, 정신, 재산상의 피해가 없는 경우('학교폭력 아님' 결정), ② 가해행위를 했다고 볼 증거가 없는 경우('증거불충분' 결정), ③ 가해행위에 가담하지 않았다고 판단되는 경우('혐의 없음' 결정)를 들고 있었다.

과 축소 · 은폐 방지 등의 입법적 요청에 의한 것이었지만, 그 경중을 떠나 모든 학교폭력을 자치위원회의 심의 대상으로 삼게 됨에 따라 학교의 교육적 해결 기능이 약화되는 결과를 낳았고, 구체적인 경우에 여러 사정을 고려하여 가해학생에 대한 조치를 발하지 않는 결정도 인정되어야 한다는 비판 등이 제기되어 왔다.[91] 이에 개정된 학교폭력예방법에서는 경미한 사안에 대해 교육적인 지도 해결이 가능하도록 학교장 자체해결제도를 도입하였다.

학생들이 학교생활을 하는 과정에서 발생하는 모든 갈등이나 분쟁을 학교폭력으로 의율하는 것은 바람직하지 않다. 학교폭력예방법 제3조는 '이 법을 해석 · 적용하는 경우 국민의 권리가 부당하게 침해되지 아니하도록 주의하여야 한다.'라고 규정하는데, 이는 학교폭력 개념의 확대해석으로 인하여 지나치게 많은 학교폭력 가해자를 양산하거나, 같은 행위를 두고서도 그것을 학교폭력으로 문제 삼는지 여부에 따라 학교폭력예방법의 적용대상이 되는지 여부가 달라지는 것을 방지하기 위한 취지의 규정으로 볼 수 있다.[92] 특히 서면사과나 학교봉사 등과 같이 비교적 경한 조치가 이루어진 사안에 있어서, 가해학생 측이 학교폭력 가해자로서의 낙인, 상급학교 입시 불이익 등을 들며 행위에 비해 처분이 너무 가혹하다고 호소하는 경우가 있는데, 이 경우에는 일단 '학교폭력'의 범위에 포함되면 더 경한 조치를 선택할 수 없는 이상 재량권 일탈 · 남용 수상이 받아들여지기는 어렵다. 따라서 책임합치적 해석이라는 관점에서도 학교폭력에 해당하는지 여부의 판단은 신중하게 이루어져야 할 것이다.[93]

나. 재량권의 일탈 · 남용 여부

(1) 대법원은 징계양정의 적정성 판단기준에 대해, 피징계자에게 징계사유가 있어서 징계처분을 하는 경우에 어떠한 처분을 할 것인지는 징계권자의 재량에 맡겨져 있고, 다만 징계권자가 재량권의 행사로서 한 징계처분이 사회통념상 현

---

91) 김성태(각주 86), 625면
92) 서울행정법원 2018. 5. 3. 선고 2017구합67186 판결
93) 이정민(각주 38), 433면

저하게 타당성을 잃어 징계권자에게 맡겨진 재량권을 남용한 것이라고 인정되는 경우에 한하여 그 처분을 위법하다고 할 수 있다고 판시하고 있다.[94] 나아가 징계처분이 사회통념상 현저하게 타당성을 잃었는지는 구체적인 사례에 따라 직무의 특성, 징계의 원인이 된 비위사실의 내용과 성질, 징계에 의하여 달성하려고 하는 행정목적, 징계양정의 기준 등 여러 요소를 종합하여 판단할 때 그 징계내용이 객관적으로 명백히 부당하다고 인정할 수 있는 경우라야 하고, 징계권자가 내부적인 징계양정 기준을 정하고 그에 따라 징계처분을 하였을 경우 정해진 징계양정 기준이 합리성이 없다는 등의 특별한 사정이 없는 한 해당 징계처분이 사회통념상 현저하게 타당성을 잃었다고 할 수 없다고 한다.[95]

(2) 학교폭력예방법 제17조 제1항은 각 호에서 가해학생에 대한 조치를 정하면서 각 조치별 적용 기준은 대통령령으로 정하도록 규정하고, 학교폭력예방법 시행령 제19조는 조치별 적용기준은 ① 가해학생이 행사한 학교폭력의 심각성 · 지속성 · 고의성, ② 가해학생의 반성 정도, ③ 해당 조치로 인한 가해학생의 선도 가능성, ④ 가해학생 및 보호자와 피해학생 및 보호자 간의 화해의 정도, ⑤ 피해학생이 장애학생인지 여부를 고려하여 결정하도록 하면서, 세부적인 기준은 교육부장관이 정하여 고시하도록 위임하고 있다.

그 위임에 따라 2016. 9. 1. 교육부고시 제2016-99호로 「학교폭력 가해학생 조치별 적용 세부기준 고시」(이하 '세부기준 고시')가 마련되었는데, 현행 세부기준 고시(교육부고시 제2020-227호, 2020. 5. 1. 개정)의 [별표] 세부기준은 아래와 같다.[96]

94) 대법원 2017. 12. 22. 선고 2016두38167 판결 등

95) 대법원 2019. 12. 24. 선고 2019두48684 판결 등

96) 아래의 [별표] 세부기준은 학교폭력 사안처리 가이드북(2021, 각주 9) 157면의 <부록5>에서 실려 있는 그림을 그대로 옮긴 것이다.

[별표] 학교폭력 가해학생 조치별 적용 세부 기준

<table>
<tr><th colspan="5" rowspan="2"></th><th colspan="5">기본 판단 요소</th><th colspan="2">부가적 판단요소</th></tr>
<tr><th>학교 폭력의 심각성</th><th>학교 폭력의 지속성</th><th>학교 폭력의 고의성</th><th>가해 학생의 반성 정도</th><th>화해 정도</th><th>해당 조치로 인한 가해학생의 선도가능성</th><th>피해학생이 장애학생인지 여부</th></tr>
<tr><td colspan="4" rowspan="5">판정 점수</td><td>4점</td><td>매우 높음</td><td>매우 높음</td><td>매우 높음</td><td>없음</td><td>없음</td><td rowspan="14">해당점수에 따른 조치에도 불구하고 가해학생의 선도가능성 및 피해학생의 보호를 고려하여 시행령 제14조제5항에 따라 학교폭력 대책심의위원회 출석위원 과반수의 찬성으로 가해학생에 대한 조치를 가중 또는 경감할 수 있음</td><td rowspan="14">피해학생이 장애학생인 경우 가해학생에 대한 조치를 가중할 수 있음</td></tr>
<tr><td>3점</td><td>높음</td><td>높음</td><td>높음</td><td>낮음</td><td>낮음</td></tr>
<tr><td>2점</td><td>보통</td><td>보통</td><td>보통</td><td>보통</td><td>보통</td></tr>
<tr><td>1점</td><td>낮음</td><td>낮음</td><td>낮음</td><td>높음</td><td>높음</td></tr>
<tr><td>0점</td><td>없음</td><td>없음</td><td>없음</td><td>매우 높음</td><td>매우 높음</td></tr>
<tr><td rowspan="9">가해학생에 대한 조치</td><td colspan="2" rowspan="3">교내 선도</td><td>1호</td><td>피해학생에 대한 서면사과</td><td colspan="5">1~3점</td></tr>
<tr><td>2호</td><td>피해학생 및 신고·고발 학생에 대한 접촉, 협박 및 보복행위의 금지</td><td colspan="5">피해학생 및 신고·고발학생의 보호에 필요하다고 심의위원회가 의결할 경우</td></tr>
<tr><td>3호</td><td>학교에서의 봉사</td><td colspan="5">4~6점</td></tr>
<tr><td colspan="2" rowspan="2">외부 기관 연계 선도</td><td>4호</td><td>사회봉사</td><td colspan="5">7~9점</td></tr>
<tr><td>5호</td><td>학내외 전문기에 의한 특별 교육 이수 또는 심리치료</td><td colspan="5">가해학생 선도·교육에 필요하다고 심의위원회가 의결할 경우</td></tr>
<tr><td rowspan="4">교육 환경 변화</td><td rowspan="2">교내</td><td>6호</td><td>출석정지</td><td colspan="5">10~12점</td></tr>
<tr><td>7호</td><td>학급교체</td><td colspan="5">13~15점</td></tr>
<tr><td rowspan="2">교외</td><td>8호</td><td>전학</td><td colspan="5">16~20점</td></tr>
<tr><td>9호</td><td>퇴학처분</td><td colspan="5">16~20점</td></tr>
</table>

(3) 학교폭력 사건에서 가해학생에 대한 조치 수준은 심의위원회에서 위 세부 기준의 '기본 판단 요소'에 따라 평가한 판정 점수를 기초로 정해지고, 그 밖에

학교폭력예방법 제17조 제1항 제2호(접촉 · 협박 및 보복행위 금지), 제5호(특별교육이수 또는 심리치료)의 조치나 제3항의 특별교육 이수 · 심리치료를 병과하게 된다. 이러한 조치 수준의 결정에 있어 세부기준 고시의 점수 판정은 위원들의 교육적 · 전문적 판단에 맡겨진 재량영역에 속하고, 효과에 해당하는 구체적인 조치의 결정은 세부기준 고시에서 정해진 기준에 따른 것이므로, 앞서 본 법리에 따라 가해학생에 대한 조치에 있어 재량권 일탈 · 남용 주장은 쉽게 받아들여지기 어렵다.

(4) 그런데 세부기준 고시에서 정한 기준에 의하면, 총점이 4~6점이면 학교봉사, 7~9점이면 사회봉사, 10~12점이면 출석정지 조치를 하게 되어 있다. 따라서 '기본 판단 요소'의 5개 영역에서 모두 1점(낮음)을 부여받더라도 총점 5점으로 학교봉사 조치가 이루어지고, 5개 영역 모두 2점(보통)을 부여받게 되면 총점 10점이 되어 출석정지 조치가 가능하게 된다. 나아가 학교폭력예방법 제17조 제1항의 괄호 규정에 따라 가해학생에 대한 여러 조치를 병과할 수 있다.[97] 세부기준 고시에서는 '가해학생의 선도가능성 및 피해학생의 보호를 고려하여 심의위원회 출석위원 과반수의 찬성으로 조치를 가중 또는 경감할 수 있다.'고 정하고 있으나, 피해학생이 학교폭력 신고를 하고 가해학생에 대한 조치를 요청하는 대부분의 학교폭력 사건에서 가해학생의 선도가능성 등을 이유로 조치 수준을 경감하는 것이 쉽지 않아, 기계적인 평가와 도식화된 구조에 의해 지나치게 경직되어 구체적 타당성을 결여한 조치가 이루어질 우려가 있다. 학교폭력예방법이 제정된 배경 중 하나가 학교별로 재량에 의한 교육상 조치를 취하는 경우가 많아 학교폭력 문제에 효과적으로 대처하지 못하였다는 것이었으므

97) 학교폭력예방법은 2012년 법률 개정 당시 제17조 제2항을 신설하여 조치 요청의 이유가 협박 또는 보복행위일 경우 조치를 병과하거나 조치 내용을 가중할 수 있도록 하였으나, 제정 당시부터 제17조 제1항의 괄호 규정과 같은 형식으로 가해학생에 대해 수개의 조치를 병과할 수 있는 근거 규정을 두고 있었다. 2012년 개정 법률은 제17조 제1항을 개정하여 가해학생에 대한 조치별 적용 기준을 대통령령에 위임하면서, 제2항으로 협박 또는 보복행위에 대해서는 조치별 적용 기준에도 불구하고 조치를 병과하거나 가중할 수 있는 별도의 근거 규정을 마련한 것이므로, 협박 또는 보복행위에 해당하지 않더라도 제17조 제1항의 괄호 규정에 근거하여 세부기준에 따라 가해학생에 대한 조치를 병과할 수 있다(수원고등법원 2019. 6. 26. 선고 2019누10180 판결, 서울행정법원 2020. 10. 27. 선고 2019구합7676 판결). 헌법재판소도 구 학교폭력예방법 제17조 제1항의 괄호 규정에 따라 수 개의 조치를 병과할 수 있다는 전제에서 위 법률 규정의 위헌 여부를 심사한 바 있다(위 2017헌바140 전원재판부 결정, 각주 3).

로 객관적인 조치 기준을 마련한 것은 긍정적으로 평가할 수 있지만, 학교라는 공동체의 특수성을 고려할 때 아직 인격적으로 미성숙한 학생에 대하여 행위의 법적 책임을 엄격하게 추궁하는 것은 가혹한 면이 있다.[98] 따라서 가해학생에 대한 조치는 학교폭력의 내용과 성질, 조치를 통하여 달성하고자 하는 목적, 관련 법령에 따른 조치의 기준 등 여러 요소를 살펴 피해학생의 보호와 가해학생의 선도·교육이라는 목적에 부합하는 방향으로 신중히 결정하여야 한다.[99]

5. '서면사과' 조치의 위헌 여부

가. 문제의 소재

학교폭력예방법 제17조 제1항 제1호는 가해학생에 대한 조치의 하나로서 '피해학생에 대한 서면사과'를 규정하고 있다. 이러한 '서면사과' 조치가 헌법상 양심의 자유나 인격권을 침해하여 위헌인지에 대해 견해의 대립이 있다.

헌법재판소는 사죄광고의 강제는 양심의 자유를 제약한다고 보아 헌법에 위반된다고 하였고,[100] 가석방 결정 시 준법서약서를 제출하도록 한 가석방심사등에관한규칙 제14조 제2항은 당해 수형자의 양심의 자유를 침해하는 것이 아니라고 보았으며,[101] '시청자에 대한 사과'의 제재조치에 관한 방송법 규정,[102] 선거기사심의위원회의 사과문 게재명령에 관한 공직선거법 규정[103]은 언론사나 방송사업자의 인격권을 침해하여 헌법에 위반된다고 하였다.

대법원은 재벌그룹 회장의 횡령행위 등에 대하여 집행유예를 선고하면서 준법경영을 주제로 하는 강연과 기고를 명하는 사회봉사명령은 헌법상 양심의 자

98) 이정민(각주 38), 434면
99) 서울행정법원 2020. 10. 27. 선고 2019구합7676 판결
100) 헌법재판소 1991. 4. 1. 선고 89헌마160 전원재판부 결정
101) 헌법재판소 2002. 4. 25. 선고 98헌마425, 99헌마170 · 498(병합) 전원재판부 결정
102) 헌법재판소 2012. 8. 23. 선고 2009헌가27 전원재판부 결정
103) 헌법재판소 2015. 7. 30. 선고 2013헌가8 전원재판부 결정

유 등에 대한 심각하고 중대한 침해가능성, 사회봉사명령의 의미나 내용에 대한 다툼의 여지 등의 문제가 있어 허용될 수 없다고 하였고,[104] 취업규칙에서 근로자에게 시말서를 제출하도록 명령할 수 있다고 규정하는 경우, 그 시말서가 '자신의 잘못을 반성하고 사죄한다는 내용'이 포함된 사죄문 또는 반성문을 의미하는 것이라면 헌법이 보장하는 내심의 윤리적 판단에 대한 강제로서 양심의 자유를 침해하는 것이므로 효력이 없고, 그에 근거한 사용자의 시말서 제출명령은 업무상 정당한 명령으로 볼 수 없다고 판시하였다.[105]

나. 견해의 대립

위헌이라는 견해의 논거는 다음과 같다. 서면사과 조치가 가해학생의 판단이나 감정을 법이 강제하는 것이고 부당한 굴욕을 강요하는 것으로 어떠한 다른 처분보다 참기 힘든 요구가 될 수 있으므로 헌법상 양심의 자유에 거스르는 처분이 될 수 있다. 가해학생이 학교폭력 행위를 인정하지 않는 경우 서면사과가 형사처벌에 대한 증거자료로 활용되거나 민사상 손해배상청구의 증거자료로 활용될 수 있다. 서면사과를 거부하는 경우 초·중등교육법 제18조와 같은 법 시행령 제31조에 따라 징계 조치를 내릴 수 있다. 반성 내지 사과를 강제하는 것은 교육적 견지에서도 바람직하지 않고, 오히려 분쟁이 심화될 가능성이 있으며, 침해의 최소성이나 법익 균형성 등 비례의 원칙에도 반한다.

합헌이라는 견해는, 서면사과는 단순한 강제적 사과명령이 아닌 갈등 당사자 간의 교육과 대화를 통하여 진정한 반성과 사과를 이끌어내어야 한다는 법집행자에 대한 명령으로 보아야 하고, 교육과 대화를 통한 반성과 용서 그리고 이를 통한 양자의 치유와 회복이라는 일련의 과정 속에서 본질을 파악하여야 하며, 그러한 점에서 헌법상 양심의 자유를 침해한다고 보는 것은 적절하지 않다고 한다.

---

104) 대법원 2008. 4. 11. 선고 2007도8373 판결

105) 대법원 2010. 1. 14. 선고 2009두6605 판결, 대법원 2014. 6. 26. 선고 2014두35799 판결

다. 하급심의 판단 사례

하급심에서는 서면사과 조치의 근거법률인 구 학교폭력예방법 제17조 제1항 제1호에 대한 위헌심판제청 신청에 대해, ① 서면사과 조치의 경우 불이행시 이를 강제하거나 불이익을 주는 규정이 없으므로 서면사과 조치를 받았다고 하여 이로 인하여 양심에 반하는 행위를 강제하여 양심의 자유를 침해하는 것으로 보기는 어려운 점, ② 위 조항은 가해학생의 선도 · 교육 및 가해학생과 피해학생의 분쟁조정을 통한 학생의 인권 보호 등을 입법목적으로 하는바, 그 목적이 정당하고 서면사과 조치는 입법목적을 달성하기에 적합한 수단이며, 주의 또는 경고 조치만으로는 가해학생과 피해학생 간의 분쟁조정이라는 입법목적을 달성할 수 없어 달리 서면사과 조치보다 기본권을 덜 제한하는 다른 수단을 상정하기 어려울 뿐만 아니라 앞서 본 바와 같이 서면사과 조치를 이행하지 않더라도 이를 강제하거나 불이익을 주는 규정이 없고, 가해학생에 대한 인격권 제한의 정도가 서면사과 조치가 추구하는 입법목적에 비해 크다고 볼 수 없으므로 침해의 최소성과 법익의 균형성 원칙에도 위배되지 않아 인격권을 침해한다고 보기도 어려운 점 등을 들어 기각한 사례가 있다.[106]

또한 본안사건에서 '서면사과 조치'의 위헌 여부에 대해 ① 인격이 형성되는 과정에 있는 학생으로 하여금 어떤 행동이 잘못임을 깨닫게 하고, 자신이 잘못을 저지른 경우 이를 인정하고 피해학생에 대한 용서를 구하는 윤리의식을 체득하게 하여 올바른 인격을 형성하게 하는 것은 학교폭력에 대한 제재 수단으로서뿐만 아니라 교육의 일환으로 행하여지는 필요한 조치로 볼 수 있는 점, ② 서면사과 조치는 사과의 내용까지 강제하는 것은 아니어서 사과문을 작성함에 있어 가해학생에게 상당한 자율성이 인정되고, 실제 가해학생이 작성한 서면의 내용이 양심의 자유 및 인격권을 침해할 정도의 것으로는 보이지 않는 점, ③ 서면사과 조치의 경우에는 불이행시 이를 강제하거나 불이익을 주는 규정이 없어서 원

106) 서울고등법원 2015. 2. 6.자 2014카기589 결정(위 사건의 본안인 서울고등법원 2015. 2. 6. 선고 2014나23845 판결에서도 동일하게 판단하였다), 의정부지방법원 2015. 7. 7.자 2015아3064 결정, 수원지방법원 2019. 2. 15.자 2018아3240 결정

고로서는 본인의 판단에 따라 서면사과를 거부함으로써 자신의 양심을 유지, 보존할 수 있다는 점 등을 들어 그 주장을 배척한 사례가 있다.[107)]

라. 검토

헌법재판소는 준법서약서 제출 제도와 관련하여 '당해 수형자에게 하등의 법적 의무를 부과하는 것이 아니며 이행강제나 처벌 또는 법적 불이익의 부과 등 방법에 의하여 준법서약을 강제하고 있는 것이 아니므로 당해 수형자의 양심의 자유를 침해하는 것이 아니다.'라고 보았다.[108)] 그리고 학교폭력예방법 제17조 제11항은 '제1항 제2호부터 제9호까지의 처분을 받은 학생이 해당 조치를 거부하거나 기피하는 경우 심의위원회는 제7항에도 불구하고 대통령령으로 정하는 바에 따라 추가로 다른 조치를 할 것을 교육장에게 요청할 수 있다.'라고 규정하여 서면사과 조치의 불이행을 그 대상에서 제외하고 있다.

그런데 서면사과 조치는 가해학생에게 '부과'되는 것이므로 이를 직접 강제하거나 그 불이행을 사유로 하는 제재규정이 마련되어 있지 않았다고 하여 서면사과 조치의 이행의무를 부인할 수 없고, 만일 법률적 의미를 갖는 제재조치가 아니라고 본다면 처분성을 인정할 이유도 없다. 한편 학교장은 가해학생에 대해 긴급조치로서 서면사과 조치를 할 수 있는데, 가해학생이 이를 거부하거나 회피하는 경우 학교장은 초·중등교육법 제18조에 따라 징계하여야 한다(학교폭력예방법 제17조 제4항, 제7항). 또한 학교폭력예방법에 근거한 것은 아니지만, 서면사과 조치는 개정된 초·중등교육법 시행규칙 제21조 제2항에 따른 학교생활기록부 조건부 기재 유보대상에 해당하고, 학교생활기록부의 조치사항 미기재를 가석방과 같은 은혜적 조치로 보기는 어려울 것이므로, 서면사과 조치를 불이행하는 경우 관련 규정에 따라 그 조치사항이 학교생활기록부에 기재됨으로써 불이익을 받게 되는데, 이러한 결과 또한 서면사과 조치에 따를 의무가 있

107) 서울행정법원 2017. 3. 16. 선고 2016구합70260 판결(심리불속행 기각판결로 확정됨), 인천지방법원 2015. 11. 19. 선고 2015구합50522 판결, 수원지방법원 2020. 8. 20. 선고 2019구합66737 판결

108) 위 98헌마425, 99헌마170 · 498(병합) 전원재판부 결정(각주 101)

음을 전제로 할 때에만 가능한 것이다.

한편, 학교폭력예방법의 입법 목적에 비추어 보아도, 자발적이지 않고 진정성도 담보할 수 없는 서면사과를 하도록 조치하는 것은 피해학생의 피해회복이나 가해학생의 선도 · 교육을 위한 적절한 수단이 되기 어렵고, 교육적인 견지에서도 바람직하지 않다. 가해학생이 사과할 의사가 있는 경우를 상정하더라도 가해학생이 동의하는 경우에만 서면사과 조치를 하거나 '사과 권고' 등의 조치를 통해 그 목적을 달성할 수 있을 것이다.

따라서 학교폭력예방법 제17조 제1항 제1호에서 규정한 서면사과 조치는 양심의 자유를 제약하는 것이거나 과잉금지원칙에 반하여 인격권을 침해하여 위헌으로 볼 소지가 있다. 현재 헌법재판소에서 위 법률 규정의 위헌 여부에 대해 심리 중이다(2019헌바254호 및 2021헌가12호).

■ 초고 집필자

	초판 집필자	개정판 초고 집필자
제1부 행정소송 총론		
제1장 행정소송의 의의와 종류	안철상	심준보
제2장 행정소송의 대상	안철상	김종민
제3장 행정소송의 소의 이익	전성수	이승한
제4장 행정소송의 가구제	안철상	조병구
제5장 행정소송의 심리	전성수	함상훈
제6장 행정소송의 판결	·	문준섭
제2부 행정소송 각론		
제1장 노동 관련 소송	민중기	진창수
제2장 난민, 국적법, 출입국관리법 관련 소송	·	반정우
제3장 토지수용 관련 소송	이승영	김경란
제4장 도시정비사업 관련 소송	김선희/장찬	윤인성
제5장 주민소송	·	송우철
제6장 산업재해, 국가유공자 관련 소송	김의환/김진형 염우영/한정훈	송현경
제7장 자동차운전면허 관련 소송	·	정재우
제8장 영업정지 관련 소송	·	이정훈
제9장 정보공개 관련 소송	김의환	최주영
제10장 교원 관련 소송	정형식	이승택
제11장 건축 관련 소송	·	김경란
제12장 징계 관련 소송	·	문준필

○ 개정판의 본문 총 18개 장(章)들 중에 초판에 해당 내용이 있던 11개 장은 원 저자의 동의를 받아 초판 원고를 기본으로 하고 초판 간행 후의 법령 개정, 판례, 실무례를 대폭 보강하였다.

○ 개정판의 본문 총 18개 장은 각 집필자가 영역을 분담하여 초고를 집필한 후에 서울행정법원 실무연구회에서 세 차례에 걸쳐 독회와 교정작업을 진행하여 수정한 결과물로서, 서울행정법원 실무연구회의 집단적 연구 성과물이고, 초고 집필자 각자의 개인 저작물이 아니다.

■ 원고 집필자

제2부 행정소송 각론	별책(2016) 집필자
제13장 보건 · 의료 관련 소송	이승한/반정우/차행전 이화연/조현욱/김용찬
제14장 사립학교 소송	이승딕/호제훈/윤진규/허정훈
제15장 입찰참가자격 제한 관련 소송	박연욱/김국현

「행정소송의 이론과 실무 I」	(2021) 집필자
도시정비사업 관련 소송	안종화/박형순/황용남 이디모데/고준홍/김송
보건 · 의료 관련 소송	홍순욱/이상훈/김재경 김효진/이강호/김언지

「행정소송의 이론과 실무 II」	(2022) 집필자
토지수용 관련 소송	강우찬/안금선/이소연 고준홍/김송
난민 관련 소송	신명희/김연주/김지연
학교폭력 관련 소송	김국현/임윤한

○ 이 사법자료는 기존에 발간된 「행정소송의 이론과 실무」 초판, 개정판, 개정판 별책의 내용을 크게 수정 · 증보한 개정판으로, 2021년 5월 발간된 개정판부터는 각 소송 유형별 개정 작업의 진행 속도 등을 고려하여 각 부분별로 나누어 발간하기로 하였고, 그 계획의 일환으로 '행정소송의 이론과 실무 I [도시정비 및 보건 · 의료], 조세소송실무(2022)'에 이어 제작된 것임을 밝혀둡니다.

「행정소송의 이론과 실무 II」2022

토지수용, 난민 및 학교폭력

2022年 2月 8日 第1版 1刷 印刷
2022年 2月 17日 第1版 1刷 發行

編 者 서울행정법원 실무연구회
發行處 司法發展財團

서울특별시 서초구 서초대로 219
전화 02) 3480-1309
팩스 02) 533-4074

ISBN 979-11-6086-063-4 93360 정가 : 30,000원